자유주의의 역사:
인민주의 비판을 위하여

공감개론신서 23

자유주의의 역사:
인민주의 비판을 위하여

박상현·유주형 외 지음

공감

공감개론신서 23
자유주의의 역사:
인민주의 비판을 위하여
박상현·유주형 외 지음

인쇄일 2024년 12월 16일
발행일 2024년 12월 27일

도서출판 공감
발행인 이범수
출판등록 22-1006 (1996. 5. 14.)
서울시 마포구 성산로2길 21-8 B1호
전화 323-8124 / 팩스 323-8126
전자우편 alba21@naver.com

ISBN 979-11-990485-0-8 03300
값 25,000원

서문

 2024년 11월 미국 대선에서 공화당의 트럼프 후보가 민주당의 해리스 후보를 제치고 정권을 탈환했다. 트럼프의 재선은 2007-09년 금융위기와 그로 인한 2차 대불황의 위기 속에서 미국도 자유주의적 합의가 위기에 빠지고 민주정이 인민정으로 타락할 수 있다는 사실을 보여준다. 나아가 트럼프의 재선과 함께 전후 국제질서의 재편도 가속화될 것으로 예상된다. 미국이 전통적 먼로주의로 복귀하는 동시에 2차 세계전쟁 이후 수행해온 '세계경찰' 역할에서 퇴각할 가능성이 점차 커지고 있는 것이다. 이 같은 사태 전개는 영국 헤게모니의 위기 속에서 대불황이 전개되고 파시즘이 대두했던 1930년대의 상황을 연상시킨다.
 트럼프 정부 1기와 바이든 정부를 거치면서 미국·영연방·일본·유럽연합 등 자유민주정과 중국·러시아 등 권위독재정의 경쟁은 본격화되었다. 미·중 '전략적 경쟁'과 함께 '경제안보'와 '국가안보'의 결합이 심화되는 와중에 유라시아주의에 입각해서 러시아제국을 건설하려는 푸틴이 우크라이나에 대한 전면적 침공을 감행했다. 그 뒤를 이어 이란과 이스라엘의 전쟁이 격화되면서 북한-중국-러시아-이란 블록은 강화되었다. 급기야 러시아와 북한의 새로운 안보협정이 체결되면서 북한군이 러시아-우크라이나 전쟁에 참전했다.

2차 세계전쟁 이후 미국이 주도해온 국제주의를 공격하고 대신 '미국 우선주의'를 내세운 트럼프의 재선은 북-중-러-이란 블록에 우호적인 조건을 만들 가능성이 아주 크다. 우선 미국은 유럽과 아시아의 안보에 대한 관여를 축소할 수 있다. 유럽과 아시아의 동맹국들의 '무임승차'를 비난해온 트럼프는 동맹에 대한 거래적 접근에 기초해서 방위비용 분담의 증액을 요구할 것이다. 특히 트럼프의 미국 우선주의는 북-러와 타협하고 이란과 적대하면서 중국과의 경쟁에 몰두하는 전략으로 귀결될 수 있다.

이와 함께 권위독재정에 대항해서 자유주의적 국제질서를 방어할 수 있는 동지적(like-minded) 국가들간의 협력은 시험대에 오르고 있다. 특히 유럽과 아시아에서 지역안보와 관련된 '자력갱생'(self-reliance)의 필요성은 커지고 있는 것이다. 남한은 굴종적 평화를 좇아 북·중·러·이란을 추종할 것인지, 아니면 일본·영연방 등과 함께 미국을 견인하면서 자유주의적 국제질서를 옹호할 것인지의 선택에 직면하고 있다.

이런 상황에서 과천연구실은 마르크스주의가 자유주의와 동맹을 형성했던 1930년대 반파시즘 인민전선의 경험을 환기하면서 북-중-러 등 권위독재정을 추종하는 인민주의에 대항할 '국민전선'을 제안한 바 있다. 이 같은 문제의식의 연장선에서 본서에 실린 글들은 자유주의의 역사를 분석한 주요 저작들을 검토하면서 '인민주의의 공포'에 대항할 수 있는 정치이념 조건을 탐색한다.

유주형의 글은 케이헌의 『공포로부터의 자유』에 기초하여 자유주의가 공포로부터의 자유를 중심으로 4단계에 거쳐 진화하는 역사적 과정을 분석한다. 계몽주의 시대에 종교적 광신과 전제정의 공포에 대항했던 '프로토자유주의'는 이후 혁명과 반혁명, 빈곤, 전체주의(히틀러주의/스탈린주의), 인민주의의 공포에 대항하면서 진화했다. 특히 이 글은 정치적 자유, 경제적 자유, 도덕이라는 세 가지 지주를 모두 갖추고 있었던 19세기의 '눈부신 자유주의'에 주목하면서 인민주의에 대항하기 위해 정치적 자유 및 경제적 자유와 함께 도덕이라는 지주를 되살릴 필요성을 옹호한다.

박상현의 글은 울로크의 『자유주의 온건파와 급진파』 및 『매콜리와 계몽주의』에 기초하여 계몽주의에서 자유주의로의 이행과정을 분석한다. 자유주의의 사상적 기원은 '장기18세기' 계몽주의 시대로 소급될 수 있고, 특히 계몽주의의 급진적 이념들은 후대에 자유주의자들에 의해 실현된다는 것이다. 특히 이 글은 애덤 스미스로 대표되는 영국의 경제학적 계몽주의와 루소로 대표되는 프랑스의 철학적 계몽주의를 비교하면서 전자가 19세기 영국의 '눈부신 자유주의'의 토대가 되었다면 후자는 '종교전쟁적 정치문화' 속에서 혁명과 반혁명의 악순환으로 귀결되었다는 점을 강조한다.

김태훈의 글은 아블라스터가 『서구 자유주의의 융성과 쇠퇴』에서 제시한 자유주의의 통사를 요약하고 케이헌과 울로크의 관점에서 쟁점을 제기한다. 프랑스혁명을 자유주의의 절정으로 간주하는 아블라스터는 자유주의와 공화주의를 혼동한다. 또 19세기 영국의 '눈부신 자유주의'의 대표자로 간주되는 매콜리가 아니라 프랑스 철학자들을 추종한 벤섬을 19세기 자유주의의 전형으로 간주한다. 1980년대 신보수주의의 집권을 배경으로 집필된 이 책은 자유주의의 지양으로서 사회주의라는 마르크스적 관점을 견지하면서도 현실사회주의의 붕괴가 요구하는 사회주의에 대한 자기비판은 결여한다.

이태훈의 글은 2007-09년 금융위기 이후 자유주의의 위기를 배경으로 집필된 포셋의 『자유주의』의 논지를 요약하고 쟁점을 제기한다. 그는 19세기 초에 확립된 '정치관행'으로서 자유주의가 민주주의와의 타협을 통해 20세기에 성숙기에 이르렀지만 21세기에 강경우파의 등장으로 위기에 처했다고 주장한다. 그러나 그는 19세기 자유주의의 표준으로서 영국의 '눈부신 자유주의' 대신 프랑스의 공화주의에 주목한다. 또 민주주의를 정치제도가 아니라 정치이념으로 간주하고 자유주의의 위기에 대한 대안으로 '더 많은 민주주의'를 제안함으로써 인민주의 비판에 무력하게 된다.

송인주의 글은 포셋의 3부작 중에서 『자유주의』에 이어지는 두 번째 작품인 『보수주의』를 중심으로 보수주의가 어떻게 자유주의의 경쟁자인 동시에 협력자가 되었는가를 고찰한다. 여기서도 19세기 영국의 '자유주의적 보수주의'와 프랑스 및 독일의 '비자유자유주의적 보수주의'가 구별된다. 오랜 역사를 통해 획득된 자유라는 전통을 지켜야 한다고 주장하는 버크의 사상은 자유주의적 보수주의의 원천이 된다. 19세기 영국의 헤게모니와 20세기 미국의 헤게모니는 이와 같은 보수주의와 자유주의의 합의, 즉 '런던 컨센서스'와 '워싱턴 컨센서스'에 기초했던 것이다.

부록으로 실린 윤소영의 「대선 불복 '20년동란'」은 「'대선불복 2년 동란'」의 후속작으로 2024년 4·10총선 이후의 정세를 분석한다. 동시에 케이헌, 울로크, 로젠블랫, 로스의 저작을 기초로 자유주의적 이념의 역사를 재구성한다. '프랑스 이데올로기'에 대한 재론은 위고의 『레 미제라블』과 발자크의 『골동품 진열실』 및 『사기꾼』을 비교하면서 '촛불혁명'이라고 불려왔던 '대선 불복'이 2022년이 아니라 2008년에 시작된 것이라고 주장한다. 마지막으로 질의와 응답에서는 러시아-우크라이나 전쟁과 푸틴의 역사관을 설명하는 동시에 인류의 미래에 대한 토비 오드 등의 논의를 소개한다.

이 책에 실린 글들은 마르크스주의가 인민주의를 비판할 수 있는 이론적·이념적 자원을 결여하고 있고, 심지어 스탈린주의와 마오주의로 인해 인민주의로부터의 오염에서도 자유롭지 못하다는 인식에 기초해서, 자유주의의 역사, 나아가 계몽주의의 역사에서 인민주의를 비판할 수 있는 자원을 발견하고자 시도한다.

무엇보다도 명예혁명 이후 영국에서 확립된 신체 및 정신의 자유와 그것을 보장하는 기본권은 소유권에 기초한 자유주의와 노동권에 기초한 사회주의가 공유하는 '인류보편적 가치'로 옹호될 수 있다. 나아가 스미스로 대표되는 경제학적 계몽주의와 자유주의는 루소로 대표되는 철학적 계몽주의와 공화주의에 대한 대안이 될 수 있다. 또 정치적 자유와 경제적 자유뿐만 아니라 도덕이라는 지주를 갖고 있었던 19세기의 '눈부신 자유주의'에서 인민주의를 비판할 수 있는 이론적 근거가 발견될 수 있다.

이처럼 계몽주의의 역사와 자유주의의 역사에 관한 새로운 인식을 통해 마르크스주의 안에 잔존하는 인민주의적 요소들에 대한 자기비판을 가능케 하는 근거를 찾을 수 있다. 무엇보다도 프랑스혁명을 부르주아적 혁명의 표준으로 간주하고 그것을 급진화함으로써 프롤레타리아 혁명을 인식할 수 있다는 선입견과 단절할 수 있다. 마르크스주의는 물론이고 자유주의 역시 취약한 남한에서 인민주의가 상징하는 폭력적 정치문화를 청산할 필요가 있기 때문이다.

게다가 윤석열 대통령이 인민주의에 대항하기 위해 국민전선을 포기하는 대신 어설프게 군부독재를 모방하여 비상계엄을 선포하려던 경악스러운 상황에서 자본주의의 표준과 함께 자유주의의 표준에 대한 역사적 인식을 더욱 심화할 필요가 있는 것은 당연한 일이다. 군부독재는 물론이고 인민주의에 대한 대안은 역시 국민전선이고, 남한의 현정세는 군부독재와의 투쟁 경력을 내세워 그보다 더 악질적인 인민주의를 주창하려는 프로토파시스트와의 투쟁을 시급하게 요청하고 있기 때문이다.

2024년 12월
박상현·유주형

목차

서문 · 5

케이헌의 『공포로부터의 자유』 / 유주형 · 12

세부목차 · 12 / 서론 · 13 / 프로토자유주의 · 16 / 1세대 자유주의 · 29 / 2세대 자유주의 · 41 / 3세대 자유주의 · 47 / 4세대 자유주의: 미완의 역사 · 60 / 결론 · 66

울로크의 『자유주의 온건파와 급진파』 / 박상현 · 68

세부목차 · 68 / 서론 · 69 / 계몽주의 논쟁 · 72 / 영국의 경제학적 계몽주의 · 80 / 프랑스의 철학적 계몽주의 · 91 / 계몽주의에서 자유주의로 · 99 / 자유주의 온건파와 급진파 · 106 / 결론 · 115

아블라스터의 『서구 자유주의의 융성과 쇠퇴』 / 김태훈 · 118

세부목차 · 118 / 서론 · 119 / 아블라스터의 시대구분 · 121 / 프랑스혁명 이전: 자유주의의 토대 · 130 / 프랑스혁명: 자유주의의 절정 · 139 / 프랑스혁명 이후: 쇠퇴하는 자유주의 · 148 / 20세기 자유주의: 지속적 쇠퇴 · 156 / 결론 · 164

포셋의 『자유주의: 어느 사상의 일생』 / 이태훈 · 166

세부목차 · 166 / 서론 · 167 / 자유주의의 청년기 · 169 / 자유주의의 성숙기 · 180 / 자유주의의 전성기와 위기 · 189 / 이론적 쟁점 · 198 / 역사적 쟁점 · 204 / 결론 · 214

포셋의 『보수주의: 전통을 위한 싸움』 / 송인주 · 216

세부목차 · 216 / 서론 · 217 / 정치이념으로서 보수주의 · 220 / 에드먼드 버크의 현대적 보수주의 · 223 / 19세기 영국과 유럽의 보수주의 · 233 / 20세기 미국의 보수주의 · 247 / 결론 · 261

부록: 대선 불복 '20년동란' / 윤소영 · 264

세부목차 · 264 / 2024년 4·10총선 그 후 · 265 / 자유주의의 역사 · 290 / 재론 '프랑스 이데올로기' · 312 / 질의와 응답 · 337/ 「"대선 불복 2년동란」의 목차 · 380

'과천연구실 세미나' · 381

서론 ··· 13
프로토자유주의 ··· 16
    로크: 왜 자유주의의 창시자인가 · 17
    몽테스키외: '제한정부'와 그 정치·경제·도덕적 지주 · 18
    스미스: 역사의 진보와 그 정치·경제·도덕적 지주 · 22
    프로토자유주의 대 공화주의 · 27

1세대 자유주의 ··· 29
    혁명기 자유주의: 칸트·매디슨·콩스탕 · 30
    '눈부신' 자유주의 (1): 매콜리의 '부르주아 자유주의' · 32
    '눈부신' 자유주의 (2): 토크빌과 밀의 '귀족적 자유주의' · 36
    '흐릿한' 자유주의: 벤섬의 환원주의적 공리주의 · 39

2세대 자유주의 ··· 41
    현대적 자유주의: 진보주의·연대주의·새자유주의 · 42
    진정한 현대적 자유주의 · 44

3세대 자유주의 ··· 47
    1기와 2기: '부정적 자유론'과 '이데올로기 종언론' · 48
    3기 (1): 평등주의적 자유주의 · 53
    3기 (2): 초자유주의·신자유주의 · 56
    3기 (3): 공포의 자유주의 · 58

4세대 자유주의: 미완의 역사 ··· 60
    인민주의의 부상 · 61
    인민주의에 대한 대응 · 63

결론 ··· 66

케이헌의
『공포로부터의 자유』

유 주 형

서론

이 글은 케이헌(Alan Kahan)의 『공포로부터의 자유』(*Freedom from Fear*, Princeton University Press, 2023)의 논지를 바탕으로 자유주의의 역사를 개관한다. 그의 전작 『19세기 유럽의 자유주의』(*Liberalism in Nineteenth-Century Europe*, Palgrave, 2003)가 선거제도를 중심으로 자유주의적 제도의 역사를 분석한다면 『공포로부터의 자유』는 그러한 제도에 조응하는 자유주의적 이념의 역사를 분석한다.

프린스턴대학 출신인 케이헌은 1987년에 시카고대학에서 역사학 박사학위를 취득했으며, 2007년에 파리로 이주하기 전까지는 마이애미에 있는 플로리다국제대학(FIU)에 재직했다. 케이헌은 파리에 있는 베르사유대학(UVSQ)의 영국문명학 교수로, 자유주의 정치사상사에 관한 다수의 저서를 출간했다.[1]

『공포로부터의 자유』에서 케이헌은 자유주의를 '어느 누구도 두려움에 떨 필요가 없는 사회를 추구하는 이념'으로 정의한다. 공포로부터의 자유, 즉 부정적(negative) 자유를 '가장 기본적(basic)인 자유', 즉 자유주의의 필요조건으로 인식하는 것이다. 동시에 그는 자유가 희망으로서의 자유, 즉 긍정적(positive) 자유이기도 하다는 점을 강조한다. 자유주의는 지속적이고 전례 없는 자유의 진보, 물질적 개선, 도덕적 향상(perfection)을 추구한다는 것이다.

『공포로부터의 자유』의 핵심적 문제의식은 21세기에 대두한 인민주의를 퇴치 내지 척결하기 위해 정치적 자유와 경제적 자유, 나아가 도덕이라는 세 개의 '지주'(pillar)를 모두 갖춘 19세기식 자유주의의 부활을 주장하는 데 있다. 이런 처방은 현재의 자유주의가 인민주의와의 대결에서 무력한 원인이 특히 향상론(perfectionism) 같은 도덕적 지주의 약화에 있다는 진단에 따른 것이다.[2]

케이헌이 주목하는 19세기, 그 중에서도 '단기19세기'(1815-73)의 '눈부신'(many-splendored) 자유주의의 대표자로는 매콜리(Thomas Macaulay)가 있다. 매콜리의 『영국사』(1848-61)는 휘그사관(Whig history), 즉 명예혁명(1688) 이후 영국의 '육체적·정신적·지성적 향상의 역사'를 서술하면서 급진파와 보수파에 모두 반대하는 자유주의 중도파(liberal center)를 대변했다.

매콜리의 휘그사관의 이론적 근거는 스미스가 제시한 현대경세학, 좀 더 구체적으로 말하자면 '이론적 역사(philosophical history)로서

---

1) 예를 들어 케이헌의 저서로는 *Aristocratic Liberalism: The Social and Political Thought of Jacob Burckhardt, John Stuart Mill and Alexis de Tocqueville* (Oxford, 1992); *Alexis de Tocqueville* (Continuum, 2010); *Mind vs. Money: The War Between Intellectuals and Capitalism* (Transaction Publishers, 2010; 국역: 부글북스, 2010); *Tocqueville, Democracy, and Religion* (Oxford, 2015) 등이 있다.
2) 국내에서 'perfectionism'은 주로 '완전주의' 내지 '완성주의'로 번역되는데, 그러나 프랑스어 'perfectionnement'은 스미스가 말한 '향상'(betterment)이나 매콜리가 말한 '향상'(improvement)과 동일한 의미이다. 후술하겠지만 자유주의와 마르크스주의에서 강조하는 '자기향상'(self-betterment)의 핵심은 '향상심' 내지 '향학열'(desire to learn)에 있다.

경제학(political economy)'이었다. 키케로가 갈파한 '나라의 행복' 내지 '인민의 행복'을 제일의 목적으로 삼는 경세가라면 행복의 필요조건으로서 '민부(民富)의 성격과 원인'에 일차적으로 주목해야 하기 때문이다. 따라서 매콜리의 '본래의 자유주의'(liberalism proper)에서 스미스의 '프로토자유주의'(proto-liberalism), 즉 계몽주의에서 자유주의로 이행하는 과도적 자유주의로 소급하는 일련의 계보를 자유주의의 역사의 본류로 설정할 수 있다.

케이헌은 자유주의자들이 대처하고자 했던 공포의 역사를 기준으로 하는 자유주의의 시대구분을 제시한다.

프로토자유주의 17-8세기 종교적 광신과 전제정의 공포로부터의 자유
1세대 자유주의 '단기19세기'(1815-73) 혁명과 반혁명의 공포로부터의 자유
2세대 자유주의 '세기말'(1873-1914) 빈곤의 공포로부터의 자유
3세대 자유주의 20세기 전체주의(히틀러/스탈린주의)의 공포로부터의 자유
4세대 자유주의 21세기 인민주의의 공포로부터의 자유

다만 자유주의의 역사에 대한 케이헌의 논의는 경제사와 경제학사를 무시한다는 한계가 있다. 정치이념의 등급을 평가하려면 그것을 근거짓는 과학적 이론과 그것을 구현하는 현실의 정책을 반드시 검토해야 한다는 점에서 이러한 무시는 중대한 결함이다. 이하 필요한 대목에서 관련 논점을 보충할 것이다.

자유주의의 역사적 계보와 관련하여 케이헌이 강조하는 몇 가지 논점을 확인해 두자. 우선 자유주의의 희망은 언제나 시민사회에 기초했다. 자유주의자들에게는 국가가 아니라 시민사회가 자유로운 정치·경제와 도덕/종교의 원천이었다. 자유주의자들은 항상 국가를 두려워했으며, 때로는 국가의 도움을 희망하더라도 국가가 구원(salvation)의 원천이 되리라고는 생각하지 않았다.

다음으로, 시대를 막론하고 자유의 가장 큰 잠재적 적은 주권자(sovereign)였다. 주권이라는 지상권(至上權)이 신의 이름으로 행사되든 군주나 인민의 이름으로 행사되든, 주권자는 전제정의 위험을 내포한다. 따라서 자유주의자들은 주권자의 권한을 제한하려고 시

도했다. 가령 법의 지배(rule of law)나 헌정주의(constitutionalism) 같은 제도는 '상위의'(superior) 주권자를 제약하는 반면 '제한선거'(limited suffrage) 같은 제도는 '평등한'(equal) 주권자를 제약한다. 이 점에서 자유주의는 자유를 평등과 동일화하는 접근법과 엄밀히 구별되는데, '다수의 폭정/횡포'(tyranny of the majority)에 대한 자유주의자들의 우려에서 보듯이 평등 역시 공포의 원천이 될 수 있기 때문이다.

나아가 신체와 정신의 자유를 보장하는 기본권 이외의 권리는 자유주의자들이 볼 때 만병통치약(panacea)이 아니었다. 권리의 역사는 자유주의의 역사와 때로 평행하기도 하고 때로 분기하기도 했다. 주류 자유주의자들은 2차 세계전쟁 이전에는 사회계약을 많이 거론하지 않았고, 권리 담론을 구사하더라도 다른 논변(argument)보다 우선순위에 두지 않았다. 이런 맥락에서 자유주의의 역사를 추적할 때 1960-80년대의 이른바 '권리혁명'(rights revolution)에 대한 비판적 시각도 확보할 수 있을 것이다.

프로토자유주의

16세기의 종교개혁과 17세기의 과학혁명에 후속하는 17-8세기의 프로토자유주의는 종교적 광신에 대한 공포와 절대군주정이라는 전제정에 대한 공포를 배경으로 한다. 프로토자유주의는 이론상 모든 사람의 공포가 동등하게 고려되어야 하는 민주화된 사회에서 인민을 공포로부터 어떻게 보호할 것인가라는 새로운 문제에 대한 대응이자 민주화된 사회가 배태한 새로운 희망에 대한 반응이었다.

케이헌이 주목하는 프로토자유주의자는 몽테스키외(1689-1755)와 스미스(1723-90)이다. 이들은 계몽주의자들이 혐오했던 종교적 광신(fanaticism, 열광)과 열정(enthusiasm)을 두려워했다. 그러나 로크(1632-1704)와 달리 종교전쟁을 체험하지 못한 이들에게 종교적 광신의 공포는 큰 비중을 차지하지 않았다. 몽테스키외와 스미스에게 과거와 당대를 구별하는 변화의 핵심은 상업사회의 발전이었다. 그들에게 상업사회는 그것이 야기하는 새로운 위험에도 불구하고 자유의 지주이자 저항의 지주였다.

로크: 왜 자유주의의 창시자인가

케이헌이 자유주의의 기원을 몽테스키외와 스미스로 설정하는 것은 곧 로크를 자유주의의 창시자로 간주하는 20세기 후반의 통설을 부정하는 것이다.3) 케이헌은 로크가 17세기의 주요 프로토자유주의자인 것은 분명하지만 19세기부터 20세기 전반기까지 자유주의자들의 논의에서 무시되었기 때문에 그로부터 자유주의의 역사를 시작하는 것은 자유주의의 역사에 대한 오도된 상을 제시한다고 주장한다. 그리고 로크에 비해 19세기에 실제로 형성된 자유주의와 연대기적으로나 지적으로 훨씬 직접적으로 관련된 몽테스키외와 스미스로부터 자유주의의 역사를 시작해야 한다고 결론짓는다.

그러나 이러한 문제설정은 로크의 자기소유(self-ownership)가 자유주의를 이념적으로 근거짓는다는 사실을 무시한 것이다. 노동에 기초한 소유로서 재산에 대한 권리를 의미하는 자기소유론은 장차 스미스 경제학의 핵심으로서 노동가치론으로 발전할 것이었다. 나아가 스미스의 '이론적 역사로서 경제학'은 19세기 자유주의의 대표자로서 매콜리의 휘그사관으로 계승될 것이었다. 스미스와 매콜리가 추구한 현대경제학의 역사적 계보에서도 로크는 선구자였다. 로크가 자신의 『통치론』의 제사(題詞)로 '인민의 행복이 최고의 법이다'(Salus populi suprema lex esto)라는 키케로의 경구를 인용한

---

3) 케이헌에 따르면 20세기 중반 이후 로크가 부활한 것은 우파와 좌파 모두 로크의 이론적 장단점과 '앵글로색슨 자유주의', '고전적 자유주의', '개인주의'의 장단점을 동일시했기 때문이다. 우파로서 초자유주의자(libertarian)가 로크의 자연권과 사회계약을 상찬한 반면 좌파로서 반(反)자유주의자는 로크의 '소유적 개인주의'를 비난했다는 것이다.

것이 그 증거다.

자유주의가 경험적으로 증명되는 과학적 이론에 근거해야 한다는 점에서도 로크를 자유주의의 기원으로 설정할 필요가 있다. 뉴튼의 과학혁명을 수용한 로크로부터 현대철학이 시작되었는데, 관련하여 로크는 자신이 뉴튼이라는 '도편수'(master-builder)를 돕는 '막일꾼'(under-labourer)에 불과하다는 겸손의 말을 한 바 있다. 로크의 철학은 더 이상 절대적 지식이 아니라 유한한 지식이었고, 과학을 착취하는 존재론이 아니라 과학에게 봉사하는 인식론이었다.

자기소유론은 자유주의는 물론이고 공산주의에서도 중요한 함의를 갖는다. 경제학 비판으로서 마르크스의 『자본』의 핵심적 결론은 '개인적 소유의 재건'으로, 사회적 소유와 결합해야 하는 개인적 소유를 의미한다. 재산이 아닌 노동력에 대한 소유권, 즉 노동권이 로크의 자기소유론에 대한 비판에서 도출된 마르크스의 대안으로서, 마르크스는 노동권을 공산주의의 핵심이라고 주장했다. 마르크스에게 비판은 '지양'(止揚, Aufhebung/sublation), 즉 결함을 해결한다는 뜻이므로, 노동권은 곧 소유권의 완성이라고 할 수도 있다. 로크의 '소유적 개인주의'에 대한 좌파의 비판은 자유주의에 대한 단순한 거부나 반대가 아니라 비판이나 지양이어야 하는 것이다.[4]

몽테스키외: '제한정부'와 그 정치·경제·도덕적 지주

로크에 이어 몽테스키외는 자유주의의 고전적 주제인 권력의 제한을 강조한 프로토자유주의자로서, 19세기의 자유주의자들에게 가장 큰 영향력을 끼친 인물 중 하나였다. 몽테스키외는 권력 남용을 방지하는 제도로서 '제한정부'(limited/moderate government)와 그것을 위한 정치적·경제적·도덕적/종교적 지주의 필요성을 역설했다.

---

[4] 로크와 마르크스의 자기소유에 대해서는 『일반화된 마르크스주의 개론』(공감, 2006; 개정판: 2008)과 『마르크스의 '자본'』(공감, 2009)을 참고할 수 있다.

그의 논의의 출발점은 정부형태론 내지 정치체제론(정체론)이었다.

케이헌은 몽테스키외 정체론의 이론적 원천으로서 아리스토텔레스만 언급하는데, 실은 폴리비오스가 핵심적인 이론적 원천이라는 사실을 상기할 필요가 있다. 아리스토텔레스와 달리 폴리비오스는 정체순환론을 혼합정체론과 결합했다는 특징이 있었다. 폴리비오스의 혼합정체론은 정체의 영원회귀(eternal return), 즉 윤회(trans-migration)를 중단시킬 수 있는 방법이 바로 군주정, 귀족정, 민주정의 장점을 결합한 혼합정체라는 것이었다. 아리스토텔레스와 달리 최선의 정체가 단일정체가 아니라 혼합정체라는 것이 폴리비오스의 혼합정체론의 핵심이었다.5)

몽테스키외는 정체를 설명하기 위해 두 가지 유형론(typology)을 설정했다. 첫 번째 유형론은 정체를 공화정·군주정·전제정으로 구분하는 것이었다. 이것은 당시까지 익숙했던, 주권자의 수에 따라 정체를 군주정(단일)·귀족정(소수)·민주정(다수)으로 구분하던 고대 그리스의 유형론을 대체한 것이었다. 공화정은 다시 귀족정과 민주정이라는 두 개의 하위 유형으로 구분된다. 전제정은 아리스토텔레스가 말한 정체의 타락(corruption)에서 세 가지 유형을 총칭한다. 군주정의 타락으로서 참주정, 귀족정의 타락으로서 과두정, 민주정의 타락으로서 인민정이 그것이다.

몽테스키외의 두 번째 유형론은 정부를 제한(moderate, 온건한)정부와 비제한(immoderate, 전제적)정부로 구분한 것이었다.6) 모든 전제정은 비제한정부였지만, 모든 공화정과 군주정이 제한정부는 아니었다. 공포로부터 자유로운 사회를 건설하기 위해서는 정부 권력의 제한이 필요했고, 몽테스키외는 이것을 자유와 동일시하며 자유주의의 목표로 삼았다.

---

5) 폴리비오스의 정체순환론과 혼합정체론에 대해서는 『한국사회성격 논쟁 세미나 (I)』(공감, 2020)을 참고할 수 있다.
6) 참고로, 전인혜가 번역한 『법의 정신』(나남, 2023)은 '제한'과 '비제한' 대신 '절제'와 '전제'라는 용어를 사용하고 있다. 또 진병운의 『몽테스키외 '법의 정신'』(서울대철학사상연구소, 2004)은 '온건'과 '전제'를 사용하고 있다.

몽테스키외의 제한정부론은 고대 로마의 공화정이 아니라 그 자신이 '군주정으로 분장한 공화정'이라고 부른 명예혁명 이후 영국의 입헌군주정을 현실의 대상으로 삼았다. 명예혁명 이후의 영국은 상원이 상징한 귀족정과 하원이 상징한 민주정을 결합하면서 입헌적 형태로 군주정도 유지할 수 있었다. 폴리비오스가 혼합정체로서 로마의 공화정을 최선의 정체로 간주했던 것처럼 몽테스키외도 혼합정체로서 영국의 입헌군주정을 최선의 정체로 간주했다. 폴리비오스를 계승한 몽테스키외의 '이론적 역사로서 정체론'은 장차 스미스의 '이론적 역사로서 경제학'으로 계승될 것이었다.

몽테스키외는 정치적 자유의 측면에서 제한정부의 실현을 위해 권력분립론을 제창했다. 케이헌은 몽테스키외 권력분립론의 주요 요소로서 제한(moderation) 외에도 다양성(diversity) 내지 다원성(multiplicity)에 특히 주목한다. 몽테스키외에게 획일성(uniformity)은 전제정, 즉 '모든 사람이 평등하게 통치자의 노예가 되는 사회'를 의미했다. 따라서 그는 민주정에서 인민에게만 유일한 권력을 부여하지 않았다. 인민과 엘리트 모두 자신의 대표를 통해 입법권을 형성하지만, 입법부는 행정부를 견제할 뿐만 아니라 자체 내에서 양원으로 분화되어야 한다. 권부(權府) 상호간 견제와 균형으로서 권력분립론이 몽테스키외의 다원주의를 상징하는 것이다.

정치적 지주에 대한 논의는 도덕적 지주에 대한 논의와 직결된다. 몽테스키외에게 '인간이 통치하는 정부'(human government)의 향상, 즉 제한정부(moderation)는 '인간 개인의 인성'(human character)의 향상과 동치였다. 몽테스키외는 공화정, 그 중에서도 민주정의 도덕적 지주로서 덕성을 강조했다. 그는 덕성을 민족과 평등에 대한 사랑으로 정의했고, 덕성은 '사익에 대한 공익의 우위'를 의미했다.

왜 특히 민주정에서 덕성이 요구되는가? 귀족정에서는 백성들이 귀족의 제약을 받았기 때문에 반드시 덕성을 갖출 필요는 없었다. 그러나 민주정을 실행하려면 경제성장에 따른 생활수준의 향상과 더불어 민도(民度), 특히 인민의 도덕적 수준이 상승해야 했다. 달리 말해서 민주정은 인민의 교육을 전제해야 하는 바, 몽테스키외는 특히 자녀에 대한 부모의 덕성 교육의 중요성을 강조했다. 그에게 덕성은 '지식의 결과가 아니라 느낌(feeling)'이기 때문에 덕성의 교육은 일련의 사실을 배우는 것이 아니라 감정(emotion)을 불어넣는 것이었다. 나아가 덕성의 교육은 모든 시민에게 '동일한 행복과 희망'을 보장함으로써 '조국애와 미풍양속(good mores)의 선순환'을 낳았다. 요컨대 덕성은 사회의 행복과 도덕적 향상을 위한 동기였다.

문제는 기독교와 공화주의의 전통적 도덕관에서는 덕성과 상업사회를 조화시키기가 쉽지 않다는 것이었다. 덕성이 현대사회에서 제한정부를 위한 도덕적 지주가 되려면 우선 현대사회의 상업과 덕성을 조화시켜야 했다. 몽테스키외는 이것이 가능하고 또 현실적이라고 주장했다. 상업사회에서 시장은 덕성을 타락시키는 것이 아니라 오히려 장려하기 때문이라는 것이었다.

몽테스키외의 견해에서 부유함과 검소함은 대립하는 것이 아니기 때문에 상업이 타락의 원천은 아니었다. '민주정이 상업에 기반을 둔다면 개인이 큰 부를 소유하고도 도덕이 타락하지 않을 수 있다. 상업의 정신에는 검소함·경제·절제(moderation)·근면(work)·지혜·평온·질서·규칙의 정신이 깃들어 있기 때문이다.' 시장은 덕성에 대립하는 것이 아니라 오히려 그 원천이었다. 시장은 우리의 필요/욕구를 충족할 뿐만 아니라 탁월함(greatness)에 기여할 수도 있었다. 상업과 공화정은 현대사회에서 자연적 동맹관계였다.

몽테스키외가 자유로운 상업사회의 모델로 설정한 대상도 영국이었다. 영국에 대한 그의 분석은 법과 풍속에 관한 논의가 주를 이루었다. 영국에서 자의적 권력은 법에 의해 제한되고 법은 입법부에 의해 제정되며 입법부 내에서 상원은 하원을 견제했다.[7] 군주는 입법부로부터 행정부를 보호하는 데 필요한 거부권을 가졌다. 영국의

---

7) 18세기 영국의 상원은 고위 성직자와 귀족으로 이루어진 반면 하원은 지주와 상공업자로 구성되었다. 그리고 선거권은 일정 금액 이상의 세금을 납부하는 토지소유자에게 한정되었다.

제도, 즉 견제와 균형의 제한정부는 법에 기초하여 자유를 제도화하려는 시도였다.

몽테스키외에게 영국 헌정의 특질은 행정부와 입법부 사이의 극단적인 정치적 정념(passion)을 완화하고 정치적 갈등을 국익으로 전환하는 방식에 있었다. 그는 영국 민족의 법과 '풍속(mores), 습관(manners), 기질(character)'을 탐구하는 과정에서 권력분립이 각각 행정부와 입법부를 지지하는 인민의 정념을 완화하기보다 조장한다는 사실을 발견했다. 하지만 영국은 만인의 자유를 보장하는 법과 행정부-입법부의 상호 견제와 균형에 의해 제한정부를 실현했다. 영국에서는 정념이 자유의 원동력이었다는 것이다. '노예 민족의 관습(custom)은 노예상태의 일부이고 자유로운 민족의 관습은 자유의 일부이다.'

이상의 논의로부터 케이헌은 몽테스키외의 자유가 군주정적 명예나 공화정적 덕성이 아니라 다양한 갈등적 정념에 의해 지지된다는 함의를 도출한다.[8] 다원주의가 몽테스키외의 분석에서 '상수'라는 것이다. 결론적으로 몽테스키외는 영국의 제한정부에 대한 분석을 통해 자유주의가 자유·시장·도덕/종교라는 세 지주에 기초할 때 최선의 결과를 낳는다고 주장했다. '종교·상업·자유 각각의 이점을 동시에 취하는 방법을 가장 잘 아는 사람이 바로 가장 위대한 사람이다.'

스미스: 역사의 진보와 그 정치·경제·도덕적 지주

스미스는 몽테스키외의 이론적 역사와 로크를 기원으로 하는 경제학을 결합함으로써 역사의 진보와 그것을 지지하는 정치적·경제적·도덕적 지주의 관계를 체계적으로 증명한 프로토자유주의자였

---

[8] 몽테스키외의 분석에서 정념은 긍정적인 기능뿐만 아니라 부정적인 기능을 수행했다. 영국의 '상업적 정념'으로서 대외무역과 아일랜드 문제에서 나타난 제국주의와 '종교적 정념'으로서 종교적 광신이라 할 수 있는 가톨릭 무관용이 대표적인 부정적 사례였다.

다. 스미스의 이론적 역사로서 경제학은 19세기에 매콜리의 휘그사관과 존 스튜어트 밀의 '부르주아 사회주의'를 거쳐 마셜이 정초한 케임브리지 경제학파로 계승될 것이었다.

몽테스키외의 이론적 역사는 제한정부론을 제창하고 상업사회와 도덕의 연관성을 분석했지만, 절대군주정의 중상주의를 비판하지는 못한 한계가 있었다. 중상주의 비판은 볼테르가 영국에서 수입한 계몽주의와 예수회가 수입한 공자의 유학을 추종하던 케네에 의해 이루어졌다. 케네가 제창한 중농주의(physiocracy, 자연의 지배)는 '자연법칙'으로서 경제법칙에 주목함으로써 중상주의적 정부의 개입을 비판하고 민간의 자유방임(laissez-faire)을 주창하는 논거가 되었다. 이런 경제법칙관은 스미스의 경제학으로 계승되었다.[9]

케이헌은 스미스가 자유시장의 경제학을 역사 및 도덕과 결합함으로써 상업사회를 역사적·도덕적으로 정당화했다는 데 주목한다. 스미스는 상업사회를 분석하기 위해 어렵·채집, 목축, 농경, 상업사회로 진화하는 생존양식(mode of subsistence) 4단계론을 제시했다. 생존양식 4단계론은 원시공산주의, 노예제, 봉건제, 자본주의, 공산주의로 진화하는 마르크스의 생산양식(mode of production) 5단계론을 예비하는 것이었다. 스미스는 기독교나 공화주의처럼 세계사의 2단계가 아니라 4단계를 설정함으로써 최근 단계인 상업사회에 대한 인식을 심화할 수 있었다.[10]

상업사회의 여러 특성은 현대인이 자유와 시장을 경험하는 방식과 현대인의 인성 형성에 영향을 미쳤다. 스미스의 상업사회 분석의 출발점은 인간학으로, 그는 인간의 본성을 '교환성향'(propensity to exchange)에서 발견했다. 교환성향으로부터 사회적·기술적 분업이 발생하고, 분업을 통해 노동생산성이 상승한다. 분업에 의한 노동생산성의 상승이 바로 스미스가 말한 '민부의 원인'이었다.

---

9) 자세한 내용은 『한국사회성격 논쟁 세미나 (I)』을 참고할 수 있다.
10) 스미스의 4단계론은 아담과 하와의 타락(the Fall) 이전과 이후 또는 그리스도 이전과 이후를 구분하는 기독교의 2단계론이나 정체의 '타락' 전후를 구분하는 공화주의의 2단계론과 구별되었다.

상업사회에서 노동자는 정치적으로 또 도덕적·심리적으로 독립하지만, 분업은 노동자를 파편화·불구화한다. 불행히도 '개선되고 문명화된 사회에서 정부가 이를 막기 위해 약간의 고통을 감수하지 않는 한, 노동빈곤층, 즉 국민의 대다수(the great body of the people)가 필연적으로 몰락한다'. 따라서 스미스는 상업사회에서 노동자에 대한 교육을 통해 이들의 지적 향상을 추구했다.

상업사회의 지적·심리적·경제적 효과와 함께 광범위한 도덕적 효과에 대한 스미스의 관심은 그가 상업사회가 초래한 변화에 대해 공리주의적 태도와 향상론적 태도를 모두 채택했음을 보여준다. 그의 견해에 따르면 공리주의적 동기와 향상론적 동기의 결합은 인류의 역사를 통해 상업사회를 만들어냈고 그 영향을 지속해왔다. 스미스는 공리, 즉 물질적 진보와 동시에 개선된 물질적 환경 속에서 살아가는 사람들의 향상, 즉 도덕적 인성 양자에 대해 관심을 가졌다.

분업은 스미스가 문명의 발전을 설명하는 유일한 메커니즘이 아니었다. 교환성향과 마찬가지로 인간 본성에 기반을 둔 도덕적 동기 역시 존재했다. 스미스의 도덕감정론은 인간의 본성과 시장 및 도덕의 역사적 진화 사이에 중요한 연결고리를 만들었다. 시장이 개인과 사회의 부뿐만 아니라 도덕의 발전에 어떻게 기여하는지, 상업사회가 물질적 진보뿐만 아니라 도덕적 진보를 어떻게 대표하며 정치적 진보의 토대를 어떻게 놓았는지를 증명했던 것이다.

스미스의 정치·경제·도덕의 세 지주에 대한 논의는 도덕감정론에서 출발한다. 케이헌은 도덕감정론의 핵심으로서 '공감(sympathy)'과 더불어 '적정성(propriety)'[11]의 관념에 주목한다. 공감은 일종의 '가상적 동일화'(imaginative identification)이다. '최악의 불량배(the greatest ruffian)라 할지라도 타인의 고통을 보면 연민(pity)이나 동정(compassion), 즉 슬픔을 느낀다.' 역지사지(易地思之), 즉 상대방

---

11) 『도덕감정론』의 박세일·민경국 국역본(비봉출판사, 2009)과 김광수 국역본(한길사, 2016) 모두 '적정성'으로 옮기고 있다. 그러나 스미스와 유가 사상의 친화성과 함께 '예'(禮)의 영역어가 'propriety'라는 점도 고려할 필요가 있을 것이다.

의 입장에서 자신이 느낄 감정을 자동적으로 상상하기 때문이다.

공감의 감정은 필연적으로 적정성의 감각으로 이어졌고, 적정성은 사람들이 공감을 느낀다는 사실을 일련의 도덕적 가치로 전환시켰다. 사람들은 관찰과 교육을 통해 자신과 타인이 어떻게 느껴야 하는지, 무엇이 적정한지를 배웠다. 따라서 '풍속과 습관'(custom and fashion)은 우리의 감정과 공감에 막대한 영향을 미쳤다. 사람들이 타인을 관찰하면서 이런 것들을 배우는 것처럼, 우리는 자신을 자기 행태의 관찰자(spectator)로 상정하고 행위와 감정의 적합성(suitableness)과 부적합성(unsuitableness)을 판단하는 법을 배웠다.

공감과 적정성에 대한 스미스의 사상은 『민부론』에서 논의되는 인간 동기의 전체 체계에 결정적인 영향을 미쳤다. 사람들은 동료의 '관심과 인정'(attention and approbation)을 원했기 때문에 남보다 더 많은 것을 가지려고 노력했는데, 이는 직접적인 물질적 이유 때문이 아니라 내면의 관찰자를 통해서 그리고 타인의 감정에 가상적으로 공감하는 관찰자의 능력을 통해서 내면화된 것이었다.

역사의 진보에 대한 스미스의 설명은 물질적 의미의 공리 추구에 근거한 것이 결코 아니었다. 그는 공리를 하나의 물질적 동기로 인정하면서도 도덕적 동기의 측면에서 적정성에 비해 부차적으로 여겼다. 적정성은 분업의 효용과는 별도로 사회 진보를 설명할 수 있는 수단을 제공했다. 적정성에 입각한 판단은 인간으로 하여금 '개선된 상태'를 위한 근면의 동기를 부여했고, 궁극적으로 모든 사회 발전의 배경이 되었다. 존경받고자 하는 욕망(desire for esteem)으로서 적정성은 물질적 쾌락-고통으로서 효용의 계산보다 우선했다.

케이헌은 적정성에 의해 동기화된 일련의 행태, 즉 인간 기질의 향상으로 나아가는 행태에 주목할 것을 제안한다. 그것이 상업사회에 대한 스미스의 도덕적 정당화의 관건이기 때문이다. 적정성은 신중(prudence, 자중자애/사리분별)으로 이어졌고, 사람들은 신중을 다른 덕성의 향상과 결합하여 믹월힘으로 나아갈 수 있었나. 스미스가 상업사회를 낙관적으로 전망했던 이유는 상업사회가 신중과 탁월함을 모두 편입시킬 수 있기 때문이었다.

케이헌은 스미스가 엘리트주의적이고 향상론적인 덕성의 윤리와 함께 무엇보다도 공리주의적 고려에 기초한 민주적인 행복의 윤리를 제시했다고 해석한다. 스미스는 벤섬과는 매우 다른 종류의 공리주의자로, 훗날 벤섬의 환원주의적 공리주의는 자유주의와 자주 혼동되었다. 스미스는 벤섬과 달리 모든 쾌락이 동등한 것은 아니며, 공리가 모든 것에 대한 판단의 기준이 되어서도 안 된다고 생각했다. 즉, 공리는 사물을 판단하는 규준일지언정 인간을 판단하는 규준으로서는 불충분했다.

스미스의 적정성 이론을 통해 자유·시장·도덕은 마치 '보이지 않는 손'(invisible hand)처럼 함께 작동하게 되었다. 그는 부와 덕성의 악무한적 대립을 뒤로 하고, 적절한 사익 추구를 악덕이 아닌 것으로 간주함으로써 시장과 도덕은 천적관계(natural enemies)가 아니라 자연적 동맹관계라는 단기19세기의 자유주의적 합의를 형성하는 데 일조했다.

케이헌은 스미스의 자유시장경제학을 시장만능주의로 간주하는 대중적인 통념을 정정한다. 스미스가 '자유의 자연적 체계'(natural system of liberty)라고 불렸던 체계에서 정부는 도덕적으로 중립적이지 않다는 것이다. 그는 경제적 자유와 관련해서는 국가의 역할을 제한한 반면 도덕의 향상과 관련해서는 국가의 역할을 유지, 확대하고자 했다. 예컨대 국교회를 유지하고 공립학교를 설치하고 보통군사훈련을 실시하는 것이 국가의 주요한 기능이었다.[12]

스미스는 정부의 기능을 국방, 사법(justice), 교육·종교라는 세 영역으로 특정했다. 이러한 스미스의 정부기능론은 절차적 정의에 국한된 중립적 국가의 존재를 부정하는 동시에 국가의 역할을 '시장이 할 수 없는 것'에 국한했다는 의의가 있었다. 다만 이것은 시장이 할

---

[12] 『현대경제학 비판』(공감, 2011)에서 설명했듯이, 스미스 이래 경제학에서 시장만능주의는 자유주의가 아니라 보수주의의 주장이었다. 또 경제학의 주류는 보수주의가 아니라 자유주의였다. 경제학이 시장만능주의를 주장한다는 것은 대중의 오해나 편견일 따름이다.

수 없는 것 모두를 '국가가 할 수 있다'는 의미가 아니라는 점에 유의해야 한다. 단적인 예로서 국가가 대신해줄 수는 없고 개인이 알아서 해야 할 일도 있기 때문이다. 나아가 스미스는 자유를 위해서는 법의 지배, 권력분립, 정치참여가 필수적이라고 주장했다. 이 모든 측면에서 스미스는 19세기의 자유주의를 예고했다.

프로토자유주의 대 공화주의

몽테스키외와 스미스는 기존의 공화주의적 '세계관'에 맞서 싸웠다. 그럼에도 몽테스키외와 스미스에게서 자유주의적 요소와 공화주의적 요소를 구분하고 무엇이 우세한지를 둘러싸고 논쟁이 지속되고 있다. 케이헌은 이런 논쟁이 대체로 자유주의를 거부하려는 사람들, 특히 자유주의는 도덕적 요소를 가진 적이 없고 가질 수도 없다고 주장하는 사람들이 제기한 논쟁이라고 평가한다. 문제는 이 과정에서 자유주의의 역사가 심각하게 왜곡된다는 것이다.

케이헌은 자유주의와 공화주의를 구별하기 위해서 공화주의에 대한 엄밀한 정의를 시도한다. 그에 따르면 공화주의는 공화정, 즉 기원적으로는 로마 공화정을 지지하고 로마에서 제정이나 군주정의 수립에 반대하는 조류를 의미했다. 공화주의는 마키아벨리와 해링턴에 의해 현대화되면서 다양한 형태를 취했지만 항상 덕성과 정치를 최우선으로 강조하는 공통점이 있었다. 공화주의적 시각에서 자유는 정치 참여를 통해 공동선을 증진할 개인적 능력을 지칭했다.

프로토자유주의가 태동하던 17세기의 공화주의는 시민사회 관념을 결여하고 모든 것을 국가와의 관계로 환원했다. 공화주의자들이 법의 지배나 개인의 경제적 비의존성/독립성, 제도의 역할, 개인의 덕성 등을 거론하더라도 언제나 정치에 종속되는 하위 요소일 따름이었다. 공화주의자들은 타락으로 인해 자유가 상실될 것이라는 공포를 공유했다. 공화주의적 견해에서 자유 상실의 원인은 덕성의 상실, 즉 타락이었다. 타락은 공동체에 대한 열정(zeal)을 사악한 자기

이익으로 대체하는 도덕적 실패이자, 개인의 자유가 덕성과 공적 기여(public service)에 의존한다는 사실을 이해하지 못하는 이성적 실패였다.

심지어 공화주의자들은 루소의 유명한 구호를 따라 사람들을 '자유롭도록 강제할'(forcer d'être libre) 의무가 있다고 주장하기도 했다. 이때 '자유'는 공동선 내지 공익이라는 의미이므로 이 구호는 '공익을 위해 희생하라'는 의미로 해석하는 것이 옳을 것이다. 실제로 로베스피에르는 루소의 구호로부터 '인민의 적'(ennemi du peuple)이라는 개념을 발명해내기도 했다.

케이헌은 자유주의와 공화주의의 쟁점을 대략 두 가지로 정리한다. 하나는 역사 발전 단계의 인식에 있어서 상업사회로의 단계적 진보를 새롭게 상정할 것인지 아니면 공화국의 흥성과 쇠망이라는 2단계론을 계속해서 유지할 것인지에 관한 것이다. 다른 하나는 시민사회와 상업의 가치 및 중요성의 인정 여부다. 공화주의자들에게 시민사회나 상업은 정치로부터 시선을 분산시키거나 심지어 고질적인 타락의 온상이 될 수도 있었다.

공화주의자들이 상업사회의 진보성을 무시 내지 격하했던 반면 몽테스키외와 스미스는 공화주의자 못지않게 덕성을 중시했다. 나아가 이들은 자기이익과 덕성, 즉 공리주의와 향상론을 조화시켰다. 이들은 도덕/덕성과 종교/향상이 자기이익/효용에 기초한 상업사회의 발전과 함께 작용하여 자유를 증진시킬 수 있다고 전망했다.

자유·시장·도덕이 함께 작동하면 공화주의자들이 전통적으로 두려워하던 타락을 억제하는 데 기여할 것이다. 타락에 대한 반동이나 타락에 대한 공포로 나타나는 종교적 광신을 순치할 수 있고, 전제정을 방지하고, 모든 공포에 대한 방벽을 제공함으로써 인류의 지속적 진보를 보장할 수 있을 것이다. 현대 세계는 고대 세계보다 개선된 세계가 될 것이다. 이처럼 경제적·도덕적 분석과 함께 역사적 분석은 18세기 프로토자유주의자들의 정치적 분석에서 핵심적이었다. 결국 18세기 논쟁의 핵심은 상업사회의 의의에 관한 것, 즉 새로운 역사 발전 단계로서 자본주의의 의미와 그 우수성에 관한 것이었다.
 몽테스키외와 스미스에게 상업을 통한 자기이익의 추구와 개인적·정치적 향상을 위한 덕성의 추구는 사회나 개인에게 배타적인 것으로 여겨질 필요가 없었다. 덕성과 개인의 '비지배'(non-domination)에 관심을 가진 공화주의자와 자기이익과 '비강제'에 관심을 가진 프로토자유주의자 내지 자유주의자 사이에는 실질적인 차이가 거의 없었다. 스미스와 몽테스키외는 두 개념을 모순으로 보지 않고 두 개념을 모두 사용했다. 자유·시장·도덕에 기반을 둔 사회는 개인을 강제와 지배로부터 해방시킬 수 있다고 믿었기 때문이다. 이상의 논의를 통해 케이헌은 프로토자유주의가 공화주의의 변이 중 하나에 불과하다는 주장을 단호하게 기각한다.

1세대 자유주의

 19세기의 자유주의자들은 프로토자유주의자들처럼 전제정과 종교적 광신을 두려워하면서도, 혁명과 반혁명을 특히 두려워했다. 전제정과 종교적 광신, 혁명과 반혁명이라는 공포 모두가 국가에 체현되었기 때문에 1세대 자유주의자들은 무엇보다도 국가권력을 제한하는 데 많은 관심을 기울였다.
 미국독립전쟁과 프랑스혁명에서 희망은 자유였던 반면 공포는 종교적 광신을 방불케 하는 혁명파와 반혁명파 양측의 정치적 광신이었다. 19세기 자유주의자들은 스킬라와 카리브디스 사이의 해협을 안전하게 항해하기 위한 조타수로서 스스로 중심을 잡고 있다고 자부했다. 19세기 자유주의는 '모순의 당'이라는 평판을 듣기도 했는데, 개혁을 선호하는 좌파로서 '운동의 당'과 변화에 저항하는 우파로서 '저항의 당'이 공존한다는 뜻이었다. 자유주의자들은 이러한 규정을 멸칭이 아니라 도덕적·실천적 미덕으로 간주했다.

혁명기 자유주의: 칸트·매디슨·콩스탕

동프로이센의 철학교수인 칸트, 미국의 혁명가이자 노예소유주인 매디슨, 스위스/프랑스의 정치가 겸 소설가인 콩스탕 사이에 공통점을 발견하기는 쉽지 않다. 그러나 이들은 대서양 양안에서 동시적으로 분출한 '혁명 이후'의 새로운 상황에 대응했다는 점에서 공통점이 있었다. 물론 그 방식에는 차이가 있었는데, 칸트와 콩스탕은 개인의 공포와 희망에 초점을 맞췄던 반면 매디슨은 집단의 공포와 희망에 초점을 맞췄다.

케이헌은 비판적 사고에 기초한 '지성적 자유주의'(intellectual liberalism)의 사례로서 칸트로부터 논의를 시작한다. 미국독립 직후 (1784)에 발표된 에세이 「계몽이란 무엇인가: 질문에 대한 답변」에서 칸트는 미국독립전쟁이 제기한 질문인 폭력·반란·무정부상태·전제정을 유발하지 않고서 어떻게 자유를 보장할 것인가라는 질문과 씨름했다. '혁명으로 전제정을 타도할 수 있더라도 사고방식을 진정으로 개혁할 수는 없다. 오히려 기존의 편견이 그랬듯이 그것을 대체한 새로운 편견도 스스로 생각하지 않는 거대한 대중의 개목걸이(leash) 역할을 할 것이다.' 이런 우려는 프로토자유주의에 부재했던 것으로, 혁명에 대한 공포는 1세대 자유주의의 특징이 되었다.

매디슨(James Madison)은 혁명 이후의 민주적 상황에 대응한 최초의 정치이론가 중 한 명이었다. 그는 자신이 처한 전례 없는 새로운 위험과 기회를 충분히 의식하면서 칸트보다 더 명확하게 미국독립전쟁과 프랑스혁명 이후 혁명과 반혁명의 공포에 대응했다. 자유주의에 대한 매디슨의 공헌은 그가 상당 부분을 기초한 헌법(1787)과 헌법 비준을 설득하기 위해 존 제이, 알렉산더 해밀턴과 함께 저술한 일련의 에세이 『연방주의자 논집』(1787-88)에서 드러난다.

케이헌에 따르면, 매디슨이 자유주의 사상의 발전에 가장 크게 기여한 독창성은 개인뿐만 아니라 집단의 안전을 보장하려는 데 있었다. 매디슨은 갈등을 제거하고 획일성을 강요하기보다는 갈등과 다양성을 장려하는 특유의 자유주의적 방식을 추구했다. 그에게 파벌, 즉 종파와 정파의 증식은 각자가 나름의 방식으로 자신의 이익이나 구원을 추구할 수 있었기 때문에 집단적으로 유용했다. '여럿이 모여 하나가 되자'(E pluribus unum)라는 문구를 통해 매디슨은 존 스튜어트 밀을 비롯해 개인과 집단 모두의 다양성을 강조한 유럽 자유주의자들의 논변을 선취했다.

콩스탕(Benjamin Constant)은 일련의 정치적 입장을 지칭하기 위해 '자유주의자'라는 단어를 최초로 공론화한 사람이자 유럽에서 혁명과 반혁명에 대한 공포에 직접적으로 대응한 최초의 세대 중 한 명이었다. 좌익에서는 자코뱅이, 우익에서는 나폴레옹과 부르봉왕가가 콩스탕의 공포를 불러일으켰다. 콩스탕의 자유주의적 관점에서 '전제정과 무정부상태는 통념 이상으로 비슷하다'는 것이었다.

콩스탕의 입장은 시간의 흐름에 따라, 때로는 견해의 변화에 따라, 때로는 전술적 상황의 변화에 따라 좌우로 심하게 진동했다. 그럼에도 '자유란 전제정으로 통치하려는 권위와 소수를 다수에게 복종시킬 권리를 주장하는 대중 모두에 대한 개인의 승리를 의미한다'는 그의 생애 말년 저술에는 상당한 진실이 담겨 있었다. 콩스탕이 자신의 일관성을 주장할 수 있었던 한 가지 이유는 자유에 대한 그의 분석이 일관되게 공포로부터의 자유에 기초했던 데 있다. 그에게 '자유'는 '오직 법의 지배를 받을 권리'(the right to be subjected only to the laws)였으며, '누군가의 자의적 의지에 의해 체포·구금·처형 기타 어떤 방식으로든 학대받지 않을 권리'였다. 콩스탕에게 현대사회의 자유는 개인의 안전을 의미하며, 그렇지 않다면 자유가 전혀 없는 것이었다.

콩스탕에게 프랑스혁명의 오류는 현대성을 잘못 이해한 데서 비롯되었다. 콩스탕은 칸트나 매디슨처럼 현재가 과거와 어떻게 구별되는지 이해하는 것이 필요하다고 생각했고, 자유주의에 대한 그의 이해는 이러한 구별에 기초했다. 그에게 고대인의 자유의 복표는 '같은 조국의 시민들 사이에서 사회적 권력을 공유하는 것'이었던 반면 현대인의 자유의 목표는 '사적인 쾌락을 안전하게 누리는 것이며, 이러한 쾌락에 대한 제도적 보장을 받는 것'이었다.13)

'눈부신' 자유주의 (1): 매콜리의 '부르주아 자유주의'

'눈부신'(many-splendored) 자유주의는 이전의 자유주의와 비교할 때 중요한 차이가 있었다. 그것은 자유주의자들의 관심의 초점이 상업사회로부터 중산층으로서 '부르주아지'로 이동한 것이었다. 물론 눈부신 자유주의의 대표자인 매콜리, 토크빌, 밀의 태도가 동일하지는 않았다. 매콜리를 비롯한 당대의 대다수 자유주의자는 부르주아지를 찬양하면서 이들을 자유주의 정치의 중심에 위치시켰다. 반면 토크빌과 밀 같은 '귀족적 자유주의자'(aristocratic liberal)는 폭민(mob)에 대한 프로토자유주의자의 공포에 부르주아지에 대한 공포를 추가했다. 귀족적 자유주의자의 초점은 프로토자유주의자의 '청교도에 대한 공포'에서 중산층 '속물'(Philistine, 무교양인)에 대한 공포로 변화했다.

케이헌에 따르면 19세기 자유주의의 주축은 매콜리와 같은 부르주아지의 찬양자들이었다. 매콜리는 이 시기를 특징짓는 '상식적 자유주의'(commonsense liberalism)를 명료히 표현했다. 그의 진보에 대한 믿음, 국가개입과 자유방임경제학에 대한 신축적 태도, 공리주의와 종교적 광신에 대한 실천적 거부는 자유주의 문화의 선도자로서 19세기 영국의 자유주의 중도파를 대표했다.

대다수 19세기 자유주의자들처럼 매콜리는 진보가 인류의 자연상태(natural state of humanity)라고 믿었다. 모든 경험과학에 '향상을 향한 경향'(a tendency toward perfection)이 있듯이 모든 인간에게는 '자신의 상태를 개선하려는 욕구'(a wish to ameliorate his own

---

13) 콩스탕은 고대의 자유와 현대의 자유를 구분하는 2단계 역사이론을 채택했지만, 실상 에딘버러의 학생 시절부터 스코틀랜드의 3단계 내지 4단계 역사이론에 익숙했다.

condition)가 있다는 것이었다. 그러나 나쁜 정부는 진보를 감속할 수 있고 때로는 완전히 정지시키거나 퇴보시킬 수도 있었다. 반대로 사람들이 자유롭고 두려움에 떨지 않을 때 가장 큰 진보를 이룰 수 있었다. 진보는 자유주의의 '자연적 부산물'(natural accompaniment)이라는 것이었다.

『영국사』에서 매콜리는 영국이 예외적으로 진보할 수 있었던 것은 예외적으로 자유로운 국가였기 때문이라고 주장했다. 영국의 급속한 진보는 '국왕의 폭정'(regal tyranny)과 '하층민의 분노와 복수'(popular fury)가 부재하고 '시민적·종교적 자유가 충만하다'는 사실에 기인했다. 근면으로 획득하고 절제로 저축한 재산을 국가가 보호할 것이라는 확신을 모두가 갖고 있었다는 것이다.

매콜리의 진보로서 휘그사관은 정치개혁과 긴밀히 연관되어 있었다. 사회·경제적 발전에 따라 정치가 변화하지 않으면 그 결과는 고전적 자유주의의 파국, 즉 혁명과 반혁명일 것이기 때문이었다. 1차 선거법 개정(Great Reform Act, 1832)으로 대표되는 매콜리의 정치개혁안은 프랑스의 1830년혁명의 여파에 대응하기 위한 것이었다. 그는 혁명의 원인을 민족의 진보와 상반되는 헌정의 정체에서 찾았다. 혁명의 공포는 매콜리가 정치개혁을 포용한 핵심적 이유였다. 1832년 선거법 개혁에 이어 노예제 폐지, 형법 개정, 아동노동 제한 등 일련의 정치개혁이 단행되었다. 매콜리는 휘그 내지 자유주의자가 인간의 자유와 행복을 증진한 것에 대해 자부심을 느꼈다.

매콜리는 정치적 진보를 지지하면서도 보통선거권이 대중의 전제정으로 귀결될 위험을 환기했다. 그럼에도 그가 성인남성의 보통선거권을 영구적으로 배제한 것은 아니었다. 미국처럼 하층민이 경제적·교육적으로 상향평준화되면 보통선거권이 채택될 수 있다고 생각했던 것이다. 관건은 선거권을 축소하는 것이 아니라 선거권에 합당한 수준까지 하층민을 향상시키는 것이었다. 이후 영국에서 선거법 개혁이 전진적으로 추진됨에 따라 차디즘이 자연스레 소멸했던 반면 프랑스에서는 선거법 개혁의 실패에 대한 반동으로 보통선거권이 도입되면서 나폴레옹 3세의 참주정이 출현했다.

매콜리의 진보 담론의 중심에는 부르주아지가 있었다. 그에게는 귀족이라는 상류층과 함께 부르주아지라는 중산층이 '인류의 자연적 대표자'였다. 부르주아지는 용감·정직·건전한데, 사유재산제도의 유지를 갈망하고 부패와 억압에 적개심을 갖고 있기 때문이었다. 부르주아지는 혁명과 반혁명을 막는 사회의 자연적 방벽이었다. 매콜리는 진보의 동력이자 증거로서 부르주아지를 신뢰했다.

매콜리는 정부 개입에 대해 스미스 이래 자유주의에 전형적인 중도적 태도를 취했다. 그는 산업혁명의 진보성, 즉 경제성장을 통한 노동자와 빈민 같은 하층민의 생활수준 개선을 적극 지지하면서 민간에 대한 정부 규제와 중과세 철폐를 옹호했다. 또한 정부의 한계에 대해 확고한 신념을 지녔다. 모든 빈민에 대한 구제는 정부의 사업이 아니었고, 도덕과 종교, 나아가 자유로운 토론에 대한 정부의 후견적 간섭은 배제되어야 했다. 정부의 역할은 국내외 평화 유지와 재산 보호 등 정당한 의무(legitimate duty)에 한정되었다.

동시에 매콜리는 정부의 범위를 넓히는 것이 바람직하다는 견해를 가졌다. 아동노동 규제를 위한 '10시간 노동일 법안'(Ten Hours Bill) 제정과 곡물법(Corn Law, 곡물수입관세법) 폐지 등을 지지했던 것이다. 그는 정부 개입의 한계를 둘러싼 좌우파의 견해 대립을 각각 '악의적(vicious) 개입'과 '악의적 비개입'으로 비판하면서 양자의 악무한적 갈등을 종식시키길 희망했다.

영국에서 선거법 개정 등 휘그-자유주의자가 주도한 일련의 개혁이 성공한 배경에는 토리-보수주의자의 협력이 있었다. 19세기에 이르러 휘그와 토리 사이에는 '런던 컨센서스'라고 할 만한 광범위한 합의가 형성되었는데, 1846년 곡물법의 폐지도 자유당과 보수당의 합의의 산물이었다. 보수주의도 더 이상 지주가 아니라 자본가와 노동자의 이익을 지지하게 되었던 것이다. 이것은 당시 영국에서 경제성장이 국민의 행복 증진을 위한 필요조건이라는 데 대해 광범위한 합의가 존재했다는 방증이었다. 달리 말해서 좌우를 막론하고 정치인에게 사익이 아니라 국민의 행복이 관심사가 되었던 것이다.

매콜리의 중도주의적 면모는 벤섬과 제임스 밀에 대한 그의 비판에서 잘 드러난다. 제임스 밀은 벤섬의 철학에서 영감을 받은 '철학적 급진주의자'(Philosophical Radicals)의 지도자였다. 철학적 급진주의자들은 모든 정책이 '최대다수의 최대행복'에 기초해야 한다는 벤섬의 '쾌락과 고통의 계산법'(hedonistic calculus)을 바탕으로 군주정의 폐지와 성인남성의 보통선거권을 실시하는 공화정으로의 대체, 양원제 폐지와 단원제로의 대체, 귀족제와 국교회의 폐지 같은 급진적 결론을 연역해냈다. 급진주의자들은 그런 급진적 결론이 야기할 공포에 대한 의식이 없었고, 특히 소수파나 기득권자(existing interests)가 갖게 될 공포에 대해서도 주의하지 않았다.

매콜리는 자신이 존숭하는 '저 고귀한 경세학'(that noble science of politics)과 '공리주의 소피스트들의 불모의 이론'을 대비했다. 그가 볼 때 공리의 추구라는 '인간 본성의 원리로부터 경세학(science of government)을 연역하는 것은 불가능'했다. 나아가 매콜리는 제임스 밀을 비롯한 공리주의자들의 '협애한 이해와 단견'이 '지옥으로 가는 필연적 길'(a logical path to perdition, 파멸적 논리)이라고 비판했다.

예를 들어, 제임스 밀은 모든 사람은 항상 자기이익을 추구하고, 통치자와 피치자의 이익이 일치하는 것은 민주주의에서만 가능하며, 따라서 민주주의만이 정당한 정부형태가 될 수 있다고 주장했다. 매콜리에게 이것은 어불성설이었다. 모든 사람이 자기이익만 추구한다면, 보통선거권을 통해 선출된 대표라도 스스로 귀족이 될 것이다. 매콜리에게 민주정, 귀족정, 심지어 절대군주정에서도 나쁜 정부를 막는 진정한 방법은 통치자가 갖게 될 '저항에 대한 두려움과 수오지심(sense of shame)'이었다.

매콜리는 제임스 밀을 비롯한 벤섬주의자와 달리 인간 본성에 관한 유일한 원리에 대한 교조적 의존을 거부하고, 정부의 한계에 대한 신축적 견해를 유지하며, 개인과 계급 모두에 관심을 기울이면서 19세기 주류 자유주의의 전형적 모습을 보여주었다. 매콜리에게 자유주의적 입장은 혁명과 반혁명 사이를 항해하기 위해 자유·시장·도덕을 활용하면서 희망과 공포 사이의 균형을 이루는 것이었다. 그는 인류의 진보에 대한 확고한 믿음을 가졌고, 부르주아지를 자유주의적 희망의 위대한 사회적 보루로 여겼다. 케이헌이 볼 때 매콜리는 19세기 자유주의의 기준선(baseline)에 가장 근접한 인물이었다.

'눈부신' 자유주의 ⑵: 토크빌과 밀의 '귀족적 자유주의'

매콜리와 대조적으로 토크빌과 존 스튜어트 밀은 '귀족적 자유주의자'였다. 여기서 '귀족'은 구래의 토지귀족(landed aristocrat)을 지칭한다기보다는 '벼락부자'(parvenue)라는 '이류'로서 부르주아지와 대비되는 '일류'(aristos, the best)를 의미하는 것이다. 토크빌과 밀에 대한 상세한 논의는 이 책에 실린 울로크의 『자유주의 온건파와 급진파』에 대한 박상현의 글에서 진행하도록 하고, 이 글에서는 '귀족적 자유주의'라는 한정된 맥락에서만 다루도록 한다.

『미국의 민주주의』에서 제시된 다수의 폭정/횡포에 대한 토크빌의 유명한 논의는 대부분 부르주아지의 폭정/횡포에 관한 것이었다. 토크빌에게 부르주아지는 범속성(凡俗性, mediocrity), 개인주의, 물질적 행복을 맹렬히 추구하는 집단을 표상했다. 토크빌에게 부르주아지는 자유를 위한 사회적 기반이라기보다는 전제정의 잠재적 대리자이자 지지자였다.

어떤 측면에서는 토크빌을 자유민주주의의 창시자로 묘사하는 것은 시대착오적으로 오도하려는 시도라고 할 수 있다. 자유민주주의라는 문구는 그가 사망한 이후에 광범위하게 사용되었고, 그것은 정치제도로서 민주정을 강조하는 바, 이는 토크빌이 민주주의 내지 민주정이라는 단어를 통상적으로 사용한 방식이 아니었다. 그럼에도 심층적 수준에서 볼 때 자유민주주의는 토크빌의 목표를 정확히 표현한다. 민주주의에 대한 그의 정의로서 '조건의 평등'과 인민주권에 기초한 사회에서 공포로부터 자유로운 세상을 건설하겠다는 토크빌의 목표를 표현하기 때문이다.

케이헌에 따르면, 대체로 19세기 전반기의 프랑스에서 민주주의자를 자칭한 사람들은 다수의 폭정이 자유에 대해 가하는 위협을 인식하지 못했던 반면 자유주의자를 자칭한 사람들은 민주주의가 혁명과 반혁명에 대항하는 보루로서 기능할 수 있다는 사실을 인식하지 못했다. 토크빌의 『미국의 민주주의』는 자유민주주의를 어떻게 구축해야 하는지를 이해하지 못하는 세계를 위한 교훈이었다.

토크빌은 법률가를 민주주의에 대한 '평형추'(counterweight)로 간주했다. 그가 관찰한 미국의 법률가들은 민주적 정념에 제동을 걸고 규칙을 부과하고 전제적 민주정을 제한하는 역할을 했다. 토크빌은 귀족적 사회에서 유래하는 일정한 자유주의적 습관과 태도(habits and attitudes)를 민주적 사회에서 보존할 방법을 법률가에게서 발견했다. 법률가는 자유민주주의를 건설하는 데 있어서 중요한 사회적 구성요소였던 것이다. 몽테스키외가 법률가를 타락한 전제적 군주정(royal despotism)에 대한 보루로 간주한 반면 토크빌은 타락한 전제적 민주정(democratic despotism)에 대한 방벽으로 간주한 것이다.

미국과 대조적으로 유럽에서는 프랑스혁명과 급진적 운동의 경험을 바탕으로 법률가가 '자연적 급진주의자'로 여겨졌다. 당시 유럽의 지식인들이 사법적 계몽주의(juridical/legal enlightenment)의 광범위한 영향력 아래 있었다는 방증으로 해석할 수 있을 것이다. 그러나 토크빌에게 법은 당연히 자의적인 정부를 막는 방벽이었지 자의적인 정부의 도구가 아니었다. 따라서 토크빌에게 법률가는 권력의 제한과 균형을 이룰 수 있는 한 세력이었다.

밀은 사람들이 공포와 잔혹으로부터 자유로울 뿐만 아니라 선의의(benign) 갈등과 경쟁을 통해 인간으로서의 잠재력을 최대한 실현할 수 있는 유토피아를 열렬히 추구했던 자유주의자였다. 토크빌과 마찬가지로 밀도 부르주아지, 그리고 아마도 미래에는 프롤레타리아트에 의해 행사될 수 있는 사회적 압력에 의해 개인과 집단의 사고와 행위에 연성 전제정(soft despotism)이 가해질 위험을 우려했다.

밀은 부르주아지가 도덕적·지적 세계를 지배하고 이러한 지배가 사람들의 인성에 재앙적인 영향을 미칠 것을 우려했다.

불행히도 부르주아지의 지배력 확대 현상은 민주적 사회의 확산과 함께 앵글로색슨 국가에서 서구 전역으로 확산될 운명이었다. 밀에게 부르주아지는 '오합지졸'(collective mediocrity)일 따름이었다. 여론을 지배하는 것은 '범속한 중산층'(middle class mediocrity)이고, 사회에 중산층이 증가하면서 여론은 더욱 획일화되었다. 현대사회의 연성 전제정은 과거의 참주정만큼이나 두려운 것이었다.

사람들이 공포로부터 자유롭고 자기향상을 추구할 수 있으려면 대의정부가 필요했다. 그러나 대의정부 하에서도 사람들은 계급지배와 관료주의라는 두 가지 위험에 노출되어 있었다. 단일 계급의 지배는 보통선거권에 의한 계급독재로 귀결될 위험이 있었고, 관료제는 전문가의 지배, 나아가 비자유주의로 변질될 위험이 있었다.

밀은 보통·평등투표의 오남용을 방지하기 위해 개인의 정신적/지적 우열에 따라 가중치를 부여하는 차등투표(weighted vote)를 대안으로 제시했다. 교육 지표가 있다면 교육에 따라, 없다면 직업에 따라 가중치를 부여함으로써 문맹자와 비납세자의 투표권을 제한하려는 목적이었다. 밀의 주장은 일종의 시기상조론으로, 무지자로부터 유토피아를 보호할 필요가 있다는 견지에서 비롯된 것이었다. 따라서 밀은 대중정부(popular government)의 장점을 희생하지 않으면서도 다수 독재의 위험을 제어하기 위해 하층민의 지식과 감정의 교육을 장기적 대안으로 주장했다.

밀은 대중정부의 위험과 동시에 관료지배라는 공포를 방지하기 위해 입법부에서 대중과 전문가의 균형을 대안으로 제시했다. 그는 민의를 반영하는 하원이 '고충처리위원회'(committee of grievances)로 기능한다고 간주하면서, 강력한 하원을 견제하기 위해서는 상원이 특수한 지식을 갖춘 전문가로 구성된 기구가 되어야 한다고 주장했다. 상원은 입법·사법·행정, 특히 국방·외교 부문의 전문가와 교수 등 지식인으로 구성되는 것이 이상적이라는 취지였다.

'흐릿한' 자유주의: 벤섬의 환원주의적 공리주의

19세기의 자유주의는 일반적으로 자유·시장·도덕의 세 지주에 모두 의존했지만, 두 지주, 심지어 한 지주로만 지지될 수 있다고 생각한 자유주의자들도 있었다. 이들은 세 지주 모두에 기반을 둔 '눈부신' 자유주의에 비해 더 좁은 범위의 논거에 기초하고 그에 상응하는 제한된 목표를 가진 '흐릿한'(thin) 자유주의를 옹호했다. 흐릿한 자유주의자들은 자유주의로부터 도덕적/종교적 이상을 배제하거나 정치적·경제적 문제와 분리함으로써 그것이 더 이상 자유주의의 지주로 작용하지 않도록 만들었다. 이러한 흐릿한 자유주의는 대체로 '부정적 자유', 즉 강제로부터의 자유에만 관심이 있었으며 눈부신 자유주의처럼 공리주의와 향상론적 관점을 결합하지 않았다.

단기 19세기의 흐릿한 자유주의는 자유주의 정책에 큰 영향을 미치지 않았고, 자유주의 정부도 그들의 견해를 거의 채택하지 않았다. 그럼에도 이 시기에 흐릿한 자유주의가 존재했음을 인식하는 것은 중요하다. 이들의 영향력이 20세기에 점점 더 확산된 데다가, 자유주의가 항상 강제로부터의 자유에만 관심이 있다는 부정확한 주장의 빌미를 제공했기 때문이다.

케이헌은 흐릿한 자유주의가 눈부신 자유주의에서 공통적인 요소 중 세 가지를 결여했다고 지적한다. 하나는 역사를 무시하는 경향이 있었다는 점이다. 18세기 프로토자유주의에서 두드러지는 스코틀랜드 계몽주의의 단계론, 즉 '이론적 역사'나 콩스탕과 토크빌에서 발견되는 고대적 자유와 현대적 자유 또는 귀족적 사회와 민주적 사회의 구분과는 달리 흐릿한 자유주의자들은 선형적 진보 개념 외에는 역사적 상황이나 발전에 대해 거의 언급하지 않는 경향이 있었다. 이런 경향은 20세기의 흐릿한 자유주의에도 잔존했다.

더 중요한 것은 흐릿한 자유주의자들이 집단이나 계급의 억압에 대한 논의를 배제하고 개인에게만 집중하는 경향이 있었다는 점이다. 훗날 '방법론적 개인주의'(methodological individualism)로 불리게 될 것이 단기 19세기의 흐릿한 자유주의자들 사이에서 지배적이었다. 집단이나 계급이 논의되더라도 주로 개인을 억압하는 존재로 등장할 따름이었다. 이것은 자유주의의 세 지주인 정치·경제·도덕을 모두 협소하게 이해하여 개인에게만 적용하는 것을 의미했다.

흐릿한 자유주의자들의 논의에서 일관되게 무시되거나 약화된 마지막 요소는 자유주의의 도덕적 지주, 특히 향상론적 측면이었다. 흐릿한 자유주의자들의 논변 중에서 도덕성이 조금이라도 남아 있었다면 그것은 주로 벤섬주의자들의 공리주의적 도덕성이었다. 하지만 벤섬의 공리주의에는 눈부신 자유주의의 특징인 인성 향상의 전망이 들어설 여지가 없었다. 설사 종교에 대한 논의가 이루어지더라도, 바스티아(Frédéric Bastiat)의 경우처럼 순전히 장식품에 불과한 경우가 많았다. 스펜서(Herbert Spencer)의 경우처럼 향상론이 남아 있더라도, 그것은 정치나 경제와 근본적으로 분리되어 있었다. 벤섬, 바스티아, 스펜서에게 눈부신 자유주의의 도덕적/종교적 지주가 잔존해 있더라도, 그 실질적인 영향력은 거의 없었던 것이다.

흐릿한 자유주의를 대표하는 벤섬의 자유주의는 극도로 제한적인 동시에 모든 것을 포용하려는 포부를 가지고 있었다. 그는 자유주의의 전통적인 도덕적 지주를 공리라는 자기이익의 한 형태로 환원했는데, 공리는 사회와 정부가 행위할 수 있는 근거를 대폭 협소화하면서도 행복 총량(general happiness)의 증진을 위해 매우 광범위한 행위를 허용했다. 벤섬은 때때로 국가와 사회에 대해 가장 엄격한 자유방임정책을 주장하기도 했는데, 대체로 경제 문제에 적용되었다. 반대로 공리 계산의 결과 국가 개입이 필요한 분야도 있었다.

벤섬에게 무엇보다 중요한 것은 정치였다. 보통선거권과 공론의 자유로운 작용에 의해 사악한 이해관계가 억제되는 정치제도가 없다면, 자유주의 사회는 불가능했다. 또한 벤섬은 시민사회가 정부를 지속적으로 감독할 필요성을 일관되게 강조했다. 그에게 좋은 정부의 필요조건은 표현의 자유(freedom of speech), 특히 언론의 자유

(liberty of the press)였다. 통치자를 견제하고 사악한 이익에 따른 실정을 막을 유일한 해법은 공개성(publicity)이었다.

벤섬은 자유주의의 정치적 지주에만 협소하게 초점을 맞추고 목표 달성을 위해 공리라는 하나의 메커니즘에만 의존하는 자유주의의 선례를 남겼다. 벤섬의 순전히 공리주의적이고 개인에게 배타적으로 초점을 맞춘 '행복의 계산법'(felicific calculus)은 특히 20세기에 들어와 노직(Robert Nozick)과 롤즈(John Rawls) 같은 다양한 인물에게 친구로서든 적으로서든 큰 영향을 미칠 것이었다.

2세대 자유주의

케이헌은 빈곤의 공포에 대항한 '세기말'(1873-1914)의 자유주의를 2세대 자유주의로 규정한다. 그 중 '현대적 자유주의'는 빈민을 혁명이나 반혁명의 '자연적 지지자'로서 자유의 위협 요소로 보지 않고, 대신 빈곤을 빈민의 자유에 대한 위협 요소로 보았다. 현대적 자유주의자들은 빈민 구제를 위해 시민사회나 경제 대신 국가에 의지했고, 개인 대신 전체나 집단을 강조했다. 케이헌은 미국의 진보주의(progressivism), 프랑스의 연대주의(solidarism), 영국의 새자유주의(new liberalism), 독일의 사회자유주의(social liberalism)를 현대적 자유주의로 분류한다.

반면 세기말의 '고전적 자유주의'는 현대적 자유주의의 새로운 공포나 희망을 공유하지 않았고 오히려 국가를 공포의 대상으로 간주했다. '빈곤과의 전쟁'을 위해 정부를 활용하려는 욕망이 '관료주의 괴물', 즉 국가권력의 자의적 행사와 강제를 낳을 것을 우려했던 것이다. 케이헌은 집단이 아닌 개인의 공포에 초점을 맞추고 정부 개입의 확대에 단호히 반대한 영국의 법학자 다이시(A. V. Dicey)를 고전적 자유주의의 대표자로 평가한다. 케이헌의 논지를 현대적 자유주의를 중심으로 개관한 뒤 몇 가지 쟁점을 제기할 것이다.

현대적 자유주의: 진보주의·연대주의·새자유주의

케이헌은 세기말의 현대적 자유주의자로서 미국의 진보주의, 프랑스의 연대주의, 영국의 새자유주의를 각각 대표하는 애덤스(Jane Addams), 부르주아(Léon Bourgeois), 홉하우스(L. T. Hobhouse)에 주목한다. 이들 사이에는 정부 개입의 확대에 관해 원칙적으로 찬성한다는 공통점이 있었지만 그 범위에 대해서는 견해 차이가 있었다. 애덤스가 정부 개입의 확대를 가장 소극적으로 옹호한 반면 홉하우스는 정부 개입 범위에 국유화와 소득재분배를 포함하는 등 가장 적극적이었으며, 부르주아는 중간적 입장을 취했다.

다른 두 명과 비교할 때 애덤스의 특징은 개인이 아닌 집단과 문화로서 소수자의 자유를 옹호한 점에 있었다. 그녀는 가난하고 억압받는 사람들을 '자격 있는 자와 자격 없는 자'라는 개인적인 도덕적 범주가 아니라 다양한 국적과 종교적 배경을 가진 이민자, 흑인, 여성 등 집단적인 문화적 범주로 세분화했다는 점에서 단기19세기의 자유주의 및 세기말의 고전적 자유주의와 구별되었다. 그녀는 존 스튜어트 밀처럼 다양성을 자유주의 사회의 핵심으로 여겼던 소수의 현대적 자유주의자를 대표했다.

애덤스는 자유주의의 향상론적 요소를 특별히 강조한 점에서 진보주의자 내지 현대적 자유주의자의 전형이기도 했다. '삶에 대한 진보적 이상'(progressive ideal of life)과 조화를 이루는 '영적 성장'(spiritual growth) 및 '올바른 계발'(right development)에 대한 도덕적/종교적 강조는 미국의 진보주의와 현대적 자유주의의 주요 징표였다. 미국에서 진보주의를 지지한 주요 원천 중 하나가 당시 기독교의 부흥에 기여한 사회복음운동이었던 것은 우연이 아닌데, 그 세속적 형태는 프랑스의 연대주의로 나타나기도 했다.

세기말 프랑스에서 연대주의자는 '자유주의적 사회주의자'(liberal socialist)라고 불리기도 했는데, 부르주아 자신은 '사회주의자 중에서도 가장 자유주의적인 사회주의자'라는 뜻으로 받아들였다고 한다. 프랑스에서 연대주의는 '공화주의적 사회개혁의 다양한 접근법을 통합하는 이데올로기적 우산' 역할을 했다고 평가된다. 케이헌은 연대주의가 프랑스의 현대적 자유주의를 대표한다고 간주하는데, 그러나 영미에서 기원하는 자유주의와 프랑스에서 기원하는 공화주의의 차이를 고려하면 오히려 프랑스에서 자유주의의 취약성을 방증하는 사례로 이해할 수도 있을 것이다.

부르주아의 특징은 '준계약'(quasi-contract)과 '사회적 부채'(social debt) 개념을 통해 빈민이 사회적 지원을 받을 권리를 강조한 데 있었다. 부르주아는 연대의식의 성장에 따라 사람들이 사회적 부채의 존재를 인정하게 되고 준계약의 방식으로 이 부채를 상환하게 된다고 주장했다. 이때 정부는 계약의 집행자로서 사회적 부채를 상환하도록, 즉 세금을 납부하도록 강제할 권리와 의무가 있다. 납세를 통해 부채 상환의 의무를 이행함으로써 '사회정의'(social justice)에 도달하게 된다는 것이었다. 이로써 부르주아는 사회계약론이 20세기 중후반에 자유주의의 주류로 복귀할 것을 예고한 셈이었다.

영국의 새자유주의를 대표한 홉하우스는 애덤스가 강조한 문화적 다양성을 중시하지 않은 반면 프랑스의 연대주의에 비해 정부의 개입을 중시했다. 홉하우스의 새자유주의는 '계급적 이익에 맞서 사회적 선이라는 오랜 대의'를 위해 헌신한다는 점에서 구자유주의와 동일했지만, 정부가 그 대의에 직접 참여해야 한다는 점에서 구자유주의의 대척점에 있었다.

케이헌은 홉하우스가 다른 현대적 자유주의자들처럼 빈민 구제를 위해 국가 그 자체에 도덕적 가치를 부여하려는 헤겔주의적 유혹에 굴복하지 않았다고 평가한다.14) 홉하우스의 '자유주의적 사회주의'(liberal socialism)가 '비자유주의적 사회주의'(illiberal socialism)와 구별되었다. 후자는 국가가 경제를 통제하는 '기계적'(mechanical)

---

14) 케이헌은 현대적 자유주의가 국가에 의한 자기향상(self-development)의 미망에 빠져 헤겔주의와 '불장난'(flirtation)을 했다고 지적한다. 그에 따르면, 헤겔은 대부분의 측면에서 자유주의자였지만, 궁극적으로 볼 때 시민사회 대신 국가를 선호했다는 측면에서는 자유주의자가 아니었다.

사회주의나 전문가적/관리자적 통치라는 의미에서 페이비언주의의 '관료적'(official) 사회주의를 지칭한다.15)

진정한 현대적 자유주의

케이헌은 2세대 자유주의의 특징을 대략 세 가지로 설명한다. 첫째, 긍정적 자유의 역할이 부각되고 권리 담론이 새롭게 조명되었다. 특히 현대적 자유주의는 권리 담론의 측면에서 빈민에 대해 권리의 범위를 확장한 반면 부자에 대해 권리의 범위를 축소했다. 현대적 자유주의자들은 단기19세기의 자유주의자들이 '투표는 권리가 아니라 책임(trust)'이라면서 선거권을 제한할 때 사용했던 논리를 재산권에 적용했다. 이를테면 '그 소유자에게 타인에 대한 경제적 권력을 부여하는 재산은 책임에 속하며, 그 규제는 소유권을 침해하는 것이 아니라 그 사회적 본성을 반영한다'는 식이었다.

둘째, 자유주의적 원칙을 옹호할 때 사용되는 과학적 논거에 변화가 발생하여 사회학과 생물학이 자유주의자들의 세계관으로 통합되었다. 우선 빈곤에 대처하는 과정에서 경제학에 대항하는 사회학이 대두했다. 가령 미국의 애덤스 같은 현대적 자유주의자는 사회학적 사실(sociological facts)을 고전적 자유주의의 경제학에 대항하는 정당화의 논거(justifications)로 간주했다. 또한 콩트 이후의 사회학과 다윈 이후의 진화론을 속류적으로 절충한 스펜서의 사회진화론이 그 자신이 속한 고전적 자유주의자는 물론이고 현대적 자유주의자에게도 광범위한 영향을 끼쳤다.

셋째, 세기말에는 윤리가 자유주의 논쟁의 최전선에 있었다. 현대

---

15) 케이헌의 설명과 달리 페이비언주의는 비자유주의가 아니다. 페이비언주의는 마셜과 피구의 '시장실패론'에 국유화를 결합한 것이기 때문이다. 페이비언주의의 국유화 정책은 영국 노동당의 '당헌 4조', 즉 국유화 강령에 반영되었는데, 전후에 미드의 케인즈주의에 따라 당헌 4조가 비판되면서 개인주의와 친화적인 사회민주주의가 정착되었다. 자세한 설명은 『역사적 마르크스주의: 이념과 운동』(공감, 2004)을 참고하시오.

적 자유주의자들은 빈민의 도덕적 향상의 기회를 확대하기 위해 도덕주의(moralism)를 구현했다. 하지만 이들은 자유주의의 도덕적 지주에만 초점을 맞추면서 경제적 지주를 거부하고 정치적 지주를 소홀히 하는 경향이 있었다. 반면 고전적 자유주의는 현대적 자유주의의 도덕적 지주에 대한 배타적 의존을 경제적 지주에 대한 배타적 의존으로 대체했다. 결국 현대적이든 고전적이든 세기말의 2세대 자유주의는 하나의 지주로 자신의 논거를 협소화했다는 점에서 1세대 자유주의에 비해 결함이 있었다.

세기말 자유주의와 빈곤에 대한 케이헌의 설명에는 경제사나 경제학사를 무시한 결과 몇 가지 결함이 있다. 우선 케이헌의 시대구분은 자본주의의 역사동역학을 무시한다는 결함이 있다. 그는 1-2세대 자유주의의 분기점으로서 1873년을 존 스튜어트 밀의 사망 시점으로 설명할 따름이다. 그러나 이 해는 영국자본주의의 헤게모니로서 '팍스 브리타니카'가 위기에 봉착하는 시점으로 이해하는 편이 적절할 것이다. 세기말은 영국자본주의의 고전적 자유주의가 미국자본주의의 현대적 자유주의로 이행하는 과도기였다는 것이다.16)

다음으로, 빈곤에 대한 케이헌의 이해는 그것의 원인에 대한 분석을 결여하고 자본주의의 역사에서 표준과 변이의 차이를 무시한다는 결함이 있다. 그는 빈곤이 인류 역사의 일부로서 그 자체는 새로운 현상이 아니지만 자본주의가 야기한 새로운 빈곤이 세기말에 특히 주목되었다고 주장한다. 도시 빈민의 도덕적 타락, 폭력적 노동쟁의, 사회주의 정당의 성장이 혁명과 반혁명에 대한 자유주의자들의 오랜 공포를 자극했다는 것이다.

케이헌은 빈곤이 자본주의에 의해 야기되었다고 단언할 따름으로, 자본주의적 발전의 부족으로 야기된 것인지 과잉으로 야기된 것인지를 판별하지 못한다. 19세기 자본주의의 표준으로서 영국에서는

---

16) 1873-96년 대불황과 함께 영국 헤게모니의 위기가 전개되면서 한편으로는 독일의 노전과 제국주의적 항쟁이, 다른 한편으로는 금융적 축적 속에서 영국의 축적체계를 승계할 미국의 경제기적이 출현한다. 자세한 설명은 『마르크스의 '경제학 비판'』(공감, 2001; 개정판: 2005)을 참고하시오.

1780년대에 시작된 산업혁명이 1820-40년대의 '기계에 의한 기계의 생산'으로 완성되는 동시에 노동조합의 결성이 합법화됨으로써 산업적·지역적 차이에도 불구하고 거시적으로는 생산성임금이 이미 실현되었다. 반면 자본주의의 변이로서 유럽에서는 산업혁명이 지연된 탓에 노조의 합법화와 생산성임금이 부재했다.

마지막으로, 현대적 자유주의에 대한 케이헌의 논의는 현대경제학의 역사를 무시한다는 결함이 있다. 그가 말하는 현대적 자유주의는 시민사회/경제 대신 국가, 개인 대신 전체/집단, 경제학 대신 사회학/사회진화론에 주목한 조류들로, 진정한 현대적 자유주의를 대표하지 않는다. 사실 프랑스와 독일의 현대적 자유주의는 국가가 주도한 코퍼러티즘과 친화적이어서 파시즘에 취약할 위험마저 있었다. 세기말이 현대적 자본주의로 이행하는 과도적 시기였듯이 세기말의 자유주의도 현대적 자유주의로 이행하는 과도적 이념으로 이해하는 것이 적절할 것이다.17)

진정한 현대적 자유주의는 마셜부터 시작해서 피구를 거쳐 케인즈로 귀결되는 케임브리지 경제학파가 대표한다. 케이헌은 주목하지 않지만, 자본주의적 발전의 과잉, 즉 투자 기회의 부족으로 인한 빈곤인 1930년대 대불황과 대량실업의 공포를 해결한 것은 케인즈의 거시경제학이었다. 자본의 미시적 합리성이 달성되는 동시에 거시적 불안정성이 발생한다는 문제를 케인즈가 해결한 것이었다.

하지만 케인즈의 현대경제학이 등장하기까지 많은 시간이 필요했

---

17) 케이헌이 주목한 현대적 자유주의의 조류 중에서 미국의 진보주의가 대표적인 과도적 이념이다. 미국의 '세기말'은 1870-80년대의 '금박의 시대'(Gilded Age)와 1890년대부터 1914년까지의 '개혁의 시대'로 구분된다. 전자는 부정·부패에 물든 정치가와 카네기·록펠러 같은 '악덕재벌'(robber baron)이 판치는 시기라는 의미로서 공화당의 보수주의와 자영농의 인민주의가 대결한 국면이다. 반면 후자는 법인자본주의에 적합한 개혁적 이념으로서 진보주의가 인민주의를 대체한 시기로, 진보주의를 표방하면서 1914년에 대통령에 당선된 인물이 윌슨이다. 윌슨 이후 다시 공화당이 계속 집권하다가 1930년대 대불황이 전개되는 과정에서 루즈벨트가 집권하면서 비로소 진정한 현대적 자유주의인 케인즈주의를 채택한다. 자세한 설명은 『일반화된 마르크스주의 개론』(공감, 2006; 개정판: 2008)을 참고하시오.

다. 마셜과 피구의 분투에도 불구하고 세기말의 자유주의자들에게 경제학의 영향력은 제한적이었고 대신 사회학이나 사회진화론이 지대한 영향력을 끼쳤다. 이런 현상은 마셜의 '이론적 역사'의 한계에 기인한 것이기도 했다. 그는 영국자본주의가 진보상태(advancing/progressive state)에서 쇠퇴상태(declining/regressive state)로 전환하는 정지상태(stationary state, 定常狀態)에 몰두함으로써 진보-정지-쇠퇴라는 진화 전체를 조망하는 이론적 역사를 경시했다.

프랑스의 콩트와 독일의 리스트에서 비롯된 세기말의 사회학은 경제학에 반대하면서도 마르크스가 강조했듯이 그것에 미달하는 속류이론이었다. 사회진화론 역시 진보가 진화의 한 단계일 따름이라는 사실을 인식하지 못했다. 휘그사관의 진보 개념과 사회진화론의 진보 개념의 차이도 존재했는데, 전자가 '자유로서 진보'인 반면 후자는 '억압으로서 진보'였다. 이런 점에서 사회진화론은 '제국주의적 진보주의'이자 현대경세학의 역사에서 하나의 일탈이었다.18)

3세대 자유주의

케이헌은 1차 세계전쟁 이후 20세기의 자유주의를 전체주의의 공포에 대응한 3세대 자유주의로 통칭하고 세 시기로 세분한다. 3세대 자유주의의 1기(1919-50)는 러시아내전에서 볼셰비키가 승리하고 1920년대 초 이탈리아에서 파시즘이 집권하면서 시작되었다. 그 후 히틀러주의와 스탈린주의의 공포가 맹위를 떨친 1기는 자유주의의 위기의 시기이기도 했다. 3세대 자유주의의 2기(1950-68)는 냉전의 개시와 더불어 서구에서 일시적으로 나타난 낙관주의의 산물로서 '이데올로기 종언론'(the end of ideology movement)이 대표했다. 하지만 1968년의 소요와 1970년대의 구조적 위기 이후 낙관주

---

18) 현대경세학으로서 경제학과 사회학의 비교에 대해서는 『한국사회성격 논쟁 세미나 (I-II)』(공감, 2020)를 참고할 수 있다.

적 신기루가 사라지면서 3세대 자유주의의 3기(1968-92)가 전개되었다. 3기에 전체주의의 공포는 더욱 일반화되었는데, 롤즈에게는 불공정 내지 불평등이, 노직이나 프리드먼에게는 국가가 공포의 대상이 되었다. 롤즈의 평등주의적 자유주의가 미국경제가 불황기로 진입한 1970년대 이후의 분배정의에 대한 요구를 반영했다면, 프리드먼의 신자유주의는 미국경제의 성장기를 대표했던 케인즈주의의 결함에 대한 반사작용이었다.19) 슈클라(Judith Shklar)와 윌리엄즈(Bernard Williams)의 '공포의 자유주의'(liberalism of fear)는 2-3기 자유주의가 공유한 유토피아적 요소를 배제하고 잔혹(cruelty)의 제한에 초점을 맞춘 현실적 자유주의(realistic liberalism)를 주창했다.

1기와 2기: '부정적 자유론'과 '이데올로기 종언론'

케이헌에 따르면 반전체주의 자유주의 1기의 특징은 세기말에 출현한 고전적 자유주의와 현대적 자유주의 사이의 분열을 극복하기 위한 노력에 있었다. 고전적 자유주의와 현대적 자유주의 사이에서 이른바 '반전체주의 인민전선(popular front)' 정책이 채택되었다는 것이다. 그 결과 이 시기에 자유주의자 사이에서는 자유방임주의 거부, 고전적 자유주의와 현대적 자유주의의 공통적 가치 강조, 사회

---

19) 케이헌은 신보수주의와 신자유주의를 구별하지 않고 신자유주의로 통칭하면서 프리드먼을 신자유주의자로 분류한다. 엄밀히 말해서 프리드먼의 화폐주의(monetarism, 통화주의)는 신보수주의로 분류하는 것이 적절하지만, 화폐주의가 신보수주의는 물론 신자유주의에도 일정한 영향을 끼쳤기 때문에 케이헌의 용법에 일리가 없는 것은 아니다. 참고로, 신자유주의의 이론적 근거로서 새케인즈주의(new Keynesianism)는 전통적 케인즈주의에 대한 화폐주의의 신보수주의적 도전에 대한 반응으로 출현한다. 새케인즈주의는 화폐주의가 주장하는 '정부의 실패'에 대해 '시장의 실패'를 강조하면서도 동시에 전통적 케인즈주의에 대해서는 정책개혁(policy reform)이라는 과제를 제기한다. 새케인즈주의는 화폐주의와 마찬가지로 화폐정책을 통한 물가안정을 중시하지만 고금리가 아니라 저금리를 통해 주식시장을 부양하여 이른바 '신경제'(new economy)를 달성하려고 시도한다. 『이윤율의 경제학과 신자유주의 비판』(공감, 2000)을 참고하시오.

안전망과 국가의 경제 규제에 대한 지지 등의 입장이 채택되었다.

그런데 케이헌은 반전체주의적 자유주의의 1기를 대표하는 인물 내지 사조로서 케인즈가 아니라 하이에크, 벌린, 질서자유주의[20]에 주목한다. 케인즈에 대한 무시는 자유주의의 역사에서 경제사나 경제학사의 중요성에 대한 케이헌의 맹목을 또다시 보여준다. 이러한 결함이 치명적인 것은 미국자본주의가 케인즈혁명에 기초해서 1930년대 대불황을 극복하고 전후에 20세기 자본주의의 표준으로 부상했다는 사실을 설명하지 못하기 때문이다.

케이헌의 논의로 돌아와서 반전체주의적 자유주의의 1기를 벌린을 중심으로 검토해보겠다. 케이헌은 벌린의 자유주의를 이해하기 위한 핵심 개념으로서 부정적 자유와 긍정적 자유의 구별, 탈전체주의적 이념으로서 민족주의의 복원(rehabilitation), 일원론의 거부 및 다원주의의 옹호 등 세 가지를 거론한다. 이 세 개념 모두 20세기 자유주의의 발전에 중요한 영향을 미쳤는데, 1990년경까지는 부정적 자유와 긍정적 자유의 구별이, 그 후에는 반(反)일원론 내지 다원주의가 논의의 중심적 주제가 되었다.

벌린에 따르면 부정적 자유와 긍정적 자유는 각각 타인의 강제로부터의 자유와 자신이 무언가를 할 수 있는 자유를 의미했다. 냉전

---

[20] 케이헌은 질서자유주의(ordoliberalism)에 주목하면서도 그 주창자인 오이켄을 직접 언급하지는 않는다. 또 케이헌은 질서자유주의가 '경쟁질서'(competitive order)를 유지하기 위한 국가의 책임을 강조함으로써 고전적 자유주의와 현대적 자유주의를 연결했다고 평가한다. 그러나 이러한 평가에는 이론이 제기될 수 있는데, 오이켄이 나치의 이론적 근거지 중 하나인 프라이부르크대학에서 1930년대에 발명한 질서자유주의가 히틀러의 국가사회주의와 친화성이 있기 때문이다. 또한 케이헌은 질서자유주의와 유사한 맥락에서 사회적 시장경제론을 현대적 자유주의의 일종으로 평가하는데, 역시 이론이 제기될 수 있다. 사회적 시장경제론은 자유주의적 케인즈주의와 대립하는 보수주의적 경제이론으로 규정하는 것이 타당할 것이다. 전후 서독의 사회적 시장경제론은 전간기의 국가사회주의적 경제이론으로서 질서자유주의로 소급하고, 이것은 다시 19세기 말 비스마르크에게서 유래하는 독일의 국가코퍼러티즘적 전통으로 소급하는 것이다. 이 대목에서 전후 서독에서 냉전으로 인해 파시즘이 완전히 청산되지 못했다는 사실에도 주목할 필요가 있다. 『일반화된 마르크스주의 개론』 참고.

기에 벌린이 특히 부정적 자유를 강조함에 따라 그는 종종 다이시나 하이에크처럼 긍정적 자유에 반대해서 부정적 자유를 지지한 것으로 오해되기도 했다. 그러나 벌린의 진의는 어떤 긍정적 자유관은 히틀러주의와 스탈린주의 같은 전체주의적 억압에 기여했다는 사실을 지적하는 데 있었다. '자유의 교리(doctrine)로 시작했던 것이 권위의 교리로, 때로는 억압의 교리로 둔갑했고 전제정이 선호하는 무기가 되었다'는 것이다.21) 그에게 자유는 본질적으로 전체주의 시대에 자의적 권위의 공포에 대항하기 위한 방어적 가치이자 무기였다.

케이헌에 따르면 다원주의는 벌린의 반전체주의적 자유주의의 핵심이었으며 그의 저작을 관통하는 '공통의 맥락'(common thread)이었다. 벌린은 다원주의를 '인간이 추구해도 되며 인간이 온전히 이성적(rational)이고 온전히 인간적일 수 있는 다양한 목적이 존재한다는 관념'으로 정의했다. 다양한 목적은 모든 상황에서 순위를 매길 수 있는 단 하나의 객관적인 방법이 없다는 점에서 '통약불가능한'(incommensurable) 것이었다.

따라서 자유주의는 서로 다른 가치를 추구할 수 있는 최대한의 범위를 허용하고, 이것이 함축하는 갈등이 폭력과 억압으로 변질되는 것을 허용하지 않으면서 그 갈등을 수용하는 것을 의미했다. 다원주의의 적은 일원론으로, 그것은 '모든 도덕적 질문에는 하나의 정답이 있고 그 정답은 발견될 수 있으며 모든 정답은 양립가능하다'는 신조였다. 벌린의 논변에서 핵심은 '다원주의는 자유주의를 필연적으로 함의한다(entail)'는 주장이었다.22)

---

21) 물론 벌린은 부정적 자유가 억압을 정당화하는 데 '똑같이 활용될 가능성'을 인정했고, 부정적 자유를 행사하기 위해서는 최소한의 물질적 복지가 제공되어야 한다고 주장하기도 했다.
22) 벌린의 다원주의에 대해 상대주의라는 비판이 제기되었다. 그러나 벌린에게 상대주의는 다양한 가치가 통약불가능할 뿐만 아니라 상호 이해불가능(unintelligible)하므로 차이는 단지 취향의 문제일 뿐이라고 믿는 것이었다. 벌린은 우리 모두가 인간이므로 모든 인간의 가치를 조화시킬 수는 없어도 이해할 수는 있다고 주장했다. 자유주의는 도덕적 지주를 가져야 하지만 이 말은 가능한 많은 도덕적 지주를 의미해야 하고, 효용의 계산 및 향상의 성취를 측정할 많은 척도를 포함해야 한다고 벌린은 주장했다.

케이헌은 벌린이 다원주의를 통해 하나의 문제를 해결하는 동시에 다른 하나의 문제를 제기했다고 해석한다. 한편으로 벌린의 다원주의는 부정적 자유와 긍정적 자유, 민족주의, 사회정의 등 상충하는 가치 각각의 타당성(validity)을 인정하되 그 어느 것에도 절대적 우선순위를 부여하지 않음으로써 고전적 자유주의와 현대적 자유주의를 조화시켰다. 다른 한편으로는 전체주의라는 광신으로부터 일원론적인 도덕적 정당화를 박탈하기 위해 도덕적 지주를 분열시킴으로써 자유의 도덕적 힘을 약화시키는 효과를 가져왔다. 그의 다원주의가 도덕적 지주의 공백을 초래할 수 있는 것은 이 때문이다.

1950년대와 1960년대 초반을 풍미했던 이데올로기 종언론은 자유주의의 완결적 승리 선언으로 여겨졌다. 양차 세계전쟁과 전간기에 자유주의자가 직면했던 자유주의의 비가역적 위기와 상반된 풍경이었다. 냉전이 개시된 1950년대는 자유주의의 승리라기에는 여전히 불안한 시대였지만, 그럼에도 자유주의자들 사이에서 1930년대보다 정치적·경제적·지적으로 훨씬 더 안전한 시대로 간주되었다.

이데올로기 종언론자들은 탈이데올로기의 세계에서 필요한 것은 최저임금 인상 같은 비교적 사소한 기술적 조정(adjustment)뿐이라고 생각했다. 전체주의적 위협의 재발을 막는 가장 좋은 방법은 모든 이념과 유토피아적 몽상을 버리고 현실 문제에 대한 기술관료적 해결책을 마련하는 것이었다. 바야흐로 아롱(Raymond Aron)과 벨(Daniel Bell)부터 케네디 대통령에 이르기까지 자유주의 사상가와 활동가 모두가 이데올로기의 종언을 선언하고 이데올로기를 사회·경제적 조정으로 대체해야 한다고 주장하던 시기였다. 케네디가 주장하기를, '성패가 달린 것은 정념으로 나라를 휩쓸 경쟁적 이데올로기의 대전(大戰)이 아니라 현대경제의 관리'였다.

이데올로기 종언론자들은 두 가지 점에서 인식이 일치했다. 하나는 '현대 산업사회'에서 이데올로기 정치가 사라졌다는 인식이었다. 다른 하나는 이데올로기의 종언이 곧 전체주의의 종언을 의미하기 때문에 좋은 일이라는 인식이었다. 노동자계급, 나아가 가톨릭과 유다인이 자유민주주의적 합의에 통합되면서 더 이상 중요한 문화적 전투가 남지 않았다는 낙관론이 팽배했다. 인종주의에 대한 맹목, 페미니즘에 대한 무의식, 비(非)서구세계에 대한 무관심은 여전했다.

이런 인식은 1955년 로마에서 열린 '자유의 미래'에 관한 회의에서 보편적이었다. 로마회의에서는 고전적 자유주의에 대한 거부감이 팽배했고, 정부가 온건한(moderate), 즉 케인즈주의적 방식으로 경제에 개입해야 한다는 주장은 당연한 것으로 받아들여졌다. 로마회의의 참석자 대다수는 '다양한 신념을 포괄하는 하나의 명시적 체계'의 필요성을 더 이상 절감하지 못했다. 케이헌은 이런 공감대가 당시 소장학자였던 롤즈에게 영향을 끼쳤음을 시사하고 있다.

1955년에 출간된 『지식인의 아편』의 마지막 장 제목인 '이데올로기 시대의 종언?'이 암시하듯이 아롱은 더 이상 전체주의 이데올로기를 두려워하지 않았다. 그러면서도 아롱은 고유의 철학적 교리를 가지고 있던 이전의 자유주의와 달리 현대적 자유주의가 오로지 반전체주의적이고 부정적이라는 점을 시인하면서 자유주의가 도덕적 사명을 상실한 것을 아쉬워했다.

벨도 이데올로기가 이미 막다른 골목에 이르렀다고 보았다. 이른바 '정치적 천년왕국론(millenarianism)', 즉 종말론은 시효가 만료된 지 오래였다. 다만 벨이 다른 이데올로기 종언론자와 구별되는 점은 이러한 상황이 갖는 장점에도 불구하고 그 자체로 위험성을 내포한다고 본 데 있었다. 그는 특히 지식인들에게 자유주의에 대한 강한 도덕적 헌신이 부족하다는 점이 문제라고 생각했다. 하지만 그는 반전체주의적 자유주의가 도덕적/종교적 지주를 결여했음을 한탄하면서도 그것을 대체할 비전을 제시하지는 못했다.

이데올로기 종언론은 1968년 '대항문화'(counterculture)라는 이름으로 진행된 정치적·경제적·도덕적 이데올로기의 대대적인 폭발과 1970년대의 구조적 위기로 인해 종언을 맞이했다. 대항문화는 부분적으로는 1차 세계전쟁부터 1960년대 사이에 반전체주의적 자유주의의 도덕적 지주가 공허해진 데 대한 반작용이었다. 자유주의의 자기도취적 승리주의는 1968년 이후 일련의 사건 속에서 소멸했다.

1970년대 이후 이데올로기의 귀환은 이데올로기적 갈등의 귀환을 의미했다. 자유주의 정치철학은 또다시 활발한 논쟁의 주제가 되었고, 자유주의적 유토피아에 대한 경쟁적 전망을 둘러싼 갈등이 재발했다. 그에 따라 1930년대의 반전체주의 자유주의자들이 열망했고 1950년대에 이르러 기정사실로 간주된 현대적 자유주의와 고전적 자유주의 사이의 타협은 붕괴하고 말았다.

3기 (1): 평등주의적 자유주의

반전체주의적 자유주의 3기의 출발점은 롤즈의 평등주의적 자유주의였다. 케이헌은 롤즈가 초기 저작에서 개진한 주장을 후기에 상당 부분 수정했다는 사실에 착안하여 논의를 전개한다. 롤즈의 초기 대표작은 『정의론』(A Theory of Justice, 1971)이고, 후기 대표작은 『정치적 자유주의』(Political Liberalism, 1991)와 『공정으로서 정의: 재론』(Justice as Fairness: A Restatement, 2001)이다.[23]

초기 롤즈의 공포는 불의(injustice) 내지 불평등(inequality)이었다. 롤즈의 평등주의적 자유주의는 빈곤 극복이라는 현대적 자유주의의 희망을 정의 내지 평등에 대한 추구로 확대했다. 이러한 광범위한 평등의 추구가 바로 '공정으로서 정의'(justice as fairness)의 핵심이었다. 불평등은 최소수혜자(the least well-off/advantaged)의 처지가 불평등하지 않았을 때보다 개선될 경우에만 정당화된다는 롤즈의 차등원칙(difference principle)은 장애인 이동권/접근권부터 누진세까지 다양한 정책의 배경이 되었다.

롤즈에게 공정으로서 정의는 누구도 두려워할 필요가 없는 평등주의 사회를 달성하는 방법이므로, 그것을 위해서는 정치와 경제 모두 도덕적 명령에 종속되어야 했다. 하지만 그는 자신이 추구하는

---

[23] 롤즈의 정치철학 전반에 대한 비판은 『한국사회성격 논쟁 세미나 (IV)』 (공감, 2024)를 참고할 수 있다.

도덕성의 실행가능성(feasibility), 특히 그 경제정책적 실행가능성에 대해서는 별다른 관심을 표하지 않았다. '합당하게 정의로운 사회(reasonably just society)가 불가능하고 사람들이 대체로 부도덕하다면, 칸트와 더불어 과연 인간이 지상에 사는 것이 가치 있는 일인지에 질문하게 될지도 모른다'는 것이 그의 주장이었다.

롤즈는 자신이 구상한 평등주의 사회만이 정의롭고 공정하다고 생각했다. 합리적(rational)인 사람이 '무지의 베일'(veil of ignorance) 뒤에서 새로운 사회를 창조하라고 요구받는다면, 그런 평등주의 사회를 선택할 것이기 때문이다. 롤즈는 현실의 역사나 문화를 논외로 하고 베일 뒤에 있는 사람들이 체결하는 사회계약이라는 관념(idea)으로 회귀했는데, 사회계약론은 수세대 동안 정치사상에서 거의 소멸했던 견해였다. 이렇게 롤즈는 자유주의적 유토피아주의의 부활을 통해 평등주의적 자유주의라는 새로운 유토피아를 창조했다.

그런데 롤즈는 자유주의자였기 때문에, 달리 말해서 정의의 유지와 보존을 국가가 아닌 시민사회에 의존했기 때문에, 시민사회를 어떻게 설득할 것인가 하는 문제에 직면했다. 그렇지 않으면 자유주의 사회는 불안정해지고 혁명이나 반혁명의 희생양이 될 것이기 때문이다. 따라서 정치적·사회적 불안정성(instability)이 롤즈의 후기작을 지배하는 공포가 되었다. 불안정성은 여러 요인에서 비롯될 수 있지만, 무엇보다도 비자유주의적인 '포괄적(comprehensive) 세계관'을 가진 사람들로부터 비롯된다. 이들은 세속적 동기나 종교적 동기에서 전체주의자들이었고, 전체주의를 사회에 강요하고자 했다.24)

따라서 후기의 롤즈는 안정성 문제에 대한 해답인 동시에 전체주의적 교리의 위험에 대항하는 해법으로 '정치적 자유주의'(political liberalism)를 제시했다. 케이헌은 안정성에 관한 롤즈의 논의가 상

---

24) 롤즈가 '전체주의'라는 단어를 직접 사용한 것은 아니다. 부분적으로는 20세기 말에 이 단어가 이미 과거의 용어가 되었고, 부분적으로는 미국에서 보수적인 인물과 연관되었기 때문이다. 그럼에도 국가와 사회를 자기 교리에 합치하도록 지시하는 비자유주의적인 포괄적 교리는 전체주의라고 기술할 수밖에 없다는 것이 케이헌의 설명이다.

대적으로 적은 주목을 받았지만, 그의 기여 중에서 가장 중요하고 독창적이며 가장 자유주의적인 부분이라고 평가한다. 그런데 정치적 자유주의는 도덕적 호소에 의존하면서도 도덕의 범위를 엄격하게 제한한 것이라는 점에서 또 다른 문제를 파생시켰다.

초기의 롤즈는 자유주의 사회의 모든 합리적(reasonable)인 사람이라면 공정으로서 정의, 따라서 평등주의적 자유주의를 지지하도록 이끄는 포괄적인 철학적 교리를 채택할 것이기 때문에, 안정성이 달성될 것이라고 주장했다. 포괄적 교리란 '인간의 삶에서 가치 있는 것이 무엇인지에 대한 구상(conception)과 개인이 추구할 인성의 여러 이상(ideals of personal character)'을 포함하는 신념이다.

그러나 후기의 롤즈는 하나의 포괄적 교리에 대한 만장일치에 가까운 합의가 불가능하다는 점을 인정하고 벌린의 다원주의를 수용했다. 그것에 따르면 양립불가능한 다양한 가치의 공존이라는 사실은 안정적 자유주의 사회를 구축하는 데 주요한 장애물이었다. 이 문제에 대한 해답이 바로 정치적 자유주의로, 이것의 채택은 자유주의에 단일한 도덕적 기반이 있다는 생각의 포기를 의미했다.

이제 자유주의는 공정으로서 정의에 대한 지지를 얻는 데 필수적인 도덕적 질문으로만 그 범위를 제한해야 했고, 그렇게 되면 다수의 '중첩적 합의'(overlapping consensus)를 통해 지지를 얻을 수 있을 것으로 기대되었다. 정치적 자유주의는 상이한 도덕적 견해를 가진 집단들이 공정으로서 정의와 평등주의적 사회가 그 집단들의 지지를 받을 가치가 있다는 데 동의하도록 하는 것을 함의했다.

정치적 자유주의는 일견 정부의 영역을 제한하는 전통적인 자유주의적 해결책으로 보이기도 했다. 그러나 정치적 자유주의가 제기한 문제는 개인이나 집단의 자유의 영역을 넓히기 위해 정부를 제한하는 것이 아니었다. 오히려 양립불가능한 도덕적 견해를 가진 개인과 집단이 그럼에도 불구하고 모두 자유주의를 지지할 수 있는 긍정적인 도덕적 이유(reason)를 갖도록 정부의 도덕적 주장을 제한하는 것이 문제였다.

롤즈는 정치적 자유주의가 직면한 주요 과제에 집중하여 비자유주의적이거나 심지어 다른 포괄적 교리를 가진 사람들로부터 지지를 얻었다. 그의 해결책은 정치적 자유주의가 특정 도덕적 덕목을 장려하더라도 그 자체로 포괄적인 도덕적 교리를 제공해서는 안 된다는 것이었다.[25] 정치적 자유주의는 도덕적 지주를 가져야 했지만, 어떠한 포괄적 견해도 단념한 것이어야 했다. 이것은 합리적인 사람이라면 누구나 유사한 포괄적 견해를 채택할 것이라고 역설했던 그의 초기 입장과 배치되는 것이었다.

비자유주의적 향상관을 가진 사람들을 소외시킬 것에 대한 공포 때문에 향상론을 배제한 롤즈의 매우 협소한 도덕적 지주는 다양한 사람이 다양한 포괄적 교리를 가진 사회에서 안정적 자유주의 체제를 구축하는 데 필요했다. 하지만 자유주의 국가는 완전히 중립적일 수 없었다. 종교적이든 세속적이든 '합당하지 않고' 반민주적인 포괄적 교리는 '영속적인 삶의 사실'이었다.

3기 (2): 초자유주의·신자유주의

롤즈에게 자본주의 내지 자유시장은 대부분 부정적인 의미였던 반면 초자유주의자와 신자유주의자에게는 그 누구도 두려워할 필요가 없는 세상을 유지하기 위한 결정적 수단이었다. 초자유주의자와 신자유주의자는 롤즈의 규제적인 평등주의적 국가에 공포를 느꼈다. 노직 같은 초자유주의자는 도덕적 이유로, 프리드먼 같은 신자유주의자는 경제적인 이유로 자유시장을 주장했다.

초자유주의에 따르면 어떤 국가든 전체주의 국가가 될 위험이 있었다. 국가는 필요성이 인정되더라도 최소화되어야 하며, 그렇지 않다면 국가가 존재하지 않을 때보다 더 두려워할 이유가 있었다. 초

---

[25] 롤즈에 따르면 정치적 자유주의, 가령 '정치적으로 자유주의적인 정부'는 인간 삶의 전반적 목적이나 선 또는 향상에 관한 어떤 견해도 지지해서는 안 된다. 정치적 자유주의는 '최종 목적과 목표를 갖지 않는다'는 것이다.

자유주의는 어떤 측면에서는 19세기 말 스펜서의 고전적 자유주의나 19세기 초 바스티아의 야경국가 발상으로 회귀한 것이었다. 하지만 초자유주의자는 이들보다 더욱 철저했는데, 개인의 자유를 극대화하고 강제를 최소화하기 위해 국가의 임무를 국방·형사사법·계약집행으로 최소화했기 때문이다.

노직의 초자유주의는 본질적으로 도덕성이라는 유일한 지주에 기초한 자유주의였다. 다만 그 도덕성은 어떤 향상론도 없는, 즉 어떤 삶을 살아야 하는지에 대해서는 일절 언급하지 않는, 순전히 부정적인 도덕성이었다. 노직의 개인적 권리 개념이 인정하는 유일한 경제유형인 자유방임경제의 맥락에서 도덕적으로 적절한 국가의 역할은 개개인의 자발적 계약을 집행하고 타인의 재산권을 침해하지 못하도록 막는 것이었다.26)

따라서 노직의 초자유주의적 관점에서 사회·경제적 평등을 법제화하는 것은 정부가 수행하기에 도덕적으로 부당한 활동이었다. 노직의 자유주의는 자유시장을 필요로 했지만, 그는 도덕적 권리 주장을 설명하는 것 이외에 경제학에 대한 논의는 거의 전개하지 않았다. 노직의 초자유주의는 그의 권리 개념이 제공하는 협소한 자유의 도덕적 지주에만 초점을 맞췄다.

프리드먼의 신자유주의도 협소한 정당화 논거를 제시하기는 마찬가지였다. 신자유주의자가 롤즈와 노직의 공통분모인 도덕성 대신 전체주의의 위협을 막기 위해 의지한 것은 시장경제였다. 신자유주의는 모든 문제들을 경제적인 문제로만 환원하는 단순한 경제주의(economism)가 아니라 독립적 영역으로서 정치와 도덕을 자유주의의 범위에서 의도적으로 배제하려는 경제주의를 의미했다. 신자유주의는 집단의 두려움은 고려하지 않고 오직 개인만을 고려했다. 신

---

26) 노직의 주저 『아나키, 국가, 유토피아』(Anarchy, State, and Utopia, 1974)는 '개개인에게는 권리가 있으며, 어떤 사람이나 집단도 개개인에게 할 수 없는 일이 있다'는 문장으로 시작된다. 케이헌은 이러한 개인적 권리 개념을 기반으로 한 노직의 초자유주의가 세기말의 고전적 자유주의보다 더욱 엄격한 자유방임적 관점을 취하게 되었다고 평가한다.

자유주의에서 도덕적 지주가 사라진 것은 놀라운 일이 아니다.

관건은 신자유주의가 부상한 이유를 이해하는 데 있는 것이다. 1970년대의 경제학에서 핵심적 쟁점은 1930년대처럼 대불황으로 인한 대량실업이 아니라 스태그플레이션이었고, 신자유주의 경제학은 이데올로기 종언 시대의 케인즈주의가 낳은 병폐에 대한 치료법을 가지고 있는 것처럼 보였다. 그 결과 '정부와 집단 행위의 효능과 도덕적 우월성에 대한 20세기 중반 특유의 믿음이 광범위하게 무너졌다.' 신자유주의는 20세기 말 세계화에서 '헤게모니적 이데올로기'로 작동했다.

롤즈, 노직, 프리드먼이 상상한 유토피아는 모두 매우 협소한 토대 위에 세워졌다. 이들은 자유주의를 포괄적인 도덕관과 시장경제에서 분리하거나, 개인의 도덕적 권리 보호로 범위를 좁히거나, 경제적 자유에만 초점을 맞추면서 자유주의의 기반을 축소했다. 자유주의에 대한 이들의 협소한 시각은 1992년 이후 3기 자유주의의 약점과 직결되었다. 역설적이게도 반전체주의로서 3세대 자유주의가 '전체주의로서 현실사회주의'에 승리함으로써 '역사의 종언'(후쿠야마)이 선언된 시점에 자유주의의 위기가 재개된 것이다.

3기 (3): 공포의 자유주의

'공포의 자유주의'는 롤즈, 노직, 프리드먼의 유토피아주의에 반대하는 현실적 자유주의를 표방했다. 이들의 반유토피아주의는 일견 이데올로기 종언론의 반유토피아주의와 유사했지만, 후자가 낙관주의적 관점이었던 반면 전자는 비관주의적 관점이었다는 점에서 중요한 차이가 있었다. 공포의 자유주의를 촉발한 것은 자유주의의 진보가 아닌 1914-45년의 자유주의의 쇠퇴와 그에 따른 잔혹(cruelty)의 증가로, 이데올로기 종언론의 승리주의와는 거리가 멀었다. 케이헌은 공포의 자유주의가 인민주의에 대한 대응의 필요성을 조명했다는 점에서 의의가 있다고 평가한다.

슈클라에게 자유는 '공포의 부재'로 정의되었고, 그녀에게는 그것이 자유의 전부였다. '자유주의의 중차대한 목표는 단 하나, 자유를 행사하는 데 필요한 정치적 조건을 확보하는 것'이었다. 잔혹은 '절대악'(absolute evil)이며, 잔혹을 막는 것이 자유주의의 절대적 목표였다. 정치권력은 공포와 잔혹의 주요한 원천이었기 때문에 슈클라는 정치제도와 헌정의 구성에 깊은 관심을 가졌고 그 원활한 작동을 위한 정치적 보장 및 참여의 필요성을 주장했다.

정치적 권리는 다원주의적 정치제도와 마찬가지로 사람들을 공포로부터 보호하는 필수적 도구였다. 따라서 그녀에게 자유주의와 민주주의의 '자연적 동맹'은 '일부일처제'(monogamy)와 다를 바 없었다. 자유주의적 이념과 민주주의적 제도는 일부일처제로 영원히 결혼했지만, 그것은 '관습적'(convenient, 사랑이 아닌 편의를 교환하는) 결혼이라는 것이다. 나아가 슈클라는 이 동맹의 안정성이 흔들릴 가능성도 인식했다. 위기의 시대에 자유민주주의는 절차보다는 인격(person)에 호소할 수 있다는 것으로, 인민주의자 특유의 행태를 선취한 선견지명이었다.

슈클라는 공포의 자유주의를 향상론이나 개인적 자율성의 자유주의와 구별하려고 했다. 공포의 자유주의는 '일반적으로 윤리적 지침(instruction)을 제시하는 경향을 피해야 한다'는 것이 그녀의 지론이었다. 슈클라에게 자유의 목적은 우리를 선하게 만들거나 인성을 향상하도록 장려하는 것이 아니라 안전하게 만드는 것이었다. 그녀의 자유주의의 도덕적 지주는 잔혹의 거부로 협소화되었다.

윌리엄즈는 공포의 자유주의를 지지하면서도 자유주의가 세 지주, 특히 도덕성에 기초해야 한다고 인식한 점에서 슈클라와 차이가 있었다. 그는 자신의 정치철학을 '정치적 현실주의'(political realism)라고 묘사한다. 현대 정부는 국민의 관점에서 정당해야 하고, 정당성(legitimacy)을 주장하려면 국민에게 정치적 이유와 도덕적 이유 모두를 제시해야 한다는 것이 그 요지다. 정당성은 국민이 국가가 부과하는 질서를 수용 가능한 것으로 간주하고 국가가 국민에게 스스로를 정당화해야 함을 의미한다.

윌리엄즈는 유토피아 담론을 유용하게 생각하지 않았지만, 그렇다고 해서 자유주의의 기초인 도덕성을 배제한 것은 아니었다. 그의 정치적 현실주의는 도덕적 중립성과 거리가 멀었지만, 롤즈와 대조적으로 '정치적인 것에 대한 도덕적인 것의 우선성'과 '정치이론은 응용도덕과 같은 것'이라는 관념은 거부했다. 윌리엄즈는 자유주의의 도덕적 지주와 정치적 지주에 동등하고 독립적인 비중을 부여해야 한다는 점을 강조했다. 향상론적 도덕성을 강조하는 그의 자유주의는 20세기 후반의 자유주의에서 흔치 않은 사례였다.

많은 자유주의자가 자유주의를 세 가지 지주가 아니라 한두 가지 지주로 환원한 결과 20세기 말의 자유주의는 공허해졌고 불균형한 모습을 보였다. 21세기 초 자유주의자들은 인민주의가 제기한 도덕적 도전에 응전해야 했지만, 이들의 자원은 빈약하고 논거는 박약하기만 했다. 인민주의가 21세기 자유주의의 핵심적 공포로 대두했을 때 롤즈, 노직, 프리드먼의 사상과 정책만으로는 충분하지 않았다. 공포의 자유주의도 사정이 크게 다르지는 않았다. 이제 자유주의자들은 인민주의라는 새로운 공포에 대응하기 위해 4세대 자유주의를 발전시켜야 할 과제를 수행해야 했다.

4세대 자유주의: 미완의 역사

21세기 초에 전 세계를 강타한 인민주의는 자유주의에 대한 신뢰를 붕괴시키고 자유주의적 합의를 분열시켰다. 20세기의 3세대 자유주의가 상대했던 전체주의와 달리 인민주의는 그 정체가 모호하고 성격이 다면적이기 때문에 그 대응도 쉽지 않다. 케이헌은 4세대 자유주의를 건설하기 위해서 인민주의가 부상한 이유를 해명하고 자유주의자들의 당면 과제를 제시하려고 시도한다.

인민주의의 부상

케이헌은 인민주의를 자유민주주의, 즉 자유주의적 민주정에 대한 비자유주의적 민주정(illiberal democracy)의 도전으로 정의한다. 이러한 정의는 『한국사회성격 논쟁 세미나 (III)』(공감, 2022)의 문제의식과 일치하는 것이다. 인민주의를 자유주의에 반대하는 정치이념인 동시에 민주정이 타락한 형태로서 인민정이라는 이중의 의미로 이해해야 하기 때문이다. 비자유주의적 민주정의 기원은 히틀러주의와 스탈린주의를 거쳐 자코뱅주의로 소급하는 것이다.

케이헌은 인민주의의 비자유주의적 속성의 핵심으로서 일원론에 주목한다. 달리 말해서 다원주의 내지 다양성과 차이의 거부가 인민주의의 핵심적 요소라는 것이다.27) 인민주의의 비자유주의적 속성은 자유주의적 엘리트를 인민의 진정한 적, 즉 경제적으로나 도덕적으로나 '타락/부패'한 존재로 묘사하는 데서 잘 나타난다. 이처럼 21세기 초의 인민주의는 자유주의와 타락/부패를 동일시하고 그것을 거부하는 진영으로 지지자를 동원하고 결집시켰다.

인민주의는 롤즈가 호소한 자유주의적인 중첩적 합의의 경쟁 상대로서 반엘리트주의, 급진적 민족주의, 근본주의적 종교라는 기원을 가진 비자유주의적인 중첩적 합의의 중핵이 되었다. 인민주의적 합의는 자유주의적 이상과 가치의 근간인 다원주의·다양성·차이에 대한 도전이었다. 인민주의는 자유주의의 정치·경제적 주류(establishment)와 특히 자유주의의 문화 내지 도덕을 공격하며 자유주의의 세 지주를 모두 전복하려고 시도한다. 나아가 푸틴·시진핑·트럼프 등 기존

---

27) 케이헌에 따르면, 인민주의자들은 '국민/인민 중 일부만이 진짜 국민/인민이고 나머지는 국민/인민의 적'이라고 주장한다. 인민이란 불가분의 존재이며 단 하나의 진정한(authentic) 의지를 갖는다는, 전체주의를 상기시키는 언어를 구사하는 것이다. 인민주의자들은 외국인, 이교도, 동성애자, 특히 '외계인'(alien, 외국인)이 되기로 선택함으로써 인민을 배신한 엘리트 등 모든 외부인(outsider)에 대해 국민/인민의 이러한 진정한 의지를 관철하려는 욕구를 가지고 있다.

체제를 전복하려는 '강자'(strongman)의 정치에서 흔히 나타나듯이, 인민주의는 자유주의적 제도를 파괴한다.28)

케이헌은 토크빌이 미국의 성공의 가장 중요한 이유로 꼽았던 '풍속과 세태'의 변화를 인민주의가 부상한 핵심적 요인으로 지목한다. 1990년대 이후 인민주의의 물결은 서구사회와 일부 비서구사회의 상류층과 하층민 모두에게서 발생한 문화적 소외의 결과라는 것이다. 문화적 소외의 주요한 측면은 정치·경제·도덕에서 상대적 박탈감이다. 인민주의자들은 비자유주의자들의 '중첩적 합의'를 진두지휘하면서, 민족주의자, 상대적 박탈감을 느끼는 사람들, 전통적 종교 신자 등 문화적으로 소외된 자들의 합의를 형성했다.

인민주의의 지지자들은 지리적·경제적·문화적 요인이 결합된 심원한 상실감을 경험했다. 이들은 지리적으로는 선거에서 인민주의자를 지지하는 농촌과 지방도시에, 경제적으로는 하층민에, 문화 내지 종교적으로는 기독교 신자들에 집중적으로 분포하는 경향이 있다. 이들이 느끼는 상대적 박탈감과 문화적 소외감은 '서구에서 인민주의의 기저에 놓인 주요 단층선인 교육 격차(educational divide)'와도 깊은 연관성이 있다.29)

인민주의자들은 자신들이 단지 '대표되지 않는다'고 느끼는 것이 아니라 '억압을 받는다'고 생각한다. 인민주의자들은 자유주의를 두려워하고 자유주의적인 중첩적 합의에서 배제되는 것에 분개한다. 자유주의적 다원주의는 그들을 이등 시민으로서만 받아들인다. 그들은 기껏해야 관용을 받을 뿐이고, 결코 동등하게 존중받거나 인정

---

28) 인민주의와 마찬가지로 히틀러주의와 스탈린주의도 법치와 헌정의 유린이라는 제도적 공통점을 갖는다. 이처럼 제도적 측면에서 히틀러주의와 스탈린주의의 공통점에 주목하는 전체주의론에 대한 설명은 『한국사회성격 논쟁 세미나 (IV)』를 참고할 수 있다.
29) 정규교육과 전문지식이 강조됨에 따라 그런 교육을 받지 못한 사람들은 설령 경제적으로 성공했더라도 무시당한다고 느낀다. 미국의 트럼프 지지자, 영국의 브렉시트 지지자, 프랑스의 '노란조끼'(gilets jaunes) 시위대 중에는 그런 교육을 받은 동료 시민과 동등한 영향력을 행사할 기회를 부당하게 박탈당했다고 느끼는 사람이 많다.

받지 못한다. 한때 종교적 정통성을 존중하거나 심지어 환영했던 자유주의 사회에서 종교적 정통성은 파문당했다.

케이헌에 따르면, 자유주의자들은 인민주의의 부상에도 불구하고 문화 전쟁(culture wars)에서 승리해왔고, 이것은 신자유주의적 세계화와 밀접한 관련이 있었다. 인민주의자가 느끼는 소외감은 상류층의 풍속과 세태의 변화에서 기인한 것이기도 했다. 인민주의자들은 교육받은 자와 교육받지 못한 자, 능력 있는 자와 능력 없는 자를 구별하는 데 있어서 비민주적인 도덕적 불공정을 지각한다. 이것이 능력주의(meritocracy)에 대한 인민주의자들의 거부감의 본질이다.

인민주의에 대한 대응

케이헌은 4세대 자유주의가 인민주의자의 공포를 감축하고 문화적 소외를 극복하며 그들의 시각에서 가능한 한 정당성을 회복할 방법을 탐색할 것을 제안한다. 그것이 불가능하다면 인민주의를 격퇴할 방법을 찾아야 할 텐데, 그러나 20세기에 전체주의를 패퇴시키기 위해 막대한 희생을 치렀다는 사실을 상기한다면 좋은 선택지는 아닐 것이다. 대신 4세대 자유주의는 인민주의를 일소할 수 없다는 점을 인정하고 인민주의가 낳는 문제를 감축하고 제한해야 한다. 관련하여 케이헌은 1830년을 상기하는데, 매콜리처럼 혁명과 반혁명을 방지할 선제적 개혁을 해법으로 제안하는 셈이다.

인민주의가 20세기의 자유주의자들이 망각했던 진실을 환기했다고 할 수도 있다. 자유주의가 도덕적이고 심지어 종교적인 지주를 필요로 한다는 사실과 자유주의 정부가 광범위한 도덕적 정당성을 가져야 한다는 사실을 일깨웠기 때문이다. 따라서 공포 없는 세상에 대한 자유주의의 약속에서 배제되었다고 느끼는 사람들을 포용하도록 자유주의를 확장해야 한다. 케이헌은 자유주의적 포용의 확대를 위해 새로운 정치적·경제적·도덕적 전략을 주장한다.

우선 경제적 포용이 있는데, 그 목표는 빈곤이나 불평등이 아니라 상대적 박탈감, 즉 배제 내지 소외라는 문제를 해결하는 것이다. 관련하여 케이헌은 사회통합과 존중이라는 맥락에서 능력주의와 엘리트주의의 연관성을 어느 정도 완화할 필요를 제기한다. 그는 인민주의자도 정당한 것으로 받아들일 수 있는 형태로 능력주의를 재구성하기 위해 관료주의(mandarin rule)와 학력주의(credentialism)의 완화를 주장한다.

다음으로 케이헌이 제안하는 방안은 대중의 참여를 보장하는 방향으로 중앙정치 내지 최소한 지방자치를 개조하는 정치적 포용이다. 그는 경제적 포용에 비해 정치적 포용이 비자유주의적 인민주의에 대응하고 그 이면에 있는 문화적 소외를 극복할 수 있는 더욱 전도유망한 방법이라고 주장한다. 다만 인민주의자의 문화적 소외를 극복할 새로운 정치적 수단을 창안하는 작업은 이제 막 시작된 단계이므로 아직은 백지상태에 머물러 있다고 할 수 있다.

결론적으로 케이헌이 가장 강조하는 것은 도덕적 포용이다. 그는 21세기에 자유주의의 정당성을 재건하려는 모든 기획은 도덕적 토대에서 시작해야 한다고 역설한다. 간단히 말해서 인민주의는 정치제도의 결함이나 자유시장의 실패가 아니라 도덕적 공백의 결과이기 때문이다. 그는 인민주의자들을 자유주의와 화해시키기 위해서 자유주의적 향상론의 부활이 필요하다고 주장한다.

케이헌은 인민주의에 대한 대응을 위해 자유주의적 향상론을 부활시킨 사례로 라즈(Joseph Raz)에게 주목한다. 라즈는 자유를 개인적 자율성의 이상과 동일시했고, 자율성에 대한 그의 관점은 향상론적이었다. 그는 자유주의자가 도덕적으로 가치 있는 이상과 문화를 식별(identify)하고 이를 자유주의 정부가 지원하는 것이 자유주의의 본령이라고 주장했다. 그는 좋은 삶을 장려하는 것이 정부의 임무가 아니라는 견해를 거부했다. 자유주의 정부는 결코 도덕적으로 중립적이어서는 안 된다는 것이다. 정부는 자유주의적 가치와 실천을 장려하고 비자유주의적 가치와 실천을 억제할 수 있고 또 그렇게 해야만 하는 것이다.[30]

라즈는 밀의 '위해 원칙'(Harm Principle)을 수정해서 '자유주의적 불관용(intolerance)'이라고 지칭될 수 있을 원칙을 기초했다. 밀의 위해 원칙에 따르면, 어떤 사회구성원의 의지에 반해 권력을 정당하게 행사할 수 있는 유일한 목적은 타인에 대한 위해를 방지하는 것으로, 그 구성원 자신의 이익(good)은 권력 행사의 충분한 근거가 될 수 없다. 반면 라즈의 수정된 원칙에서는 구성원 자신을 포함한 누군가의 자율성에 대한 위해는 강제적 개입의 충분한 근거가 될 수 있다. 자율성은 좋은 삶의 필수 요소이기 때문이다.

이런 라즈의 견해가 국가에게 우리 삶을 만족스럽게 만드는 것과 도덕적으로 가치 있는 것에 대한 중재자/심판자(arbiter) 역할을 부여한다는 비판이 제기되기도 한다. 그러나 케이헌은 라즈의 의도가 그렇지 않다고 반박한다. 라즈는 오직 시민사회에서만 구원이 가능하다는 자유주의적 견해를 채택하기 때문이다. 즉, '가치 있는 목적의 채택을 장려하고 가치 없는(base) 목적의 추구를 억제하는 수단'을 취하는 것이 정부의 역할이라고 할지라도 무엇이 가치 있고 가치 없는지를 결정하는 것은 정부의 역할이 아니라는 것이다. 자율성은 국가가 아닌 개인과 개인의 연합으로서 집단에 의해서만 창출될 수 있기 때문이다.

라즈의 견해에서 개인과 집단의 자율성을 존중한다는 것은 개인의 비의존성/독립성에 대한 모독(affront)인 선의의 조작, 가령 '초자유주의적 간섭주의'(libertarian paternalism)[31]를 자제하는 것을 의

---

30) 예컨대 자율성에 대한 자유주의적 시각이 정부가 사람들이 도덕과 인애(benevolence)에 반하는 목적을 추구할 권리를 보호해야 한다는 것을 의미하더라도, 또 인종주의자들을 투옥하기보다는 관용해야 한다고 하더라도, 정부는 도덕과 인애를 장려하고 인종주의를 억제할 자유와 의무가 있다는 것이다.
31) 케이헌이 명시한 것은 아니지만, 모순어법(oxymoron)인 초자유주의적 간섭주의는 탈러와 선스타인의 개념을 지칭할 것이다. Richard Thaler and Cass Sunstein, "Libertarian Paternalism", *American Economic Review*, Vol. 93 No. 2, 2003. 이후 탈러와 선스타인은 초자유주의적 간섭주의의 별칭으로 '넛지'(nudge, 잔소리)라는 개념을 제시하기도 했다.

미한다. 개인이 자율성을 선택할 수 있는 여건을 제공해야 하는 것이지, 루소의 주장처럼 사람들을 자유롭도록 또는 자율적이도록 강제해서는 안 된다는 것이다. 자율성이라는 관념은 집단과 개인 모두에게 침해될 수 없는 권리가 있다는 것을 의미하기 때문이다.

다만 케이헌은 라즈의 불관용 원칙이 그 누구도 두려워할 필요가 없는 사회로 이어질지에 대해서는 유보적이다. 라즈의 제안이 타협보다는 투쟁을 위한 처방에 가깝다고 보기 때문이다. 결론적으로 인민주의자에게 자유주의를 정당화하기 위한 향상론적 해법이 유효할지는 아직 명확하지 않다. 향상론의 복원이 인민주의에 대한 자유주의적 대응의 기회를 제공하는 것은 분명하지만 그 효과가 입증된 실제 사례가 없기 때문이다.

결론

자유주의는 네 가지 공포, 세 가지 지주 그리고 희망에 기반을 두고 있다. 프로토자유주의는 종교적 광신과 전제정을, 1세대 자유주의는 혁명과 반혁명을, 2세대 자유주의는 빈곤을, 3세대 자유주의는 전체주의(히틀러주의/스탈린주의)를, 4세대 자유주의는 인민주의를 두려워했다. 모든 시대에 걸쳐 자유주의는 개인뿐만 아니라 집단(소수종파·피지배계급·소수종족·피억압민족·여성 등)의 공포에도 관심을 기울였다.

자유주의를 지지한 세 가지 지주는 자유·시장·도덕이었다. 역사적 자유주의는 그 누구도 두려움에 떨 필요가 없는 세상을 향한 희망에 의존해왔으며, 자유주의자들은 그 희망을 시민사회에 의지했다. 자유주의는 공포에 대한 대응으로 존재했지만, 희망은 공포만큼이나 자유주의의 중심에 있었다. 공포와 희망은 각각 부정적 자유와 긍정적 자유에 상응하는데, 케이헌은 양자 사이에 항상 중첩되는 부분이 있다는 점을 강조한다.

『공포로부터의 자유』 전반에서 케이헌의 논증은 자유주의의 세 지주 모두의 중요성을 강조하면서 도덕적/종교적 지주의 비중을 정치·경제적 지주와 동등한 수준으로 회복하는 데 주안점을 두었다. 이것은 자유주의의 역사적 발전에서 종종 무시되거나 과소평가된 도덕적 논쟁이 인민주의에 대항하는 새로운 자유주의의 창조에 필수적이기 때문이었다. 케이헌이 특히 단기19세기의 '눈부신' 자유주의에 주목한 것도 이를 위한 교훈을 발견하기 위한 것이었다.

도덕적 지주가 무시되거나 경시된 주요한 결과는 자유주의적 향상론의 쇠퇴였으며, 이것은 현재 자유주의가 인민주의와 투쟁하는 데서 중요한 약점이 되고 있다. 20세기 말 일부 자유주의자들에 의해 자유주의의 도덕적 논거를 강조하려는 시도로 향상론이 부활했지만, 아직 19세기와 같은 형태로 확산되지는 못하고 있다. 하지만 4세대 자유주의가 성공하려면 결국 강력한 향상론, 달리 말해서 대중의 도덕적 향상심의 복원이 필요하다는 것이 케이헌의 결론이다.

다만 케이헌은 향상심의 복원에 대해서 더 이상 구체적으로 기술하지 않는다. 『한국사회성격 논쟁 세미나 (IV)』에서 지적했듯이, 그가 말하는 공포를 잔혹으로 이해한다면 공포로부터의 자유는 시빌리티의 추구로 이해할 수 있을 것이다. 시빌리티는 공화주의적 프랑스가 아닌 자유주의적 앵글로색슨의 풍속·세태와 유사하다. 현대사회에서 교환과 상호의존을 고려한 시민의 자율적 조정과 타협·합의라는 덕성 내지 풍속·세태를 중시한다는 의미에서 말이다.

나아가 케이헌이 전망하는 4세대 자유주의의 성패도 현정세와 관련하여 좀 더 구체적으로 논의할 필요가 있다. 4세대 자유주의의 성패는 장기적으로는 자본주의의 표준으로서 미국자본주의의 흥성 및 쇠망과 연관되겠지만, 중기적으로는 미국에서 집권 2기를 맞이한 트럼프의 인민주의와의 대결, 나아가 푸틴의 러시아, 시진핑의 중국, 김정은의 북한 등 자유주의에 미달하는 일련의 사회주의와의 대결이 그 시금석이 될 것이다.

서론 ··· 69
계몽주의 논쟁 ··· 72
　종교개혁·관용과 계몽주의 · 72
　계몽주의와 정치혁명 · 75
　민주정의 문제 · 78
영국의 경제학적 계몽주의 ······································ 80
　애덤 스미스 · 81
　에드워드 기번 · 85
　에드먼드 버크 · 88
프랑스의 철학적 계몽주의 ······································ 91
　프랑스의 '철학자들' · 91
　루소와 자코뱅 · 95
　영국의 '철학적 급진파' · 97
계몽주의에서 자유주의로 ······································· 99
　자유주의 '온건파로 위장한 급진파': 매콜리 · 100
　프랑스 자유주의의 취약성: 콩스탕 · 104
자유주의 온건파와 급진파 ···································· 106
　자유주의 온건파: 토크빌 · 107
　자유주의 급진파: 밀 · 110
결론 ·· 115

울로크의
『자유주의 온건파와 급진파』

박 상 현

서론

이 글은 계몽주의에서 자유주의로의 이행과정을 추적하는 너새니얼 울로크(Nathaniel Wolloch)의 『자유주의 온건파와 급진파: 자유주의 사상의 계몽주의적 원천』(*Moderate and Radical Liberalism: The Enligtenment Sources of Liberal Tradition*, Brill, 2022)에 기초해서 현대적 정치이데올로기로서 자유주의의 역사적 형성과정을 재구성한다. 울로크는 이스라엘 출신의 지성사 연구자로 현재 특정한 대학이나 연구기관에 속하지 않은 채 독립연구자로 활동하고 있다. 그는 유럽 및 미국의 대학에서 강의를 수행하면서 '계몽주의 연구를 위한 지중해협회'에 참여하고 있다. 또 그는 계몽주의를 중심으로 1600-1850년 유럽의 문화사 및 지성사에 관심을 갖고 스미스, 기번, 버크, 토크빌, 밀 등의 인물을 연구하고 있다. 특히 울로크는 계몽주의에서 자유주의로의 이행에서 핵심적인 인물이자 케이헌이 말하는 '눈부신 자유주의'의 대표자인 매콜리에게 주목하면서 『매콜리와 계몽주의』(*Macaulay and the Enlightenment*, Boydell, 2022)를 출판하기도 했다.

울로크는 『자유주의 온건파와 급진파』에서 인민주의의 위협이 증가하고 있는 현재의 상황을 배경으로 자유주의의 역사를 재구성한다. 그는 '급진 계몽주의'에 대한 이즈리얼(Jonathan Israel)의 연구와 쟁점을 형성하는 데서 출발한다. 이즈리얼은 『급진 계몽주의』와 그에 후속하는 연구에서 계몽주의를 급진파와 온건파로 구분하고 1848년 혁명 이후 보수적·반동적 정세 속에서 급진 계몽주의가 소멸했다고 주장한다. 울로크는 급진파와 온건파라는 이즈리얼의 구분을 수용하면서도 1848년 이후 급진 계몽주의의 이념, 특히 민주정의 이념이 실패했다는 이즈리얼의 주장을 비판하고 온건 자유주의자들이 점진적으로 급진 계몽주의와 민주정의 이념을 실현했다고 주장한다. 그리고 19세기에 이르러 자유주의 급진파와 온건파는 한편으로는 보수주의와 대결하고 다른 한편으로는 사회주의와 대결하면서 점차 수렴하는 양상을 보였다고 주장한다. 결국 지적 운동으로서 계몽주의는 실패한 것이 아니라 정치이데올로기로서 자유주의로 계승되었다는 것이다.[1]

울로크는 계몽주의에서 자유주의로의 이행이 이데올로기적으로 일관된 과정이었다는 분석에 근거해서 '장기18세기'(1688-1848)의 하나의 통일된 전통으로서 '계몽주의-자유주의 전통'의 연속성을 강조한다. 이런 입장은 19세기 자유주의의 원천을 계몽주의 시대 '프

---

[1] 'enlightenment'는 주로 이념을 지칭하기 위해 사용되는 'ism'이라는 접미사를 갖고 있지 않음에도 불구하고 종종 계몽'주의'라고 번역된다. 게다가 울로크는 '계몽주의-자유주의 전통'의 사상적 연속성을 주장하기 때문에 계몽주의와 자유주의가 마치 동일한 정치이데올로기인 것처럼 오해될 위험이 더 커진다. 그러나 계몽주의는 르네상스나 종교개혁과 유사한 일종의 사상운동으로 체계적인 정치이데올로기를 제시하지는 않았다. 고유한 이론적 기초와 정책적 함의를 갖는 정치이데올로기로서 자유주의는 프랑스혁명 이후 체계화되었고 그것에 대항해서 보수주의와 사회주의도 체계화되었다.

로토자유주의'에서 찾는 케이헌(A. Kahan)의 입장과 유사하며, 프랑스혁명을 자유주의의 절정으로 파악하는 아블라스터(A. Arblaster)의 견해나 포셋(E. Fawcett)처럼 자유주의를 1815년 이후 새로운 사회적 조건에 대한 대응으로 출현한 정치의 현대적 실천으로 파악하는 견해와는 구별된다.2)

울로크는 일종의 '문화혁명'이자 '현대성의 실험실'로서 계몽주의가 유럽과 남북미를 아우르는 국제적인 사상교류의 산물인 동시에 종교, 정치혁명, 민주정, 노예제 철폐, 여성의 지위, 식민지 문제 등의 쟁점을 중심으로 온건파와 급진파로 구별될 수 있다고 주장한다. 또 나라에 따라서 계몽주의는 다양한 형태를 취하는데, 급진 계몽주의의 중심이 프랑스인 반면 온건 계몽주의의 중심은 영국이다. 특히 영국에서는 계몽주의와 자유주의가 하나의 통일된 정치철학의 발전에서 두 개의 국면으로 이해될 수 있으며 그 내부에서의 발전은 단절적이라기보다는 누적적인 형태를 띠었다.

계몽주의에서 19세기 초 자유주의로의 이행은 순탄하고 직접적인 과정은 아니었다. 계몽주의는 '정치혁명'의 시대를 위한 이데올로기적 촉매제가 되었지만, 그런 혁명은 폭력이라는 고유한 문제를 야기했다. 19세기의 자유주의자들은 혁명과 반혁명의 폭력에 대한 공포 속에서 계몽주의의 사상적 핵심을 계승했다. 초기 자유주의자들은 계몽된 사회의 건설에서 민주정 그 자체의 본성으로부터 유래하는 몇 가지 핵심적 문제를 인식했다. 특히 민주정의 인민정으로의 타락과 '다수의 폭정'에 대한 공포는 민주정의 수용에 대한 초기적 제약 요인이 되었다. 그러나 19세기를 거치면서 자유주의자들은 점차 민주정의 불가피성을 인정했다.

여기서는 먼저 계몽주의 논쟁과 관련된 울로크의 핵심적인 주장들을 살펴보고 이후 그의 저작을 근거로 해서 영국과 프랑스를 중심으로 계몽주의-자유주의 전통의 역사적 진화를 분석한다. 특히 장기

---

2) 자유주의와 보수주의의 역사에 관한 케이헌, 아블라스터, 포셋의 논의는 이 책에 실린 유주형, 김태훈, 이태훈, 송인주의 글을 참고할 수 있다.

18세기 영국의 경제학적 계몽주의와 프랑스의 철학적 계몽주의가 대조될 것이다. 이후 영국과 프랑스의 역사적 조건의 차이를 전제로 해서 계몽주의에서 자유주의로의 이행을 대표하는 사상가로서 매콜리의 핵심적 주장을 요약하고 마지막으로 자유주의 온건파와 급진파의 대표적 사상가로서 토크빌과 밀을 다룬다.

계몽주의 논쟁

'장기18세기'의 사상적 운동으로서 계몽주의는 나라에 따라, 사상가에 따라, 쟁점에 따라 상이한 양상을 보인다. 이를 배경으로 이즈리얼은 계몽주의 내에서 급진파와 온건파를 구분하면서 '계몽주의 논쟁'을 촉발시켰고 이후 논쟁 과정에서 나라별로 상이한 계몽주의 전통에 관한 연구가 확산되기도 했다. 울로크는 '문필공동체'로 지칭되는 국제적인 사상교류의 산물로서 계몽주의의 통일성을 강조하면서 종교, 정치혁명, 민주정 등 계몽주의의 공통된 주제들을 재구성한다. 또 그는 계몽주의의 민족적 특징을 계몽주의적 이상이 실현되는 역사적 조건의 차이로 설명한다.

종교개혁·관용과 계몽주의

울로크는 계몽주의가 형성된 장기18세기에 지적·문화적 생활의 중심에는 무엇보다 종교와 비종교라는 쟁점이 위치했다고 주장한다. 계몽주의의 주요 목표 중 하나는 종교적 미신이나 종교권력의 남용에 대항하는 투쟁이었다. 계몽주의자들은 대체로 관용(tolerance), 즉 종교의 자유를 옹호했는데, 종교의 자유에 대한 옹호는 곧 사상의 자유와 표현의 자유로 이어졌다.

한편 울로크는 계몽주의를 세속주의의 성장으로 보는 전통적 관넘이 최근 의문에 부딪히고 있으며 '종교적 계몽주의'에 관한 논의도 늘어나고 있다는 점을 인정한다. 계몽주의와 자유주의 전통 내에도 종교적 요소가 존재했으며 특히 독일에서는 종교적 계몽주의가 눈에 띄었다는 것이다. 그러나 울로크는 이후의 사회적·경제적·정치적 발전에 영향을 끼친 계몽주의적 혁신의 핵심은 종교가 아니라 합리성과 비종교성에 있다는 점을 재확인한다. 종교 사상가들이 관용을 주창할 수도 있었지만 그것이 종교 그 자체에서 유래한 것은 아니었다는 것이다.

장기18세기에는 종교와 정치적 권위 사이의 내재적 연계가 이미 절단되었고, 군주정적 정치질서에 대한 종교적 지지대도 축소되었다. 종교적 감수성도 그 이전에 비해 더 계몽된 형태를 취했다. 이런 상황에서 대다수의 계몽주의자들은 기성의 제도적 종교와 투쟁하는 동시에 대중의 비도덕적 행동을 막을 수 있는 사회적·사법적 안전장치로서 종교의 도덕적 영향력을 보존하려고 했다. 이와 동시에 그들은 종교적 극단주의와 광신주의의 정치적 위험에 대해서도 주의를 기울였는데, 미신에 대한 비판은 특히 극단적인 종교적 박해를 자행한 가톨릭교회에 집중되었다.

울로크는 종교의 도덕적·사회적 역할을 계몽주의 내에서 급진파와 온건파를 구별하는 중요한 쟁점으로 간주한다. 계몽주의 급진파는 무신론적 관점에 입각해서 정치영역에서 종교를 완전히 제거하려고 시도했다. 예를 들어 당시 대표적 스피노자주의자로 알려졌던 프랑스 철학자 벨(Pierre Bayle)은 스피노자주의를 무신론과 동의어로 만들었다. 그는 종교로부터 도덕성을 분리하고 사회적 도덕성을 위해 종교가 아니라 사회규범과 민법 같은 새로운 기초가 필요하다고 제안했다. 또 그는 무신론을 포용하는 전례 없는 관용을 향한 길을 개방했다.

벨은 역사 속에서 통치자와 사제는 미신적 믿음을 활용해서 사람늘이 적합한 방식으로 행동하도록 유도해왔다고 주장했다. 벨은 주류 계몽주의적 주장, 즉 종교의 사회적 유용성은 사후에 실현될 신의 심판에 대한 공포를 통해 대중이 올바르게 행동하도록 강제할 능력에 있다는 주장을 기각하고 대신 기독교도들이 저지른 모든 종류의 범죄를 지적했다. 나아가 그는 무신론자와 종교인 모두 자신의 신념이 아니라 육체적·정신적 성향에 따라 행동한다는 견해를 제시했다. 따라서 무신론이 내재적으로 더 비도덕적인 것은 아니었다.

이런 입장과 달리 사회적·정치적 질서를 유지하기 위해서는 일정한 형태의 종교적 믿음이 필수적이라는 관념은 온건 계몽주의의 버팀목이었다. 몽테스키외는 종교가 인간의 도덕의 최선의 보증자라고 주장하면서 벨에게 반대했다. 몽테스키외는 또한 혁신적 철학자는 언제나 무신론으로 흐르는 경향이 있다는 주장에도 반대했다. 볼테르 역시 합리적이고 관용적인 이신론에 기반을 둔 '신성한 은총'(devine grace)의 형태를 갱신할 것을 옹호하면서 모든 종교는 동일한 도덕적 주장을 담고 있다고 주장했다. 그에 따르면, 법(civil law)은 공개된 범죄(open crimes)를 대상으로 했지만 종교는 양심의 범죄를 대상으로 했다.

반면 로크는 모든 종교를 향한 관용을 지지하면서 종교적 신념은 개인의 문제라고 주장했다. 그러나 계시는 도덕성에 이르는 가장 믿을 만한 경로였고 사후의 신성한 심판에 대한 공포는 사회질서의 유지에 필수적이었다. 나아가 전통적인 기독교 신념도 사회적으로 유용했는데, 왜냐하면 대다수 사람들은 추상적 추론을 할 수 없고 행동의 규범으로서 평범한 종교적 철학을 필요로 하기 때문이었다. 그러나 그는 사회질서를 해치는 견해라면 어떤 것도 관용될 수 없다는 점을 강조했다. 따라서 가톨릭과 무신론자는 관용될 수 없었는데, 그들의 입장이 비이성적이었기 때문이다.

대체로 종교적 회의주의자에 속했던 영국의 '자유사상가'들은 종교가 정치체제의 필요에 종속될 것을 요구했는데, 이런 것이 온건 계몽주의의 일관된 특성이 되었다. 그들은 '사제의 통치'(priestcraft)에는 반대했지만, 궁극적으로 영국국교회의 철폐가 아니라 개혁을 원했다. 문제는 종교적 경험 그 자체를 제거하는 것이 아니라 현대의 현실에 맞게 그것을 변형하는 것이었다. 계몽주의-자유주의 전통은 종교적 관용을 옹호하면서도 자신들이 비합리적이라고 생각하는 종교적 신념과의 공존 역시 수용했던 것이다.

한편 종교와 혁명 사이에도 일정한 연관이 존재했다. 종교개혁이 성공을 거두었던 영국과 미국에서는 혁명의 과정에서 국교와 개신교가 수용되었던 반면, 종교개혁이 실패한 프랑스에서는 혁명의 과정에서 가톨릭교회와의 투쟁이 민족을 분열시켜 반복된 내전과 장기적 항쟁의 길로 밀어 넣었다. 그러나 프랑스에서도 모든 형태의 종교를 실질적으로 제거하는 것은 극소수의 자코뱅을 제외하면 혁명가들의 목표가 아니었다. 쟁점은 언제나 전통적인 종교적 기득권과 비합리적 미신의 영향을 최소화하는 것이었다. 계몽된 혁명가들에게는 타협을 통해서라도 종교를 수용하는 것이 필요했다.

계몽주의와 정치혁명

계몽주의의 영향에 관한 가장 중요한 쟁점 중 하나는 계몽주의와 정치혁명의 연관성에 관한 것이다. 범대서양적 현상으로서 18세기 말과 19세기 초의 정치혁명은 계몽주의적 관념들이 정치혁명을 자극하는 역할을 했다는 점에서 이전 시기의 정치혁명과는 질적으로 다른 양상을 보였다. 그러나 울로크는 정치혁명이 계몽주의나 자유주의의 절정이었다는 아블라스터 등의 입장을 기각하고 그 대신 정치혁명은 계몽주의가 목표를 달성하는 한 가지 수단에 불과했다고 주장한다. 이론적 차원에서 계몽주의가 적극적 정치혁명을 필연적으로 요구한 것이 아니었고 다만 실천적으로 계몽주의-자유주의 전통이 종종 혁명적 조치들을 채택했을 뿐이라는 것이다. 결국 정치혁명은 계몽주의적 관념이 자유주의적 정치개혁으로 귀결되는 하나의 경로에 불과했다.

1688년 영국의 명예혁명은 계몽주의의 결과가 아니었고, 오히려 이후 계몽주의 사상가들의 준거가 되었다. 반면 미국혁명과 프랑스혁명은 모두 계몽주의의 이념을 표현했다. 미국혁명은 계몽주의적 관념들을 정점으로 이끌었고, 「미국독립선언」은 이후 세계 각국에서 유사한 선언들을 낳았다. '혁명의 시대'는 계몽주의에서 자유주의로의 이행을 가장 분명하게 표현하는 특징이 되었다.

그러나 계몽주의에 의해 추동된 정치혁명의 구체적인 양상은 나라마다 달랐다. '구체제'가 존재하지 않았던 미국과 상대적으로 강력한 구체제가 존재했던 프랑스의 역사적 조건은 상이한 결과를 낳았다. 양국의 정치혁명은 궁극적으로는 유사한 민주적 체제를 목표로 했지만 상이한 사회적·경제적 조건에 따라 다른 방향으로 발전했다. 또 혁명의 단기적 결과의 차이는 타국의 개입 등과 같은 군사적·지정학적 우연에 의해서도 영향을 받았다. 계몽주의의 이상이 실현되는 과정에서 이 같은 역사적 차이는 이후 자유주의로의 이행에도 영향을 끼쳤다.

18세기에 미국은 유럽과 비교할 때 사회적 차이가 상대적으로 부재했고 사회적으로 더 평등했다. 프랑스혁명과 대조적으로 미국혁명은 도시 중간계급이 아니라 농촌과 농업부문에 의해 지지되었다. 또다른 미국적 특징으로는 일찍부터 정교분리가 제도화되는 동시에 다양한 개신교 종파에 의해 경쟁적 종교문화가 번성했다는 것을 들 수 있다. 미국의 시민사회 내에는 상대적으로 계몽주의가 일찍 뿌리내렸고, 계몽주의적 관념과 군주정적·귀족정적 대항 관념의 갈등도 강하지 않았다.

미국혁명은 사실상 영국적 세계에서 이미 존재했던 권리를 헌정적 형태로 보존하려는 운동이었다. 팔머(R. Palmer)에 따르면, 가장 성공적인 혁명의 사례로서 미국혁명은 새로운 혁명적 프로그램에 기초했던 것이 아니라 미국인들이 영국의 지배 하에서 영국의 시민으로서 이미 누리고 있던 법적 자유와 권리를 헌정적 형태로 재확인한 것이었다. 그러나 미국인들은 그런 권리가 모든 인간의 권리라고 주장함으로써 그것들을 보편화하기도 했다.

프랑스의 상황과 관련하여 울로크는 퓌레(F. Furet)의 분석을 인용한다. 퓌레에 따르면 프랑스에서 시민적 평등과 정치적 자유를 확립함으로써 1789년 혁명의 과업을 완수한 것은 제3공화국을 수립한 공화주의자들이었다. 그러나 프랑스는 개인적 자유를 더 강조하는 진정한 자유주의가 아니라 국가코퍼러티즘과 친화성을 갖는 '제한된 자유주의'를 선택했다. 이런 선택의 주된 이유는 프랑스에는 영국의 로크적 철학과 유사하게 자유주의를 위한 개인주의적 기초를 제공할 사상이 없었던 데 있다.

로장발롱(P. Rosanvallon)에 따르면, 1848년 프랑스에서 보통선거가 수용된 것도 자유주의의 징후가 아니었다. 보통선거권은 점차 공화주의와 동의어가 되었다. 이는 다원주의를 기각하는 통일성과 만장일치에 대한 프랑스적 열망의 표현이자 현대 프랑스 정치문화의 급진적 '비자유주의'(illiberalism)의 표현이었다. 프랑스에서는 자유주의 정치철학의 통일된 발전이 없었고, 특히 '부정적 자유'(negative liberty/freedom)에 기초한 자유주의는 큰 영향력을 갖지 못했다. 공화주의적인 시민적 권리라는 개념 앞에서 자유주의적인 개인적 권리라는 개념은 위축되었다. 루이 보나파르트의 제2제정에 뒤이은 제3공화국은 안정을 목표로 했고 따라서 공화주의적 자유주의가 개인주의적 자유주의를 압도했다.

그러나 울로크는 1848년 혁명이 단기적으로는 실패했지만 중장기적으로는 계몽주의적 목표들에 대한 지지가 지속되게 만드는 데 기여했다고 주장한다. 농촌지역에서 봉건제의 잔재들이 파괴되었고 더 광범위한 종교적 자유가 심화되었으며 노예제 철폐가 완료되었다. 초기에는 의회개혁이 기각되었지만 결국에는 선거권도 확대되었다. 헌정적 개혁은 점차 군주정적 권력을 약화시키고 의회의 권한을 강화했다. 1848년 이후, 특히 제2제국에서 반동적 분위기가 강화되었지만 자유주의적 이상은 지속되어 결국 제3공화국을 낳았다. 역사적 관점에서 볼 때 18세기 말부터 혁명의 유산이 지속되어 현대적 자유민주정의 창조에서 중심적인 역할을 했다는 것이다.

민주정의 문제

울로크에 따르면, 현대적 민주정의 사상적 기원을 계몽주의에서 찾는 통상적 논의와 달리 역사적 시각에서 볼 때 민주정의 출현과 계몽주의-자유주의의 연관은 결코 단순하지 않다. 민주주의의 역사에 관한 연구들은 민주주의라는 용어 자체가 비결정적이고 다의적이라고 지적한다. 몇몇 연구들은 개인적 권리를 옹호하는 자유주의와 권력의 평등한 활용을 주장하는 민주주의 사이에는 내적 긴장관계가 존재한다고 지적하기도 한다. 그러나 울로크는 자유주의와 민주정 사이에 진정한 의미의 긴장은 존재하지 않으며 설사 긴장이 존재하더라도 그것을 해소하기 위한 노력이 장기18세기부터 시작되었다고 주장한다.

로크와 몽테스키외 같은 초기 계몽주의자들은 압제와 전제정에 반대하면서도 민주정을 바람직한 정치체제로 간주하지는 않았다. 오직 소수의 계몽주의 급진파만이 민주정을 옹호했을 뿐이다. 그 결과 특히 혁명적 시기에 민주정에 대한 옹호를 둘러싸고 계몽주의 온건파와 급진파의 차이가 부각되었다. 그러나 심지어 계몽주의 급진파도 대부분의 경우에 대중이 정치적 책임을 질 '자격/능력이 없다'(not qualified)고 생각하면서 무제한의(unhampered) 민주정은 기각했다. 대체로 그들은 루소식의 직접민주정이 아니라 대의민주정을 지지했다. 또 민주정이 보통선거권을 의미하지도 않았다.

게다가 프랑스혁명과 특히 자코뱅의 공포정치는 보수주의자들뿐만 아니라 많은 온건 자유주의자들에게도 민주정의 파괴적 본성을 보여주는 가시적 사례가 되었다. 19세기의 많은 자유주의 사상가들은 민주정이 인민정으로 타락할 위험에 대해 우려하면서 민주정을 의심스럽게 바라보았다. 이런 측면에서 울로크는 현대 민주주의 사상이 민주정의 문제와 한계에 관한 우려와 함께 발전했다고 주장한다. 자유민주주의 전통 그 자체 내에는 민주적 감수성의 출현뿐만 아니라 민주정에 대한 자기비판의 역사도 내포되어 있다는 것이다.

나아가 울로크는 오직 계몽주의 급진파만이 민주정을 옹호했고 1848년 이후 보수적·반동적 상황에서 그들의 이념은 실현되지 못했다는 이즈리얼의 주장을 반박하면서 계몽주의와 자유주의의 연속성을 강조한다. 19세기에 이르러 온건 계몽주의를 계승한 온건 자유주의자들은 여전히 민주정에 대해 비판적인 태도를 보였지만 결국에는 민주정의 불가피성을 수용하게 되었다. 1750년과 심지어 1789년에도 급진적인 것으로 보였던 것이 1850년에 이르러서는 불가피한 것으로 간주되었던 것이다. 이런 측면에서 볼 때, 계몽주의-자유주의의 역사는 대체로 민주정의 역사를 포괄하지만 양자를 동일한 것으로 간주할 수는 없는데, 왜냐하면 계몽주의-자유주의의 역사는 민주정에 대한 금지(inhibition)의 역사이기도 하기 때문이다.

한편 자유주의와 공화주의를 선명하게 대비시키는 케이헌과 달리 울로크는 계몽주의와 자유주의의 역사에서 종교나 민주정과 마찬가지로 고전적 공화주의도 지속적으로 중요한 의미를 차지했다고 주장한다. 고전적 공화주의는 유럽사에서 황금기로 간주되었던 로마 공화정을 자신의 준거로 삼았다. 르네상스 시기에 로마 공화정에 대한 관심이 부활했고 이후 마키아벨리를 매개로 폴리비오스의 정체순환론이 계몽주의자들에게 널리 알려졌다. 초기 계몽주의자들은 유럽의 미래를 구상하기 위해 로마의 흥망성쇠를 중요한 역사적 사례로 간주하게 되었다.

18세기에 공화주의는 정부형태이자 정치에 대한 도덕적 태도를 지칭했다. 정부형태로서 공화주의는 군주정에 반대되는 정치체제(정체), 특히 현대 유럽의 국가들에서 실행될 수 있는 대의제를 의미했다. 반면 민주정은 직접민주정을 의미했고 고대 그리스의 도시국가들 같은 소규모 공동체에서만 실행될 수 있는 것으로 간주되었다. 이런 의미에서 공화국은 비군주정이거나 입헌군주정의 '혼합정체'일 수 있었다. 이 같은 주제는 계몽주의 정치사상 내에서 반복적으로 등장했다. 울로크는 정부형태로서 공화주의가 18세기 말과 19세기의 새로운 정치제도 내부로 민주정을 도입하는 실천적 수단이 되었다고 주장한다.

　반면 정치에 대한 도덕적 태도로서 공화주의는 민주정과는 거리가 멀었다. 고전적 공화주의는 국가를 공동선(res publica, common good)으로 간주하면서 덕(virtue)이라는 개념을 강조하고 개인적 권리보다는 유기적인 사회적 통일성을 목표로 삼았다. 고전적 공화주의는 공동선에 대한 헌신으로서 자유(liberty) 관념에 기초해서 비민주적 정치문화를 수용하는 성향이 있었다.3) 특히 프랑스혁명 동안 고전적 공화주의는 자코뱅에 의해 공포정치에 대한 이데올로기적 정당화로 변질되었다.

영국의 경제학적 계몽주의

　계몽주의자들은 명예혁명을 자신들의 정치적 전망의 기원적 표현으로 간주했다. 이로써 그들은 사회·정치생활의 개혁에 관한 관념을 정초하고자 했다. 이런 측면에서 명예혁명의 이론가였던 로크는 계몽주의-자유주의 전통의 선조로 간주될 수 있다. 로크는 종교적 신념이 개인적 문제라는 점을 강조하면서 모든 종교에 대한 관용을 지지했다. 로크는 또한 정치적 자유의 기초로서 개인의 신체와 정신의 자유라는 관념을 확립했고, 그 연장선에서 신체와 정신의 투여로서 노동이라는 관념에 기초하여 소유의 정당성을 도출했다. '정치적 자유의 상징적 구성요소'로서 소유의 보장을 '사회계약'의 기초로 제시했던 것이다. 로크의 계몽주의는 이후 스미스로 대표되는 스코틀랜드 계몽주의로 계승·발전되었다.

---

3) 울로크는 고전적 공화주의를 귀족적 공화주의와 민주적 공화주의로 구분하고 각각 영국과 미국에서 오랫동안 영향을 미쳐왔다고 주장한다. 또 그는 고전적 공화주의의 민족주의적 양상이 강화될 때 비민주적 정치문화의 위험이 커진다고 지적한다.

애덤 스미스

울로크는 스미스가 온건 계몽주의와 급진 계몽주의의 사이에 위치하는 인물이라고 인식한다. 스미스는 관용, 인류, 자유 등과 같은 일반적인 계몽주의적 이상을 방어하면서도 온건하고 중도적인 입장에 머물렀다. 스미스는 제도적 종교, 특히 가톨릭에 반대하면서도 종교의 합리적 형태를 공적 도덕성의 기초로 간주했다. 그의 관점에서 볼 때, 종교들 사이의 자유경쟁은 광신과 신정(theocray)을 막는 데 기여한다. 따라서 국가는 종교적 자유시장을 보장해야 하지만 동시에 미신에 대한 해독제로서 철학, 과학, 예술의 교육을 장려해야 한다.

스미스는 1760년대 전반까지 글래스고우대학에서 '도덕철학' 강의를 담당했는데, 그 강의는 신학과 윤리학, 그리고 법학과 경제학으로 구성되었다. 신학과 윤리학 강의는『도덕감정론』으로 출판되었고, 법학과 경제학 강의는『법학 강의』와『민부론』으로 출판되었다. 스미스 사후에 수강생들이 필기한 강의록을 편집하여 출판된『법학 강의』에 관한 최근의 연구들은 도덕을 강조하는『도덕감정론』과 사익 추구를 강조하는『민부론』사이의 불일치라는 이른바 '스미스 문제'는 존재하지 않는다는 것을 보여주었다.

스미스는『도덕감정론』에서 도덕에 대한 초월론적 기준을 거부하고 대신 도덕의 기초로서 공감이라는 18세기의 일반적 개념을 독창적이고 정교한 방식으로 체계화했다. 공감(sympathy)은 다른 사람들의 감정을 파악하고 동정하는(commiserate) 인간의 내생적 성향이다. '사람들은 자신을 타인의 입장 속에 대입해보거나 타인의 눈을 통해 사물을 보는 경향이 있고 이 때문에 타인들과 공감하는 경향이 있다.' 일종의 '가상적 동일화'로서 공감은 약자에 대한 연민(pity)이 아니라 '동료로서의 공동체 의식'(fellow feeling)으로서 '어떤 의미에서도 이기적 원리로 간주될 수 없다'.4)

도덕감정(moral sentiment)은 공감에 기초해서 덕성(virtue)으로 발전한다. 자기 자신의 행복과 관련된 덕성이 자제(self-command)와 검약/신중(prudence), 즉 자기애(self-love)라면, 타인의 행복과 관련된 덕성은 인애(benevolence)와 정의(justice)다. '상호적 공감'은 인간 사회의 전체적 조직이 불가피하게 타인의 감정, 욕망, 이익을 고려하는 것에 제약되어 있다는 것을 의미했다.

감정이 사회적 상호작용을 통해 발전되고 일반화되면 그것을 결합시키는 기준들, 즉 관습(규범)과 제도(규칙)가 출현한다. 이처럼 감정에 기초해서 도덕적 기준이 형성되는 방식은 대체로 동일하지만, 그런 기준의 내용은 사회적으로 결정되며 환경에 따라 다양한 양상을 보인다. 스미스는 '취약하고 불완전한 피조물'로서 빈번하게 오류를 범하지만, 끊임없이 자신의 조건을 개선하려고 노력하는 평범한 개인들이 어떻게 도덕적 판단을 형성하는가에 관한 역사적 탐구를 선호한다.

18세기 계몽주의 지식인, 특히 스코틀랜드 계몽주의자들은 몽테스키외의 '이론적 역사'(philosophical/conjectural history)를 계승해서 역사에 대한 단계적 구상(stadial conception)을 발전시켰는데 스미스는『법학 강의』에서 생존양식의 진화에 기초한 4단계의 역사발전론을 제시했다. 이에 따르면 인류의 생존양식은 어렵·채집, 목축, 농경, 상업으로 발전해왔으며, 각각의 생존양식은 고유한 소유관계와 사법체계, 나아가 행동규범으로서 도덕을 내포했다. 스미스는 4단계의 생존양식의 진화에 기초해서 물질적 진보를 논의하는 동시에 그것에 기초를 둔 문화적 달성이라는 또 다른 진보를 논의했다.

스미스는『민부론』에서 야만족에 의해 로마제국이 붕괴된 이후 유럽의 역사를 재구성하고 이탈리아-네덜란드-영국으로 이어지는 상업사회의 계보를 제시했다. 또 그는 로크의 자기소유론을 계승하

---

4) 그리고 자신의 행동에 대한 타인의 반응을 가상하면서 자신의 행동을 승인 또는 부인하는 내면의 가상적 관찰자가 바로 도덕성의 기초가 되는 '공정한 관찰자'(impartial spectator)다. 이 같은 공정한 관찰자에 대한 이론은 양심의 기원에 관한 비신학적 설명을 제시하는 동시에 개인의 도덕적 판단과 사회의 도덕적 판단을 연결시키는 장점을 갖는다.

는 노동가치설을 확립하여 부의 원천을 노동에서 찾고 분업에 따른 노동생산성의 상승을 경제성장과 생활수준향상의 기초로 제시했다. 그러나 동시에 스미스는 자본축적의 결과로 특정한 사회가 경제성장이 지속되는 진보상태(advancing/progressive state)를 거쳐 경제성장이 정지되는 정상상태(定常狀態, stationary state, 정지상태)에 이르고 급기야 마이너스 경제성장이 출현하는 퇴보상태(declining/regressive state)에 이를 수 있다고 주장하면서, 정상상태의 도래를 막기 위한 지속적인 시장의 확대를 옹호했다.5)

또한 스미스는 상업사회의 시장 메커니즘이 분업을 촉진하고 번영을 낳는다는 것을 설명하면서 사익의 추구가 '의도하지 않은 결과'로서 공적 미덕을 낳는다는 맨드빌의 명제를 수용했지만 동시에 공감에 기초하는 인애라는 도덕성을 옹호하면서 도덕의 지속적 향상(betterment)을 강조했다. 특히 스미스는 인간의 도덕적 불완전성을 반복적으로 인정하면서 상업사회에 걸맞는 실천적 도덕의 개요를 제시하려고 했다. 이런 과정에서 그는 고대적인 공화주의적 시민성(civism)을 기각하고 현대적인 자유주의적 시민성(civility)으로서 인애적 사회성(benevolent sociality)을 강조했다.6)

『민부론』에서 스미스는 자유시장·무역에 기초한 '자연적 자유의 체계'를 소묘하고 중상주의를 비판했다.7) 자유시장·무역이라는 스

---

5) 스미스는 『민부론』에서 진보상태, 정상상태, 퇴보상태가 사회의 다수를 이루는 노동자의 상태와 사회의 전반적 성향에도 영향을 미친다고 주장한다. 사회가 점점 더 많은 부를 획득하는 진보상태일 때 노동자는 '가장 편안하고 행복한' 상태를 경험한다. 반면 정상상태에서 그들은 곤란을 겪고 퇴보상태에서는 생활수준의 하락과 불행을 경험한다. 진보상태는 사회의 모든 계급에게 즐겁고 건전한 상태이고, 정상상태는 활기를 띠지 못하며(dull), 퇴보상태는 우울하다(melancholy).
6) 스미스는 로마공화국을 특권화하는 고전적 공화주의의 논리를 따라 상비군에 반대하고 민병대를 옹호하는 퍼거슨(A. Ferguson)을 비판했다. 그는 상업사회가 낳은 풍요가 로마적 미덕을 쓸데없는 것으로 만들었고 고대 공화국에서는 알 수 없었을 정도의 자유를 가능케 했다고 지적했다. 따라서 상업사회에서 무질서를 낳을 수도 있는 로마적 용기는 더 이상 존재할 가치가 없다는 것이었다.

미스의 개념은 '자유방임'(laissez faire)이라는 케네의 중농주의적 통념에 빚진 것이었다. 그러나 스미스는 중농주의의 자유 관념을 상찬하면서도 케네가 옹호한 '계몽된 전제정'(enlightened despotism)에 대해서는 반대했다. 나아가 그는 케네의 도그마적 접근, 즉 비역사적인 방식으로 '체계화하는 경향'을 거부했다. 스미스는 『민부론』에서 중농주의자들이 기존의 중상주의적 정책을 그들 자신의 또다른 개입정책으로 대체하고 있으며, 따라서 중농주의는 중상주의에 대한 부분적 치료책일 뿐이라고 지적했다.

스미스는 정부의 권력을 다시 정의하고 그 역할을 제한하면서도 정부의 중요성은 인정했다. 문제는 정부가 경제와 사회 일반을 통치할 것인가 말 것인가가 아니라 정부가 어떤 영역에서 어떤 방식으로 얼마나 관여할 것인가였다. 스미스의 '자연적 자유의 체계'에서 정부는 사적 개인들에게는 수익성이 없는 세 가지 의무, 즉 국방, 사법, 그리고 교육 같은 특정 공적 기관의 유지를 담당해야 했다. 나아가 스미스는 상업사회에서는 상업계급의 경제적 이익이 정부와 공적 이익을 왜곡시킬 수 있다고 우려하면서 행정권력으로부터 입법권력과 사법권력의 분립을 옹호했다.

스미스는 도덕적 측면에서 빈민도 내재적으로 평등한 인간이라는 점을 인정했다. 또 그는 빈민 구호에 반대하지 않았고 누진적 과세와 공적 교육 등을 통해 빈민을 지원하기 위해 조세를 활용할 것을 제안했다. 그는 사회의 낮은 계급의 빈곤에 대해 서술하면서 그들의 생활환경의 개선이 사회 전체에 혜택을 준다고 지적했다. 그는 경제적 진보가 불평등을 수반할 수 있지만, 현대에서는 하층민도 생활의 필수품과 '편의품'(conveniences)을 포함해서 자신이 원하는 것을 풍족하게 공급받을 수 있다고 주장했다.[8]

---

7) 스미스는 또한 동인도회사의 독점적 관행이 인도 벵갈의 쇠퇴에 책임이 있다는 점을 지적하면서 인도 식민지와 북미 식민지를 대비시켰다.
8) 스미스는 여전히 원시 내지 야만 상태에 머물고 있는 아프리카의 국왕보다 현대 유럽의 평범한 농민이 더 높은 생활수준을 향유하고 있다고 주장했는데, 이는 자연상태에 대한 루소적 옹호를 반박하는 것이었다.

1776년에 출판된 스미스의 『민부론』은 미국의 헌정 논의에 상당한 영향을 미쳤다. 울로크는 '미국 예외주의'라는 것이 있다면 그것은 예외적이거나 독창적인 미국적 개념에 있는 것이 아니라 로크와 스미스로 소급되는 자유주의적 전망이 미국에서 훨씬 빠르게 실행된 데 있다고 주장한다. 반면 프랑스의 경우에는 혁명기에 『민부론』이 번역·수용되었지만 루소를 비롯한 '철학적 계몽주의자'의 영향이 압도적이었다.

스미스는 말년에 프랑스혁명을 목격했지만 그에 대해 직접적으로 논의한 저작은 존재하지 않았다. 그러나 그가 죽기 직전까지 수정하고 있었던 『도덕감정론』의 마지막 판본인 6판(1790)에는 자신의 관념에 매몰되어 현실과 무관하게 그런 관념들을 강제하려고 하는 '교조주의자 내지 논리주의자'(man of system)에 대한 비판이 포함되어 있었다. 스미스는 '교조주의자 내지 논리주의자'가 공적 정신을 광신주의(fanaticism)로 이끌 때 특히 위험하다고 지적했다. 또한 친구였던 버크의 정치적 보수주의와 그의 관점 사이에 일정한 친화성의 증거들도 존재했다. 스미스는 정치인과 경세가(입법자)를 준별했고, 당파의 지배보다는 개인적인 도덕적 성품과 공적 정신을 가진 경세가를 옹호했다.

에드워드 기번

18세기의 가장 위대한 역사학자 중 한 명인 기번은 제도적 종교, 미신, 불관용, 종교적 완미(頑迷, 완고한 미망), 무지, 전제정에 대한 비판과 보수적인 정치적 전망을 결합시킨 온건 계몽주의 지식인이었다. 그는 독재적 정부에 대해 우려하는 동시에 권력분립, 혼합정체, 입헌군주정을 지지했는데, 이는 19세기에 널리 공유될 '휘그적 입장'을 선취한 것이었다. 그는 공개적으로 보수주의를 공언했지만 사적으로는 군주정이나 귀족정에 큰 관심을 보이지 않았다. 기번은 명예혁명 이후 영국 헌정에 체화된 입헌군주정과 혼합정체를 옹호하면서 민주정의 전망에 대해서는 거리를 두었다.

기번은 『민부론』과 거의 동시에 출판된 『로마제국 쇠망사』 1권에서 상대적으로 공개적인 방식으로 종교를 비판함으로써 물의를 일으키기도 했지만 종교적 신념이 하층계급을 질서 속에서 유지시키는 데 필수적이라는 일반적인 계몽주의적 관점을 가졌다.9) 또 그는 비인간적인 관행으로서 노예제가 현대성이나 진보와 양립할 수 없다고 주장했지만, 신중한 방식으로 노예제 철폐라는 목적을 추구해야 한다고 생각했다는 점에서 온건 계몽주의의 전통에 속했다.10) 그는 특히 당대에 강력한 위세를 떨쳤던 스페인제국이 급속히 쇠퇴한 것을 목도하고 대영제국도 동일한 길을 걸을 수 있다는 우려 속에서 로마제국의 쇠망이라는 역사적 사례를 분석했다.11)

기번은 1776년부터 1789년까지 집필했던 『로마제국 쇠망사』에서 공화정과 민주정을 독재정과 유사한 형태로, 즉 과두의 독재와 대중의 독재로 간주했다. 기번은 로마가 공화정에서 인민정을 거쳐 결국에는 참주정으로 복귀할 것이라는 폴리비오스의 정체순환론에 익숙했다. 또한 기번은 정체의 끝없는 순환을 종결시킬 수 있는 수단으로 폴리비오스가 제안한 혼합정체에도 주목했다.

기번은 로마제국이 전제적 지배 하에서 번영을 누렸지만 이러한 번영은 불안정했고 확고한 법이 아니라 자의적 정념에 기초했다고 인식했다. 대영제국이 로마제국과 유사한 쇠퇴를 회피하면서 정치적 자유와 안정을 확보할 수 있는 진정한 길은 혼합정체였다. 나아가 기번은 권력분립의 심화된 조치가 참주정뿐만 아니라 과두정의 출현도 예방할 것이라고 생각했다.

---

9) 기번은 『로마제국 쇠망사』 1권에서 로마세계에 널리 퍼져 있던 다양한 숭배양식이 대중들에게는 모두 평등하게 진리로 간주되었고 철학자들에게는 모두 평등하게 오류로 간주되었으며 통치자들(magistrate)에게는 모두 평등하게 유용한 것으로 간주되었다고 지적했다.
10) 사실 18세기 말에 이르러 노예제 철폐는 충분하게 주류적인 합의였고, 문제는 '언제 어떻게'라는 것이었다.
11) 실제로 기번은 『로마제국 쇠망사』에서 노예제를 쇠망의 원인 중 하나로 진지하게 다루었다.

또 기번은 루소의 『사회계약론』이 출판된 직후에 그것을 읽고 '일반의지'가 알기 어려운(elusive) 개념이라고 지적했는데, 왜냐하면 일반의지가 누구에게 있는 것인지를 결정하기가 어렵기 때문이다. 군주는 원리상 인민의 이익을 자신의 이익과 일치되는 것으로 간주해야 하지만 그런 일은 거의 없다. 이 때문에 입법은 어떤 특정 개인의 권위에 종속되지 말아야 하며 사회의 모든 계급을 대표하는 일종의 평의회를 포함해야 한다.

기번은 『로마제국 쇠망사』에서 고대 그리스와 로마를 대비시키면서 민주정은 소규모 도시국가들에서만 적합하지만 그런 소규모성은 또한 파멸을 촉진시킨다고 지적했다. 로마는 규모를 확대했을 뿐만 아니라 완전한 정치적 권리를 점증하는 모든 인구에 부여하는 것을 거부하는 지혜도 가졌기 때문에 파멸의 운명에서 벗어날 수 있었다. 공화정 시기 동안 이런 권리는 정복된 이탈리아 지역의 국가들에게만 부여되어 공적 자유의 쇠퇴에 기여했지만, 이후 황제들이 현명하게 이런 공화주의적 정책을 축소시켰다. '민주적 정부에서 시민은 주권을 행사한다. 만약 그들이 무정형의 대중(unwieldy multitude)으로 전환되면 그들의 권력은 먼저 실추되고 나중에는 상실된다.' 그러나 기번은 또한 고삐 풀린 군주정에도 비판적이었다. 군주정이 전제정으로 전환되는 것을 막기 위해 공적 자유는 '용맹하고 주의 깊은'(intrepid and vigilant) 감시인을 필요로 했다.

기번은 역사적 분석을 통해 유럽을 자극했던 자유주의 정신의 기원이 로마제국을 붕괴시킨 야만인들의 초기 정부형태로 소급될 수 있다는 관찰을 제시했다. 야만인들은 비록 단기적으로 유해했던 많은 영향에도 불구하고 장기적인 역사적 과정에서는 자유의 정신을 확산시킴으로써 유럽의 문화에 중요한 기여를 했다는 것이다.

기번은 또한 아메리카가 식민지로서 대영제국에 내생적으로 연계되었을 뿐만 아니라 더 일반적인 문화적 방식으로 유럽 문명에 연계되어 있다고 생각했다. 또 이로 인해 미국 혁명운동에 대한 기번의 배신감은 더욱 심화되었다. 그에게 미국혁명은 우둔(folly)과 배은망

덕(ingratitude)에 의해 추동되는 내전처럼 보였다. 나아가 그는 미국의 독립을 지지하는 프랑스-미국 조약이 체결되자 오랜 동맹국이었던 프랑스에 대해서도 배신감을 느꼈다. 그는 미국의 독립이 자명해진 상황에서도 식민지의 상실을 낳은 것은 영국의 잘못된 이념 때문이 아니라 실패한 정책 때문이라는 입장을 취했다. 동시에 그는 로마제국 쇠망의 역사적 경험에 유비하면서 유럽은 미국적 세계에서 부활하고 번성할 것이라고 주장했다.

미국혁명 이후 기번은 군중과 무질서에 대한 비판을 지속했다. 1789년 가을에 그는 프랑스가 거의 해체상태에 있다는 사실을 인식했지만 객관적인 역사가의 눈으로 사태를 지켜보면서 그 궁극적 귀결에 대해서는 판단을 유보했다. 1791년에 기번의 예상은 더 비관적인 방향으로 기울었다. 기번은 버크의 『프랑스혁명에 관한 고찰』을 '프랑스적 질병에 대항하는 가장 존경할 만한 치료제'라고 주장했다. 울로크에 따르면, 다른 계몽주의 지식인과 마찬가지로 말년의 기번은 혁명적 전개의 범위와 속도에 대응할 준비가 되어 있지 않았다. 프랑스혁명의 사태들은 그의 보수적인 정치적 성향을 강화하는 데 기여했을 뿐이다.

에드먼드 버크

울로크는 버크의 정치사상을 일면적으로 평가하기 어렵다는 입장을 취하면서 계몽주의와 보수주의 '사이'에 위치시킨다. 미국혁명과 프랑스혁명에 대해 일관되게 비판적인 태도를 취했던 기번과 달리 버크는 미국혁명에 대해서는 기번보다 더 자유주의적인 태도를 취했다.[12] 또한 버크는 영국 지배 하 인도의 곤궁한 처지를 고발했으

---

12) 버크는 자신이 명예혁명을 방어했던 것과 동일한 방식으로 미국혁명을 방어했다. 그에 따르면, 미국인들은 더 큰 자유를 얻기 위해서 반역한 것이 아니라 영국 시민으로서 그들이 이미 누리고 있던 고대적 자유를 안정화하기 위해 반역한 것이었다.

며 관용과 인류의 통일성을 옹호한 계몽주의자였다. 그러나 그는 동일한 계몽주의적 관점에 입각해서 당대의 프랑스혁명을 '자유의 전복'(subversion of liberty)으로 규정했다. 본질적으로 온건 계몽주의에 속했던 버크는 프랑스의 공포정치를 자신의 온건 계몽주의적 신념에 대한 배신으로 간주했다. 영국적 전통으로서 자유를 지키려고 노력한 버크에게 자유와 보수주의는 사실상 일치했다. 이런 측면에서 울로크는 버크를 '계몽된 형태의 보수주의'(enlightened form of conservatism)의 주창자로 묘사한다.

버크의 보수주의에서 주요한 축 중 하나는 종교의 정치적 역할에 관한 믿음이다. 그에 따르면, 이성에 기반을 둔 진보라는 계몽주의적 관념은 종교와 양립불가능하지 않다. 오히려 그는 종교를 헌정질서의 내재적 구성요소로 간주했고 종교기관/시설을 정치적으로 유용한 것으로 인식했다. 버크는 평생 동안 관용, 즉 종교의 자유를 일관되게 지지했지만, 로크와 마찬가지로 무신론은 위험한 것으로 간주했다. 인간은 본성상 종교적이며, 결코 자연적이지 않은 무신론은 사람들을 비도덕적이고 폭력적이며 반역적인 행동으로 이끌 뿐이었다. 미신에 대한 진정한 치료제는 무신론이 아니라 진정한 종교다. 프랑스 혁명가들이 견지한 무신론에 대한 일관된 비판은 프랑스혁명에 대한 버크의 공격에서 중심적 요소였다. 버크는 프랑스 '철학자들'(philosophes)이 자신들이 비판했던 것과 동일한 광신주의를 실천하고 있다고 비판했다.

버크는 프랑스 철학자들의 추상적 합리주의에 반대하면서 사회적·역사적 비결정성(contingencies)을 수용하는 역사적 접근을 옹호했다. 그는 정치적 전통의 중요성을 강조하고 1688년 명예혁명의 혼합정체론적 헌정원리를 지지했다. 그는 군주와 궁정의 정치적 부패를 일관되게 비판했고 국왕의 과도한 정치적 영향력을 제어하려고 노력했다. 그에 따르면, 국왕이 절대적으로 지배하는 것은 헌정질서를 총체적으로 전복하는 자코뱅주의와 동일한 것이었다. 버크는 몽테스키외의 영국헌정론을 수용하면서 권력분립의 중요성을 강조했고 특히 인민의 진정한 대표로서 하원의 독립성을 방어했다. 그는 비결정론적(contingent)이고 관례를 존중하는(prescriptive) 보수적 정치실천을 옹호했다. 버크에 따르면, 프랑스혁명은 영국헌정이 6-7세기에 걸쳐 달성한 것을 6-7일만에 달성하려는 시도였을 따름이다.

버크는 1688년의 '고참 휘그'(Old Whigs)가 신봉했던 것을 신봉했다. 명예혁명은 다른 어떤 행동도 가능하지 않을 때에만 정치적 반역이 허용된다는 것을 보여준 사례였다. 또 그것은 그 이전의 악한 체제(evil system)를 폐지했을 뿐만 아니라 더 선한 체제를 확립했다. 그런 정치적 행위들은 어떤 추상적 원리에 기반을 둔 행동이 아니라 실천적 도덕에 따른 신중한(prudential) 행동의 결과였다.

버크는 사회계약이라는 용어를 수용했지만 루소식의 사회계약은 기각했다. 그에게 사회계약은 지속적인 역사적 과정이므로, 현재 살아 있는 사람들과 죽은 사람들 및 앞으로 태어날 사람들 사이의 동업관계였다. 진정으로 지속가능한 정치질서는 전통에 의해 인가된(sanctioned) 확고한 기초에 기반을 두어야 했다. 추상적 이론이 아니라 시간과 전통이 헌정질서를 창조하며 헌정은 개인이 아니라 종(species)의 지혜를 예증했다. 헌정은 추상적 이론과의 정합성에 의해서가 아니라 관례와 그것의 유익한 영향에 의해 유효화된다는 것이었다. 버크가 보기에 추상적인 인권 이론은 사실상 시민사회가 부재하다는 것을 전제로 했다. 그런데 시민사회는 인민이 응집력 있는 민족집단으로 실존하기 위한 전제조건이었다.

버크에 따르면, 민주정은 특히 인간들 사이에 내재적인 상호적 의무를 위협에 빠뜨렸다. 흥미롭게도 버크는 권리보다는 의무를 일반화하는 경향을 보였다. 그는 모든 인간 존재에 내재된 태생적인 자연적 의무의 일반원리를 소묘했다. 의무는 먼저 가족에 대한 것으로 나타나고 그 다음에는 공동체에 적용되고 궁극적으로는 나라에 적용되었다. 한 나라의 헌정질서는 인민과 그 통치자 사이의 상호적 동의에 의존했다. 만약 프랑스처럼 정부가 전복되면 사회는 어떤 사회계약이나 일반의지도 없는 개인들의 집합이 될 뿐이었다.

버크는 대중의 감정과 판단을 구별하는 것이 중요하다고 주장했다. 대중의 판단은 불합리할 수 있지만, 그것이 그들의 불만이 해결될 필요가 없다는 것을 의미하지는 않았다. 즉 대중은 대표되고 보호될 자격이 있었다. 그러나 인민의 대표자들은 그들을 선출한 지방을 대표할 뿐만 아니라 전체로서의 민족의 이익을 대표하는 것으로 간주되어야 했다. 버크는 민주정으로의 현대적 경향을 회피하는 것이 불가능하다는 사실을 알고 있었지만, 그것은 점진적 실행을 통해 달성되어야 한다고 생각했다. 또한 그는 군주정에서 소수의 폭정보다는 민주정에서 다수의 폭정을 더 나쁜 것으로 간주했다. 전자는 이미 알고 있는 위험을 낳지만, 후자는 미지의 위험을 내포하기 때문이라는 것이었다.

프랑스의 철학적 계몽주의

영국이나 미국에 비해 상대적으로 구체제가 강력했던 유럽에서는 계몽주의와 자유주의의 정치적 실행이 어려움을 겪었다. 특히 미국과 대조적으로 프랑스에서 계몽주의-자유주의 전통의 역사는 상대적으로 불안정했다. 프랑스에서는 공멸을 초래하는 첨예한 계급적 갈등과 '내전적 정치문화'로 인해 정치적 타협에 기초한 개혁이 불가능했다. 프랑스 계몽주의의 철학적·사법적 성격은 이와 같은 내전적 정치문화를 강화시키는 경향이 있었다.

프랑스의 '철학자들'

프랑스를 지배하던 가톨릭교회의 종교적 세계관에 대항하는 과정에서 '철학자'(philosophe)로 지칭되었던 계몽주의 급진파는 유물론적이고 무신론적인 특징을 가졌다. 대표적으로 돌바크 남작(Baron d'Holbach)은 종교가 도덕적 효과를 갖는다는 온건 계몽주의의 주장을 기각하고 종교는 대중을 미신과 악덕에 머무르게 만든다고 주장했다. 그에 따르면, 전지전능한 신은 이성과 경험에 반하는 것이며, 영혼의 불멸성이나 사후의 심판 같은 그릇된 교리는 사제들이 대중의 정신을 노예화하기 위한 수단에 불과했다.

그러나 돌바크의 급진적 종교철학이 극단적 정치철학으로 귀결되지는 않았다. 그는 정치적 해방을 요구하는 급진 계몽주의의 일환으로 정치적 계몽을 요구하고 사상과 표현의 자유를 옹호했지만, 정치적으로는 온건한 입장을 취했다. 그는 직접민주정보다는 대의민주정을 옹호했고 계몽군주정을 지지하는 경향도 있었다. 그에 따르면, 민주정은 무질서를 거쳐서 결국에는 과두정(oligarchy)이나 참주정(tyranny)으로 귀결된다. 돌바크의 정치적 입장은 콩도르세 등의 동시대인들만큼 급진적이지는 않았던 것이다.

돌바크의 사회사상은 유물론적인 철학적 전제에서 도출되었다. 그에 따르면, 도덕적 세계는 물질세계를 지배하는 법칙에 비교될 수 있는 고정된 법칙에 따라 작동했다. 인간은 이성적 피조물로서 본성적으로 쾌락을 추구하고 고통을 회피하며 이런 목적을 위해 합리적 수단들을 채택했다. 결국 인간은 사회가 그런 수단이며 다른 사람도 유사한 목적을 갖는다는 것을 인정함으로써 타인의 행복을 최대화함으로써 자신의 행복도 최대화할 수 있다는 사실을 인식했다. 이 같은 논의는 사회에 대한 공리주의적 접근의 기초가 되었다.

엘베티우스(Helvétius)도 유물론적이고 결정론적인 심리학을 채택했다. 그는 영혼의 불멸성을 명시적으로 부정했고 교회를 파괴하는 것이 필수적이라는 견해를 제시했다. 왜냐하면 자기애의 윤리와 쾌락-고통의 심리학은 교회의 역할을 불필요하게 만들기 때문이었다. 모든 정신의 작용은 감각과 기억으로 환원될 수 있었다. 이에 기초해서 엘베티우스는 공리주의 철학의 주요 명제, 즉 인간 개인과 사회적 존재의 본질로서 쾌락의 최대화와 고통의 최소화라는 명제를 분명한 형태로 진술했다. 인간 존재는 쾌락-고통을 계산하는 기계이기 때문에, 그들의 행동은 공공복리에 부합해서 작동하는 보상과 처벌의 법적 체계에 의해서만 강제될 수 있다는 것이었다.

엘베티우스에 따르면, 유일하게 진정한 종교는 공동선(common good, 공익)의 합리적 추구에 기반을 둔 보편종교였다. 또 사후세계에서의 심판이나 보상이라는 관념보다 현세의 보상과 처벌이 행동의 동기로 훨씬 더 효과적이었다. 18세기 후반 프랑스의 급진 철학자, 즉 철학적 계몽주의자들은 이성보다는 감성(feeling, sentiment)에 기반을 둔 도덕성이라는 새로운 개념화에 매진하고 있었다. 정념(passion)은 고통을 최소화하고 쾌락을 최대화하는 과정에서 출현했다. 유물론은 도덕의 세속적 양상을 강조하는 방향으로 나아갔고, 덕성(virtue)은 개인이 자신의 정념에 따라 공동선을 위해 행동하는 것으로 정의되었다.

비도덕성은 불완전한 입법의 결과였다. 따라서 악을 매도하는 것은 큰 효과가 없을 것이었다. 사람들은 자기이익에 따라 행동하기 때문에 자기이익을 공동선으로 이끌 조건을 창조하는 것이 입법자의 의무였다. 엘베티우스는 궁극적으로 권력에 대한 사랑이 인간행동의 유일하게 진정한 동기라고 주장하면서, 과두정이나 독재정에서는 그런 동기가 불의를 추종하게 되는 반면 평등주의적 정부에서는 그것이 평등주의적인 방식으로, 따라서 공동선을 위해 작동한다고 주장했다. 이 같은 공리주의적 논리의 급진적인 정치적 결론은 이후 영국 공리주의자들의 출발점이 되었다.

급진 계몽주의로 분류되는 프랑스의 철학적 계몽주의자들은 온건 계몽주의로 분류되는 몽테스키외나 볼테르와 달리 '영국적 모형'에 대해 일관된 반대를 견지했다. 특히 그들은 '주권의 통일성'을 옹호하면서 권력분립에 기초한 영국식 혼합정체에 반대했다. 그들 중에서 급진적인 정치적 프로그램을 체계적 형태로 제시한 사람은 콩도르세(Condorcet)였다.

콩도르세는 양도불가능한 사인적 권리와 엄격한 법 앞에서의 평등, 나아가 교육에 대한 권리, 신체 및 재산의 안전, 정치과정 참여

등에서의 평등에 기초를 둔 민주적 정치체제를 지지했다. 그는 개인의 행동할 자유는 오직 다른 사람들이 동일한 권리를 향유하는 것을 보장하는 것에 의해서만 제한될 수 있다고 지적했다. 그 결과 그는 동성애나 자살도 범죄로 간주하지 않았고 여성의 평등한 시민권도 지지했다. 또 콩도르세는 노예제라는 악에 완강하게 비판적인 태도를 취했고 노예제 철폐를 열정적으로 지지했다. 정치체제에 대한 논의에서 그의 가장 큰 기여는 투표가 일반의지의 표현에 가까운 결과를 낳는다는 가정에 내재된 문제를 해결하기 위해 수학적 도구를 활용한 것이었다.

콩도르세 역시 영국적 헌정모형을 인민의 의사를 반영하는 데 장애가 되는 것으로 기각했다. 대신 그는 직접민주정에 최대한 근사한 형태의 수학적 모형을 추구했다. 그러나 그의 결론은 단순다수결이 유권자의 선호를 정확하게 반영하지 못할 수 있다는 이른바 '투표의 역설'이었다. 여기서 결정적 논점은 어떤 투표제도도 최적이라고 증명되지 않는다는 사실이었다. 콩도르세의 주장은 완벽하게 공정하고 효과적인 투표를 보증하는 유일한 방법은 완전하게 교육받고 계몽된 인민을 창조하는 것이라는 함의를 가졌다. 그러나 완전하게 교육받고 계몽된 인민이라는 이상은 인간의 자유에 대한 위험을 함의하기도 했다.

콩도르세에 따르면, 대표기구의 정당성은 동의에 의존했다. 능동적 시민들의 참여는 입법적·정치적 권력에 대한 견제로 기능했다. 정치과정은 숙고(deliberation)를 필요로 했다. 콩도르세는 정치에서 확실성보다는 개연성(probability)이 지배적이라는 사실을 수용했다. 그는 정태적 입법부를 두려워하면서 숙고, 입법기관의 빈번한 갱신, 국민투표 등의 중요성을 강조했다. 그는 1793년에 이런 노선에 따르는 헌법 초안을 기초했지만 그의 제안은 수용되지 않았다. 울로크는 전반적으로 볼 때 콩도르세의 사상은 프랑스혁명 동안 의미 있는 방식으로 실행되지 않았다고 평가한다.

루소와 자코뱅

울로크는 스미스와 동시대 인물인 루소가 많은 측면에서 계몽주의 외부에 위치하면서 낭만주의의 선조로 간주될 수 있다고 지적한다. 무엇보다 루소는 당시 계몽주의에 일반적이었던 역사발전의 단계론이나 진보에 대한 신념을 수용하지 않았다. 대신 루소는 역사를 공화국의 흥성과 쇠망으로 파악하는 고전적 공화주의의 도식을 따랐다. 그는 『인간불평등 기원론』에서 농경이 도입되기 이전의 자연상태를 '가장 행복했던 시대'로 묘사하며 당대 아메리카 원주민 같은 '고귀한 원시인'(noble savage)을 이상화했다. 또한 루소는 이성에 대한 감성의 우위를 강조했는데, 이는 이후 낭만주의의 발전에 큰 영향을 미쳤다.

그러나 울로크는 루소가 종교의 도덕적 효과를 인정하고 무신론을 비판했다는 점에서는 급진 계몽주의보다는 온건 계몽주의에 가까운 입장을 가졌다고 주장한다. 또 통상적 해석과는 달리 루소가 『사회계약론』의 원리를 현실적 생활조건에 적용할 때 타협이 필요하다는 사실을 인정했고 직접적 인민주권보다는 대의제가 필요하다는 사실도 수용했다고 강조한다. 게다가 루소는 폭력을 혐오했다. 그럼에도 불구하고 루소의 정치사상은 일관성이 부족하며 그가 제시했던 몇몇 통념들은 그를 혁명적 자코뱅이 존경하는 핵심적 인물로 만들었다.

개인은 일반의지 내지 전체의지에 복종하도록 강제되어야 한다는 루소의 명제는 프랑스혁명 과정에서 개인에 대한 집단의 우위를 선호하는 것으로 이해되었다. 루소는 자연적 미덕에 의해 통치되는 사회와 실정법에 의해 통치되는 사회 중 하나를 선택할 것을 요구했다. 나아가 '인간은 행복과 자유를 위해 태어났으나, 모든 곳에서 예속되고 불행한 상태에 처해 있다'는 『사회계약론』의 유명한 문구는 공포정치를 주도했던 자코뱅 혁명가들의 영감의 주요한 원천이 되었다. 공안위원회의 수장 로베스피에르는 그 문구를 인용하면서 이

제 이 같은 불의를 바로잡을 때가 되었다고 주장했다.

로베스피에르는 공화주의와 민주주의가 동일하며 인민이 스스로 할 수 있는 모든 것을 할 수 있는 상태라고 주장했다. 그는 혁명적 덕성을 목표로 하면서 개인적 이익을 공동체의 이익에 종속시켰다. 여기서 최고 수준의 도덕적·공공적 목표를 보장하기 위해 폭력적 강제를 정당화하는 것으로 나아가는 것은 쉬운 일이었다. 혁명 동안 인민정부의 본질은 덕성과 공포였다. 공포정치는 엄정하고(severe) 완고하며(inflexible) 즉각적(prompt)인 정의에 다름 아니었다. 따라서 그것은 덕성의 '유출'(emanation)이라고 할 수 있는 것이다.

로베스피에르에게 공포정치의 폭력은 사실상 정의의 한 형태로 인식되었다. 로베스피에르는 '인류에 대한 억압자를 처벌하는 것이 자비(clemency)이며 그를 용서하는 것은 야만(barbarity)'이라고 주장했다. 이처럼 그는 공포와 미덕을 동일화하고 그것을 국내외의 적들에 대항해서 혁명을 방어하는 수단이자 도덕적 정화의 기반으로 활용했다.

올로크는 마라와 로베스피에르를 비롯한 프랑스의 혁명가들 다수가 얼마간 비천한 출신배경을 가졌고 본질적으로 지적 천재에 의해 지배되던 시대에 명성을 얻으려고 노력하던 이류 지식인이었다는 점을 강조한다. 이 집단은 종종 반기득권 집단과 동맹을 맺고 최면술 등의 사이비 개념을 이용하여 이미 승인된 과학적 개념을 비판하기도 했다. 사회적·정치적 질서의 기초를 해체하려는 그들의 성향의 상당 부분은 이 같은 반대파적 태도로 설명될 수 있다.

결국 민주정에 대한 로베스피에르와 자코뱅의 통념은 민주주의의 반자유주의적 형태였다. 그들의 민주정은 보통선거를 포함했고 가능한 최고의 경제적 평등을 목표로 했지만 진정한 대의제정부와 개인적 자유를 회피했다. 이런 관점에서 올로크는 로베스피에르가 계몽주의-자유주의 전통에 결코 중요한 영향을 끼치지 않았으며 오히려 그의 공포정치는 이후 자유주의자들이 민주정을 수용하는 데 지속적 장애가 되었다고 주장한다.

영국의 '철학적 급진파'

프랑스혁명을 계기로 프랑스 '철학자'의 관념들은 영국 '삼류작가 거주지'(Grub Street)의 저자와 언론인에 의해 선전되었다. 그 시기에 이들 관념 중 일부는 구체제 엘리트에 대한 증오에 의해 추동되는 영국식 급진 자코뱅을 낳기도 했다. 그러나 주류세력과의 경쟁이 폭력적인 방향으로 흘렀던 프랑스와 달리 영국에서는 그런 경쟁이 훨씬 더 부드럽고 정중했다.

영국에서 급진 계몽주의의 가장 중요한 양상은 프랑스의 철학적 계몽주의를 적극적으로 수용한 벤섬과 '철학적 급진파'였다.13) 벤섬은 기질상 18세기 프랑스적 철학자였다. 그는 계몽된 전제정이 채택할 것으로 예상되는 정부개혁의 계획을 발전시켰고, 실제로 미국혁명을 비판한 다음에는 러시아로 여행을 떠나 예카테리나 여제를 위한 법전을 만드는 작업에 참여하기도 했다.14)

벤섬은 사법개혁을 위한 방안을 고안하면서 합리적이고 수학적인 형벌조치를 주장했던 베카리아의 제안에서 영향을 받았다. 그러나 베카리아는 공리주의적 논리를 충분히 발전시키지는 않았고 최대다수의 최대행복 같은 차별적 개념도 고안하지 않았던 반면 프랑스의 철학자 엘베시우스는 더 분명한 공리주의적 논리를 제시했다. 벤섬에 따르면, 뉴튼을 따른 엘베시우스는 물리세계에서 베이컨이 성취한 것을 도덕세계에서 성취했다.

벤섬은 인간은 쾌락과 고통에 의해서만 통치된다고 분명하게 진술했다. 공리(utility, 효용)의 원리는 전자를 강화하고 후자를 최소화하는 것이다. 그는 쾌락과 고통에 대한 공리주의적 계산의 개요를

---

13) 울로크에 따르면, 복음주의와 퀘이커 같은 비국교도적인 종교적 감수성의 틀 내에서 급진주의가 출현하기도 했는데, 조셉 프리스틀리, 리처드 프라이스, 윌리엄 고드윈 같은 급진적 인물이 이런 과정을 보여주었다.
14) 그러나 예카테리나 여제는 벤섬이 헌정한 책을 기각하고 분노를 표출했다고 한다.

제시하면서 과학적 심리학에 기초해서 과학적 도덕을 확립하려고 시도했다. 행동의 도덕성은 엄격하게 공리 개념에 의존하며 그것이 민족공동체에 적용되면 정부와 입법의 원리가 된다. 벤섬은 원초적 사회계약이나 자연권 같은 통념을 기각했다. 그에 따르면, 사람들은 사회 속에서 서로 유대를 형성하여 쾌락을 최대화하고 고통을 최소화하는 공리주의의 원리에 따라 권위와 법에 복종하지만, 정부가 그들의 이익에 반하여 행동하는 순간 복종을 중지한다. 이는 계약이나 약속의 파기가 아니다.15)

공리주의는 자유의 철학이 아니었기 때문에 자유 그 자체는 중요하지 않았다. 실제로 사법개혁의 방안으로 벤섬이 고안한 파놉티콘의 항상적 감시(constant-surveillance)의 원리는 그가 개인적 자유에 부가될 위험에 대해 큰 관심이 없었음을 보여준다. 오히려 그는 감시가 행복을 증진시킬 것이라고 주장했다. 이런 측면에서 공리주의는 자유주의의 철학이 아니라 사실상 자유주의에 적대적인 철학이었다. 이 같은 인식에 따라 울로크는 공리주의를 계몽주의-자유주의 전통의 역사에서 주변부에 위치시킨다.

울로크에 따르면, 영국에서 사회·정치철학으로서 공리주의는 큰 영향력을 미치지 못했고 19세기 중반 이전에 이미 막다른 길에 부딪혔다. 19세기에 언론을 통해 가열된 제임스 밀과 매콜리 사이의 논쟁은 이미 인기가 없었던 공리주의의 대의에 결정적 타격을 주었다. 이론적 역사학의 전통에서 매콜리는 공리주의의 연역적 일반화에 반대했다. 공리주의의 이 같은 패퇴는 이후 온건 계몽주의의 영향력을 강화시켰다.

---

15) 프랑스혁명과 관련하여 벤섬은 초기에는 낙관적이었지만 이후에는 폭력에 혐오를 느끼게 되었다. 그는 「인권선언」의 권리라는 통념이 추상적이고 본성상 동어반복적이며 따라서 현실성이 없다고 비판했다. 그러나 벤섬은 「인권선언」의 추상성과 일반성을 비판하면서도 공리주의라는 또다른 보편적 철학체계를 고집했다.

계몽주의에서 자유주의로

다수의 역사가들이 1793-94년 자코뱅의 공포정치부터 1848년 혁명까지 초기 자유주의를 보수적·반동적인 것으로 묘사하는 반면 울로크는 이 시기에도 계몽주의-자유주의 전통과 민주정의 관념이라는 복류(伏流, undercurrent)가 지속적으로 존재했다고 주장한다.16) 나아가 울로크는 자유주의를 민주정이라는 계몽주의 급진파의 이상으로부터의 후퇴로 파악하는 이즈리얼의 관점에 반대하면서 오히려 계몽주의 온건파를 계승한 자유주의 온건파가 민주정을 역사의 불가피한 방향으로 수용했다고 주장한다. 19세기에 혁명과 반혁명의 공포를 배경으로 사회주의와 보수주의라는 양극단의 위협에 대응하면서 자유주의 급진파와 온건파의 차이는 완화되었던 것이다.17)

그러나 자유주의 정치이데올로기가 확립되는 양상은 나라에 따라 차이를 보였는데, 영국과 미국에서는 그 과정이 완만하고 연속적이었던 반면 프랑스에서는 훨씬 불안정했다. 독일의 경우 자유주의의 정치적 영향력이 프랑스보다 더 취약했다. 울로크는 19세기 독일 자유주의의 실패의 원인이 1848년의 정치적 실패뿐만 아니라 독일 계몽주의의 '종교적 성격'과 관념론의 형이상학적 전통이 지속된 데도 있다고 지적한다. 이런 경향은 결국 민족주의와 비합리적 낭만주의의 조합에 의존하는 신화적 민족주의로 변질되었다.

---

16) 울로크는 18세기 말과 19세기 초에 계몽주의에서 자유주의로의 이행과정에서 낭만주의와 민족주의라는 새로운 지적 흐름도 중요한 영향을 미쳤다고 주장한다. 그는 이 시기에는 낭만주의와 민족주의가 계몽주의-자유주의 전통과 양립할 수 있었다고 해석한다. 그에 따르면, 독일에서는 19세기 전반기에 계몽된 자유주의적 관념들이 명시적인 정치철학보다는 오히려 낭만철학의 영역에서 더 중요한 지위를 유지했다.
17) 울로크는 급진 자유주의를 사회주의 전통의 일부로 해석하려는 시도에 반대한다. 그에 따르면, 급진 자유주의는 계몽주의, 특히 급진 계몽주의를 수용한 반면 사회주의는 그렇지 않았다. 급진 계몽주의와 사회주의의 긴장은 19세기 전반기에 지속적으로 증가했고 1848년 이후 분명해졌다.

자유주의 '온건파로 위장한 급진파': 매콜리

계몽주의 급진파의 관념들이 자유주의 온건파의 의제의 일부가 되는 과정을 보여주는 중요한 사례가 바로 매콜리였다. 울로크는 영국의 매콜리를 계몽주의적 원천을 계승해서 자유주의를 확립한 대표적 인물로 간주하면서 『매콜리와 계몽주의』에서 그의 사상을 포괄적으로 다룬다. 울로크는 매콜리의 자유주의를 '온건주의로 위장한 급진주의'(radicalism in moderate garb)로 규정한다. 매콜리는 유럽에서의 폭력적 혁명과 반혁명을 목도하면서 영국에서 그와 같은 위험이 현실화되는 것을 피하기 위해 선거권 확대 같은 자유주의적 정치개혁을 추진했고 영국사의 고유성에 대한 분석을 그런 정책의 이론적 근거로 제시했다.

1829년에 29세의 매콜리는 스미스-버크-기번의 관점에서 제임스 밀(James Mill)의 '철학적 급진주의'를 비판하면서 명성을 떨쳤다. 그는 아버지 밀의 연역적 방법과 공리주의를 논박했다. 철학적 급진파의 추상적인 연역적 방법에 기초한 보편화는 역사의 비결정성을 고려하지 못하며 그들의 삼단논법적 본성은 중세 스콜라철학과 유사했다. 사람들이 자기이익에 따라 행동한다는 공리주의적 주장은 공허한데, 왜냐하면 그런 주장은 개인이 자신의 이익을 서로 다른 방식으로 인식한다는 점을 고려하지 않기 때문이었다. 인간 본성에는 어떤 획일성도 없으며, 따라서 자기이익에 대한 하나의 통일된 개념은 인간 감정과 동기의 다양성을 무시했다. 그 결과 공리주의는 결국 모든 것을 설명함으로써 아무것도 설명하지 못했다.[18] 매콜리는 진정한 경세학(science of politics, statecraft)은 사실에 기초해서 이론을 구축하고 그 이론을 사실들에 부합하게 끊임없이 조정해야 한다고, 즉 논리와 역사를 결합해야 한다고 주장했다.

---

18) 매콜리는 인간의 욕망에서 물리적 욕망은 일부에 지나지 않는다고 주장하면서 특히 스미스의 '공감'에 기초한 사회적 욕망, 즉 자신의 행동에 대한 타인의 호의적인 여론을 얻으려는 욕망에 주목했다.

매콜리는 스미스의 이론적 역사와 기번의 『로마제국 쇠망사』의 역사적 분석을 계승해서 역사적 진보라는 관점에서 영국의 성취를 묘사했다.19) 로마제국이 야만적 부족들에 의해 몰락한 이후 잉글랜드는 물론이고 유럽의 국가들도 유사한 길을 걸었지만 마그나 카르타와 함께 군주의 권력을 제한하는 영국의 예외적 역사가 시작되었다. 유럽과 달리 영국에서는 13세기 이래 제한된 군주정이 17세기까지 지속되었다. 그리고 17세기에 영국은 국왕이 지배하는 국가에서 의회, 특히 하원이 지배하는 국가로 이행했다. 이와 같은 근본적인 헌정적 변화는 신체와 정신의 자유라는 기본권과 하원의 지위를 보장하는 1688년 명예혁명을 통해 완성되었다. 1689년 권리장전은 사실상 새로운 권리를 고안한 것이 아니라 고대적 권리를 다시 옹호한 것이었지만 제한된 군주정이라는 관념에 더 확고한 기초를 제공했다. 이제 인민에게 봉사하는 국왕의 권리는 더 이상 신성한 권리가 아니라 공적 기능을 수행하는 권한이 되었다.

매콜리는 계몽주의 이래 일반화된 영국의 정치적·문화적 장기 추세 속에서 관용을 지지했다. 계몽주의 시대와 달리 종교적 미신은 더 이상 내재적인 위협이 아니었다. 또 그는 18세기 급진 계몽주의자의 과잉에 대해서도 너그러운 태도를 취했다. 그들의 오류는 사회의 궁극적 개선의 과정에서 불가피한 것이었고, 종교에 대한 그들의 반대는 비록 과장된 것이었지만 과거의 종교적 오남용(abuses)을 고려하면 충분히 이해될 수 있는 것이었다. 매콜리는 이전 세대의 온건 계몽주의자들과 달리 무신론을 포함한 모든 종교에 대한 관용을 옹호했는데, 이는 무신론의 위험에 대한 공포가 온건 자유주의자에게는 더 이상 쟁점이 아니라는 것을 의미했다.

매콜리는 버크처럼 예방적인 정치개혁을 통해 혁명을 피하고 전통을 보전하는 것을 선호했다. 매콜리는 투표권을 성인 남성 10%에

---

19) 매콜리는 스미스의 역사발전 4단계론을 수용하면서도 정치적 자유를 강조했다. 그에 따르면, 정치적 자유는 상업사회의 결과가 아니라 오히려 원인이었다.

서 20%로 확대하는 1832년 선거법 개정안(Reform Bill) 통과에 앞서 열린 토론에서 유창한 연설로 의회개혁을 옹호해서 명성을 얻었다. 그는 개혁은 피할 수 없으며 그것에 반대하는 것은 '시대정신에 대항하는 희망 없는 투쟁'이라고 주장했다.20)

그러나 매콜리는 보통선거는 비판했다. '교육받은 대중'(educated public)에 기초한 민주정을 원론적으로 반대하지는 않았지만 당시 영국 노동자계급의 곤궁과 무지를 민주정에 대한 장애로 간주했던 것이다. '교육받지 않은'(uneducated) 대중에 대한 공포는 계몽주의-자유주의 전통의 지속적 특징이었다. 이들은 하층민을 포함하는 대중에 대한 교육을 적극적으로 지지한 반면, 그들에게 정치권력을 제공하는 것에 대해서는 신중한 태도를 취했다.21)

매콜리는 혁명의 원인으로서 억압에 대한 저항을 인정했고, 혁명을 긍정적이고 건설적인 역사적 사건으로 간주하기도 했다. 억압적 정치질서는 오직 폭력적 혁명에 의해서만 전복될 수 있고, 따라서 폭력의 원인이 될 수 있었다. 매콜리에 따르면, '혁명의 폭력이 그 혁명을 초래한 실정(misgovernment)의 정도에 조응한다는 것은 예외 없는 규칙이다.' 영국혁명과 미국혁명이 프랑스혁명보다 덜 폭력적이었던 이유는 바로 여기에 있다. 매콜리는 프랑스혁명이 자코뱅의 광신(fanaticism, 열광)과 열정(enthusiasm)에 의해 전복되었다는 점을 인정하면서도 그것이 구체제를 제거했다는 점은 높이 평가했다. 다만 프랑스는 혁명과 반혁명의 반복적 순환을 겪으면서 번영에서 야만으로 전락했다는 것이 문제였다.

매콜리는 현대적 자유의 요람인 영국으로부터 프랑스를 포함하는 유럽이 추론하는 법을 배웠다(learn to reason)고 지적하면서 '로크가 어머니이고 몽테스키외와 볼테르가 유모'(the mother of Locke,

---

20) 울로크에 따르면, 개혁법 논쟁 시기에 개혁법을 지지하는 수사학은 더 이상 자연권 같은 이전 세기의 통념에 영향을 받지 않았으며 대신 부패와 과세라는 더욱 실용적인 쟁점과 결합되었다.
21) 매콜리는 대의제뿐만 아니라 집회·결사의 자유와 표현의 자유도 인민의 폭력적 반역이 야기할 수 있는 무질서에 대한 치료제라고 주장했다.

the nurse of Montesquieu and Voltaire)라고 주장했다. 그러나 18세기에 유럽, 특히 프랑스의 철학자들은 영국과 달리 그들 자신의 정치적 자유의 역사를 갖지 못했다. 따라서 그들은 로마 공화정에 관한 부정확한 추상들에 기반을 둔 공화주의에 의존했다.

반면 영국사는 프랑스혁명과 달리 파괴적이지 않은 정치혁명의 실례를 제공했다. 매콜리에 따르면, 대헌장에서 명예혁명과 권리장전에 이르는 영국사의 거대한 흐름은 새로운 관념에 대한 심취의 결과라기보다는 정치적 실천에서의 점진적 진보의 결과였다. 그는 초기부터 영국의 민주정은 세계에서 가장 귀족적이었고 영국의 귀족정은 세계에서 가장 민주적이었다고 지적했다.

매콜리는 과거 문명의 잔해에 주목하면서 기번처럼 특정 문명은 쇠망할 수도 있다고 추론했지만, 역사의 일반적 방향은 진보라고 주장했다. 19세기에 이르러 영국과 유럽의 문명이 달성한 진보는 분명했기 때문에 매콜리와 자유주의자들은 계몽주의자들보다 영국과 유럽의 문명의 우위를 더 강조했다. 또 식민주의에 대해서도 그는 계몽주의자들에 비해서는 보수적 입장, 즉 식민주의를 '문명화의 임무'로 이해하는 관점을 취했다. 그러나 그런 온정주의적 관점이 인종주의적인 것은 결코 아니었다.

매콜리는 말년에 후배 자유주의자로서 토크빌과 교류했고 아들 밀(J. S. Mill)의 저작에도 주목했다. 특히 매콜리는 역사가 진보하는 과정의 일부로서 민주정의 불가피성을 수용하면서도 토크빌-밀과 다수의 폭정에 대한 두려움을 공유했다. 18세기에서 19세기로의 이행기에 형성된 일반적인 자유주의적 견해는 무제한적 민주정을 기각했고 대신 혼합정체를 옹호하는 것이었다. 달리 말해서 강한 입법부를 갖는 입헌군주정과 일정한 자격요건을 요구하는 대중적 제한선거에 기반을 둔 대의민주정이 옹호되었던 것이다. 이와 함께 선거에 참여할 자격요건으로서 재산뿐만 아니라 점차 능력이 중요한 요소로 떠올랐다.

프랑스 자유주의의 취약성: 콩스탕

다수의 후기 계몽주의 철학자들은 프랑스혁명을 볼 만큼 오래 살지는 못했다. 18세기와 19세기에 걸쳐 살았던 다음 세대는 후기 계몽주의와 초기 자유주의를 모두 경험할 수 있었다. 특히 혁명과 반혁명이 반복되었던 프랑스에서 그들은 끊임없는 정치적 불확실성 속에서도 계몽주의의 이상을 자유주의 정치이데올로기로 체계화하는 초기적 시도를 수행했다. 울로크는 트라시(Destutt de Tracy)와 콩스탕(Benjamin Constant)을 프랑스 자유주의의 그런 초기 사례로 제시한다.

트라시와 콩스탕은 모두 왕정복고라는 현실을 수용하면서도 계몽주의의 이상을 포기하지는 않았다. 그들은 애초에 급진 계몽주의의 민주주의적 이상의 지지자였지만 결국 자신의 전망을 순치하고 현실에 순응했다. 프랑스혁명의 공포정치, 나폴레옹에 대한 실망, 왕정복고 시기 부르주아 물질주의의 강력한 영향 등이 프랑스의 계몽된 자유주의자들에게 지속적으로 영향을 미쳤다. 그리고 계속해서 급진주의로 남고자 했던 사람들은 점차 자유주의적 의제보다는 새로운 사회주의적 의제로 이끌려 갔다. 이처럼 불안정한 상황에서 계몽주의적 이상의 즉각적이고 완전한 실현은 불가능했고 온건한 타협은 불가피했다. 자유주의(liberalism)라는 용어를 최초로 사용한 것으로 알려진 콩스탕의 정치사상은 이 같은 불가피한 타협의 불안정성을 보여주었다.

스코틀랜드의 에딘버러 대학에서 수학했던 콩스탕은 스코틀랜드 계몽주의의 '이론적 역사'에 익숙했고, 특히 스미스의 4단계 역사발전론을 수용하면서도 세계사의 발전을 고대와 현대로 단순화했다. 콩스탕은 고대 문명과 현대 문명을 대비시키면서 매콜리처럼 당대 유럽사를 진보로 파악했다. 그는 현대화의 과정이 불가피하다는 점을 인정했고, 현대 문명이 상업사회에 도달했다는 점을 인식했다. 콩스탕에게 진보는 중단할 수 없는 역사적 과정이었다. 또한 진보는

본성상 점진적인 것이었으며 그것을 가속화하거나 방해하려는 어떤 시도도 문제만 낳을 뿐이었다.22)

나아가 콩스탕은 고대 문명을 특징짓는 공화주의적 자유와 현대 문명의 자유주의적 자유를 구분했다. 공화주의적 자유가 공동체에 참여할 권리를 의미했다면, 현대적 자유는 공동체가 간섭할 수 없는 사적 자유를 의미했다. 고대인의 자유가 공적 생활 속에서 공익에 봉사하는 것으로 표현되었다면, 현대인의 자유는 개인의 사생활에 더욱 집중되어 있었다. 상업사회로 특징지어지는 현대적 생활조건에 고대적 자유를 부과하려는 공화주의적 시도는 결국 개인들에게 고통을 가하는 결과를 낳을 뿐이었다. 군주정의 절대적 권력이라는 홉즈의 통념뿐만 아니라 일반의지 내지 전체의지의 절대적 권위라는 루소의 통념도 사실상 개인적 자유를 위협하는 전제적 권력의 무제한적 형태에 불과했다.

콩스탕의 계몽된 자유주의는 특히 공포정치에 대한 비판에 기초했다. 그에 따르면, 공포에 대한 의존은 대다수 사람들의 감정을 타락시키고 그들을 무제한적 권력에 취하게 만들어 도착적 행동으로 이끌 수 있다. 공포정치는 혁명의 목표를 달성하는 데 불필요할 뿐만 아니라 실제로는 그것을 침식시켰다. 결국 공포정치는 혁명의 목적과 대립하는 것이었다.

콩스탕은 현대적 자유에 기초한 정치체제를 옹호했다. 그에 따르면, 현대 세계는 고대에는 존재하지 않았던 새로운 문제에 직면해 있었다. 그것은 주기적인 선거에서 권위를 얻는 안정적 정부의 필요성과 권력을 휘두르는 사람이 정부를 찬탈할 위험 사이의 균형을 확

---

22) 이 같은 관점에서 그는 나폴레옹의 프랑스가 상업사회에 부합하지 않는 현대적 군사국가의 부정적 특징들을 보여주었다고 비판했다. 고대의 정복자들은 그들의 적을 박멸하는 것을 대체로 자제한 반면 현대의 정복 정신은 일반적인 문화적·정치적 통일성을 열망하는 경향이 있었다. 콩스탕은 도덕적 피조물로서 인간은 동일하지 않으며 산술적 법칙에 따라 행동하지 않기 때문에 민속의 고유한 관습(customs)과 도덕(morals)에 유념할 필요가 있다고 지적했다. 나폴레옹처럼 서로 다른 민족에게 통일된 법을 부과하려는 시도는 그것이 어떤 것이든 불안정만 낳는다는 것이었다.

립하는 문제였다. 그는 민주적 정부에서 이런 위험에 대응하기 위해 언제나 주권을 분리하고 제한할 필요성을 강조했을 뿐만 아니라 국정의 안정성을 보장하기 위해 종신으로 봉사할 수 있는 사람들로 구성된 중립적 기관의 필요성도 제안했다. 이런 관점에서 민주정은 인민주권을 제한하는 것에 의존했다.

콩스탕은 군주가 정부와 인민 사이에서 중립적 권력을 제한된 방식으로 행사하는 왕정복고를 수용했다. 유럽 문명의 현재적 상태에서는 '영국적 모형'을 따르는 세습적 입헌군주정이 최선의 정부형태였다. 콩스탕이 제시한 새로운 형태의 군주정은 중간계급의 경제적 이익의 진전과 양립할 수 있는 자유주의적 원리를 구현하는 것이었다. 그는 낮은 조세 같은 자유주의 경제이데올로기에 부합하는 자유주의 경제정책을 지지했다. 또 콩스탕은 중농주의자들이 계몽된 전제정을 지지했던 것을 비판하면서 정부개입은 부정적 자유의 형태를 유지할 필요가 있다고 주장했다.

자유주의 온건파와 급진파

울로크는 매콜리를 '온건주의로 위장한 급진주의'로 규정하는 동시에 케이헌이 '귀족적 자유주의'를 대표하는 사상가로 손꼽은 토크빌과 밀을 각각 자유주의 온건파와 급진파의 대표로 간주한다. 유럽대륙을 휩쓴 1848년 혁명을 전후하여 토크빌과 밀은 프랑스와 영국의 상이한 정치적 조건 속에서 활동했지만, 민주정의 문화적·도덕적 영향에 대해 비판적 태도를 보이면서도 민주정의 불가피성을 수용했다는 점에서는 동일했다. 또한 두 사람은 새로운 귀족, 즉 혈통에 따른 엘리트가 아니라 소유와 지식에 기초한 엘리트의 통치를 민주정이 성공할 수 있는 조건으로 제시했다. 그러나 두 사람은 민주정을 어떤 방식으로 수용하는가에 있어서는 약간의 차이를 보였다. 궁극적으로 19세기 중반 이후 급진 자유주의와 온건 자유주의의 차이는 민주정과 여성의 권리를 둘러싼 차이를 제외하면 대부분 사실상 뉘앙스의 차이에 불과했다.

자유주의 온건파: 토크빌

울로크는 19세기 온건 자유주의의 세계관이 온건 계몽주의의 사회적·역사적 분석방식과 능력주의를 계승했다고 주장한다. 계몽주의는 귀족적 혈통에 따른 엘리트가 아니라 지식과 소유에 따른 엘리트의 지도력을 승인했다. 프랑스혁명의 결과에 영향을 받은 토크빌 세대는 이 같은 계몽주의적 전망을 19세기의 상이한 조건 속에서 구현할 수 있는 방법을 찾아야 했다.

토크빌은 『미국의 민주주의』에서 몽테스키외를 따라 역사의 인과성에 대한 체계적인 접근을 제시했다. 토크빌은 18세기 계몽주의자들의 역사발전의 이론을 잘 알고 있었고 이를 문화발전에 대한 자신의 이론으로 변형했다. 그는 특정한 인간사회가 문화발전의 여러 단계를 거친다는 역사동역학(historical dynamics)을 인정했고 이 때문에 '고귀한 원시인'에 대한 루소식 찬양을 기각할 수 있었다.[23] 토크빌은 현대적인 평등주의적 민주주의의 출현이 인간의 정치적·문화적 발전의 불가피한 방향을 구성한다고 주장했다.[24] 나아가 그는 세계의 새로운 민주주의적 상황을 과거와 비교할 때 더 많은 평등과 풍요를 내포하는 개선으로 간주했다.

---

[23] 토크빌도 기번과 마찬가지로 로마제국의 몰락에 대해 관심을 가졌다. 그는 로마제국의 몰락을 게르만이라는 야만인의 침입뿐만 아니라 로마의 내부적 타락의 결과로 간주했다. 이 같은 문명의 자기붕괴는 현대에도 상존하는 위협이었다. 토크빌은 궁극적으로 타락한 로마 문명은 쇠퇴한 반면 야만인은 역사진보의 새로운 국면을 주도할 독립적인 문화적 활력, 특히 '자유의 정신'을 가졌다고 주장했다.

[24] 토크빌의 시각에서 볼 때, 현대적 민주정은 유럽인의 성취였고, 아메리카 인디언이 그것을 획득하지 못한다면 역사적 소멸을 피할 수 없을 것이었다. 마찬가지로 유럽의 귀족도 변화하는 환경에 적응하지 못하면 아메리카 인디언처럼 결국은 사라질 것이었다.

토크빌은 특히 미국이 성공한 가장 중요한 이유를 도덕적 측면, 즉 미국인들의 '습관과 관습'(habits and customs) 또는 '풍속과 세태'(mores)에서 찾았다. 미국에는 사회발전의 모든 단계들이 존재하지 않았으며 오직 하나의 사회만이 존재했다. 미국에서는 부자와 빈자, 농업과 상업의 차이가 중요하지 않았고, 모든 곳에서 평등주의적 풍속과 세태가 자리를 잡고 있었다.25) 토크빌은 이 같은 평등주의를 사실상 민주주의와 동일시했다.

토크빌 세대에게 혁명은 평생에 걸친 경험이었다. 특히 프랑스에서 19세기 자유주의자들은 계몽주의의 이상을 반복된 혁명과 반동이라는 새로운 정치적 현실에 어떻게 적응시킬 것인가라는 도전에 직면했다. 1790년대의 혁명가들은 이런 도전에 실패했다. 토크빌에 따르면, 프랑스에서 18세기 귀족과 지적 엘리트는 실천적 통치에서의 충분한 경험 없이 계몽을 추상적 관점에서 사고했다. 그 결과 혁명적 정신은 60년 동안 프랑스와 다른 나라들을 끊임없이 괴롭혔고 '모든 불안정하고(disturbed) 폭력적인 정신'을 끌어들였다. 그럼에도 불구하고 토크빌은 당대의 혁명적 현실에 대면하는 것밖에는 다른 선택지가 없다는 점도 잘 알고 있었다.

토크빌은 혁명의 두 가지 의미를 구분했다. 하나는 폭력적 변화였고 다른 하나는 귀족정에서 민주정으로의 이행이라는 지속적 과정이었다. 프랑스에서는 구체제의 점증하는 중앙집권화가 전통적인 귀족정적 문화의 내용을 제거하면서 폭력적 변화로서 혁명으로 가는 길이 열렸다. 반면 미국은 사회적 조건이 처음부터 민주적이었기 때문에 미국혁명은 프랑스혁명과 본질적으로 달랐다. 미국적 자유

---

25) 토크빌은 종교가 현대적 민주주의에 긍정적인 역할을 했다고 지적한다. 그는 개인적 판단을 강조하는 개신교를 미국 민주주의의 문화적 원천으로 간주했다. 미국에서는 제도화된 정교분리로 인해 종교가 정치에 직접적으로 영향을 끼치지 않은 대신 풍속과 세태에서는 더욱 중요한 역할을 했다. 토크빌에게 미국은 교회와 국가의 적절한 관계의 모범적 예시였다. 유럽과 달리 미국에서는 종교와 국가가 서로 협력하며 발전했고 민주정은 종교적 경험을 흡수하는 동시에 개조했다.

에서 국가는 더 지방분권적인 차원에서 기능했다. 국가에 대한 미국인의 태도는 프랑스인의 태도보다 더 독립적이었다. 나아가 미국혁명과 헌법은 프랑스와 유럽보다 더 성숙한 자유 개념에 기초했다. 프랑스가 폭력적 변화로서 혁명의 모형이라면 미국은 민주정으로의 이행으로서 혁명의 모형이었다.

토크빌은 프랑스가 귀족적 혈통에 기초한 사회질서에서 개인적 능력에 기초한 사회질서로의 이행에서 어려움을 겪고 있다고 분석했다. 이런 어려움은 반복적인 혁명적 사건으로 더욱 심화되었다. 그는 루이 필립의 7월왕정의 부패로 인해 1848년혁명은 불가피했다고 생각했다. 1848년혁명은 토크빌의 생애에서 가장 중요한 사건 중 하나였고 프랑스가 미국의 민주정으로부터 교훈을 얻을 수 있을 것이라는 초기의 낙관적 예상을 무너뜨렸다. 1848년혁명의 어리석음을 보여주는 증거 중 하나는 혁명가들이 보통선거권을 제도화함으로써 대중이 혁명을 지지하도록 이끄는 것이 아니라 반대로 혁명에 대항하도록 만들었다는 사실이다. 1848년에 선출된 의회는 혁명가들이 예상한 것보다 훨씬 더 보수적이었다. 보통선거는 대중이 새로운 '탁월한 인물'에 주목하게 만드는 데 실패했다.

단명한 제2공화국의 헌법을 둘러싼 논쟁에서 토크빌은 미국적 모형에 기반을 둔 양원제를 선호하는 집단에 속했지만, 그의 낙관주의는 1851년 루이 나폴레옹의 쿠데타로 귀결된 혼란스러운 시대를 견뎌내지 못했다. 토크빌에게 쿠데타를 정당화한 국민투표는 프랑스인들이 물질적 행복을 보장해줄 누군가를 추앙하면서 자유와 평등을 포기했다는 것을 의미했다. 나폴레옹식 열광과 반(反)자유주의를 내포한 반(反)7월왕정 정서가 파리를 '슬픈 정경'(sad scene)으로 만들었다. 혁명과 쿠데타 속에서 상업과 사회생활은 위축되었다. 토크빌은 '지루한 프랑스혁명'(long French Revolution) 전체는 오직 평등과 전제정의 타협 속에서만 종결될 수 있다고 주장했다. 그러나 문제는 프랑스 사회 내부의 내적 갈등이기 때문에 이런 타협은 오랜 시간이 걸린다는 것이었다.

자유주의자로서 토크빌은 민주정을 수용했는데, 왜냐하면 현대성이라는 새로운 조건 속에서 민주정은 자유를 달성하기 위한 전제조건이었기 때문이다. 대다수 사람들은 자유보다 평등을 선호했지만 그는 자유민주정, 즉 민주정과 자유가 결합되기를 원했다. 따라서 그는 새로운 유형의 (귀족적) 자유주의, 즉 낡은 귀족적 형태의 자유주의와 구별되는 동시에 민주정이 야기할 수 있는 왜곡들로부터도 자유로운 유형의 자유주의를 추구했다. 자유주의가 없다면 민주정은 생존할 수 없을 것이고 민주적 전제정, 즉 범속한(mediocre, 이류적) 다수의 전제정으로 타락할 수 있었다. 자유는 민주정 내에 존재하는 전제정을 향한 경향에 대한 유일한 치료제였다. 문제는 민주정을 자유와 어떻게 결합하는가에 있었다.

생애 말년이 되어가면서 토크빌은『미국에서의 민주주의』에서 제시한 평등주의적 민주정이라는 새로운 조건 위에서 자유를 보장할 가능성에 대한 확신을 점차 상실했다. 프랑스에서 미국 모형을 실행하는 것은 불가능했다. 토크빌에 따르면, 프랑스는 실행이 가능한 대안을 발견하지 못했기 때문에 사실상 영원한(perpetual) 혁명이라는 조건에 처해 있었다. 프랑스에서 '상층계급은 자유(freedom)의 적이고 하층계급은 방종(license)의 친구'였다.

자유주의 급진파: 밀

울로크는 밀(J. S. Mill)을 19세기 급진 자유주의의 대표적인 사상가로 간주한다. 밀은 유년기에 아버지 밀(James Mill)과 벤섬의 영향 속에서 공리주의적 성향을 띠었지만 성숙기에 공리주의와 단절하고 자유주의 정치철학을 체계화했다.26) 밀은 추상적 철학화를 통

---

26) 영국에서 벤섬으로 대표되는 '철학적 급진주의'는 1832년 선거법 개정 이후 정치적으로 주변화되었다. 자서전에서 밀은 자신이 아버지로부터 배운 벤섬주의적 '추론기계'(reasoning machine)에 대한 관심에서 단절하고 점차 감정(feelings), 특히 인애와 공감의 중요성을 배우게 되었다고 썼다.

해 모든 인간의 동기를 자기이익과 최대행복의 원리로 환원하는 공리주의가 양심과 덕성의 가능성을 무시하며 이런 의미에서 비도덕적이고 사회에 위험하다고 비판했다. 게다가 엄격한 벤섬식 공리주의는 비자유주의적인 지적 전체주의의 요소를 내포했다. 그것은 자기 의문을 수용하고 의견 충돌을 가능케 하는 성향을 결여했다.

대신 밀은 '돼지의 철학'(pig philosophy)이라는 공리주의에 대한 칼라일(Th. Carlyle)의 비판을 수용하여 쾌락의 등급을 구별했다. 더 높은 수준의 쾌락은 정신적 경험의 단계적 변화와 덕성에 대한 강조를 포함했다. 나아가 그는 역사의 일반적 방향이 진보적이라고 믿었다. 진보한 나라의 수가 더 많을수록 그들은 더 많이 상호작용할 것이며 따라서 인류는 더 통일될 것이고 그 발전을 예측하는 것도 더 쉬워질 것이었다. 밀은 18세기의 철학적 계몽주의자들이 절망적으로 타락한 구질서를 파괴하는 목표에 관심을 가졌기 때문에 사회적·정치적 제도가 필수적이라는 사실을 간과했다고 주장했다.[27]

동시대 자유주의자처럼 밀도 현대적인 정치적·사회적 발전의 불가피한 민주적 방향을 인정했고 보수주의자와 대조적으로 그것에 대항하려고 하지 않았다. 동시에 그는 또 다른 극단, 즉 자유시장에 대항하는 사회주의적 시도도 기피했다. 그럼에도 불구하고 밀은 사유재산의 득세가 야기하는 반도덕적 효과를 비판하면서 심지어 몇몇 제한적인 사회주의적 원리도 받아들이려고 시도했다. 결국 밀은 전형적인 급진 자유주의 내지 '부르주아 사회주의'(마르크스)의 주창자가 되었다.

밀은 도덕적 행동의 문제가 신의 존재라는 관념에 의존하는 것은 아니라는 18세기 계몽주의의 인식을 계승했다. 밀은 자신의 시대가 종교적 믿음이 쇠퇴하는 시대라고 지적하면서, 더 이상 종교를 사회적 악의 원천으로 공격할 필요가 없다고 주장했다. 종교의 영향이

---

[27] 울로크는 밀이 벤섬의 추상적 연역주의를 비판하면서 정치의 역사적 결정요인을 강조했지만 이미 1세기 전에 스코틀랜드 계몽주의자들이 그런 역사적 접근을 공유하고 있었다는 사실은 간과했다고 비판한다.

남아 있는 이유는 종교의 내생적 가치 때문이 아니라 널리 퍼져 있는 여론의 힘 때문이었다. 역사적으로 종교는 도덕의 기초가 되기도 했지만 종교적 도그마가 도덕에 타격을 주기도 했다. 도덕은 도그마주의가 아니라 항상적인 지적 도전과 회의주의를 필요로 했다.28) 관용, 즉 종교적 자유도 마찬가지로 중요했다. 밀에 따르면, 종교적 자유를 둘러싼 전투는 사상의 자유가 시작되는 주요 전장이었고, 종교적 비순응(nonconformity)은 표현의 자유의 궁극적 시험대였다. 밀은 종교적 자유를 지지했던 이전의 계몽주의자들보다 더 일관되게 무신론자도 관용될 자격이 있다는 입장을 취했다.

밀에 따르면, 도덕적 향상, 즉 쾌락을 최대화하고 고통을 피하려는 단순한 동기를 극복하려는 시도에서 자유의지는 자기결정의 표현이었다. 따라서 밀은 개인의 주권성과 도덕적 책임성에 대한 믿음을 표현했다. 밀이 볼 때, 부정적 자유(negative liberty)는 약간의 긍정적 자유(positive liberty) 없이는 불충분했다. 자유는 내적 계몽, 즉 도덕적 향상과 사회를 향한 책임성이라는 지향을 동반하지 않는다면 공허했다.

밀은 진보적 관점에서 정치적·사회적 개혁을 옹호했다.29) 한편 밀은 혁명을 역사적 과정을 진전시키는 거대한 도약으로 간주했다. 토크빌처럼 밀도 기질(predisposition)과 관습(custom)의 누적적 혁

---

28) 밀은 현대 이전의 사회에서 종교의 사회적 역할에 대해 제한적이지만 긍정적인 평가를 내렸다. 중세 시대에 기독교는 예술과 문필이 로마제국과 함께 사라지는 것을 막았다. 중세의 교회는 그 범죄적 행위에도 불구하고 신실한 신앙이 유지되었던 초기 단계에는 유럽을 문명화했다. 오직 이후에만 기독교가 독재적이고 타락한 세력이 되었다는 것이다.

29) 밀은 노예제폐지운동(abolitionism)을 옹호했고 남북전쟁에서 일관되게 북부를 지지했다. 또한 밀은 사형제도의 폐지를 지지했고 투표권을 확대하려는 글래드스턴의 (실패한) 1866년 개혁법을 지지했다. 밀의 진보성은 여성의 평등과 권리를 지지한 부분에서 가장 분명하게 드러났다. 그는 결혼은 평등과 사랑에 기반해야 하며 그렇지 않을 경우 폭력의 한 형태에 불과하다고 주장했다. 밀에게 여성의 불평등은 낡은 노예제도의 잔재였고 전통적 결혼의 불의는 문명 진보의 장애물이었다. 따라서 여성의 예속이 제거되지 않으면 자유를 향한 사회의 진보는 불가능했다.

명을 선호했다. 정치적 변화는 점진적으로 실행되는 것이 최선이었다. 그러나 매콜리 같은 휘그파와 대조적으로 밀은 명예혁명이 부유층의 과두정 내지 금권정(moneyed oligarchy)을 확립했다고 주장했다. 청년기에 밀은 '영국헌정에서 지롱드주의자'가 되는 것을 꿈꾸었다. 그는 구체제의 지속불가능한 본성으로 인해 혁명이 불가피했다는 보수주의자 칼라일의 평가에 동의하면서 초기의 프랑스 혁명가들을 방어했다. 1848년에 밀은 혁명에 참여한 파리 노동자계급의 용기를 상찬하고 임시정부를 지지하기도 했다.

그러나 토크빌처럼 '귀족적 민주정'의 성향을 보였던 밀은 청년기 때부터 전문적으로 통치에 적합하도록 교육받은 선출된 대표의 정부를 선호했다. 그런 대표는 혈통이 아니라 능력(merit)에 근거해야 했다.30) 밀이 볼 때, 공중의 교육적 성취 수준이 더 높아질 때까지 보통선거는 유예될 필요가 있었다. 당분간 투표권은 자신의 이익이 공익과 일치할 수 있는 사람들, 따라서 재산을 소유한 사람들에게 주어져야 했다. 그것만이 재산의 안전과 법의 권위를 지지할 것으로 기대되었기 때문이다.

이후 30년 동안 밀은 점차 더욱 급진적인 전망으로 이동했다. 그는 여전히 대의제를 옹호했지만 부유층에 대한 태도는 더 비판적이게 되었다. 부자는 보수적 경향이 있으며 혁신에 반대했다. 또 민주정의 악덕은 공중을 위한 적절한 민주적 교육을 통해 제거될 수 있었다. 밀은 교육의 지속적 확대를 보면서 결국 진보의 일반적 방향으로서 투표권 확대와 보통선거제를 인정했지만, 여전히 지적·사회적 능력에 기초한 자격은 필수적이라고 생각했다.31)

---

30) 울로크에 따르면, 청년기 밀은 민주정이 최선의 정부를 향한 유일한 경로라고 생각하지 않았다. 교육받은 귀족정(educated aristocracy)도 동일한 결과를 낳을 수 있기 때문이었다. 다만 귀족은 인민에게 책임(accountability)을 져야 하고 동시에 인민은 귀족의 재능(talents)을 인정해야 했다.
31) 또 토크빌처럼 밀도 인민이 자신들의 대표(representative)가 국민이 아닌 선거구민의 이익을 대변하는 대의원(delegate)이 되기를 원한다면, 민주정에 거대한 위험이 될 수 있다고 생각했다. 그런데 이런 위험은 이미 버크가 제기했던 것이었다.

밀에 따르면, 토크빌은 미국에 초점을 맞추면서 민주주의와 문명을 혼동한 결과 민주주의와 평등의 연계를 강조했다. 이로 인해 토크빌은 다른 시대와 장소에서 평등이 어떻게 상이한 결과로 귀결되었는가를 간과했다. 예를 들어, 영국에서는 거대한 진보가 있었지만 평등을 향한 진전은 상대적으로 적었다. 그래도 영국에서 개인적 부와 출세를 가차 없이 추구하는 것은 미국적 정신과 매우 유사했다. 밀은 이를 평등이 아니라 '중간계급'의 우세로 간주했다. 토크빌이 민주정 내에서 인지했던 악덕은 평등 그 자체가 아니라 상업주의의 악덕이었다. 미국과 영국 모두에서 문제는 상업적 중간계급의 지배였다. 밀이 볼 때, 이는 고급문화의 우수성과 중요성이 약화되는 문화적 정체상태(stationarity)로 귀결될 위험이 있었다. 밀은 이런 위험에 대한 치유책이 개인성(individuality) 또는 개인적 자유에 있다고 주장했다.

개인적 자유에 대한 밀의 가장 포괄적인 주장은 19세기 자유주의의 경전인 『자유론』에서 체계화되었다. 여기서 그는 '다수의 독재'를 평범한 사람들을 포함하는 모든 개인들의 가치에 대한 위협으로 간주했다. 오직 자기 방어를 위해서만 타인의 자유에 대한 관여가 가능하다. 이 같은 그의 '위해 원칙'(Harm Principle)에 따르면, 타인에게 위해가 되지 않는 한 모든 개인의 자유는 보장되었다.

밀은 민주정이 사회적 지위에 대한 부당한 숭배를 파괴하는 긍정적 경향이 있는 동시에 진정한 개인적 우월성에 대한 숭배도 파괴하는 부정적 경향이 있다고 주장했다. 이것이 그가 더 잘 교육받은 개인에게 가중투표권을 제공하는 차등투표제를 지지한 이유 중 하나였다. 사상의 독창성이란 희귀한 것이며 오직 소수의 개인만 제시할 수 있었다.[32] 개인의 자유가 없다면 독창성도 없고 문명은 정체하거나 쇠퇴할 것이었다. 반대로 자유로운 경쟁을 통해 증명되는 개인의 능력은 도덕적 진보와 문명화의 징후로 간주될 수 있었다.

---

32) 그렇지만 밀은 칼라일의 영웅숭배와는 거리를 두었다. 밀에 따르면, 고유한 개인으로서 천재는 자신의 의지를 타인에게 강제하지 말아야 한다.

밀의 급진적 경향은 경제철학에서도 분명하게 드러났다. 그는 자유무역의 필수불가결성에 대한 믿음을 유지하면서도 '자연적 결정'에 종속된 경제의 양상과 '인위적 결정'을 수용할 수 있는 경제의 양상을 구별했다. 생산은 전자의 영역이고 분배는 후자의 영역이었다. 이는 사회가 축적한 부로 무엇을 할 것인가를 결정할 능력이 있다는 것을 함의했다. 밀은 1834년의 구빈법을 지지했지만, 노동자의 나태를 심화시키지 않는 구호를 옹호하기도 했다.[33]

밀은 스미스가 『민부론』에서 제시한 자본주의적 경제성장의 '정지상태'는 피할 수 없지만 그것이 바람직하지 않은 것은 아니라고 주장했다. 그에 따르면, 부유한 나라는 이미 충분한 부를 소유했으며 많은 부를 얻은 이후에 또 더 많은 부를 추구하는 것은 도덕적·사회적으로 가치가 없다. 이런 상태에서 사회는 기존의 부를 더 평등하게 분배할 수 있을 것이고 또 노동을 절약할 수 있는 기술진보도 가능할 것이었다. 인구와 자본의 성장이 정지하는 상태가 도덕적·사회적·정신적 진보의 정지상태를 의미하지는 않을 것이었다.

결론

울로크는 『자유주의 온건파와 급진파』에서 자유주의의 계몽주의적 기원을 추적하면서 '계몽주의-자유주의 전통'의 연속성을 강조한다. 반면 이 글은 울로크의 『자유주의 온건파와 급진파』와 『매콜리와 계몽주의』를 토대로 하면서도 사상적 운동으로서 계몽주의와 정

---

[33] 밀은 하층계급에게 결코 동정적이지 않았다. 그에 따르면, 하층계급은 부주의하고 장기적 계획의 역량을 결여했으며 즉각적 욕구를 충족시키는 데만 주의를 집중했다. 게다가 평등의 관념은 그들이 비굴해지는 대신 무례해지게 만들었다. 그러나 하층계급의 야만성은 그들의 본성이 아니라 생활하고 양육되는 환경의 산물이었다. 궁극적으로 문명은 '동물적 본능에 대항하는 투쟁'이기 때문에, 문명의 진전과 적절한 교육은 결국에는 하층계급에게 자신의 생활을 적절하게 영위할 능력을 제공할 것이었다.

치이데올로기로서 자유주의를 구별하고 영국과 프랑스에 초점을 맞추어 그의 논의를 재구성했다. 그 결과 영국에서 계몽주의-자유주의 전통의 안정성이 강조된 반면 프랑스에서는 그 불안정성으로 인한 취약성이 강조되었다.

영국에서는 종교개혁과 명예혁명, 나아가 산업혁명을 배경으로 자유주의가 안정적으로 뿌리를 내렸으며 '혼합정체' 하에서 민주적 요소의 도입과 투표권 확대가 점진적으로 이루어졌다. 이와 같은 역사적 전개는 자유주의 정치이데올로기와 그것을 뒷받침하는 이론 및 정책의 발전과 쌍을 이루었다.

영국에서는 케이헌이 '눈부신 자유주의'의 특징으로 지적한 정치적 자유, 경제적 자유, 도덕의 3대 지주가 스미스로 대표되는 계몽주의 시기로 소급될 수 있다. 다만 울로크는 자유주의의 사상적 기원으로 간주될 수 있는 로크와 몽테스키외에 대해서는 크게 주목하지 않는다. 반면 그는 스미스의 계승자로서 케이헌의 '눈부신 자유주의'를 대표하는 매콜리에게 특히 주목한다. 19세기에 매콜리는 유럽에서 전개되는 혁명과 반혁명을 목도하면서 그 같은 사태 전개를 피할 수 있는 자유주의적 정치개혁을 선도했다. 영국에서 밀과 같은 자유주의 급진파가 출현할 수 있었던 것은 이 같은 '계몽주의-자유주의 전통'의 안정성의 결과일 수 있었다.

반면 종교개혁이 부재했던 프랑스에서는 구체제가 강력한 상황에서 계급적 대립이 격화되면서 급속한 정치혁명이 전개되었다. 구체제를 파괴한 자코뱅의 공포정치가 몰락한 이후에도 프랑스에서는 '내전적 정치문화'가 지속되면서 혁명과 반혁명의 악순환이 반복되었고 그 결과 산업혁명도 실행될 수 없었다.

프랑스의 철학적 계몽주의자들은 몽테스키외나 볼테르가 제안했던 '영국적 모형'을 거부했고, 급기야 혁명가들은 루소를 따라 인민주권의 분리불가능성을 옹호하면서 공포정치를 통해 일반의지 내지 전체의지를 강제하려고 시도했다. 이 때문에 프랑스에서는 '혁명과 반혁명의 공포'가 유럽의 다른 어떤 곳보다도 더욱 강력했다. '공포로부터의 자유'로서 자유주의를 대표하는 콩스탕은 영국적 모형의 혼합정체를 제안했지만 그의 제안은 수용될 수 없었다. 또 민주정의 불가피성을 수용했던 토크빌 역시 미국적 모형의 수입을 포기할 수밖에 없었다.

  울로크는 세계적으로 인민주의의 위협이 가시화되고 있는 현재의 상황을 배경으로 '계몽주의-자유주의 전통'의 현재성을 옹호한다. 특히 그는 민주정이라는 계몽주의적 이상이 자유주의에 의해 수용되는 방식에 초점을 맞추면서 계몽주의-자유주의 전통의 주요 사상가들이 고유한 내적 위험으로 인해 민주정이 인민정으로 타락할 가능성을 우려했다는 점을 강조한다. 19세기 자유주의자들은 그런 위험을 예방하기 위한 필수조건으로 능력주의에 기초한 대표자의 선출과 교육을 통한 대중의 능력 제고를 제안했다. 반면 오늘 정보통신기술의 발전은 즉각적인 정치참여를 과거에는 상상할 수 없는 수준으로 확대시켰다. 능력에 대한 어떤 고려도 없이, 적절한 민주적 토론의 절차도 없이, 수백만의 투표권자가 참여하는 의사결정 과정이 가능해진 상황에서 '다수의 폭정'에 대한 계몽주의-자유주의의 우려는 유례없는 현실성을 갖는다.

서론 ··· 119

아블라스터의 시대구분 ··· 121

    초기 자유주의 · 121
    자유주의의 절정으로서 프랑스혁명 · 122
    19세기 자유주의의 분열과 후퇴 · 124
    20세기 자유주의의 지속적 쇠퇴 · 128

프랑스혁명 이전: 자유주의의 토대 ······················ 130

    자유주의 철학으로서 개인주의 · 130
    소유권과 노동권 · 132
    철학적 계몽주의와 경제학적 계몽주의 · 134
    현대경세학으로서 스미스의 경제학 · 136

프랑스혁명: 자유주의의 절정 ································ 139

    프랑스혁명에 대한 수정주의적 해석 · 139
    자유주의인가 공화주의인가 · 141
    민주주의에 대한 공포 · 143

프랑스혁명 이후: 쇠퇴하는 자유주의 ··················· 148

    버크의 프랑스혁명 비판 · 148
    매콜리의 자유주의 대 공리주의 · 150
    토크빌과 밀의 '귀족적 자유주의' · 153

20세기 자유주의: 지속적 쇠퇴 ······························ 156

    19세기 말 새자유주의 · 156
    20세기 자유주의: 냉전자유주의와 새처주의 · 159

결론 ··· 164

아블라스터의
『서구 자유주의의 융성과 쇠퇴』

김 태 훈

서론

이 글은 자유주의에 대한 사회주의적 비판을 대표하는 앤서니 아블라스터(Anthony Arblaster, 1938-2022)의 『서구 자유주의의 융성과 쇠퇴』(1984; 국역: 나남, 2007)의 주요 논지를 비판적으로 개괄한다. 아블라스터는 1964-68년 영국 노동당 좌파를 대변하는 『트리뷴』(Tribune)의 기자를 거쳐 1970-2004년까지 셰필드 대학에서 정치학을 가르쳤다. 그는 랄프 밀리밴드, 레이먼드 윌리엄즈 등과 함께 사회주의자협회(Socialist Society)의 회원이었고 웨일즈국립오페라단과 북부오페라단에서 프로그램 해설가를 맡기도 했다. 그의 다른 저서로는 『민주주의의 이념과 역사』(1994; 국역: 신아출판사, 1998)와 *Viva La Liberta!: Politics in Opera* (Verso, 1992) 등이 있다.

책이 나올 당시에 부상했던 새처 정부의 신자유주의에 대항하기 위해 아블라스터는 『서구 자유주의의 융성과 쇠퇴』의 목표를 '자유주의의 어둡고 혹독한 측면을 드러내 자유주의에 대한 과도한 우호적 평가를 바로잡는 것'으로 설정한다. 책의 1부(자유주의의 분석)에서 아블라스터는 자유주의의 존재론인 동시에 윤리론으로서 개인주의(individualism)가 도덕적 결함을 가지고 있다고 비판한다. 그리고 여기에서 비롯된 자유주의의 결함을 해결해 자유주의를 '실현/성취하는'(fulfill, achieve) 것이 사회주의라고 주장한다. 그러나 프랑스혁명에 준거하는 아블라스터의 자유주의 개념은 공화주의에 가까운 것이다.

이어서 본론인 2부(자유주의의 진화)와 3부(자유주의의 쇠퇴)는 사상운동으로서 자유주의의 역사를 영국과 프랑스를 대비해서 설명한다. 아블라스터는 영국의 자유주의자가 급진적 가능성을 상실하면서 기성세력이 되었다고 비판하는 반면 프랑스혁명은 자유주의의 절정이었다고 평가한다. 프랑스혁명은 자유주의의 결정적 승리이면서 민주주의라는 새로운 과제를 제기했다는 것이다.

아블라스터는 프랑스혁명 이후 자유주의자가 '민주주의에 대한 공포' 때문에 분열하고 후퇴했다고 평가한다. 그 결과 매콜리(Thomas Macaulay)로 대표되는 19세기 주류 자유주의는 급진성을 상실했다. 나아가 20세기 냉전자유주의는 전체주의를 비판하면서 급기야 이데올로기를 부정하고 보수주의와 동맹을 형성하기에 이르렀다.

아블라스터는 프랑스혁명이 부르주아 혁명의 표준이라는 통설에 근거해 자유주의에 대한 비판을 전개한다. 그러나 19세기 내내 혁명과 반혁명을 거듭하며 민주정과 군주정의 타락과 순환을 반복한 프랑스는 오히려 현대화에 실패한 사례였다. 그리고 아블라스터가 비판하는 19세기 영국 자유주의자들의 '민주주의에 대한 공포'는 프랑스혁명이 보여준 민주정의 타락에 대한 공포였다. 아블라스터의 비판이야말로 오히려 민주주의가 인민주의를 거쳐 전체주의로 타락할 위험을 과소평가한 것이다.

아래에서는 자유주의의 융성과 쇠퇴의 역사에 관한 아블라스터의 논의를 시대별로 개관한 다음에, 역시 시대별로 제기되는 쟁점을 비판적으로 검토할 것이다. 자유주의의 역사가 프랑스혁명에서 정점에 도달한 뒤 쇠퇴일로를 걷는다는 아블라스터의 주장은 이 책에 실린 케이헌과 울로크의 논의와 대조하면서 비판적으로 검토될 필요가 있다.

아블라스터의 시대구분

초기 자유주의

르네상스와 종교개혁 이후 17-18세기를 초기 자유주의 시대로 설정하는 아블라스터는 영국사를 중심으로 휘그사관('고참 휘그(Old Whigs)의 견해')을 비판한다. 르네상스와 종교개혁 이후 1660년을 전후로 비교적 안정된 봉건적 절대주의와 합리적 계몽주의의 시대가 시작되었는데 그 예외가 네덜란드 공화국이었다. 반면 17세기 영국은 모호한 사례였다.

아블라스터에 따르면, 영국사를 대헌장(Magna Carta)으로부터 명예혁명으로 이어지는 자유를 향한 중단 없는 도정으로 설명하는 휘그사관은 1640년대 내전에서 절정에 이른 스튜어트 절대주의에 대한 오랜 투쟁을 간과하는 것이다. 아블라스터는 1640년대 수평파(Leveller)가 제기한 논쟁에 주목한다. 이는 초기 휘그주의와 대중적 급진주의 사이의 갈등이었다.

아블라스터는 수평파처럼 더 민주적이고 대중적인 관점은 자유주의의 한계들을 드러냄으로써 자유주의를 '계몽'했다고 주장한다. 밀턴(John Milton)의 정치적 논문이나 수평파의 선언문에서 나타난 초기 자유주의에는 유토피아주의가 중첩되어 있었다. 그러나 1659년 왕정복고 이후 1688년 명예혁명으로 스튜어트 왕조의 절대주의와 가톨릭주의를 향한 경향이 결정적으로 저지되는 동시에 수평파의 영향으로 나타났던 봉기도 진압되었다.

아블라스터는 17세기 영국사는 결과적으로 초기 자유주의에서 급진주의 내지 사회주의의 가능성이 봉쇄되는 과정이었다고 평가한다. 명예혁명 이후 지주귀족과 향신(gentry)이 지배하는 백년으로 가는 길이 닦여졌기 때문이다. 아블라스터는 지배계급이 무혈쿠데타에 불과했던 명예혁명을 혁명이라 부름으로써 급진주의가 무장해제되었다고 평가한다.

다음으로 아블라스터는 18세기 자유주의를 로크(John Locke)가 대표하는 영국의 휘그주의와 프랑스 '철학자들'(philosophes)의 자유주의로 구별한다. 명예혁명 이후 18세기 영국의 휘그주의자들은 온건한 주류세력이 되었다. 반면 프랑스 철학자들은 개혁적이고 전투적인 태도를 유지했다. 프랑스 계몽운동을 기초한 볼테르와 몽테스키외에게 영국은 프랑스가 지향해야 할 입헌주의, 자유, 번영의 모델이었다.

그러나 아블라스터는 볼테르와 몽테스키외의 영국에 대한 평가는 과장된 것이라고 주장하면서 18세기 휘그당의 반동적 측면을 강조한다. 휘그당은 토지뿐만 아니라 상업, 금융 등 모든 형태의 재산을 보호하려 했다. 대다수 인민들의 전통적 권리와 관습을 희생하여 소유자들의 권리를 확대하는 새로운 법이 연이어 통과되었다. 사형에 해당하는 범죄행위가 엄청나게 늘었고, 빈민과 사회적 낙오자, 그리고 비유럽인들에게 극히 가혹한 이데올로기와 정책이 실시되었다. 아블라스터는 휘그당의 정책이 재산 소유를 이론과 현실의 핵심에 둔 자유주의 이데올로기의 결과였다고 평가한다.

자유주의의 절정으로서 프랑스혁명

아블라스터는 프랑스혁명을 자유주의의 절정으로 평가한다. 프랑스혁명은 자유주의가 단순한 꿈과 희망에 머무르지 않고 지배적이고 강력한 정치세력으로 전환되는 계기이자 19세기의 위대한 자유주의적 성취를 향한 길을 개방한 결정적 승리였다.

아블라스터는 프랑스의 계몽주의자들이 부르주아적 개혁의지를 대변했다고 주장한다. 일각의 계몽주의자들은 절대군주정이 '계몽전제정'(enlightened despotism)으로 변모하기를 기대하기도 했다. 그러나 당시 유럽 통치자 가운데 누구도 만족할 만큼 계몽사상의 원칙을 받아들이지 않았다. 1776년 프랑스에서는 튀르고의 개혁 내각이 실각함으로써 '위로부터의' 개혁과 진보에 대한 계몽주의적 희망이 실망으로 끝났다.

아블라스터에 따르면, 프랑스혁명은 구체제를 위로부터 개혁할 수 없다면 '아래로부터의' 혁명에 의해 파괴할 수 있다는 것을 보여주었다. 자유주의는 봉건제와 전제정에 맞서는 혁명의 이데올로기가 되었다. 그러나 18세기 휘그당 선배들처럼 점진주의와 입헌주의를 신봉했던 19세기 자유주의자들은 이런 평화적 원리를 수립하는 데 반란과 폭력이 요구된다는 사실을 받아들이지 않았다. 이후 프랑스혁명에 대한 입장과 프랑스혁명에 의해 쟁점으로 부상한 평등, 민주주의, 민족주의 등의 문제로 인해 19세기 자유주의자들은 분열하게 되었다.

아블라스터는 프랑스혁명에서 나타난 공화주의적 전통이 부활한 것을 자유주의적 개인주의의 원자화 가능성에 대한 비판 내지 지양으로 해석한다. 예를 들어 프랑스혁명의 인권선언은 인간의 권리와 시민의 권리의 선언인데, 여기서 시민(citoyen)을 강조한 것은 고대 공화정에서 비롯된 공동체의 구성원으로서 개인이라는 감각이 아직까지 사라지지 않았음을 의미했다는 것이다.

그리고 이러한 '미묘한 균형 혹은 긴장'이 로베스피에르의 정치와 사상 속에서도 나타났다고 아블라스터는 주장한다. 로베스피에르는 1789년 혁명이 시작될 때부터 선거권을 소유자에게만 국한시키는 것에 반대했는데 아블라스터는 이를 개인의 권리를 지지한 것으로 간주한다. 다른 한편으로 로베스피에르가 '대부분의 개인들의 의지에서 사라져버린 덕성은 인민대중 속에서 그리고 전체이익(intérêt général, 일반이익)1) 속에서 재발견될 수 있을 뿐'이라고 주장한 것은 공동체의 한 구성원으로서 개인이라는 감각을 지닌 것으로 자유주의적 개인주의의 한계를 넘은 것으로 평가한다.

그러나 뒤에서 살펴볼 것처럼 보통선거는 개인의 신체와 정신의 자유로서 보편적 권리 내지 개인적 권리와는 관련이 없는 것이다. 로베스피에르에 대한 아블라스터의 긍정적 평가는 루소에 대한 긍정적 입장으로 소급한다. 아블라스터에 따르면 루소는 사유재산의 사회적 기능과 효과에 대해 근본적으로 의문을 제기한 소수의 계몽주의자에 속했다. 아블라스터는 이런 점에서 루소가 관습적으로 계급사회를 당연한 것으로 간주했던 자유주의의 경계를 넘어서 계급이 없는 사회주의를 지향하는 것으로 나아갔다고 평가한다.

19세기 자유주의의 분열과 후퇴

아블라스터는 급진적 민주주의의 관점에서 프랑스혁명을 계기로 자유주의 정치전통이 '인민의 판단을 믿고 받아들인' 급진적 민주주의자와 '민주주의에 대한 공포'로 인해 보수화된 자유주의자로 분열되었다고 평가한다. 버크(Edmund Burke)가 후자라면, 버크를 비판하는 페인(Thomas Paine)은 전자를 대표했다. 공리주의자인 벤섬(Jeremy Bentham)에 대해서는 급진민주주의자로 분류하지는 않지만 프랑스혁명을 계기로 민주주의자가 되었다고 평가한다.

아블라스터는 프랑스혁명이 자유주의의 결정적 승리라고 평가하는데, 이는 그것이 자유주의적 변화가 가능한 상황을 창출했기 때문이다. 그러나 동시에 프랑스혁명은 자유주의 내부의 근본적 위기이기도 했다. 프랑스혁명은 다름 아닌 인민, 자유주의자들이 신뢰하지

---

1) 국역서는 관례에 따라 'general interest'를 일반이익, 'general will'을 일반의지로 번역한다. 그런데 아블라스터는 『민주주의의 이념과 역사』에서 루소의 'general will'은 개별적 의지의 합계(sum)가 아니라 공익(good of community, 공동체로서 전체의 이익)을 포함하고 있다고 주장한다.

않았던 '폭민'의 행동에 기인한 것이었다. 1789년 이후 인민의 정치 활동과 도시 노동자계급의 등장은 자유주의가 직면한 위기의 핵심이었고 그것이 분열과 후퇴의 원인이 되었다.

19세기 산업프롤레타리아 사이에서 계급의식이 성장하고 초기 형태의 노동조합과 사회주의가 등장하면서 자유주의는 양쪽의 도전에 직면했다. 한편에는 정치에 참여하고자 하는 인민의 욕구, 즉 민주주의에 대한 요구가 있었고 다른 한편에는 자본주의 경제의 기본 원리들 중 일부를 부인하는 사회주의자들의 비판이 있었다. 아블라스터는 이 두 압력이 구별되는 것이 아니라고 주장한다. 부르주아들은 민주주의가 노동자계급에게 패권을 주어 그로부터 사회주의, 즉 사유재산의 파괴로 이어질 것이라고 두려워했기 때문이다.

특히 프랑스혁명에 대한 버크의 비판은 휘그당의 자유주의가 분열하는 계기가 되었다. 버크는 정치에서 정당의 필요성을 강조하였고, 미국의 분리 주장을 옹호한 휘그당원이었다. 하지만 자유주의의 원리나 권리가 보편적으로 적용되거나 주어져야 한다고 믿은 적은 결코 없었다. 버크는 이미 확립된 권리와 관습은 유지되어야 한다고 믿었다. 그에게 프랑스혁명은 기존의 전통과 제도를 확대하거나 개혁하는 것이 아니라 새로운 보편적 원리라는 이름으로 기존의 전통과 제도를 파괴하는 것이었다.

버크는 19세기 자유주의자들의 반혁명적·반급진적 정서를 처음으로 분명하게 표현했다. 버크는 혁명에 반대하여 기존의 전통과 제도의 맥락 속에서 점진적 개혁이라는 사상을 내놓았다. 버크는 '프랑스의 살인적 박애'(the homicide philanthropy of France)가 '단지 개념적으로만 존재하는 사람들의 미래의 불확실한 이익'을 위해 현재 인민의 현실적 이익을 희생시키고 있다고 주장했다. 아블라스터는 '추상적' 원리와 거대한 설계에 대한 버크의 적대감이 이후 보수주의의 공통적 성향이 되었다고 평가한다. 그는 편견과 비이성적 신앙에 대한 옹호, 개인의 이성에 대한 믿음의 결여라는 점에서 버크식 보수주의의 특징을 추출한다.

아블라스터에 따르면, 버크를 계기로 급진적 민주주의와 결별한 19세기 주류 자유주의는 '민주주의에 대한 공포'로 인해 보수적으로 퇴행했다. 이를 상징하는 인물들이 자유주의를 대표하는 매콜리, 토크빌, 존 스튜어트 밀이었다. 스미스로부터 맬서스와 리카도로 이어지는 고전파 경제학의 역사도 아블라스터에게는 자유주의가 보수화한 사례였다.

아블라스터는 매콜리를 '휘그 보수주의가 의회 자유주의의 주류를 이루도록 한 사람'으로 평가한다. 매콜리는 국가가 단지 숫자에 의해서가 아니라 재산과 지성에 의해 통치되어야 한다고 주장했다. 또 그는 보통선거를 실시하면 정부 자체가 유지될 수 없으며, 문명도 유지될 수 없다는 견해를 고수하였다. 매콜리에게 개혁은 소유권을 유지하기 위한 수단이었고, 사회를 보전하며 혁명을 회피하는 방법이었다. 매콜리는 명예혁명이 '우리의 마지막 혁명'이라고 주장했다. 아블라스터는 매콜리가 버크를 계승하고 있으며 명예혁명을 옹호하지만 그 방식은 보수주의적이기에 모순적이라고 평가한다.

아블라스터에 따르면, 토크빌은 인민의 도전 앞에서 억압적 모습을 보이며 퇴행한 대표적 사례였다. 『미국의 민주주의』에서 토크빌은 자유를 참여민주주의와 결합했다. 그러나 토크빌은 민주주의가 '다수의 폭정'(tyranny of the majority)이라는 심각한 위험을 안고 있다고 생각했다. 자유방임경제를 신봉한 토크빌은 1848년 파리 노동자들의 요구는 경제법칙을 이해하지 못해서 생겨난 것이라고 믿었고, 그것에 대한 진압을 강력히 옹호했다. 아블라스터는 토크빌이 민주주의가 사회주의를 향한 길을 열려고 할 때 오히려 물러나 '질서'의 편에 섰다고 평가한다.

마지막으로 아블라스터는 존 스튜어트 밀이 현대 자유주의의 중심인물이라고 평가한다. 밀이 민주주의에 대한 자유주의의 모호한 반응을 가장 명료하고 완전하게 그려냈기 때문이다. 프랑스혁명에 호응하며 민주주의를 옹호했던 아버지 밀(James Mill)이나 그의 스승 벤섬과 달리 밀은 '다수의 폭정', 즉 획일적이고 불관용적인 여론의 지배를 염려했다. 반면 벤섬과 아버지 밀은 인민에 대해 즉각적으로 신뢰를 보낸 사례였다. 프랑스혁명이 벤섬과 그의 제자 아버지 밀을 민주주의자로 만들었던 것이다.

아블라스터는 스미스, 맬서스, 리카도의 자유주의 경제학을 설명하면서 마찬가지로 그것을 자유주의의 후퇴로 간주한다. '자유방임 시장행위를 통한 이기주의의 조화'라는 신화는 스미스의 주장에서 핵심이었다. 시장제도는 적절하게 작동할 때, 독점적 상인이나 정부의 간섭에 의해 방해받지 않을 때, 사회 전체에 이득을 가져다준다고 스미스는 믿었다. 스미스에게 자본주의적 시장은 진실로 자비로운 메커니즘이라는 '인애적'(benevolent) 개념이었고 그는 낙관적이고 자신만만하게 그 실현을 전망하였다.

초기 산업자본주의의 충격을 목격했던 사람들은 스미스의 낙관에 대해 공감하기 어려웠다. 그러나 시장에 대한 자유주의적 신념은 경제법칙에 개입하는 것은 아무리 좋은 의도라고 하더라도 문제를 더 나쁘게 만들 뿐이라고 주장했다. 맬서스는 가난한 사람들의 처지를 개선하려는 그 어떤 시도도 가난한 사람들이 자식을 낳도록 고무할 따름이고 그 결과 그들은 더 가난해질 뿐이라 주장했다. 리카도는 맬서스의 인구론을 수용하였다. 변화가 있더라도 항상 원래대로 되돌아가는 '자연적' 임금수준이 있다는 리카도의 주장은 고임금이 결국 가난한 사람들의 곤경을 악화시킬 뿐이라는 맬서스의 믿음과 일치했다.

아블라스터는 자유주의 경제학이 스미스의 시장에 대한 상대적 확신과 낙관주의로부터 리카도와 맬서스의 숙명주의 내지 비관주의로 전환했다고 평가한다. 자유시장에 의해 모두가 자동적으로 이익을 볼 것이라고 주장하지는 않으나 시장이 보편적 이익을 산출하지 않더라도 시장에 대한 국가의 개입은 문제를 더 악화시킬 뿐이라고 주장했기 때문이다. 아블라스터에 따르면 이런 변화는 계몽주의운동과 프랑스혁명이라는 최고의 시기 이후 자유주의가 점차 쇠퇴하고 퇴각했다는 사실을 보여준다.

20세기 자유주의의 지속적 쇠퇴

아블라스터는 20세기 자유주의는 지속적으로 쇠퇴했을 뿐만 아니라 1970년대 경제위기 이후에는 과거의 자유주의로 퇴행하고 있다고 평가한다. 아블라스터에 따르면, 20세기 자유주의는 두 가지 형태를 나타냈다. 첫째, 움츠러들고 극도의 절망으로 이어지는 불신과 혐오의 유형이 생겨났다. 둘째, 호전적 조정과 공격적 방어가 일어났다. 둘 다 '전체주의'라고 알려진 것에 대한 대응이었는데, 그것은 공산주의와 사회주의 혁명이란 도전에 대응하기 위해서였다. 새자유주의(New Liberalism)와 같은 예외가 있었지만, 자유주의자들은 '아래'로부터 도전받을 때 결국 질서와 진압의 편에 섰다.2)

아블라스터는 첫 번째 형태인 저항적 퇴각의 입장을 가장 명확하게 피력하는 사례로 포스터(E. M. Forster) 등 블룸즈버리 그룹(Bloomsbury Group)에 주목했다. 제1차 세계전쟁 이후 한편에서 공세적이고 팽창주의적인 민족주의 내지 제국주의와 다른 한편에서 전투적 사회주의가 정치를 지배함에 따라, 자유주의자 사이에서는 자신이 공감할 수 없는 가치와 사회적 힘들이 지배하는 세계로부터 물러나고자 하는 충동이 높아졌다. 이들에게 20세기는 '종교전쟁의 시대, 그러나 그 전쟁을 "이데올로기"라고 부르는' 시대로 보였다. 이들은 소극적이고 제한된 종류의 정치를 제외한 모든 정치에 대해 회의했다. 정치적 이상주의는 궁극적으로 독재와 억압으로 귀결된다는 생각에 기초한 자유주의적 회의론은 1945년 이후 냉전기에 최고조에 도달했다.

이어서 아블라스터는 20세기 자유주의에서 더 지배적인 두 번째

---

2) 아블라스터는 새자유주의의 대표적인 인물로 19세기 후반 영국 자유당의 홉하우스(L. T. Hobhouse)에게 주목한다. 그리고 새자유주의의 성격을 그린(T. H. Green)의 철학으로 설명한다. 아블라스터는 케인즈 역시 새자유주의자로 분류한다.

유형을 냉전자유주의, 반공주의로 명명한다. 전체주의론은 파시즘과 공산주의 모두 자유민주주의의 원리를 부정한다고 주장했다. 파시즘이 패배한 1945년 이후 현실의 적은 공산주의였다. 아블라스터는 냉전자유주의의 반공주의가 너무 강하게 자유주의를 특징지어서, 관용과 같은 자유주의의 더 근본적 원리들이 희생되거나 잊혀졌다고 주장한다. 냉전자유주의는 권위주의와 전체주의를 구분하고 제3세계의 억압적인 체제는 반공주의이기만 하면 권위주의적인 것으로 용인한 반면 전체주의를 추구하는 공산주의자들에게는 언론의 자유조차 허용하지 않았다. 이런 측면에서 냉전자유주의는 서구 자유주의의 쇠퇴에서 최후의 단계로 간주될 수 있다.

냉전자유주의는 공산주의적 전체주의의 기원을 이데올로기라고 간주했다. 1950년대 자유주의자들은 체계화된 이데올로기적 교리를 광신주의, 극단적 태도, 나아가 전체주의의 지적 토대로 간주했다. 이후 1950년대 말과 1960년대의 냉전자유주의는 이데올로기 정치가 사멸했다고 주장했는데, 이 같은 '이데올로기 종언론'은 공산주의가 신뢰를 잃었다는 의미를 담고 있었다. 아블라스터는 냉전자유주의자들이 정치적 경험주의를 채택하고 유토피아주의와 이데올로기를 거부함으로써 보수주의와 매우 가까운 동맹이 되었다고 평가한다.

마지막으로 아블라스터는 롤즈(John Rawls), 노직(Robert Nozick), 하이에크(F. A. Hayek)와 프리드먼(Milton Freidman)으로 이어지는 1970-80년대의 자유주의 이론화 작업의 부활에 대해 평가한다. 먼저 롤즈는 정의의 개념을 중심에 두며 공리주의의 결점을 고치려고 하지만 개인주의에 대해서는 자유주의의 전통적 관점을 받아들였다. 노직은 롤즈의 권리, 자유, 정의의 개념에서 출발했지만, 그의 최소국가와 개인의 자율에 대한 이론은 초자유주의(libertarianism)를 정당화하는 것으로 귀결되었다.

롤즈와 노직의 자유주의 이론화는 하이에크와 프리드먼으로 대표되는 '자유주의 경제학의 부활'로 이어졌다. 아블라스터는 이것이 1970년대 중반 세계자본주의의 위기를 배경으로 하는 것이라고 지적한다. 자본주의의 성장기 내지 안정기에는 적절했던 케인즈주의 경제정책이 자본주의의 위기에는 더 이상 효과적으로 작동하지 않자, '새처주의'와 '레이거노믹스'라는 변형된 형태로 19세기의 자유방임 이데올로기가 다시 등장했다는 것이다. 따라서 아블라스터는 그것이 전혀 새롭지 않은 현상이라고 평가한다.

이렇게 아블라스터는 19세기에 이어 20세기에도 자유주의가 계속 쇠퇴한 이유가 적어도 부분적으로는 민주주의에 대해 공포와 의구심을 표명했던 18세기 휘그주의의 유산에 기인한다고 분석한다. 이런 관점에서 그는 사회주의가 자유주의를 거부할 것이 아니라 휘그주의에 특징적인 개인주의의 결함을 해결하고 넘어서야 한다고 주장한다. 사회주의는 그렇게 자유주의를 '실현/성취'하려는 운동이라는 것이다.

프랑스혁명 이전: 자유주의의 토대

자유주의 철학으로서 개인주의

아블라스터는 프랑스혁명 이후 자유주의가 '민주주의에 대한 공포'로 인해 쇠퇴하게 된 것은 그 철학적 토대인 개인주의의 결함 때문이라고 분석한다. 아블라스터에게 자유주의는 현대에 일어난 하나의 역사적 사상운동(movement of ideas)인데, 존재론이자 윤리론으로서 자유주의 사상의 핵심에는 개인주의(individualism)가 위치하고 있었다. 그에 따르면, 자유주의자들은 자유, 관용, 법치 같은 자유주의적 가치를 개인주의에 기초해서 해석했다.

이렇게 아블라스터는 자유주의의 이론적 근거를 철학으로 설정한다. 나아가 그는 데카르트, 스피노자, 라이프니츠의 합리론과 베이컨, 홉즈, 로크, 흄의 경험론을 구별하고 후자를 우선시하는 앵글로색슨적 관점에 문제를 제기한다. 두 전통의 공통점이 더 중요하다고 보기 때문인데, 그것은 지식과 확실성의 기초로서 개인의 감각경험을 중시하는 것이었다. 아블라스터는 로크뿐만 아니라 데카르트도 철저하고 명료하게 개인에서 출발했다고 지적한다.

이어서 아블라스터는 로크의 자기소유(self-possession)를 중심으로 자유주의적 개인주의를 설명한다. 자유주의의 형이상학적 존재론의 핵심으로서 개인주의는 사회보다 개인을 더 우선시하고 또 사회보다 개인이 더 '현실적'(real)이라고 인식한다. 17세기 이래 인간의 삶은 그 자신에게 '속한다'(belong)는 사상이 나타났다. 인간의 삶은 신이나 사회 혹은 국가의 소유가 아니라 그가 원하는 대로 할 수 있는 그 자신의 소유로 간주되었던 것이다. 그리고 로크에 이르러서는 자기 자신의 소유자로서 개인이라는 개념이 표면화되었다. 개인은 그 배경이나 환경이 되는 사회 혹은 세계로부터 분리된 존재로서 자기완결적(self-contained)이며 동시에 자기충족적(self-sufficient)이었다.

아블라스터는 도덕적 공허가 자유주의적 개인주의의 주요 결함이라고 주장한다. 자유주의는 자기완결성을 개인의 자연스럽고 이상적인 상태로 특징지었다. 그런데 여기에 이르기 위한 자원으로서 욕망·욕구와 이성의 관계가 모호했다. 자유주의자들은 개인이 이러한 욕망·욕구를 충족하는 과정에서 이성에 의해 인도된다고 전제했지만, 실제로 그런 이성은 타인을 자신의 목표를 위한 단순한 수단으로 취급하는 것을 함의했다.

아블라스터는 이 같은 부정적 개인주의의 전형으로 홉즈에 주목한다. 홉즈는 인간이 본성적으로 사회적 피조물이라는 아리스토텔레스의 관점을 명백히 거부했다. 홉즈에게 인간은 합리적이지 않았고, 사회와 정부란 집단적으로 행동하지만 여전히 자기이익에 따라서만 행동하는 개인들에 의해 만들어진 메커니즘이었다. 이것은 계약 개념으로 표현되었다. 이 같은 홉즈의 이론에서 개인과 사회의 긴장은 불가피했다. 그 결과 '절대적이고 자의적인 입법권'을 한 명의 주권자에게 주어야 한다는 『리바이어던』의 결론이 나왔다.

그러나 자연권을 살인권 내지 전쟁권으로 설정하고 절대군주를 옹호한 홉즈와 자연권을 노동권으로 설정하고 명예혁명을 옹호한 로크의 차이를 간과할 수는 없으며, 이런 측면에서 홉즈를 자유주의적 개인주의의 전형으로 보기는 어렵다.3) 게다가 자유주의적 개인주의의 효시라고 할 수 있는 로크의 자기소유론은 단순한 철학에 머물지 않고 이후 스미스의 노동가치론과 경제학으로 발전했다. 또 로크의 자기소유론은 마르크스의 노동권 이론으로도 발전했는데, 마르크스는 개인주의를 기각하지 않았고, 오히려 공산주의를 '개인적 소유의 재건'으로 특징지었다.

소유권과 노동권

결론 부분에서 아블라스터는 파시즘과 사회주의의 현실 역사를 돌이켜 볼 때 자유주의를 부정하면서 동시에 극복하려는 변증법적 태도를 유지해야 한다고 주장한다. 사회주의자나 급진주의자의 활동의 많은 부분이 인종차별에 대한 반대나 양성평등과 같은 자유주의적 주장이라는 점도 지적한다. 따라서 아블라스터는 사회주의가 자유주의를 폐기하는 것이 아니라 '실현/성취하는'(fulfill, achieve) 운동이라고 주장한다.

이런 관점에서 아블라스터는 청년 마르크스가 1844년에 쓴 「유대인 문제에 관하여」를 인용한다. 마르크스에 따르면, 자유주의는 정치해방에 '커다란 진전'을 가져왔으나, 인간해방에 있어서는 한계가 있었고, 그 한계는 인간본성에 대한 자유주의적 개인주의에 뿌리를

---

3) 프랑스혁명 이전 자유주의의 철학적 토대를 설명하는 부분에서 홉즈를 근거로 개인주의를 비판한 아블라스터는 프랑스혁명 이후 부분에서는 홉즈를 계승한 벤섬의 철학을 자유주의적 개인주의의 전형으로 설명한다. 그러나 벤섬의 공리주의 역시 19세기 자유주의의 본류라고 볼 수는 없다. 뒤에서 자세하게 설명할 것처럼 19세기 자유주의를 대표하는 매콜리는 제임스 밀이 대변한 벤섬의 공리주의를 비판했다.

두고 있다고 주장했다는 것이다.4)

그러나 마르크스는 권리의 주체로서 개인을 부정하지 않았다. 『일반화된 마르크스주의 개론』과 『마르크스의 '자본'』에서 설명한 것처럼, 『자본』에서 성숙기 마르크스의 결론은 노동자연합을 통한 잉여노동의 사회적 영유였다. 그런데 여기서 사회란 개인에게 우선하는 공동체로서 'Gemeinschaft'가 아니라 개인을 토대로 구성되는 공동체로서 'Gemeinwesen', 즉 연합(Assoziation)을 의미했다.

물론 마르크스는 개인의 본질은 곧 생산관계라고도 지적했다. 그런데 이것은 절반만 타당한 것이었다. 마르크스의 『자본』이 분석했던 현실에 존재하는 생산관계의 효과로서 노동자는 계급이 아니라 대중이었다. 대중이 계급으로 전환되기 위해서는 이데올로기 비판이 필요한데, 이때 권리의 주체로서 개인이라는 개념이 매개적인 역할을 한다.5) 이를 통해 로크의 소유권을 비판하는 마르크스의 노동권 개념이 출현하는 것이다.

마르크스는 노동자연합을 '공동의 [사회적] 생산수단으로 노동하고 또 수많은 개인들의 노동력을 하나의 사회적 노동력으로 지출하는 자유인들의 연합'으로 정의했다. 이 정의는 '각자의 자유로운 발전

---

4) 청년 마르크스에 대한 아블라스터의 해석은 알튀세르가 비판한 이론적 인간주의와 유사하다. 1956년 소련공산당 20차 대회의 스탈린 비판을 계기로 출현한 이론적 인간주의는 청년 마르크스와 헤겔의 철학으로 복귀해야 한다고 주장했다. 알튀세르는 『마르크스를 위하여』(1965)에서 마르크스의 청년기와 성숙기의 관계에 내재적 일관성을 부여하려는 시도를 비판하면서 오히려 '인식론적 절단'을 강조했다. 성숙기 마르크스는 기존의 철학적 의식을 청산하고 역사과학의 기초를 확립했다는 것이다. 이론적 인간주의 논쟁에 대한 설명은 『알튀세르의 철학적 유산』(공감, 2008)을 참고하라.
5) 『일반화된 마르크스주의 개론』에서 설명했듯이, 계몽주의 이전의 전현대적 철학이 존재론이라는 절대지식이라면, 로크에 와서 모습을 드러낸 현대철학은 유한한 지식으로서 과학에 봉사하는 인식론이었다. 로크는 자신이 뉴튼이라는 '도편수'(master-builder)를 돕는 '막일꾼'(under-labourer)에 불과하다는 겸손의 말을 하기도 했다. 개인성이라는 개념이 현대철학의 핵심 개념인 것은 사회를 구성하는 모든 주체가 공유하고 있는 보편적 측면이기 때문이다. 주체의 보편성으로서 개인성이라는 개념을 토대로 신학에 대한 대안으로서 인간학이 발전한 것이다.

이 모두의 자유로운 발전의 조건이 되는 [개인들의] 연합'이라는 『공산주의자 선언』의 정의와 일치했다. 연합 속에서는 어떤 개인의 이익도 침해되어서는 안되고 오히려 모든 개인의 이익이 증진되어야 한다는 것이었다. 이런 이익은 물론 생산수단에 대한 사회적 소유권과 결합되는 노동력에 대한 개인적 소유권이라는 의미에서 노동권이었다.

철학적 계몽주의와 경제학적 계몽주의

자유주의의 철학적 토대에 대한 아블라스터의 설명에 대해 개인주의가 문제인가라는 쟁점뿐만 아니라 자유주의의 이론적 토대가 철학인가라는 쟁점도 제기할 수 있다. 아블라스터는 영국을 모델로 설정했던 볼테르와 몽테스키외를 비판하는 동시에 뉴튼과 로크로 상징되는 영국의 계몽주의에 대해서도 평가절하한다. 이런 태도는 계몽주의의 민족적 차이, 즉 영국의 계몽주의가 경제학으로 귀결되며 영국 헌정의 역사를 지지하는 자유주의의 이론이 된 반면 프랑스의 철학적 계몽주의는 프랑스혁명의 공화주의로 귀결되었음을 간과하는 것이다.

아블라스터는 프랑스 계몽주의자들이 영국의 뉴튼과 로크로 이어지는 17세기 과학과 경험주의를 무조건적으로 찬미하면서 이론과 체계를 거부하게 되었다고 비판한다. 특히 볼테르는 '모든 것을 포괄하는 거대한 체계'를 믿지 않았던 뉴튼의 경험주의 정신을 근거로 데카르트를 비판했다고 평가한다. 아블라스터는 경험주의를 이론의 거부와 동일시했던 것이다.

그러나 『2007-09년 금융위기』에서 설명했듯이, 뉴튼이 '나는 가설을 조작해내지 않는다'(hypotheses non fingo)[6)]고 주장한 것은 중력이라는 원인 자체를 설명하는 원인, 이른바 '제1의 원인'으로 간주된

---

6) 아블라스터는 'fingo'를 'feign'이 아니라 'construct'로 번역했고, 국역본은 이에 따라 '가설을 세우지 말라'고 번역했다.

데카르트의 '소용돌이' 개념 같은 것은 자신에게 필요 없다는 뜻이었다. 달리 말해서 데카르트의 철학적 원리와 달리 자신의 수학적 원리는 가설이 아니라는 의미였다. 뉴튼의 역학(力學)은 힘이라는 원인으로 운동이라는 결과를 설명하는 과학인 반면 데카르트의 기계론은 존재론적 철학일 따름이었다.

뉴튼주의와 데카르트주의를 구별하고 뉴튼의 과학과 공자의 경세학7)을 수용한 영국(스코틀랜드)에서는 계몽주의가 스미스의 경제학으로 귀결된 반면 뉴튼과 공자를 거부한 프랑스에서는 자유주의와 경제학이 착근하지 못했다. 루소의 철학에 압도되었을 뿐만 아니라 중농주의자 케네의 결함도 있었기 때문이다. 스미스는 루소와 케네 모두 '공론가'(speculator), '공상가'(projector), '교조주의자 내지 논리주의자'(man of system)로 비판했다.

반면 경세학으로서 이론적 역사에 주목한 몽테스키외의 계몽주의는 프랑스가 아니라 영국에서 스미스의 경제학으로 귀결되었다. 몽테스키외는 폴리비오스의 혼합정체론8)을 복권시켰는데, 영국에서 새로운 혼합정체가 출현했기 때문이다. 몽테스키외는 영국의 입헌군주정을 '군주정으로 분장한 공화정'으로 불렀다. 폴리비오스는 정체순환론을 '증명된'(apodictic/demonstrated) 역사로 간주했는데, 이

---

7) 경제학과 철학의 분기는 노예제에서 봉건제로 이행하면서 사상적 변혁이 발생하던 '기축시대'(Axial Age, 야스퍼스)에 중국과 그리스의 차이에서 비롯된 것이기도 했다. 정착농경민의 후예인 중국에서는 유학을 비롯한 일련의 경세학이 출현한 반면 '해양유목민'의 후예인 그리스에서는 다양한 철학이 출현했다. 이는 생산보다 정복과 약탈을 본질로 했던 유목민에게는 나라를 다스리는 것보다 전쟁이 중요했기 때문이기도 하다. 더 자세한 설명은 『봉건제론: 역사학 비판』(공감, 2013)을 참고하라.
8) 로마공화정 말기의 폴리비오스는 정체의 타락으로 인해 군주정, 귀족정, 민주정을 거쳐 다시 군주정으로 회귀하는 정체순환을 이론화했고 그것을 중단시킬 수 있는 방법으로 군주정, 귀족정, 민주정이라는 세 가지 정체의 장점을 결합한 혼합정체를 제시했다. 혼합정체의 모델은 로마공화정이었다. 로마공화정이 원로원(senate, 상원)의 귀족정적 요소, 집정관(consul, 통령)의 군주정적 요소, 민회(popular assembly, 하원)의 민주정적 요소를 결합하면서 로물루스 이래 250년간 지속된 군주정과 참주정을 대체했다.

것은 계몽주의자들의 '이론적(reasoned/conjectural) 역사'와 유사한 의미였다. 또 폴리비오스는 정체순환론을 '프라그마틱'(pragmatic)한 역사라고도 불렀는데, 이는 국사(國事, 나라를 다스리는 일)를 대상으로 한 역사, 즉 경세사학이란 의미였다.

스미스의 경제학은 현대경세학이었다. 나라를 다스리는 학문으로서 중국봉건제의 경세학은 본질적으로 역사학이었다. 과학은 개념과 이론을 실험이나 관찰을 통해 증명하지만, 특히 경세학에서는 실험을 할 수는 없으므로 관찰된 역사가 중요했던 것이다. 생존양식에 기초를 둔 이론적 역사를 제시했던 스미스는 영국자본주의를 표준으로 하는 현대경세학으로서 경제학을 확립했다.

현대경세학으로서 스미스의 경제학

아블라스터는 스미스의 경제학을 설명하면서 경세학적 측면에 대한 설명을 간과한다. '자유방임 시장행위를 통한 이기주의의 조화'라는 '신화'가 스미스 사상의 핵심인데, 스미스 사상 속의 '모순과 긴장'은 스미스의 특수한 역사적 위치에서 비롯되었다고 주장하는 것이다. 아블라스터가 주목하는 스미스의 역사적 배경은 자본주의가 성장하던 시절의 낙관적 분위기였다.

아블라스터가 말하는 스미스 사상 속의 '모순과 긴장', 즉 스미스 저술에 있는 다양한 요소들이 상호 양립가능한가에 대한 토론은 '애덤 스미스 문제'를 의미했다. 19세기 후반 독일 경제학자들은 공감에 기초한 『도덕감정론』과 자기이익에 기초한 『민부론』의 '비일관성'이라는 문제를 제기했다. 그런데 이것은 당시에는 출판되지 않았던 『법학 강의』에 대한 무지로 인한 오해였는데, 『법학 강의』가 출판된 이후에도 아블라스터는 동일한 오해를 반복했다.

『법학 강의』는 1760년대 전반까지 글래스고우대학에서 스미스가 강의했던 '도덕철학'(moral philosophy)의 일부를 편집해 1976년에 출판되었다. 스미스의 도덕철학 강의는 신학과 윤리학, 법학과 경제학으로 구성되었는데 신학과 윤리학 강의는 『도덕감정론』으로 출판되었고, 경제학 강의는 『민부론』으로 출판되었다. 양자를 매개하는 『법학 강의』는 자유시장의 경제학을 역사 및 도덕과 결합함으로써 상업사회를 역사적·도덕적으로 정당화한 스미스 경제학의 전모를 이해하게 해주었다.

『도덕감정론』의 기본 개념은 공감(sympathy), 즉 '동료로서의 공동체의식'(fellow feeling)이었다. 도덕감정(moral sentiment)은 덕성(virtue)으로 발전했는데, 자기 자신의 행복과 관련된 덕성이 자제(self-command)와 검약/신중(prudence), 즉 자기애(self-love)였고, 타인의 행복과 관련된 덕성은 정의(justice)와 인애(benevolence)였다. 스미스는 사익의 추구가 공적 미덕을 낳는다는 맨드빌의 명제를 수용하는 동시에 공감에 기초한 인애를 옹호하면서 도덕의 지속적 향상(betterment)을 강조했다.

아블라스터는 스미스의 경제학에서 자유방임이 핵심적이었지만 스미스가 정부의 역할을 부정한 것은 아니었다고 부연한다. 스미스가 열거한 정부의 핵심적인 기능은 첫째, 외부적 간섭의 배제(국방), 둘째, 내부적 질서·안전·정의(치안), 셋째, 개인적 이익추구를 통해서 공급할 수 없는 '공공사업과 공적 제도'로서 도로·운하 같은 것(공공재)이었다. 그러나 아블라스터는 법과 정부가 가난한 사람들의 공격으로부터 재산의 불평등을 보호하기 위해 존재한다는 스미스의 주장을 더 강조한다.

『한국 사회성격논쟁 세미나 (IV)』에서 설명했듯이, 스미스의 헌정론은 로크와 몽테스키외의 자유주의적 헌정에 대한 정치철학을 계승하는 것이기도 했다. 스미스에게서 정의는 법학의 기본개념으로 사회의 존재조건이었다. 인애 없는 사회는 있어도 정의 없는 사회는 없기 때문이었다. 그래서 스미스는 몽테스키외가 주장한 행정부에 대한 입법부의 우위에 더해, 행정부에 대한 사법부(검찰과 법원)의 독립과 중립을 추가했다.

스미스의 『법학 강의』는 '정의의 법'(law of justice)에서 출발하여

'편익(便益, 편리와 유익)의 법'(law of expediency)에 도달한다. 스미스에게 '민족의 법과 정부의 일반적 원리(general principles)에 대한 연구'로서 법학은 곧 경세학이므로 정의의 법과 편익의 법은 정부의 기능 분화에 대한 설명이기도 했다. 편익의 법학은 분업론이나 자본축적론 같은 경제학적 개념과 이론을 통해 『민부론』, 즉 '민족의 부의 본성과 원인에 대한 연구'로 발전했다. 동시에 『법학 강의』의 이론적 역사, 즉 생존양식의 진화론도 『민부론』에서 경제성장의 '역사동역학'(historical dynamics)으로 발전했다.

스미스는 국가를 '권위'보다 '효용'의 관점에서 설명한다. 여기서 효용은 동의를 의미하지 않았다. 효용은 오히려 경제구조에 적합한 정치·경제적 제도의 기능을 의미했다. 이런 관점에서 스미스는 헌정의 우선적 목표로서 '공공재'의 공급이라는 문제의 해결과 함께 국내외의 폭력이라는 문제의 해결을 설정했다. 국외의 폭력을 해결하는 것이 국방이고 국내의 폭력을 해결하는 것이 치안인 것이다.

문제는 저항권이 법적으로 인정된 권리가 아니었으므로 헌정을 둘러싼 분쟁은 폭력에 의해 해결될 수밖에 없다는 데 있었다. 그런데 스미스는 의회의 지배가 출현하기 전에라도 인민 내부의 '조정'(coordination)을 통해 합의(consensus)를 도출함으로써 저항권과 헌정 지속의 '일치'(reconciliation)를 달성할 수 있다고 주장했다.

스미스가 강조하는 것은 헌법 조항에 위헌에 대한 저항의 명료한 기준으로서 '휘선'(輝線, brightline)이 포함되어야 한다는 것이었다. 휘선이란 누구나 '이해할 수 있는 명료한' 기준으로서, 신체의 자유와 정신의 자유 같은 보편적 권리 내지 기본권을 의미했다.[9] 대헌장에서 명예혁명까지 영국에서 자유민주주의적 헌정이 성숙할 수 있었던 것은 이런 휘선이 존재했기 때문이다.

---

9) 군주정이 타락한 참주정과 민주정이 타락한 인민정은 개인의 자유와 소유 내지 행복추구를 침해하는 것이었다. 따라서 로크와 몽테스키외는 절대군주정이라는 참주정을 비판했고, 스미스의 동지인 버크는 프랑스혁명으로 참주정을 대체한 인민정을 비판했다.

프랑스혁명: 자유주의의 절정

프랑스혁명에 대한 수정주의적 해석

아블라스터는 프랑스혁명을 자유주의의 결정적 승리, '자유주의의 절정'으로 평가한다. 구체제를 위로부터 개혁할 수 없다면 '아래로부터의 혁명'을 통해 파괴할 수 있음을 보여주었기 때문이다. 1789년 프랑스에서 봉건질서와 특권이 폐지되었고, 몇 년 후 가장 오래되고 외관상 가장 강력했던 유럽의 왕조 가운데 하나가 사라졌으며, 가톨릭교회는 세속적 국가에게 복종했다. 이런 변화는 정치적으로 배제되던 다수에 기초한 인민혁명(popular revolution)을 통해서만 가능하다는 것을 프랑스혁명은 증명했다.

아블라스터의 이런 평가는 부르주아 혁명의 모델로서 프랑스혁명이라는 마르크스의 주장에서 비롯된 것이다. 마르크스 이래로 영국은 산업혁명을 통해 경제적 현대를 대표하고 프랑스는 프랑스혁명을 통해 정치적 현대를 대표한다는 것이 통설이 되었다. 그러나 『한국 사회성격논쟁 세미나 (I)』에서 설명했듯이, 이런 관점에 대해 마르크스주의자의 자기비판이 필요하다.

먼저 부르주아 혁명으로서 혁명민주주의(RD)적 독재는 러시아와 같은 후발자본주의 내지 중국과 같은 반식민지의 혁명에 적용되는 과정에서 정정이 필요했다. 부르주아 혁명의 보편성이 아닌 특수성이라는 문제가 제기되었던 것이다. 그 결과 러시아의 1917년혁명에서 레닌은 혁명민주주의적 독재라는 개념을 폐기했다. '모든 권력을 소비에트(평의회)로'라는 구호로 집약된 「4월 테제」를 통해 사회주의 혁명의 특수한 형태로서 프롤레타리아와 농민의 '인민민주주의(PD)적 독재'를 주장했던 것이다.

게다가 1989년 프랑스혁명 200주년을 전후해서 프랑스혁명에 대한 수정주의적 비판이 제기되었다. 그 핵심은 현대화, 즉 봉건제에서 자본주의로의 이행에서 프랑스가 실패했다는 사실이다. 현대화에 성공한 '영국의 행복'과 비교할 때 프랑스에서는 산업자본주의와 부르주아 헌정질서가 안정적으로 착근하지 못한 것이 바로 '프랑스의 불행'이었던 것이다.10)

아블라스터는 1789년 프랑스혁명 발발부터 로베스피에르와 자코뱅이 몰락하는 1794년 테르미도르 반동까지의 5년 동안에만 집중할 뿐, 그 후의 프랑스 역사에 대해서는 외면한다. 특히 19세기 자유주의 경제학의 현실에 대한 설명을 하는 장에서 아블라스터는 영국자본주의의 문제에 대해서만 비판적으로 서술한다. 영국자본주의도 당연히 결함이 없지는 않겠지만, 사실 프랑스는 여기에도 미달했다. 프랑스는 경제와 정치제도에서 모두 19세기 헤게모니 국가인 영국에 미달했다.

프랑스경제는 1789년 혁명 이후 거의 100년간 현대화에 실패했다. 1848년혁명 이전의 프랑스경제는 사실상 부르봉왕조의 앙시앵레짐과 대동소이했다. 필수품을 생산하는 면직물산업이 부재했고 사치품을 생산하는 견직물산업과 모직물산업이 지배했던 것이다. 제2제정은 크레디모빌리에(Crédit Mobilier)라는 특권주식회사를 설립해 투기를 일삼다가 파산했고, 1870년 보불전쟁에서 굴욕적으로 패배했다. 제3공화국의 대안은 '고리대적 제국주의'(usury imperialism, 레닌)였다.

프랑스의 헌법은 탁상공론식 명목헌법이었다. 1789년의 권리 선언을 '전문'으로 포섭한 1791년의 헌법은 입헌군주정을 채택했으나 지롱드 헌법과 자코뱅 헌법을 거쳐 결국 1804년의 나폴레옹 헌법으

---

10) 알튀세르는 『마르크스를 위하여』에서 프랑스에서 마르크스주의가 착근하는 데 실패했다는 점을 가리켜 '프랑스의 불행'이라고 말했다. 그런데 이 개념은 프랑스가 마르크스주의의 착근에만 실패한 것이 아니라 부르주아혁명에도 실패했다는 의미로 확대될 수도 있다. 말년의 알튀세르도 프랑스혁명에 대한 수정주의적 해석을 지지했기 때문이다.

로 타락했다. 나폴레옹 헌법이 계수한 로마법의 소유권은 노예나 토지에 대한 소유권, 즉 노예제나 봉건제에 적합한 소유권으로 자본주의에 적합한 소유권일 수 없었다.

제3공화국에서 1875년 의원내각제 헌법을 채택할 때까지 프랑스의 헌법은 10여 차례 개정되었다. 그런 '정치적 실험'은 산업자본주의나 의회민주주의와 무관한 것이었다. 급진화와 반동화를 반복하면서 헌정질서를 안정적으로 착근시키지 못한 프랑스혁명은 부르주아 혁명의 표준이 아니라 오히려 부르주아 혁명의 오작동이었다.

이렇게 경제도 정치도 현대화에 실패한 계기가 된 프랑스혁명을 자유주의의 절정이라고 평가할 수는 없다. 이념은 정책과 강령으로 구현되어야 하고 그것을 뒷받침하는 이론을 요구하는 것이다. 따라서 이념은 정책·강령과 이론을 함께 평가해야 하고 그 기준은 경제성장을 토대로 하는 인민의 행복이어야 한다. 나아가 프랑스혁명에서 나타난 프랑스의 고유한 이념으로서 공화주의를 자유주의와 구별해야 한다.

자유주의인가 공화주의인가

프랑스혁명을 자유주의의 절정으로 평가하는 아블라스터는 프랑스 철학자들, 특히 로베스피에르와 같은 자코뱅을 설명하면서 이들의 '자유주의'를 개인주의의 대안으로 설정한다. 예를 들어 아블라스터는 루소의 사회계약론과 그 추종자들이 개인의 권리를 강조하는 동시에 국민의 단결과 인민주권 혹은 전체의지(general will, 일반의지)를 강조했다고 평가한다. 이는 프랑스 자유주의자들이 아직 개인적 이익의 자연적 조화라는 '환상'에 빠져들지 않았으며 그들이 공화주의에 구현되었다고 믿는 공공정신(public spirit)의 필요성을 인식하고 있었던 증거로 간주될 수 있다.

이런 아블라스터의 주장은 영국에 고유한 이념으로서 자유주의와 프랑스에 고유한 이념으로서 공화주의를 혼동하는 것이자, 공화주의적 관점에서 자유주의를 비판하는 것이다. 아블라스터가 상찬하는 프랑스 자유주의자는 실은 공화주의자였다.

케이헌은 『공포로부터의 자유』에서 공화주의와 자유주의를 엄밀하게 구별하면서 쟁점을 제기한다. 공화주의는 로마공화정을 준거로 로마에서 군주정의 수립에 반대하는 조류를 의미했다. 공화주의도 다양한 형태가 있었지만 덕성과 정치를 최우선으로 하는 것은 공통적이었다. 공화주의적 의미의 자유는 현대적 의미의 자유와 다른 개념이었다. 로마공화정 말기의 경세가 키케로에게 자유(liberalitas)는 공화주의적 시민의 덕성인 '공익'(res publica, common good, 공동선)의 추구를 의미했다.11)

자유주의와 공화주의의 쟁점은 상업사회의 의의, 즉 새로운 역사 발전 단계로서 자본주의의 의미와 그 우수성에 관한 것이었다. 케이헌은 18세기 '프로토자유주의자'(계몽주의자에서 이행 중인 자유주의자)로서 스미스와 몽테스키외를 준거로 하여 공화주의를 비판한다. 먼저 자유주의가 역사발전의 단계에서 상업사회로의 진보를 새롭게 상정했다면, 공화주의는 공화국의 흥성과 쇠망이라는 2단계론을 유지했다. 그리고 공화주의는 상업사회의 진보성을 무시 내지 격하했던 반면 자유주의는 자기이익과 덕성을 조화시켰다.

요컨대, 공화주의적 의미의 자유(liberty)는 개인의 신체와 정신의 자유로 대표되는 자유주의적 자유와 달랐다. 루소가 『사회계약』에서 제시했던 '자유롭도록 강제한다'(forcer d'être libre)는 명제도 공화주의적 의미에서 '공익을 위해 희생하라'는 의미였던 것이다. 그리고 덕성이라는 관점에서 자유주의자 스미스는 생존양식(mode of

---

11) 아블라스터는 'liberal'이라는 단어가 프랑스혁명으로 인해 현대적 의미를 가지게 되었다고 평가하지만 더 이상의 설명은 없다. 로젠블랫(Helena Rosenblatt)의 『자유주의의 잃어버린 역사』(2018; 국역: 니케북스, 2023)에 따르면, 'liberality'가 현대적 의미를 가지게 된 것은 콩스탕(Benjamin Constant)의 프랑스혁명에 대한 비판에서 비롯되었다. 콩스탕의 자유주의적 대안의 핵심은 정교분리와 기본권을 보장하는 법치였다. 그런데 이것은 이미 영국에서 실현된 것이므로, 현대적 자유주의라는 용어는 프랑스적이라고 하더라도 그 개념은 영국적이라고 해야 할 것이다.

subsistence) 진화의 마지막 단계인 상업사회의 부르주아지를 찬양한 반면 공화주의자 루소는 그 첫 단계인 어렵·채집사회의 '고귀한 원시인'(bon sauvage)을 찬양했다.

아블라스터는 자유주의에서 덕성을 발견하기 어렵다고 비판했지만, 그것은 케이헌이 비판했듯이, 프로토자유주의자로서 스미스와 몽테스키외에서 시작된 자유주의의 역사를 왜곡하는 것이다. 그리고 스미스의 경제학에 근거한 매콜리의 휘그사관은 19세기 1세대 자유주의를 대표했는데, 케이헌이 '눈부신'(many-splendored) 자유주의라 명명했던 1세대 자유주의는 경제적 자유, 정치적 자유와 함께 도덕이라는 세 지주(pillar)를 모두 갖추고 있었다.

민주주의에 대한 공포

아블라스터는 자유주의에서 민주주의가 문제가 된 과정을 다음과 같이 분석한다. 먼저 자유주의자들은 기본 원칙의 차원에서 국가나 정부의 권력과 권위는 제한적이라고 단언했다. 이 원칙을 확립하는 방법은 먼저 동의를 정당성의 기초로 삼는 것이었다. 선거라는 장치를 통해 주기적으로 동의를 구해야 하고 책임이 강제되었다. 그러나 동의의 주체인 '국민'(nation) 내지 '인민'(people)은 자유주의자에게 수사적인 것이었다. 인민이 인민 모두를 의미하는 일은 현실 역사에서 드물었기 때문이다.

다음으로 자유주의자들은 헌법 속에서 국가나 정부가 제약을 받도록 했다. 18세기 말 프랑스 같은 혁명국가들은 성문헌법으로 그 새로움을 세상에 알렸다. 영국은 이에 필적할 법전은 없었지만 1688년 이래 입헌국가라는 것이 인정되었다. 신생 미국의 중요 장치는 권력분립이었다. 이것은 절대주의뿐만 아니라 주권이론에 대한 도전이었다. 정의상 주권은 불가분인데, 자유주의자들은 현실적으로도 이론적으로도 주권사상으로부터 멀어져갔던 것이다.

자유주의자들은 국가와 그 권력을 신뢰할 수 없다고 주장하면서 그것을 필요악으로만 인정했다. 그 때문에 절대주의적 정체를 제한정부(limited government) 또는 동의에 의한 정부(government by consent)로 대체하고자 했다. 그런데 동의의 사상은 민주주의를 지향했고 하층계급의 급진적 대변인들이 이를 거론하자 공포가 야기되었다. 아블라스터는 부르주아 자유주의자들이 이렇게 점점 자승자박의 형국에 몰렸다고 평가한다.

나아가 아블라스터는 이런 모순이 프랑스혁명에서 더 분명히 드러나면서 자유주의가 분열하고 쇠퇴했다고 주장한다. 자유주의자에게 민주주의는 본질적으로 '폭민'의 지배를 의미했다. 민주주의가 인민주권의 교리와 동일시되면 자유주의자들의 근심은 더욱 심화되었다. 이 때문에 그들은 '자유민주주의'(liberal democracy)에서 민주주의를 목적이 아니라 자유, 개성, 다양성을 보존하기 위한 수단으로 간주했다. 자유주의자들에게 자유민주주의는 제한민주주의(limited democracy)인 반면 무제한의 민주주의(unlimited democracy)는 잠재적인 인민주의이자 전체주의였다.

아블라스터는 이렇게 자유주의가 민주주의를 '자유민주주의'로 제한하는 것은 소유와 계급구조에 있어서 부르주아 계급의 이익을 반영하고 자본주의를 옹호하는 것이라고 주장한다. 소유와 자본주의는 자유주의의 구체적인 역사적 성격을 결정함에 있어서 흔히 인식되는 것보다 훨씬 더 중요한 역할을 했다. 그에 따르면, 자유주의자들은 의식적이고 공개적으로 계급사회의 존속을 추구한 것은 아니었지만, 계급에 관한 문제를 없는 체하거나, 소멸되어 가는 체하거나, 아무런 문제가 되지 않는 체했다.12)

---

12) 영국의 입헌군주정과 의원내각제는 자유주의를 이념적 토대로 한 민주정, 즉 자유민주정(liberal democracy)으로서 군주정적 요소와 귀족정적 요소를 민주정적 요소와 결합한 혼합정체다. 사회주의나 공산주의가 민주정과 결합한다면 인민민주정(people's democracy)이라 부를 수 있다. 현실사회주의에서 인민민주정 역시 당을 통해 민주정을 제한하는 개념이었다. 이렇게 자유주의와 사회주의 모두 민주정을 제한했다. 무제한적 민주정은 전체주의로 귀결될 것인 인민주의에 고유한 것이었다.

아블라스터는 급진주의 내지 급진적 민주주의가 자유주의의 계보에서 최선의 입장이라고 주장한다. 그는 자유주의의 계보를 급진적 민주주의자와 보수화된 자유주의자로 구별하는데, 이때 민주주의란 '인민의 판단을 믿고' 인민의 정치참여에 제한을 두지 않는다는 것을 의미한다. 후속 저작인 『민주주의의 이념과 역사』에서 아블라스터는 이런 주장을 아테네 민주정을 근거로 해서 더욱 명확하게 제기하고 있다.

아블라스터는 정체로서 민주정이 'democracy'의 공통적 개념이지만, 동시에 'democracy'는 그 개념에 미달하는 현실을 검증하는 규범 내지 이념적 기준으로서 '비판적' 역할을 해야 하는 것이라고 주장한다. 그래서 'democracy'가 보통 인민주권이라는 이념 형태를 취하게 된다는 것이다. 즉 가능한 한 인민이 자신을 통치해야 하므로 궁극적으로는 직접적인 개인적 참여의 극대화가 민주주의의 기본적 원리라는 것이다.

나아가 아블라스터는 아테네 민주정의 인민정으로의 타락이라는 문제도 부정한다. 그에 따르면, 아테네의 타락이라는 해석은 귀족적 관점에서 인민의 정치참여를 경멸한 아리스토텔레스에게서 비롯되는 것이다. 또 인민대중이 페리클레스 같은 교육받은 상류층 출신 대변자의 지도력을 따를 때는 민주정이 잘 작동하였으나 페리클레스 사후 클레온 같이 하층민의 환심을 사는 데만 급급한 데마고그에 의해 아테네가 쇠퇴하였다는 식의 평가는 현대의 역사가들도 여전히 민주정을 불신하고 있음을 반영할 따름이다. 아블라스터는 페리클레스 시대의 권력은 엘리트의 것이었고 오히려 페리클레스 사후가 진정한 민주주의에 더 가까웠다고 주장한다.

그러나 폴리비오스를 계승한 자유주의자들의 혼합정체론은 로마 공화정에 준거하는 것이었다. 따라서 자유주의자의 '민주주의에 대한 공포'란 민주정의 인민정으로의 타락과 다수의 폭정에 대한 공포였다. 게다가 프랑스혁명의 역사가 바로 민주정이 인민정으로 타락하는 사례였다.

아블라스터는 프랑스혁명의 한계도 지적한다. 선거권을 충분히 확대시키지 못하고 경제적·사회적 불평등의 문제에서 주저했다는 것이다. 그는 프랑스 계몽주의자들 역시 봉건적 소유에 대한 공격이 모든 소유에 대한 공격으로 바뀌는 것을 바라지 않았고, 또 봉건적 특권의 폐지가 다른 불평등에 대한 비판으로 이어지기를 바라지 않았다고 비판한다.

'루소주의적 평등주의자'들은 소유에 대한 권리를 자유주의적으로 신봉하는 것과 소유·권력·착취의 상호관계에 대한 점증하는 사회주의적 인식 사이에서 동요했다. 로베스피에르조차 '소유의 평등은 시민사회에서 근본적으로 불가능하다'고 단언하면서도 동시에 '부의 지나친 불균형은 수많은 악과 범죄의 근원이 된다'고 주장했다. 아블라스터에게는 자코뱅의 개혁 그 자체가 문제가 아니라 개혁의 중도반단이 문제인 것이다.

따라서 아블라스터는 로베스피에르의 생존권을 자유주의의 한계를 넘었던 사례로 긍정한다. 생존권을 인정한 로베스피에르가 필수품과 필수적이지 않은 상품들을 구분하여 시장개입을 정당화했다는 것이다. 빵의 가격을 통제하는 가격상한법(loi maximum)이 일시적으로 도입되었던 사례에 주목하는 아블라스터는 혁명의 가장 급진적 시점에 자코뱅은 주저하면서도 정통 자유주의를 넘어갔다고 평가하면서 로베스피에르의 다음과 같은 주장을 인용한다.

> 인간의 생존에 필수적인 음식은 생명 그 자체처럼 신성하다. 생명의 유지에 불가결한 것은 모두 사회 전체의 공동재산이다. 잉여만이 사유재산이 될 수 있고, 또 개인영리사업의 대상이 되어도 문제가 없다.

그러나 자코뱅을 자유주의를 넘어서는 사회주의의 가능성으로 평가하는 아블라스터의 설명은 마르크스주의와 자코뱅주의의 차이를 간과하는 것이다. 로베스피에르는 부자가 아니라 인민의 개별이익(intérêt particulier)의 합이 전체이익(intérêt général)이라고 주장했는데, 루소의 전체의지를 응용한 이런 주장은 경제학적 근거가 없는 인민주의에 불과했다. 또 부르주아 소유권에 대한 로베스피에르의 대안인 생존권은 가격상한법처럼 경제학적 근거가 없는 반(反)경제학이었다. 반면 경제학 비판을 통해 도출된 마르크스의 대안은 앞에서 설명했던 노동권이었다.

즉 자코뱅의 사회주의는 자유주의를 지양하는 비판이 아닌 자유주의에 미달하는 반대 내지 거부로 간주되어야 한다. 『공산주의자 선언』에서 마르크스와 엥겔스는 사회주의를 반(反)자유주의로 정의하면서 자유주의에 미달하는 봉건적 내지 프티부르주아적 사회주의의 존재에 주목했다. 경제학을 반대하거나 거부하는 자코뱅의 사회주의 역시 자유주의에 미달했고 그 결과로 프랑스에서 현대화의 실패 내지 부르주아 혁명의 오작동이 나타났던 것이다.

게다가 루소-로베스피에르의 철학적 계몽주의는 베카리아-마라의 '사법적 계몽주의'와 결합되었다. 공포정치의 유력한 수단이 바로 혁명재판을 통한 법치의 확립이었기 때문이다. 여기서 말하는 법치는 물론 자유주의적 법치(rule of law)가 아니라 인민주의적 법치(rule by law)였다.

'인민의 적'(people's enemy)을 설정한 자코뱅의 종교전쟁적 정치관을 특징짓는 것은 '피아의 구별'을 통해서 배제의 정치 내지 잔혹의 정치를 정당화하는 '진영의 논리'였다. 나아가 진영의 논리를 관철시키기 위해서는 일체의 '혁명적 행위'가 초래하는 정치적 위험을 필요악으로 감수해야 한다는 것이기도 했다. 하층민의 질투에 근거한 원한(resentment)의 정치, 분노와 복수로 귀결되는 증오의 정치로 인해 혁명이 테러로 타락했던 것이다.[13]

---

13) 발자크는 리얼리즘 소설을 통해 프랑스혁명기의 '풍속과 세태'(ethos/mores/custom)를 비판했다. '노블레스 오블리주'(Noblesse oblige), 즉 상층의 책임 내지 행동규범이 부재한 프랑스의 천민 부르주아지와 그들에게 승복하지 않는 하층민의 '질투의 권리선언'(la déclaration des droits de l'Envie)을 묘사했던 것인데, 이것이 말년의 엥겔스가 발자크의 소설을 '리얼리즘의 승리'라고 부른 이유였다.

프랑스혁명 이후: 쇠퇴하는 자유주의

버크의 프랑스혁명 비판

아블라스터는 프랑스혁명 이후 19세기의 자유주의를 급진성을 잃고 후퇴하는 사상운동으로 특징짓는다. 그러나 급진성이 이념을 평가하는 기준이 되어서는 안 된다. 이념은 정책과 강령으로 구체화되어야하고 그 정책과 강령을 근거짓는 이론은 실현가능성(feasibility)을 가져야 한다. 이념이 아무리 급진적이라도 이론적으로 실현가능성이 없다면 의미가 없기 때문이다. 이념·정책·강령·이론을 평가하는 기준은 인민의 행복으로 그 객관적 지표는 경제성장이 될 수밖에 없다.

아블라스터와 달리 케이헌은 21세기에 대두한 인민주의에 대응하기 위해 19세기의 눈부신 자유주의의 부활을 주장한다. 인민주의는 자유주의 정부가 광범위한 도덕적 정당성을 가져야 한다는 것을 일깨웠는데, 이것은 공포 없는 세상에 대한 자유주의의 약속에서 배제되었다고 느끼는 사람들을 포용하도록 자유주의를 확장하는 것을 함의하는 것이다. 따라서 케이헌은 19세기 자유주의자의 사례처럼 경제적·정치적 자유뿐만 아니라 도덕적 포용을 추구해야 한다고 주장한다.

이런 쟁점을 염두에 두고 19세기 자유주의자에 대한 아블라스터의 평가를 살펴보자. 먼저 버크의 경우, 아블라스터는 프랑스혁명으로 인해 분열되고 후퇴한 자유주의를 상징하는 인물로 평가한다. 초기의 버크는 정당의 필요성을 옹호하고 미국의 독립을 지지했다. 아일랜드에서의 가톨릭 해방과 노예무역의 폐지도 주장했고 동성애로 기소된 두 남자의 처형에 반대하기도 했다. 그러나 버크는 그런 원리들 혹은 권리들이 보편적으로 적용되어야 한다고 믿은 적은 없었는데, 이미 확립된 권리와 관습은 유지되어야 한다고 믿었기 때문이다. 그래서 버크는 자유주의에서 보수주의로 손쉽게 이행할 수 있었다고 아블라스터는 평가한다.

그러나 버크가 지키려고 했던 기존의 권리는 영국이 대헌장부터 명예혁명까지 법의 지배를 확립시키면서 실현시켜 온 보편적 권리로서 기본권이었다. 버크는 명예혁명 당시의 '고참 휘그'(Old Whigs)를 따랐다. 버크에게 명예혁명은 단순히 군주주권에 대한 법적 제한이 아니라 정치적 제한, 즉 왕이 의회의 일원으로서 규칙에 따라 주권을 행사하게 만든 헌정의 시작이라는 데 진정한 의의가 있었다고 할 수 있다.

버크가 미국혁명을 지지한 반면 프랑스혁명에 반대했던 것도 같은 원칙에 근거했다. 버크는 외부의 침략을 받은 민족의 토착적·역사적 전통을 지지하는 논지를 전개했다. 자신의 잠재력을 자연스럽게 개발할 수 있는 충분한 자율성이 전제되지 않고서는 자유에 대한 어떤 합리적 토의도 있을 수 없다는 것이었다. 그런데 프랑스에서는 전통적인 정부와 도덕에 대한 공격이 정작 소수파인 자코뱅에 의해 감행되었다.

따라서 버크의 견해에 의하면, 영국의 동인도회사가 인도문화에 대한 침략자였던 것만큼이나 자코뱅도 프랑스의 역사와 전통에 대한 침략자였다. 버크를 계승한 토크빌 역시 프랑스혁명을 1688년 영국혁명이나 1776년 미국혁명 같은 정치혁명보다는 종교개혁 말기의 종교적 반란, 파괴 그리고 테러적 살육과 더 유사한 것으로 보았다. 토크빌은 프랑스의 혁명가들이 정치사 또는 진정한 의미에서의 정치개혁에 관한 경험과 관심을 결여했다고 비판했다.

'계몽된 형태의 보수주의'(enlightened form of conservatism, 울로크)의 주창자로서 버크는 프랑스 혁명가들의 무신론에 대해 일관된 비판을 가했다. 버크는 프랑스의 계몽철학자들의 추상적이고 선험적인 합리주의에 반대하면서 자신들이 비판했던 것과 동일한 광신주의를 실천하고 있다고 비판했다. 영국 헌정이 6-7세기에 걸쳐서 달성한 것을 6-7일 만에 달성하려고 시도했다는 것이다.

요컨대, 버크는 질서, 권위, 전통을 말하면서도 '자유'를 강조했다. 그는 '질서 속의 자유' 또는 '자유와 권위의 양립'을 주창했는데, 이는 현대적 정치를 가능케 하는 조건으로서 전통적 권위가 지지해주는 '안정된 변화 속의 자유'였다. 또 그 실행가능성은 18세기 영국사회의 역사가 증명하고 있었다. 군주를 포함해서 사회를 구성하는 모든 구성원이 관습과 전통 하에서 새로운 규칙을 따름으로써 과거보다 더 많은 자유를 누리게 되었기 때문이다.

매콜리의 자유주의 대 공리주의

다음으로 아블라스터는 매콜리가 버크를 계승하여 '보수주의적 자유주의'를 주류로 만들었다고 주장하면서 매콜리의 사상을 모순적인 것으로 평가한다. 그러나 케이헌에 따르면, 매콜리의 휘그사관은 공리주의 급진파와 토리주의 보수파를 동시에 비판하면서 19세기 영국의 자유주의 중도파를 대변하는 것이었다. 스미스의 이론적 역사를 계승하며 명예혁명 이후 영국의 '육체적·정신적·지성적 향상의 역사'를 서술한 매콜리는 19세기 '눈부신 자유주의'에서 중심적 인물이었다.

매콜리는 스미스를 따라 모든 인간에게는 '자신의 상태를 향상하려는 욕구'가 있다고 믿었다. 그러나 나쁜 정부는 진보를 감속시키고 때로는 퇴보시킬 수도 있는데, 영국이 진보할 수 있었던 것은 예외적으로 자유로운 국가였기 때문이다. '국왕의 폭정'(regal tyranny)이나 '하층민의 분노와 복수'(popular fury)가 없었기 때문에 부르주아지가 경제성장을 주도할 수 있었다는 것이다.

매콜리가 지지했던 1832년 1차 선거법 개정은 프랑스의 1830년혁명의 파급에 대응하기 위한 것이었다. 매콜리는 혁명과 반혁명의 공포에 대응하기 위해 사회적 발전에 동반되는 정치적 진보를 지지했다. 동시에 '국가는 단지 숫자에 의해서가 아니라 재산과 지성에 의해 통치되어야 한다'고 주장하면서 보통선거를 비판했다. 그러나 보통선거를 영구적으로 배제한 것은 아닌데 매콜리에게는 선거권 확대가 아니라 선거에 합당한 수준으로 하층민을 향상시키는 것이 관건이었기 때문이다.

보통선거를 옹호하는 제임스 밀의 공리주의에 대한 매콜리의 비판은 매콜리의 중도파적 면모를 부각하는 것이었다. 제임스 밀은 벤섬의 공리주의에서 영감을 받은 '철학적 급진주의자들'(Philosophical Radicals)의 지도자였다. 그들은 벤섬의 '쾌락과 고통의 계산법'에서 군주정 폐지, 성인남성의 보통선거제, 단원제, 귀족과 교회의 폐지 같은 급진적 주장을 연역해냈다. 동시에 그런 급진적 결론이 야기할 공포는 간과했다.

반면 매콜리는 혼합정체론의 관점에서 순수한 민주정은 경험상 불안정한 정부형태로서 무정부주의, 인민정, 전제정, 그리고 소유의 파괴로 전락하기 십상이라고 주장했다. 동시에 과거의 경험을 부정하고, 관습과 사회적 상황에서의 혁명을 요구하는 하나의 이상적인 정부 계획을 설정한다는 점에 대해 비판했다.14)

매콜리는 자신이 존숭하는 '저 고귀한 경세학'(that noble science of politics)과 '공리주의 소피스트들의 불모의 이론'을 대비했다. 공리주의 급진파는 '프랑스 자코뱅들 자신만큼이나 대담하고, 역설적이며, 전통을 존중할 줄 모르고, 그 목적에 열광적으로 집착하며, 그 수단의 선정에 있어 신중하지 못한 공화주의 분파'라는 것이다. 매콜리는 인간 본성에 대한 교조적 원리를 거부하고 정부의 한계에 대해 유연한 입장을 견지하며, 계급과 개인 모두에게 관심을 기울이는 19세기의 주류 자유주의의 전형적 모습을 보여주었다.

그러나 아블라스터는 매콜리의 비판을 평가절하하면서 오히려 매콜리와 제임스 밀 양자 모두 사회에서 핵심적 역할을 하는 것은 중간계급이라는 것에 공감했다고 비판한다. 제임스 밀은 보통선거의 실현

---

14) 제임스 밀은 매콜리의 휘그주의를 솔직한 토리 보수주의보다 더 위선적인 귀족정이라고 반비판했다.

이 '사회에서 가장 현명하고 가장 덕성 있는 계급이라고 보편적으로 묘사되는' 중간계급의 헤게모니를 끝장내지는 않을 것이라고 주장했다. 하층계급이 중간계급의 지도와 모범을 따르려고 할 것이기 때문이었다. 그리고 매콜리는 이런 제임스 밀의 견해를 광범위하게 받아들였다는 것이다.

아블라스터는 매콜리를 보수주의적 자유주의로 평가하는 반면 벤섬과 제임스 밀의 공리주의는 자유주의 내지 급진주의에 가깝다고 평가한다. 아블라스터는 자유주의의 철학적 기초로서 원자론적 개인주의가 벤섬에게서 가장 분명하게 나타난다고 평가하면서 공리주의의 결함을 자유주의의 결함으로 환원하기도 했다.15) 즉 아블라스터는 공리주의를 자유주의의 본류로 간주하고 그것의 개인주의적 한계를 비판하는 동시에 민주주의적 측면을 지지하는 것이다.

그러나 공리주의는 결코 자유주의의 본류가 될 수 없다. 공리주의(utilitarianism)는 공리(功利, utility), 즉 결과(功效)로서 이익(利益)을 목적으로 설정하는 반면 스미스의 자유주의가 추구하는 보편적 원리는 의리(義理, 올바른 도리)이기 때문이다. 이런 측면에서 스미스의 경세학과 공리주의에 영향을 받은 리카도의 경제이론 역시 구별되어야 한다.16) 리카도의 경제이론은 스미스의 '이론적 역사'에서

---

15) 아블라스터는 벤섬이 다른 자유주의자에게는 모호한 자유주의의 정치적·도덕적 가치들과 존재론적 혹은 형이상학적 이론의 관계를 분명히 했다고 평가한다. 벤섬은 『도덕과 입법 원리 서설』(Introduction to the Principles of Morals and Legislation)에서 '고통과 쾌락이라는 두 주권자'의 지배 아래에 '옳고 그름의 기준', '원인과 결과의 연결고리'가 있다고 주장했기 때문이다. 또 합리적 지식에 근거해서 좋은 정부와 통치에 대한 과학이 수립될 수 있다는 벤섬의 주장에는 권위주의적 측면이 있었는데, 아블라스터는 이것이 영국에서 위로부터의 개혁과 통치의 근거들 가운데 하나가 되었다고 주장한다.

16) 제임스 밀은 친구인 리카도를 통해 공리주의와 경제학을 결합하려고 했다. 그러나 벤섬의 철학은 로크의 자연권 이론이 정당화한 영국의 관습헌법을 프랑스의 성문헌법으로 대체하자고 주장했던 반면 리카도의 경제학은 로크의 노동소유론과 스미스의 노동가치론을 이론화했다. 이 둘을 결합한다는 것은 어불성설이었다.

역사를 무시하고 이론을 논리로 환원시켰다. 벤섬이 사법개혁 방안으로 고안한 파놉티콘의 항상적 감시(constant-surveillance)의 원리는 공리주의가 사실상 자유 그 자체에는 관심이 없었음을 방증하는 것이기도 했다.

케이헌은 공리주의를 19세기 '눈부신'(many-splendored) 자유주의에 미달하는 '흐릿한'(thin) 자유주의로 간주한다. 자유·시장·도덕이라는 세 지주를 모두 중시한 눈부신 자유주의와 달리 흐릿한 자유주의는 역사적 인식이 부재했다. 또 무엇보다 자유주의의 도덕적 지주 특히 향상론이 부재했던 것으로 평가된다. 벤섬의 공리주의에는 인성 발달의 여지가 없었던 것이다. 케이헌과 울로크는 단기19세기의 공리주의가 영국 사회에 큰 영향을 미치지는 못했다고 평가한다. 이는 매콜리의 비판이 이미 인기가 없던 공리주의의 대의에 결정적 타격을 준 때문이었다.

토크빌과 밀의 '귀족적 자유주의'

아블라스터는 토크빌이 『미국의 민주주의』를 포함한 자신의 저작의 대부분에서 민주주의와 평등을 향한 진전을 막을 수 없다는 것을 설득하고 있는 것이 일종의 아이러니라고 평가한다. 토크빌 자신은 귀족이었기 때문이다. 그는 1830년에 부르봉 왕가의 마지막 왕이 추방되자 눈물을 흘렸고 그해에 권력을 잡은 중간계급의 소심하고 평범한 성격을 경멸하였다. 그는 강력하고 자신감 있는 귀족정치가 국왕이나 국가의 전제정치에 대한 가장 강력한 방어막이며 그로써 전체 사회의 자유를 보장해야 한다는 신념을 가졌다. 그러나 동시에 그는 신분의 평등으로서 민주주의가 역사의 방향이라는 것도 인정했던 것이다.

아블라스터는 토크빌의 자유가 공공의 정치생활에 대한 적극적 참여를 의미하는 것으로 공화주의 전통과 연결되어 있다고 평가한다. 토크빌은 자유를 유지하는 민주주의 사회가 가능하다는 희망을 결코 버리지 않았지만 동시에 민주주의 사회가 안고 있는 위험을 우려했다. 토크빌은 그 위험을 '다수의 폭정'이라고 불렀고, 여론이 개인에게 주어지는 선택의 폭을 제한하는 방법에 대해 통찰력 있는 설명을 제시했다.

아블라스터는 토크빌을 '진정한 민주주의자'로 부르는 것에 반대한다. 토크빌은 다른 방법이 없었기 때문에 민주주의를 수용했다는 것이다. 그는 평등을 향한 열정을 잘 이해하고 있었으면서도 그것이 경제적 평등도 내포한다는 것을 이해하지는 못했다. 토크빌은 자유방임 경제를 신봉하고 대중을 두려워했다는 것이다.

한편 아블라스터는 밀을 민주주의에 대한 자유주의의 모호한 반응을 명료하고도 완전하게 그려낸 인물로 평가한다. 벤섬과 아버지 밀은 적어도 남성에 대해서는 '대의민주주의의 원리'로서 보통선거를 철저히 옹호했던 반면 밀의 입장은 양면적이었다는 것이다. 밀은 한편으로는 인민, 특히 여성도 정치에 가능한 한 많이 참여하기를 원했던 동시에 다른 한편으로는 하층계급의 '야만적 무지'에 대한 중간계급의 두려움도 지니고 있었다.

아블라스터는 밀의 『자유론』(On Liberty)을 근거로 자유주의의 개인 개념의 모호성이 엘리트주의로 귀결된다고 비판한다. 밀의 개인주의는 개인의 권리에 대한 관심에서 생겨난 것일 뿐만 아니라 집단보다 개인이 사회진보의 창조자라는 신념에서 비롯되었다. 밀에 따르면, '모든 현명하거나 고귀한 것들은 개인들로부터 생겨나며, 반드시 개인들로부터 생겨난다. 그리고 일반적으로 처음에는 어떤 한 개인으로부터 시작된다.' 밀에게 자유는 개인의 권리라는 맥락에서뿐만 아니라 사회진보를 위해서도 중요했다.

아블라스터는 이런 믿음이 집단 또는 인민에 대한 불신으로 이어지고 또 개인이란 개념이 '한 명의 인간'이라는 단순한 의미에서 '예외적 개인' 또는 '고립된 개인'이라는 의미로 이어질 수 있다고 비판한다. 결국 밀의 견해는 개인에게서 지도력과 구원을 찾고 개인이 '모든 현명하고 고귀한 것을 창시한다'고 단언하면서 반집단주의 또는 엘리트주의로 귀결될 위험이 있다는 것이다.

그러나 밀에 대한 아블라스터의 비판은 공리주의와 자유주의를 혼동하고, 급기야 능력주의를 부정하는 것이다. 다수의 폭정에 대한 토크빌의 비판을 수용하며 밀은 공리주의에서 자유주의로 전향했다. 자코뱅의 인민주의 내지 벤섬의 공리주의를 특징짓는 것이 '1인 1표'(one man, one vote)로 상징되는 평등투표(equal vote)인 반면 밀은 차등투표(weighted vote)를 지지했다. 밀에게서 차등의 기준은 재산 내지 소득이 아니라 능력 내지 지식이었다. 밀은 금권주의(plutocracy)가 아니라 능력주의(meritocracy)를 지향했던 것이다.

능력주의는 마르크스주의도 공유하는 것이었다. 마르크스와 엥겔스는 하향평준화를 지향한 '바라크 공산주의'(barracks communism)를 명시적으로 비판했다. 레닌이 마야코프스키를 비판하면서 이론경제학과 역사과학은 물론이고 세태와 인정('일상생활의 리얼리티')에 무지한 '불량배(hooligan) 공산주의'를 경계한 것도 같은 맥락이었다. 유가와 마찬가지로 마르크스주의에서 교육의 본질은 '자기향상'(self-betterment)을 위해 노력하는 마음, 즉 '향상심' 내지 '향학열'(desire to learn)이다.

케이헌은 토크빌과 밀 역시 19세기 눈부신 자유주의자들로 평가한다. 다만 매콜리와 달리 토크빌과 밀은 '귀족적 자유주의자'였다. 두 사람은 민주정의 문화적·도덕적 영향에 대해 비판적인 태도를 보이면서도 민주정의 불가피성을 수용했다. 또 그들은 혈통에 따른 엘리트가 아니라 능력에 기초한 엘리트의 통치를 민주정이 성공할 수 있는 조건으로 제시했다. 다수의 폭정과 관련된 토크빌의 논의는 대부분 부르주아지의 폭정을 대상으로 한 것이었고 토크빌은 그런 경향에 대한 '평형추'(counterweight)로서 '귀족'(법조인)의 필요성을 강조했다. 밀 역시 부르주아지를 '오합지졸'(conglomerated mediocrity)로 간주하면서 '귀족'(지식인)의 필요성을 강조했다.

20세기 자유주의: 지속적 쇠퇴

19세기 말 새자유주의

아블라스터는 20세기에도 자유주의는 쇠퇴를 지속했다는 관점에서 자유주의의 역사를 설명한다. 자유주의는 더 이상 보수주의와 다르지 않게 되었다는 것이다. 다만 그는 19세기 말의 새자유주의에 대해서는 자유주의를 부활시키려는 시도였다고 평가한다. 하지만 전후에 냉전자유주의가 19세기의 고전적 형태를 부활시키면서 궁극적으로 새자유주의자들은 실패했다.

아블라스터에 따르면, 새자유주의는 헌신적 자유주의자가 과거의 신조를 새로운 현실에 맞춰 조정하고자 한 훌륭한 시도였다. 19세기 말 정치적·법적 평등에 대한 요구와 언론과 표현의 자유에 대한 요구 같은 고전적 자유주의의 요구들이 일정 부분 실현되면서 1880-90년대의 영국 자유당은 새로운 역할과 목표를 찾게 되었다. 홉하우스는 자유주의라는 '위대한 운동'을 되살리기 위해 정열을 기울였던 새자유주의의 대표적 인물이었다.

국가에 대한 자유주의 철학을 다시 사고하게 만든 배경은 다음과 같았다. 영국에서 국가와 지방정부의 활동과 책임은 점차 확대되었는데, 특히 경제적·사회적 활동의 점점 더 많은 부분이 법적 규제의 대상이 되었다. 이런 입법의 대부분은 자유당 정부의 작품이었다. 그러나 개입의 확대가 그에 상응하는 자유주의 이론의 조정을 동반한 것은 아니었다. 자유당 당원들은 여전히 자유무역과 자유방임의 원리를 주장했고 개입은 예외적으로만 허용했다.

아블라스터에 따르면, 관념론 철학자인 그린은 그런 자유주의 사상을 변화한 현실에 맞춰 조정하려고 시도했다. 그린은 개인이 일차적 단위이고 사회는 이차적 창조물이거나 개인들의 집합에 지나지 않는다는 구자유주의의 존재론을 거부하면서 권리는 사회와 분리되어 존재할 수 없다고 주장했다. 그리고 법과 국가는 자유를 제한할 수 있을 뿐만 아니라 자유를 부여하고 확대할 수도 있다고 주장했는데, 이는 당시의 국가가 효과적으로 민주화되었기 때문이다. 나아가 그린은 '진정한 자유의 이상은 인간사회의 모든 구성원들이 다 같이 그들 자신을 최선으로 만드는 최대의 힘'이라고 주장했다.

아블라스터는 그린의 자유 개념이 전통적 자유주의의 개념과 급진적으로 결별하거나 혹은 그것을 확대한 것이라고 주장한다. 자유는 부정적(negative) 개념에서 긍정적(positive) 개념으로 전환되었고 도덕적 요소뿐만 아니라 평등주의적 요소도 포함했다는 것이다. 새자유주의에 대한 아블라스터의 평가는 케이헌과 다르다. 케이헌에게 새자유주의는 도덕적 지주에만 초점을 맞추면서 경제적 지주를 거부하고 정치적 지주를 소홀히 했다는 점에서 1세대 자유주의에 미달하는 것이기 때문이다.

아블라스터는 케인즈를 새자유주의자로 분류한다. 『고용, 이자 및 화폐의 일반이론』(The General Theory of Employment, Interest and Money)에서 케인즈는 신고전파 경제학을 비판했다. 신고전파는 자원의 총량을 주어진 것으로 간주하고 그 자원의 적절한 배분에 관심을 기울였던 반면 케인즈는 생산 자체의 확대가 우선적 관심사였다는 것이다. 아블라스터는 케인즈가 비록 고전파를 비판했지만 고전파 경제학의 전통에 있었다고 평가한다.[17]

케인즈는 전간기의 침체에 숙명론적으로 대응하기를 거부하고 식견 있는 점진주의라는 중도적 길을 신뢰했다. 그는 어떤 종류의 혁신이나 실험에도 위험을 느끼는 '반동주의자의 비관주의'와 '사태가 너무 나빠 폭력적 변화 외에는 아무것도 우리를 구할 수 없다고 생각하는 혁명가의 비관주의'를 다 같이 거부했다. 케인즈는 자유주의적 관점에서 공산주의를 거부했다. 첫째는 공산주의가 '일상생활의

---

17) 아블라스터의 평가는 고전파와 신고전파 모두에 쟁점을 제기한 케인즈 경제학을 오해한 것이다. 케인즈는 고전파와 신고전파가 부당전제하는 세의 판로법칙을 비판하면서 과소소비설을 복권시켰다. 그리고 케인즈에게는 자본축적론과 경제성장론이 존재하지 않았다.

자유와 안전을 얼마나 많이 파괴하는가를 살피지 않는 교리'라는 이유였고, 둘째는 '부르주아와 지식인 위에 조야한(boorish) 프롤레타리아를 올려놓은 교리'라는 이유였다.

아블라스터는 이런 점에서 케인즈가 19세기 자유주의자들의 중간계급에 대한 믿음을 다시 주장하고 있다고 평가한다. 케인즈가 자유당을 대체한 노동당에 가입하지 않는 이유도 비슷했다. 아이러니한 것은 케인즈의 사상을 수용한 정당은 대부분의 서구 국가에서 사회민주당 내지 노동당이었다는 사실이다. 그렇다면 당시 과제에 지적·정치적으로 적응한 영국 자유당은 왜 몰락했는가. 아블라스터는 프랑스혁명과 비슷한 평가를 새자유주의에도 적용한다. 노동자계급의 지지를 얻기에는 여전히 그 성격이 중간계급적이었다는 것이다. 따라서 그는 사회민주주의가 원래의 자유주의는 아니더라도 새자유주의의 정당한 상속자라고 평가한다.

아블라스터는 홉하우스의 새자유주의와 케인즈의 현대적 자유주의를 구별하지 않는다. 또 케인즈의 경제학이 20세기 미국자본주의의 새로운 헤게모니적 축적순환을 위한 계기가 되었다는 사실을 간과한다. 법인혁명과 관리자혁명을 통한 이윤율의 상승경향을 유지하는 데 기여한 것이 '금리생활자의 안락사'와 '투자의 사회화'로 요약되는 케인즈혁명이었다. 케인즈주의는 단순한 개입주의가 아니라 경제적 방식의 개입주의, 즉 '경제정책론'이었다. 그리고 케인즈는 빈곤의 공포 일반이 아니라 대량실업의 공포를 해결하고자 했다.

이런 측면에서 영국 자유당의 새자유주의는 19세기 휘그 자유주의의 대안이 아니라 19세기 말 영국의 헤게모니가 미국으로 이행하는 과도기에 나타난 현상이었을 따름이었다. 헤게모니를 상실한 영국에서 자유당은 노동자계급을 더 이상 포섭할 수 없었다. 반면 미국에서는 현대적 자유주의가 출현했고 민주당이 노동자계급을 포섭하는 데 성공했다.

현대적 자유주의로서 케인즈의 경제정책론은 전체주의·집단주의에 대한 개인주의적 반론이었다. 뉴딜 초기의 국가재건계획(NRA)

은 일종의 국가자본주의였는데, 이에 대해 케인즈가 자유기업의 원리를 침해한다고 비판했고 그에 따라 뉴딜이 케인즈주의적으로 재편되었던 것이다.

현대적 자유주의를 간과하는 아블라스터는 영국 노동당의 사민주의를 자유주의와 구별되는 새자유주의의 상속자라고 주장한다. 그러나 전후에 노동당은 페이비언주의에 근거한 '국유화 조항'(당헌 4조)을 폐기하고 케인즈주의로 전환했다. 이는 19세기에 휘그당과 토리당이 고전경제학에 대한 '런던 컨센서스'를 바탕으로 입헌군주정에 이어 의원내각제를 출현시킨 것처럼 20세기에도 노동당과 보수당이 마셜과 케인즈의 현대경제학을 토대로 그런 컨센서스를 유지했음을 의미한다.

20세기 자유주의: 냉전자유주의와 새처주의

아블라스터는 20세기 자유주의를 반공주의적 냉전자유주의로 규정하면서 자유주의를 배반한 것이라고 주장한다. 프랑스혁명 이후 민주주의에 대한 공포로 인해 보수화되고 쇠퇴한 자유주의가 냉전자유주의에서 마지막 단계에 도달했다고 평가하는 것이다.

먼저 아블라스터는 월간지 『인카운터』(*Encounter*)가 타락한 자유주의의 정수를 보여준다고 평가한다. 1953년 10월에 발간된 이 잡지는 문학적이면서 정치적이었는데, 그 정치는 반공주의였다. 『인카운터』는 문학과 예술을 정치적 의미로 판단하고 해석하는 것은 '전체주의적'이라고 단언했으나, 오히려 그들이 생각하기에 위험할 것 같은 마르크스주의 문필가나 예술가에 대해서는 빼놓지 않고 공격하는 역설을 보였다. 이 잡지를 후원하는 '문화적 자유를 위한 회의'(Congress for Cultural Freedom) 뒤에 미국 중앙정보국(CIA)이 있었다는 사실은 1967년에 폭로되었다.

매카시즘은 자유주의자를 자처하는 사람들이 그 자신의 원리를 비열하게 배반한 경우였다. 반공주의자들은 정치적 이단 심문과 박해를 옹호하고 변호하기에 이르렀다. 언론의 자유와 사상의 자유는 공산주의자들에게는 적용될 수 없는 원리가 되었다. 아블라스터는 매카시즘이라는 명명은 이 현상을 자유주의의 전통에서의 하나의 일탈, 일시적 실책으로 치부하려는 의도라고 비판한다.

이어서 아블라스터는 전체주의론과 '이데올로기 종언론'에 주목한다. 전체주의론이 파시즘과 공산주의의 명백한 차이를 무시하는 것은 냉전 시기 반공 자유주의의 맹목에서 유래했다. 파시즘이 패배한 1945년 이후 현실의 적은 공산주의가 되었다. 전체주의 이론은 전체주의의 역사적·지적 뿌리, 특히 좌파 전체주의의 계보를 밝히고 좌파의 근본적인 철학적 오류를 드러내고자 했다. 그것은 이데올로기에 특별한 지위를 부여했다.

공산주의적 전체주의의 지적 근원은 좌파의 유토피아주의로 간주되었고 이데올로기는 '천년왕국적' 목표를 지닌 명시적 교리로 이해되었다. 자유주의자들은 모든 형태의 유토피아주의를 잠재적으로 폭정적인 것으로 보았다. 유토피아적 목표는 인간사회를 변혁하려고 시도할 뿐만 아니라 인간성 자체도 재구성하려고 했다. '강제수용소는 인간성의 변화를 실험하는 실험실'(아렌트)이었던 것이다.

전체주의 정치에 대한 자유주의자들의 공격은 모든 형태의 '이데올로기적' 정치, 나아가 이데올로기라는 개념 그 자체를 비판하는 것으로 귀결되었다. 1950년대 말과 1960년대에 냉전자유주의는 이데올로기 정치는 사멸하였고 합리적이고 현실적이고 경험적인 정치의 새로운 시대에 접어들고 있다고 주장하기에 이르렀다.

아블라스터는 자유주의가 전체주의론에서 이데올로기의 종언론을 거치면서 보수주의와 가까운 동맹이 되었다고 평가한다. 전후 호황의 지적 반영이었던 이데올로기 종언론은 1970년대에 와서 사라진 삽화의 하나가 되었지만 그래도 의미가 있는 것이었다. 자유주의가 유토피아주의와 이데올로기를 거부함으로써 점진적 개혁을 옹호하는 기성 보수주의와 차이가 없어졌음을 증명했기 때문이다.

나아가 아블라스터는 자유주의의 탈급진화가 고전적 민주주의 이론에 대한 과감한 수정을 동반했다고 주장한다. 슘페터, 달, 립셋 등에 의해 추진된 민주주의의 이론적 수정은 민주주의에 대한 자유주의자들의 전통적 의구심과 불안을 사회학적으로 표현한 것이었다. 이들은 현실에 맞추어 민주주의의 정의를 수정했다. 민주주의는 누가 통치할 것인지를 결정하는, 즉 지도자를 선택하는 정치적 방법 또는 제도적 장치라는 것이다. 아블라스터는 자유주의가 인민의 정치참여를 옹호하고 강조했던 고전적 민주주의의 이상을 제거함으로써 스스로 만족할 수 있는 민주주의 개념에 도달했다고 평가한다.

20세기 냉전자유주의에 대한 아블라스터의 평가는 19세기 자유주의에 대한 비판의 연장선에 있다. 프랑스혁명에서 나타난 민주주의와 사회주의의 도전 때문에 자유주의가 퇴각했다고 일관되게 주장하는 것이다. 그러나 이런 주장은 프랑스와 영국의 차이를 가져온 19세기 고전적 자유주의의 의미를 간과하는 것과 마찬가지로 영국에서 미국으로 세계헤게모니가 이행하는 과정에서 케인즈로 대표되는 현대적 자유주의가 형성되었던 사실을 간과하는 것이다.

파시즘에 맞선 열전으로서 2차 세계전쟁에 승리한 뒤 소련 사회주의와 서구 자유주의 사이에서 전개된 냉전은 체제경쟁을 의미했다. 그리고 그 핵심은 정치이념과 경제성장의 우열을 둘러싼 논쟁이었다. 케네디-존슨 정부의 현대화론은 자유주의적 현대경제학과 그에 조응하는 자유주의적 정치학과 사회학을 바탕으로 했다. 2차 세계전쟁에서 미국 루즈벨트의 자유주의와 영국 처칠의 보수주의가 연합했던 것처럼 냉전에서도 20세기 미국의 보수주의는 자유주의와 동맹관계를 맺으면서 '워싱턴 컨센서스'를 형성했던 것이다.

물론 20세기 자유주의에 대한 비판은 필요하다. 그러나 아블라스터는 케이헌과 다른 관점에서 20세기 자유주의를 비판한다. 케이헌은 빈곤의 공포에 맞선 2세대 자유주의와 전체주의(히틀러주의와 스탈린주의)의 공포에 맞선 3세대 자유주의가 자유·시장·도덕이라는 자유주의의 세 지주를 모두 갖추지 못해 1세대의 눈부신 자유수의에 미달했다고 평가한다. 반면 아블라스터는 2세대 자유주의를 1

세대 자유주의의 한계를 극복하려는 시도로 평가하고 그것이 좌절한 것은 전후 3세대 자유주의가 다시 19세기 자유주의로 회귀했기 때문이라고 주장한다. 결국 프랑스혁명과 1세대 자유주의에 대한 평가가 쟁점인 것이다.

마지막으로 아블라스터는 1970-80년대에 자유주의의 이론화 작업이 부활하는 것에 대해 비판한다. 먼저 롤즈는 정의의 개념을 자유주의 사상의 중심에 두면서 도덕철학의 기초를 벤섬이나 밀이 아닌 칸트에게서 발견한다. 정의와 권리의 개념은 항상 공리주의 윤리학에 문제를 제기했는데, 롤즈는 '개인'이라는 자유주의적 관점을 포기하지 않고 공리주의의 결함을 해결하려고 시도했다는 것이다.

롤즈는 인간이 기본적으로 자기이익을 추구하지만, 더 제약적이더라도 더 안전한 사회와 정부라는 제도를 선택하고 동의할 정도로는 충분히 합리적이라고 주장했다. 아블라스터는 롤즈의 개인이 공리주의 및 신고전파 경제학의 인간과 유사한 것이라고 분석한다. 그리고 롤즈는 물질적 복지가 어느 수준 이하인 사람은 그들의 기본적 자유를 즐길 수 없다는 것을 인정했지만 그 방향으로 너무 많이 나그러운 것은 아니었다. 또 롤즈는 모든 사람들이 받아들이는 유일한 원리가 자유와 권리인 사회를 건설하고자 했고, 이런 측면은 자유시장 이론가들에게 호소력을 가졌다.

아블라스터에 따르면, 노직의 『무정부, 국가, 유토피아』는 롤즈의 『정의론』과 변증법적 관계에 있다. 노직은 고전적 공리주의가 복지의 총합에 관심을 기울이고 여기에 수반하는 개인의 권리에 무관심했던 것과 달리 롤즈는 권리, 자유, 정의의 개념에서 출발했다는 점에서 '공리주의의 커다란 진전'으로 평가했다. 그러나 노직은 권리의 관념을 핵심으로 최소국가와 개인의 자율에 대한 이론을 펼치며 사회정의에 대한 고려는 버렸다. 그는 국가가 자유의 커다란 적이며 사적 소유에 대한 간섭은 인권에 대한 공격이라는 오래된 신념을 강화시키면서 초자유주의를 정당화했다.

아블라스터는 롤즈와 하이에크·프리드먼의 사상은 먼 거리에 있지 않으며 노직이 양자의 연결고리를 제공한다고 분석한다. 하이에 크와 프리드먼에게 주어지는 관심은 1970-80년대의 특수한 상황을 배경으로 하는 것이었다. 전후 케인즈주의가 절정일 때 하이에크는 별종 내지 시대착오적 생존자로 취급되었다. 프리드먼 역시 1970년 대 중반에서야 명성을 얻었다. 자본주의가 성장기에 불황기로 전환 하고 나서야 케인즈주의 이전의 낡은 주장들이 경제정책의 주류에 다시 진입할 수 있었다는 것이다.

아블라스터는 '통화주의'라고도 불리는 자유주의 경제학은 정치적 의미에서는 보수주의적 관점에서 볼 때도 우익적 현상이라고 주장 한다. 통화주의자들은 정치적 자유가 자본주의와 경제적 자유에 수 반되는 것이라고 주장했다. 또한 정치적 자유는 '무제한적 민주주의' 와 다르며 오히려 '무제한적 민주주의'에 의해 위협받는다고 주장했 다. 이에 대해 아블라스터는 파시즘과 공존했고 제3세계의 억압적 체제 하에서 번성하는 자본주의 경제를 볼 때, 자본주의가 정치적 자유를 증진하는 고유한 경향이 있는지 의심스럽다고 반박한다. 그 리고 '무제한적 민주주의'가 영국에서 또는 다른 서구사회에서 현실 적 위협인지는 분명치 않다고 주장한다.

요컨대 아블라스터는 1970-80년대에 나타난 자유주의 이론에 대 해서도 개인주의라는 전제를 여전히 벗어나지 못했다고 평가하거나, 19세기로 회귀하는 퇴행이라고 비판한다. 이러한 비판은 1980년대 새처의 집권 이후 위기에 몰린 영국의 사회주의자들의 입장을 반영 하는 것이다.

새처가 집권하게 된 결정적 계기는 1976년 외환위기 이후 공공부 문노조가 주도한 1978-79년 총파업과 그로 인해 야기된 '불만의 겨 울'(Winter of Discontent)이었다. 새처의 집권을 자유주의의 부활로 지지하는 이들을 비판하기 위해 아블라스터는 '자유주의의 어둡고 혹 독한 측면'을 의도적으로 강조하면서 자유주의가 급진성을 잃고 쇠 퇴했다고 주장한 것이다.

그러나 '민주주의에 대한 공포'를 자유주의의 결함이라고 주장하는 아블라스터의 비판은 자유주의 역사를 왜곡하는 데 그치지 않을 뿐만 아니라, 특히 현정세에는 적합하지 않다. 2007-09년 금융위기 이후 인민주의의 부상과 북·중·러 권위독재정의 출현으로 인한 전체주의의 가능성이 제고되고 있기 때문이다. 1989-91년 현실사회주의의 붕괴가 자유민주정의 승리와 탈냉전으로 귀결되는 것이 아니라 권위독재정의 도전으로 귀결될 수도 있다는 것을 1980년대의 아블라스터는 전혀 예견하지 못했던 것이다.

결론

아블라스터의 『서구 자유주의의 융성과 쇠퇴』는 프랑스혁명을 정점으로 자유주의의 성쇠를 설명한다. 자유주의가 쇠퇴하게 된 배경에는 프랑스혁명 이후 본격화된 인민의 정치활동과 도시 노동자계급의 등장이 있었다. 자유주의는 정치에 참여하고자 하는 인민의 요구와 자본주의 경제에 대한 사회주의자의 비판에 직면했다. 부르주아지는 민주주의가 노동자계급에게 헤게모니를 부여함으로써 사회주의, 즉 모든 사유재산의 파괴로 귀결될 것을 두려워했다. 이렇게 '민주주의에 대한 공포'로 인해 19세기와 20세기에 자유주의가 쇠퇴했다는 것이다.

아블라스터는 자유주의의 쇠퇴의 원인이 17-18세기 영국 휘그당의 유산에서 기인한다고 주장한다. 로크로 대표되는 휘그당의 개인주의 철학에 내재한 결함이 그 핵심적 요인이었다. 아블라스터는 비록 자유주의의 대안을 명시할 수는 없어도 사회와 분리된 개인을 상정하는 자유주의적 개인주의의 결함, 즉 그 도덕적 공허함을 극복하는 것이 자유주의를 완성하는 길이고, 급진주의나 사회주의가 자유주의의 대안적 이념이 되어야 한다고 주장한다.

그러나 급진화와 반동화를 반복하며 헌정질서를 안정적으로 착근시키지 못한 프랑스혁명은 부르주아 혁명의 표준이 아니라 부르주아 혁명의 오작동이었다. 아블라스터는 프랑스의 계몽주의자들이 개인주의의 한계를 넘어섰다고 평가하지만, 이런 평가는 영국에 고유한 이념으로서 자유주의와 프랑스에 고유한 이념으로서 공화주의를 혼동한 것이었다. 프랑스 공화주의의 추종자들은 루소의 인민주권론에 근거하여 보통선거를 실시했지만 그 귀결은 자코뱅의 공포정치와 나폴레옹의 전제정이었다.

아블라스터는 자유주의에 대한 과도한 우호적 평가를 교정하기 위해 자유주의의 '어둡고 혹독한 측면'을 강조했다. 영국에서 '불만의 겨울' 이후 새처주의의 등장을 배경으로 신자유주의 내지 신보수주의가 유일한 대안으로 간주되던 상황에 저항하고자 했던 것이다. 당시의 아블라스터에게 오늘의 인민주의 내지 전체주의의 위험은 전혀 예상할 수 없었던 것이고, 신자유주의 내지 신보수주의를 비판하는 것이 급선무였을 것이다.

그러나 『서구 자유주의의 융성과 쇠퇴』의 출간 직후 세계정세는 근본적으로 변화했다. 먼저 1989-91년에 현실사회주의가 붕괴했다. 이후 세계정세는 다시 한번 변화했고, 급기야 2012-13년에는 러시아·중국·북한 등에서 거의 동시에 출현한 권위독재정이 자유민주정에 대한 도전을 전면화하고 있다.

대불황의 재발이나 전체주의의 부활, 심지어 3차 세계전쟁 같은 파국이 임박한 현정세를 1930년대의 정세와 비교할 수 있을 것이다. '부르주아 민주정과 파시즘 사이의 선택'(디미트로프)을 상징하는 반파시즘 인민전선은 혁명 투쟁, 즉 자유민주정에 대한 투쟁이 아니라 반혁명에 대한 투쟁, 즉 파시즘에 대한 투쟁을 상기시킨다. 이 때문에 민주주의가 인민주의를 거쳐 전체주의로 타락할 가능성을 사고하지 못하는 아블라스터의 자유주의 비판은 현정세에 적합하지 않다고 평가할 수밖에 없는 것이다.

서론 · · · · · · 167
자유주의의 청년기 · · · · · · 169
   자유주의의 관행과 이념 · 169
   자유주의, 보수주의, 사회주의 · 171
   자유주의 정치관행의 확립 · 173

자유주의의 성숙기 · · · · · · 180
   민주주의와의 타협을 위한 조건 · 180
   정치적 민주주의 · 181
   경제적·윤리적 민주주의 · 183
   위기와 재협상 · 186

자유주의의 전성기와 위기 · · · · · · 189
   자유민주주의의 보편화와 세계인권선언 · 189
   정치적 무관심과 자유주의의 위기 · 191
   우파의 부상과 정치적 위기의 심화 · 194

이론적 쟁점 · · · · · · 198
   정치이념과 정치관행 · 198
   '자유' 없는 자유주의 · 200
   민주정과 민주주의 · 202

역사적 쟁점 · · · · · · 204
   자유주의의 기원 · 204
   자유주의의 표준으로서 '눈부신 자유주의' · 207
   자유민주주의적 타협은 자유주의의 '성숙'인가 · 210

결론 · · · · · · 214

포셋의
『자유주의: 어느 사상의 일생』

이 태 훈

서론

이 글은 에드먼드 포셋(Edmund Fawcett)의 『자유주의: 어느 사상의 일생』(*Liberalism: The Life of an Idea*, Princeton University Press, 2018; 국역: 글항아리, 2022)을 기초로 자유주의에 대한 좌파 자유주의자의 관점을 비판적으로 검토한다. 젊은 시절 영국을 대표하는 마르크스주의 출판사 뉴레프트북스(New Left Books, 현재의 Verso) 편집인으로 있다가 전향한 포셋은 후 30년간(1973-2003) 경제주간지 『이코노미스트』의 수석 특파원을 지냈으며 『뉴욕타임스』, 『가디언』 등에 다양한 정치평론을 기고했다. 그는 유럽연합, 스페인·포르투갈·그리스의 민주화, 냉전의 종식, 독일의 통일, 국제연합의 전망 등 국제정치에 관한 저술활동을 했고 미국 각지를 여행하면서 세 번의 대통령 선거운동에 참여하기도 했다.

포셋의 『사유주의』는 자유수의가 고유한 생애를 갖는 역사적 산물이자 현실적 과정이라는 입장을 취한다. 이러한 관점은 자유주의를 정치적 관행(practice, 실천)으로 정의하는 것에서 분명하게 드러난다. 또 그는 최근 취약해진 자유민주주의의 토대를 검토하기 위해 민주주의와의 관계를 중심으로 자유주의의 역사를 서술한다. 그는 최근 자유주의의 위기를 정치의 위기로 규정하고 자유민주주의적 타협의 재조정, 나아가 '더 많은' 민주주의를 대안으로 제시한다.1)

포셋은 자유주의와 민주주의를 구별할 뿐만 아니라 양자의 결합의 필연성도 부정한다. 자유주의 사상 안에는 민주주의적 요소가 있지만, 양자의 결합은 19세기 말의 역사적 조건과 이에 대한 자유주의자의 대응 및 민주주의와의 타협의 산물이라는 것이다. 이 결합은 영구적이거나 자동적인 것이 아니어서 끝없이 재조정되어야 하고 실패하면 얼마든지 해체될 수 있다는 것이 포셋의 관점이다.

『자유주의』는 자유주의의 일생인 동시에 자유민주주의의 역사다. 자유주의의 일생은 청년기, 성숙기, 그리고 현재의 위기라는 세 시기로 구분된다. 청년기는 자유주의의 형성기이며, 성숙기는 민주주의와의 타협이 전개되던 1945년 이전과 타협의 성공으로 전성기를 구가하는 1945년 이후로 나뉜다. 포셋에게 자유주의의 성숙은 민주주의와의 결합이고 이 결합의 위기가 곧 자유주의의 위기다.

포셋의 입장은 역사적 관행으로서 자유주의의 의의를 민주주의와의 결합에 둔다는 점에서 19세기의 '눈부신 자유주의'에 주목하는 케이헌이나 계몽주의와 자유주의의 연속성에 주목하는 울로크와 구별된다. 또한 프랑스혁명을 자유주의의 절정으로 간주하고 그 후 자유주의가 쇠퇴했다는 아블라스터의 견해와도 구별된다.

포셋은 시기별로 역사적 배경과 함께 대표적 실천가의 생애, 사상, 정치적 실천을 통해 자유주의적 관행의 형성 및 변화를 서술한다. 이 글은 민주주의와의 관계의 역사적 변화에 집중하면서 실천가의 사례는 선별적으로 소개할 것이다. 그리고 정치관행으로서 자유주

---

1) 원래 'democracy'는 정체로서 민주정을 의미하지만 '민주주의'로 번역한 것은 포셋이 'democracy'를 정체에 국한하지 않고 민주화를 추구하는 이념, 즉 'democratism'이라는 의미로 사용하기 때문이다.

의와 민주주의라는 포셋의 중심 개념을 비판적으로 검토하고 자유주의 역사에서 관련 쟁점들을 정리한다.

자유주의의 청년기

자유주의의 관행과 이념

포셋은 자유주의를 정치관행으로 규정한다. 법, 종교, 가족 등과 마찬가지로 정치도 하나의 관행이다. 모든 관행은 자신의 '역사'와 '실천가'를 갖고 실천가를 지도하는 '관점'(outlook)을 갖는다. 자유주의나 보수주의, 사회주의는 정치라는 관행의 하위관행이다. 포셋에 따르면, 정치관행으로서 자유주의는 정치철학으로 환원될 수 없다. 다양한 정치철학들이 자유주의의 자기이해를 심화시킨 것은 분명하지만, 그 전에 그 철학들이 정당화하고자 한 '관점'부터 파악해야 하기 때문이다.

이 같은 시각에서 포셋은 자유주의라는 정치관행이 19세기의 역사적 조건에서 등장했다고 주장한다. 자유주의는 당면한 정치적 곤란 속에서 자유주의자들이 답변으로 제출한 관점이자 실천으로서 관행이다. 산업혁명과 자본주의적 발전이라는 경제적 격변과 미국혁명과 프랑스혁명으로 대표되는 정치적 격변이 그 역사적 조건이다. 나폴레옹전쟁이 끝난 1815년을 상징적 시점으로 삼을 때 그 전에는 어디에서도 자유주의가 유의미하게 존재한 적이 없다.

자유주의를 정치관행으로 규정한 뒤 포셋은 자유주의적 관점을 갈등, 권력, 진보, 존중이라는 네 가지 '지도이념'(guiding ideas)으로 구체화한다. 이 지도이념은 정치에 국한되지 않고 경제와 윤리를 포괄하며 국가, 대기업이나 부유층, 사회 같은 권력과의 관계를 염두에 두고 있다. 독특한 점은 그의 지도이념이 자유를 중심으로 하지 않는다는 점인데, 그 이유에 관해서는 뒤에서 검토하도록 한다.

덧붙여 포셋은 지도이념들이 서로 충돌할 수도 있다고 지적하면서 오히려 그런 내적 갈등이 자유주의의 고유성이라고 주장한다.[2] 그에 따르면, 자유주의자들은 어려운 문제를 단순화하지 않았고, 내적 긴장에도 불구하고 그 모든 지도이념들을 동시에 추구했다. 대립과 지속적 논쟁은 자유주의의 전형적인 양상이었고, 갈등을 용인하면서 모든 지도이념들을 수용할 때만 자유주의는 성공할 수 있었다.

첫째는 갈등이 불가피하다는 것을 인정하는 것인데, 이는 사회에 대한 묘사이자 관점에 해당한다. 또 갈등과 경쟁이 사회의 발전을 추동한다는 인식은 보수주의 및 사회주의라는 경쟁자들의 조화로운 사회에 대한 상을 공격하는 역할도 한다.

둘째는 권력에 대한 불신인데, 이는 분화되지 않은 권력은 복잡한 사회의 통치에 무능하고 견제되지 않는 권력은 무자비해진다는 오랜 지혜에 근거했다. 정치적으로 시민에 대한 국가의 권력, 경제적으로 빈자에 대한 부자의 권력, 사회적으로 소수에 대한 다수의 권력이 대표적이다. 영속적 저항은 제도를 통해서 이루어지지만, 그것은 출발일 뿐 권력에 대한 저항은 끊임없는 조정과 변형을 요구하는 지속적 과정이다. 또 권력에 대한 방어가 국가 같은 권력을 통해 이루어진다는 사실은 자유주의자의 영원한 숙제가 되었다.

셋째는 진보에 대한 믿음인데, 이는 17-8세기의 종교적 각성과 계몽주의적 열정에 기인했다. 자유주의자들은 진보가 권력에 대한 저항을 강화하는 동시에 사회의 질서를 가져올 것이라 믿었다. 진보의 관점에서 교육, 경제성장과 번영, 자기향상, 사회적 병폐 해소 및 복지 등이 1945년 이후 서구에서 정치적 규범으로 정착되었다.

넷째는 시민적 존중인데, 이는 안전한 사적 공간과 넓은 공적 활동 범위에 대한 시민들의 요구와 함께 등장했다. 그 원천은 사상이

---

[2] 포셋은 비체계성과 비일관성도 자유주의의 특징이라고 주장한다. 그에 따르면, 자유주의에는 공인된 이론가도, 신앙을 전파할 사도도, 마르크스-레닌주의와 같은 표준판도 없다.

나 신분 등에 상관없이 법에 기초해서 만인을 시민으로서 존중해야 한다는 사상이다. 포셋은 이를 정치·경제·윤리 영역에서 강력한 권력에 대한 제한을 국가와 사회에 요구하는 것으로 해석한다. 그것은 권력에 의한 사생활·소유권·사상에 대한 '침해', 창의적 혁신 활동에 대한 '방해', 빈자·여성·무지자·소수자에 대한 '배제'로부터 사람들을 보호한다는 비침해·비방해·비배제에 대한 요구로 표현된다.

포셋은 시민적 존중이 자유주의에 뿌려진 민주주의의 씨앗이라고 지적하면서, 오직 민주주의적 자유주의자만이 자유주의적 혜택이 모든 사람에게 돌아갈 것을 요구한다고 주장한다. 이는 민주주의와의 결합이 필연적이거나 자동적이지 않다는 것, 그리고 민주주의가 자유주의적 혜택의 보편적 확대를 의미한다는 것을 함의한다. 그리고 포셋의 정의상 자유주의적 혜택이 정치·경제·윤리 영역을 포괄하기 때문에 민주주의도 민주정뿐만 아니라 경제적 평등이나 지적·윤리적 위계의 해체 등을 포함하게 된다.

포셋의 개념은 몇 가지 특징을 갖는다. 첫째, 그는 안정적 제도화보다 권력관계를 강조한다. 그리하여 점진적 변화를 저항과 타협으로만 파악하는 경향이 있는데, 특히 이는 자유주의와 민주주의의 관계에서 두드러진다. 둘째, 정치적 원리들이 경제나 윤리의 영역으로 확장되면서 원래의 내용이 희석된 모호한 태도 규정으로 변형되고, 그 결과 시민적 존중에서 법치나 기본권 같은 자유주의의 기본 원리들이 상대화된다. 셋째, 시민적 존중을 국가나 사회에 대한 시민의 요구로 파악하는 것은 개인과 분리된 국가나 사회가 개인에 선행한다는 관점을 드러낸다. 뒤에서 검토하겠지만 그가 개인주의와 자유를 상대화하는 것은 그러한 맥락에서 이해될 수 있을 것이다.

자유주의, 보수주의, 사회주의

포셋은 자유주의 지도이념을 중심으로 현대의 3대 정치이념을 현대적 격변에 대한 태도를 중심으로 구별한다. 이에 따르면 당대의 격변은 한편으로 변화를 통한 희망을 보여주면서 다른 한편으로 무질서의 공포를 안겨주었다는 점에서 두 가지 질문이 제기된다. 첫째는 변화에 대한 태도로서 이를 진보로 여기고 변화를 촉진할 것인지 아니면 이를 전통의 파괴로 여기고 과거로 회귀해야 하는지라는 문제다. 둘째는 사회적 질서 형성의 방법과 관련된 문제다.

이 두 가지 문제에 대해 자유주의, 보수주의, 사회주의는 각기 다른 해법을 제시한다. 보수주의는 변화에 반대하면서 전통에 입각해서 질서를 유지하고자 한다. 자유주의와 사회주의는 변화에 찬성한다는 점에서는 공통적이지만 사회주의가 근본적 변화를 통해 인민 또는 노동자의 형제애에 기초한 사회나 무계급 사회를 건설해서 새로운 질서를 확립하고자 했다면 자유주의는 점진적 변화 속에서 질서를 유지하는 방법을 찾고자 노력했다. 달리 말하자면 보수주의가 과거에서 질서를 찾고자 한 반면, 사회주의는 미래에서, 자유주의는 변화하는 현재에서 질서를 찾고자 한 것이었다.

이와 연관되는 세 번째 질문이 갈등에 대한 태도다. 보수주의와 사회주의는 모두 갈등의 궁극적 해결가능성을 믿었다. 보수주의가 계급갈등 이전의 조화로운 사회를 주장했다면, 사회주의는 물질적 불평등 같은 원인이 해결되면 갈등이 종식될 것이라고 주장했다. 그러나 자유주의는 갈등이 불가피하다고 믿고 변화하는 현재에서 갈등을 해결하고자 했다. 그리고 자유주의는 갈등의 해결 과정을 경제적·정치적 경쟁으로 여기고 그런 경쟁이 평화롭고 공정한 것이 되도록 어떤 권력이든 제한되어야 한다고 생각했다. 바로 이 점에서 자유주의는 조화로운 사회 건설을 위해 주권을 활용할 수도 있다고 믿은 보수주의나 사회주의와 구별된다.

말하자면 자유주의는 결코 사라지지 않는 갈등의 끝없는 정치적 해결, 질서 있는 변화, 지배자 없는 질서를 추구한다. 그리고 이러한 자유주의적 이상은 시민적 존중을 전제로 한다. 그러나 보수주의와 사회주의는 이를 공격하는데, 우선 사회주의의 입장에서 사생활 보호나 개인성 존중은 계급적 연대에 대한 노동자의 충성과 의무를 약화시키는 것이었다. 반면 보수주의는 그것이 공동체에 대한 애착과 전통적 위계를 약화시킨다고 공격했다. 또한 혁신과 진취성에 대해서도 사회주의는 그것이 불평등 악화에 따른 형제애에 대한 위협이자 사회의 도덕성 붕괴를 낳는다고 주장했다. 반면 보수주의는 그것을 관습 및 전통에 대한 위협으로 간주했다.

자유주의와 사회주의는 동맹하면서 경쟁하기도 했다. 둘 다 배타적 위계, 신분, 계급 등이 없는 사회를 지향했다. 다만 자유주의가 시민적 평등에 기초한 무계급 사회를 그렸고 다양성이 주요 덕목이었다면, 사회주의는 노동자계급의 형제애에 기초한 단일한 '보편' 계급의 사회를 그렸고 연대가 주요 덕목이었다.

자유주의 정치관행의 확립

포셋의 자유주의 역사에서 1830-80년으로 설정된 청년기는 경제적·정치적 격변 속에서 자유주의적 실천가들, 즉 자유주의자들이 등장하면서 자유주의적 정치관행이 확립되는 시기다. 포셋은 유럽과 미국의 자유주의 사상가들을 자신의 지도이념의 관점에서 해석한 뒤 대표적 정치인들의 활동을 검토한다.

포셋은 사람들의 독립성에 대한 찬양을 자유주의의 주요한 사상으로 제시하면서 그것이 목적과 이상에 있어서 각자의 선택에 대한 존중과 향상의 잠재력에 대한 믿음에 의존한다고 지적한다. 그는 전자의 대표자로 콩스탕(Benjamin Constant), 후자의 대표자로 훔볼트(Wilhelm von Humboldt)를 제시하면서 둘 다 인간의 가치에 대한 믿음을 공유하지만 훔볼트의 교육이 콩스탕의 존중과 종종 상충했다고 지적한다. 이것은 포셋의 논의 전체의 한 축인 도덕적·지적 영역 내 향상론과 민주주의의 대립을 표현한다.

포셋은 콩스탕이 프랑스혁명 시기에 자유분방한 삶을 살아가면서 시민적 존중의 사상을 표현한 것으로 해석한다. 그는 거리낌 없이 새로운 요구를 하는 새로운 유형의 인간의 기대에 부응할 수 있도록 과도한 권력을 제한해야 한다고 생각했다. 이 새로운 유형의 인간은 콩스탕 자신처럼 유연한 성격에 자신의 사적 세계에만 관심을 갖는 인간이었다. 그는 새로운 사회의 가능성을 낙관하면서 권력의 방해만 없다면 자연적으로 진보가 이루어진다고 믿었다. 그러나 진보가 전제정을 자연적으로 몰아내는 것은 아니기 때문에 권력에는 끊임없이 저항해야 한다고 생각했다.

포셋은 교육자 훔볼트가 진보에 대한 믿음을 표현한다고 해석하는 동시에 그가 목표를 부과하고 선택을 제한하는 교육에 반대했다는 것에 주목하면서 콩스탕처럼 개인적 선택을 존중했다고 주장한다.3) 즉 국가는 교육의 주체가 되는 것이 아니라 교육을 위한 조건을 마련해야 한다는 것인데, 포셋은 국가의 목적이 국민의 '부양'이 아니라 '보호'에 있다는 훔볼트의 사상을 시민적 존중으로 해석한다.

갈등과 권력이라는 지도이념과 관련해 포셋은 프랑스의 역사가이자 정치가였던 기조(François Guizot)를 소개하고 있다. 포셋은 기조를 지배자 없는 질서와 갈등의 정치적 해결이라는 자유주의적 정치를 지향한 전형적 인물로 간주하면서 그가 1848년 혁명에 따른 정치적 실패에도 불구하고 당시 유럽을 대표하는 자유주의자였다고 주장한다.

기조는 다양성과 갈등이 약점이 아니라 강점이라고 믿으면서 중도적 입장에서 지속적으로 정치적 해법을 추구했다. 기조와 그의 동료인 '순리파'(順理派, doctrinaires)는 로베스피에르 이전의 '좋은 혁명'를 통해 프랑스 사회가 진보했으며 구체제로는 복귀할 수 없다는 입장에서 극단적 왕당파(Bourbon Ultras)에 반대했다. 또 그들은 공화주의 내지 민주주의에도 반대했다. 그들은 정치를 경쟁의 장으로 간주하면서 인민대중은 여기에 참여할 수 없다고 생각했다. 포셋은 통상 기조가 반동으로 여겨지는 이유가 여기에 있다고 지적하는데, 이후 공화주의가 프랑스 자유주의의 주류가 되기 때문이다.

---

3) 훔볼트는 특히 국가가 통제하는 사관학교·귀족학교·직업학교에 반대하면서 인문적(liberal) 전인교육을 이상적인 것으로 제시했다.

기조는 제한적 선거권, 합의에 기초한 대의제, 입헌군주정 하에서의 권력분립을 주장했다. 그는 역사적 경험을 근거로 절대권력의 방지에 필요한 것은 단일 계급, 신념, 이익의 지배를 막는 견제라고 주장했다. 또 이견과 논쟁에 대한 허용은 권력 견제에 필수적이므로 언론 및 결사의 자유가 요구되었다. 갈등이나 무질서에 대한 답이 권력은 아니라는 그의 사상은 지상권(supreme power)으로서 주권 개념을 폐기하는 것으로 좌우파 모두의 공격을 받았다.

기조가 절대왕정, 자코뱅, 군사독재라는 권력에 맞섰다고 한다면, 토크빌(Aléxis de Tocqueville)은 새롭게 부상한 대중민주주의라는 권력의 문제에 몰두했다. 우선 포셋은 토크빌이 민주주의 개념을 정치뿐만 아니라 사회문화적 영역으로 확장한 사실에 주목한다. 토크빌이 말한 민주주의는 신념이나 취향에서의 권위와 함께 사회적 위계가 사라지는 윤리적·문화적 경향을 포함했다. 그는 이런 넓은 의미의 민주주의를 기정사실화하면서 전제권력화를 방지하는 방법을 모색했다.

포셋은 토크빌의 민주주의론을 국가와 시민 사이의 권력의 균형을 찾는 시민적 존중의 문제로 이해한다. 토크빌이 두려워한 것은 거리의 군중뿐만 아니라 그들을 선동하고 투표를 조작하는 폭군의 등장이었다. 혁명은 절대왕정 하에서 허약했던 프랑스를 강화시켰지만, 강력한 국가와 우매한 대중의 결합은 전제적 민주정의 위험성을 증대시켰다. 토크빌은 미국에서 해결의 실마리를 발견했다. 끝없는 평화적 경쟁, 권력의 제한, 시민적 존중, 무엇보다도 폭정에 대한 저항의 원천으로서 활기찬 시민사회가 그것이었다.

다음으로 포셋은 진보의 사상을 사회적 진보와 개인적 진보로 구별하여 검토한다. 전자와 관련하여 포셋은 자유무역의 복음을 설파했던 코브던(Richard Cobden)과 구빈법의 주창자인 채드윅(Edwin Chadwick)을 검토한다. 포셋에 따르면, 19세기 자유주의적 개혁은 공공의 이익과 자유시장이라는 두 가지 사상에 의해 지배되었다. 전자는 최대다수의 최대행복이라는 벤섬의 공리주의에 기초해서 국가의 개입과 통제를 주장한 반면, 후자는 스미스의 경제학에 기초해서 시장의 자유와 비개입을 주장했다. 둘은 전체의 이익이라는 공통의 목적으로 수렴하면서도 상충하는 주장들을 제기했다. 이런 관점에서 포셋은 시장과 국가 모두를 진보의 동력인 동시에 지속적으로 대립하는 권력으로 파악한다.

이어서 포셋은 19세기 자유주의에서는 성품의 개선이 개인적 진보의 중요한 축이었음을 지적하면서 물질적 자기향상의 대표자로 『자조론』의 저자 스마일스(Samuel Smiles)를 거론하고, 또 도덕적 자기향상의 대표자로 미국 자유주의 개신교도 채닝(William Ellery Channing)을 거론한다. 포셋에 따르면, 자립적이고 도덕적인 시민은 정치권력에 더 강력하게 저항하고, 올바른 정치적 판단을 내릴 수 있으며, 특히 사회에 질서를 가져온다. 그러나 도덕적 개선에 대한 자유주의자의 간섭은 개인적 선택에 대한 콩스탕식 존중과 대립하는 것이었다.

마지막으로 포셋은 자신이 말한 자유주의적 태도, 즉 상충하는 요소들을 모두 포괄하고자 하는 태도에 가장 적합한 인물로 밀(John Stuart Mill)을 소개한다. 상충하는 요소들의 첫번째 갈등은 앞에서 언급한 훔볼트와 콩스탕 사이의 긴장과 관련된다. 포셋에 따르면, 벤섬주의 비판을 통한 지적 전환점이 되었던 밀의 정신적 위기는 사회적 진보와 개인적 진보, 진보와 개인적 존중 사이의 갈등의 표현이었다. 그는 공리주의의 모토인 최대다수의 최대행복이 과연 개인의 행복을 가져오는지 질문하면서, 각자의 목표와 믿음에 대해 주제넘게 나서지 않는 사회개선을 요구하고 사회개혁과 개인적 존중의 균형을 추구하기 시작했다.[4] 연장선상에서 『자유론』은 대중사회의

---

[4] 이러한 생각은 30여년 뒤 출간된 『공리주의』에서 읽어낼 수 있는데, 여기서 그는 자명한 선은 행복뿐이라는 공리주의적 신념을 유지하면서 행복 추구의 개별성과 다원성을 존중한다. 동시에 보편적 행복의 이상을 버리지는 않는데, 그는 애덤 스미스가 강조한 공감(sympathy)과 '동료로서의 공동체 의식'(fellow feeling)의 점진적 확장을 통해서 어떻게 사익의 추구가 사회적 결속으로 전환될 수 있는지를 설명하고자 한다.

우민화와 개별성 추구라는 토크빌의 주제를 다룬다. 포셋은 집단심성이 지배하는 풍토에서 밀이 다양성과 개별성을 옹호함으로써 시민적 존중에 대한 윤리적 확신을 후대 자유주의자들에게 물려주었다고 평가한다.

두번째 갈등은 민주주의와 관련되는데, 포셋은 『대의정부론』을 통해 밀이 결국 선거민주정을 수용했다고 주장한다. 밀은 중간계급의 우둔함(dullness)과 탐욕, 하층민의 무지(being ill-informed)와 불성실을 지적하고 차등선거권과 비례대표제 같은 유보조건을 두었음에도 불구하고, 기본적으로 선거권에 있어 비배제 원칙을 수용했다는 것이다. 이러한 원칙의 연장선상에서 밀은 1867년 선거개혁 당시 'man'이라는 용어 대신 'person'이라는 용어를 사용할 것을 주장했는데, 『여성의 종속』에서 그는 이 문제를 더욱 천착했다. 말년의 밀은 노조를 지지하면서 자본에 대한 국가의 개입을 지지하기도 했다. 또 복지국가와 상속세에 찬성했으며 사회주의적 목표에도 일부 공감했다. 이를 두고 포셋은 밀이 좌파 자유주의자로 변모했다고 평가한다.5)

이어서 포셋은 자유주의적 지도이념을 정치적 힘으로 전환시킨 정치가들을 다룬다. 그가 꼽은 첫 번째 인물이 바로 링컨이다. 그에 따르면, 오늘 우리가 아는 자유의 나라 미국이 등장한 것은 링컨 덕분이었다. 자유를 내세우지 않는 어떤 정치운동도 성공할 수 없고, 자유의 적으로 규정된 운동은 재기불능에 빠지는 나라가 바로 미국인 것이다.

그런데 포셋은 미국에서 자유가 사실은 수사로서 중요성을 가질 뿐 정치적 내용을 담보하지 못한다는 점을 강조한다. 미국에서 자유는 시대와 정치적 입장에 따라 상이한 의미를 지녀왔다. 또 미국인들은 '무언가로부터의 자유'라는 의미의 'freedom'과 '무언가를 위한

---

5) 포셋은 '좌파 자유주의'를 '민주주의적 자유주의'와 같은 의미로 사용한다. 밀에 대한 이러한 규정은 그가 급진적 태도에도 불구하고 자유주의적 지도이념에 충실했다는 의미다. 정치에서 국가, 사회에서 남성, 경제에서 자본의 권력에 제한을 가하면서 시민적 존중을 옹호하고 확장했다는 것이다.

자유'라는 의미의 'liberty'를 명확히 구별하면서도 두 용어를 모두 실용적 의미로 사용해왔다. 이런 관점에서 포셋은 링컨 시대의 갈등이 외세로부터 연방의 자유(freedom)와 연방으로부터 각 주의 자유의 대립이자 노예의 자유(liberty)와 노예소유주의 자유의 대립이었다고 주장한다. 또 그는 'freedom'으로 표현되는 일련의 '부재'의 집합, 즉 구체제로부터 자유로운 '빈 서판'(tabula rasa)으로서 미국에 대한 묘사에도 불구하고 미국 자유주의가 강력한 국가를 특징으로 하며 링컨이 그것에 기여했다는 사실을 지적한다.[6]

나아가 포셋은 링컨의 자유주의가 민주주의적이었다는 것을 강조한다. 게티즈버그 연설 등에서 표현된 링컨의 사상은 시민적 존중에서 비배제 원칙을 강조하는 것이었다. 링컨의 승리는 자유주의적 원칙의 적용 범위의 새로운 지평을 열어서 자유주의가 완전한 민주주의와 타협하는 길을 열었다. 문맹의 흑인이 미국 시민이 된다면 누가 배제될 수 있겠는가?[7]

포셋에게 링컨이 강력한 국가와 완전한 민주주의를 대표한다면 글래드스턴은 이에 관한 압력들 사이에서 절충적 태도를 보여준다. 그에 따르면, 네 차례 재무부 장관을 역임했던 글래드스턴의 표면적 원칙은 재정수입 및 지출의 최소화였지만, 이는 당시 정부의 무능력을 합리화하는 것이었을 따름이다. 그것은 재정 정직성의 항구적 척도라기보다 성공적 경제성장에 걸맞은 행정조치가 자리 잡을 때까지의 임시방편이었던 것이다. 얼마 지나지 않아서 자유주의적 영국 정부는 확장을 거듭하게 되었고, 이런 변화는 사회개혁에서도 발견된다. 가장 성공적이었던 그의 첫 임기(1868-74)의 개혁은 대부분 장애물을 제거하고 부패를 척결하는 정화에 가까운 것이었고 납세자에게 별다른 부담을 부과하지 않았다. 다만 1870년 교육법은 무상

---

6) 포셋은 자유주의적 존중과 국가의 통일을 위해 전쟁도 불사하는 링컨이 또한 자유를 위한 정의의 전쟁이라는 전쟁국가론의 선구자라고 주장한다.
7) 물론 링컨 본인은 즉각적 노예제 철폐론에 반대하는 온건파로서 흑인에 대한 완전한 시민권의 실현가능성에 의구심을 품었지만, 남북전쟁의 압력 하에서 이러한 측면은 억제되었다.

교육으로 나아가면서 새로운 유형의 '비싼' 자유주의로 향하는 가교 역할을 했다.

포셋은 글래드스턴이 균형을 자유주의 정치의 핵심으로 간주한 기조의 후예라고 간주한다. 글래드스턴은 대립하는 당내 세력들 사이에서 중도를 추구했을 뿐만 아니라 엘리트와 민주정을 연결시켰다. 민주주의적 압력 속에서 그는 1867년과 1884년의 투표권 확대를 지지했다. 그는 투표를 권리가 아닌 책임으로 간주했고, 능동적·자립적·합리적 인간과 수동적·의존적·충동적 인간을 구별했다. 동시에 그는 교육을 통한 대중의 향상을 믿었다는 점에서 '진보적 불평등론자'였다. 또 그의 세계에서 엘리트와 대중은 서열(rank)에 대한 존중과 공유된 가치에 대한 존경에 의해 결합되었다.

자유주의 청년기에 관한 포셋의 설명은 앞에서 지적한 그의 개념적 특징들을 보여주는 동시에 이후에 본격적으로 전개될 민주주의와의 대립 및 타협의 주요 쟁점들을 드러낸다. 훔볼트와 콩스탕의 긴장이나 밀의 갈등은 교육 및 사회적 이상과 개인적 선택에 대한 존중 사이의 대립이라는 윤리적 쟁점을 표현한다. 그리고 코브던과 채드윅은 경제에서 국가와 시장의 대립을 보여준다.

한편 정치적 민주주의에 있어서 글래드스턴이 아래로부터의 압력에 따라 선거권을 지지하게 되었다고 묘사하는 것은 정치를 권력의 역학관계로만 파악하는 포셋의 특징을 보여준다. 포셋은 '진보적 불평등론'이 민주정의 점진적 수용에 대한 이론적 근거라는 사실을 무시한다. 게다가 '귀족적 자유주의자'로서 토크빌과 밀이 '다수의 폭정'을 우려하면서 교육을 통한 향상을 대안으로 제시한 점도 간과하고 있다. 뒤에서 검토하겠지만 향상론과 결합된 민주정의 확대는 19세기 자유주의자들의 공통된 견해였다. 글래드스턴이 선거권 확대를 지지한 것은 단순한 절충이 아니라 자유주의적 입장의 결과였던 것이다.

자유주의의 성숙기

민주주의와의 타협을 위한 조건

포셋은 19세기 후반부터 시작된 민주주의와의 타협을 이끈 역사적 조건을 검토한다. 우선 정치적 측면에서 자유주의와 사회주의의 경쟁 속에서 혁명의 예방을 위한 조치들이 요구되었다. 동시에 여성 및 흑인의 시민권에 대한 요구도 확산되었다. 경제적으로는 물질적 풍요와 함께 빈부격차가 확대되면서 자본주의적 질서를 더 평등한 질서로 대체하자는 사회주의적 전망과 경제성장을 통해 물질적 갈등을 완화하자는 자유주의적 전망이 대결했다. 또 문화적으로 소비자 대중의 등장과 대중매체의 확산으로 민주화 경향이 확산되었다. 마지막으로 국가의 규모와 기능이 확대되었다.

이 시기 자유주의자들은 정치적·경제적·윤리적 차원에서 민주주의와의 타협에 대한 압박을 느끼기 시작했다. 정치적으로 그것은 권리의 부여에서 비배제, 특히 선거민주주의의 수용을 의미했다. 경제적으로는 노동자에 대한 양보를 통해 자본주의를 수호할 필요가 있었고, 윤리적으로는 도덕적·지적 위계의 약화를 인정해야 했다. 국가는 이 모든 민주주의의 주요한 수단이었다. 국가 자체도 변모해 국가권력은 군사적 명령체계보다 교통경찰을 교차로에 둔 도로망에 가까워졌다. 폭력을 행사할 능력은 증대되었지만, 자국민에 대한 폭력은 거의 사라졌고 정부는 협상에 더욱 개방적이게 되었다.

여기에 더해 경제적·윤리적 갈등이 부단히 균형을 찾아가는 개방적이고 안정적인 사회상이 가시화되고 있었다. 중간계급의 전통적인 덕목이었던 근면, 냉철, 교육에 더해 절차, 협상, 관료적 형식주의(legalism, red-tapism), 이견 제시 등과 같은 화이트칼라의 조직적 덕목이 추가되었다. 분업은 대면 집단에 대한 충성의 약화와 타인에 대한 의존성의 증대를 가져왔다. 전체적 상호의존성은 증대되는 반면 사회적 제약은 개방적·유동적·탈계층적인 성격을 띠게 되었다.

그러나 새로운 질서가 등장하는 것과 그것이 정착하는 것은 다른 문제였다. 새로운 자유주의적 사회상은 개념적·역사적 필연성을 갖는 것이 아니었고 자유주의적 진보는 자동적이거나 비가역적인 것이 아니었다. 민주주의와의 타협은 다른 정치관행과 경쟁하면서 새로운 자유주의적 정치관행을 확립하기 위한 자유주의자들의 노력의 결과였다. 그리고 이러한 타협은 정치적·경제적·윤리적 측면을 포괄했다.

정치적 민주주의

포셋은 정치적 민주주의와의 타협을 압력에 따른 수용으로 묘사한다. 앞의 글래드스턴의 경우와 달리 19세기 후반에는 이런 묘사가 타당할 수 있는데, 민주정의 점진적 수용이 아니라 보통선거권으로 대표되는 대중정치의 수용이 쟁점이었기 때문이다.8) 당시 자유주의자에게 민주정의 결함은 상식이었다. 민주정에 대한 의구심의 기저에는 무엇보다 대중에 대한 공포가 자리했다. 게다가 정치에의 참여는 높은 수준의 능력을 요구했다.9)

그러나 자유주의자들은 이런 문제들에 대해 침묵하기로 하고, 장기적인 전략적 후퇴 속에서 보편적 선거권을 수용했다. 그들은 다수의 지배를 수용하면서 대신 다양한 제한을 끊임없이 모색해나갔다. 포셋은 그 첫 단계가 인민주권에 대한 자유주의적 이해의 확립이었다고 지적하면서, 인민의 정부에 대한 자유주의적 제한의 방식을 '대의제'와 '명료화'로 설명한다.

---

8) 1790년에 콩도르세는 교육을 이유로 대중을 정치에서 배제하면 결국 법률가만 남게 될 것이라 힐난했지만, 19세기 말에도 자유주의자들은 완전한 시민권을 누릴 능력이 부족한 열등한 동료에 대해 토론했다.

9) 대중을 정치에 들여놓는 것, 즉 '정부를 노동자계급과 공유하는 것'은 단순한 양보가 아니었다. 공공행정이나 외교에는 평균적 시민 이상의 지식뿐만 아니라 일반인의 능력을 넘어선 결단력과 통솔력이 필요했다.

모든 자유주의자는 직접민주주의가 아닌 대의민주주의를 주장했다. 대의제는 매디슨처럼 인민의지의 분산이나 단일 이익·권력의 지배로부터의 보호를 의미하기도 했고, 콩스탕처럼 정치의 위임 또는 포기일 수도 있었다. 콩스탕식 해석에서 대의제는 번영의 부산물이었는데, 시민들은 정치보다 더 즐거운 일에 몰두하고 자신들의 지시를 이행하지 않는 '집사'인 정치인을 해임할 수 있었기 때문이다.
　여기에 자유주의자들은 인민의 의지와 다수의 의지의 잘못된 동일시를 방지하기 위해 명료화(articulation) 원칙을 추가했다. 대표적으로 자코뱅식 민주정은 사이비 평등의 난투극이나 다수파를 자처한 독재로 타락했고, 무절제한 권력 앞에서 소수파와 공공질서는 무방비상태가 되었다. 또한 다수의 의지는 억제되어야 했다. 다수의 의지도 법치의 원리에 따라 시민적 보호를 위한 사법부의 제약을 받아야 했다. 자유주의자들은 어떤 다수도 영원할 수 없고, 오늘의 소수가 내일의 다수가 될 수 있다는 것을 강조했다.
　비판자들은 인민의 목소리가 지나치게 희석되어 들리지 않게 되었다고 불평한다. 이에 대해 자유주의자들은 인민주권 사상은 본질적으로 부정적이라고 반박한다. 인민이 최고라는 것은 누구도 그런 지위를 가질 수 없다는 사실을 의미한다는 것이다. 주인 없는 질서라는 자유주의의 꿈은 분산된 권력과 비인격적 책임이라는 사상의 형태를 취했다.10)
　또 포셋은 보통선거권에 따른 대중정치의 확대에 주목한다. 영국

---

10) 한편 포셋은 프랑스와 독일에서는 대의제보다 '관료화'(bureaucratization)와 '절연'(insulation)이 더 주목받았음을 지적한다. 기조가 말했듯이, '군인을 통해 폭동을 진압할 수 있고 농민을 통해 당선될 수도' 있지만 통치에는 '자연적 통치계급'이 필요했다. 이러한 인식은 민주정의 이상보다 권력의 현실적 원천과 통제에 대한 관심을 불러일으켰다. 대표적으로 독일의 미헬스(Robert Michels)는 곤란한 결정을 회피하고 '중요한 문제에 대한 권위주의적 결정을 선호'하는 대중민주주의의 특징으로 인해 실제 권력은 대중으로부터 절연된다고 주장했다. 한편 그의 스승인 막스 베버는 권력의 집중과 관료화의 불가피성에도 불구하고 의회의 비판이나 불신임이라는 교정 수단과 정치인의 '소명의식'에 기대를 걸었다.

자유당의 쇠퇴에는 노조를 둘러싼 좌파와의 대립뿐만 아니라 대중문화에 대한 적응의 실패가 작용했다. 신진 정치인의 정치는 통치라기보다는 마케팅이었고 새로이 부상한 화이트칼라 노동자는 진지한 사회적 대의나 자유주의적 주제보다는 신나는 무언가를 추구했다. 도시의 부산함과 휘황찬란한 광고에 대한 적응은 기질 문제였고, 당시 자유주의자들은 지금은 당연해 보이는 대중정치 문화에 적응하든지 아니면 적합한 이들에게 자리를 양보해야만 했다. 결국 휘그 인사들은 조직화와 홍보에 능한 전문 정치인들에 의해 밀려났다.

고상하고 진지한 자유주의는 이제 소수의 취향이 되었고, 예전과 같은 자신감 넘치는 자유주의적 태도도 약화되었다. 새로 등장할 자유민주주의는 이전처럼 진보적 엘리트의 통치 교리가 아니었고, 정치는 이익집단의 갈등을 중개하고 협상을 관리하는 중립적 과정의 집합으로 이해되었다.11)

경제적·윤리적 민주주의

포셋은 19세기 각종 사회입법을 포함한 급진적 개혁으로 표현되는 경제적 민주주의가 경제적 내란의 방지를 위한 것이었다고 주장한다. 그것은 '부자의 집과 빈자의 집을 아우르는 공동의 지붕'에 비유되었다. 노동자는 고임금 및 고용보장을 대가로 자본주의를 인정했고 자본가는 긍정적 태도를 지닌 노동자의 유용성을 수용했다.

이 과제를 담당한 것이 국가였다. 프랑스에서는 1880년대부터 사회입법을 비롯한 급진적 개혁을 가로막는 장벽이 제거되기 시작했다. 영국에서는 1906년 압도적 다수로 재집권에 성공한 자유당이 개혁을 추진했다. 1909년 로이드 조지의 '국민예산안'은 부자의 증세를

---

11) 포셋은 자유민주주의적 타협에서 민주주의의 양보도 지적한다. 능숙한 대중정치인이 정부에 진입하면서 자유주의를 흡수하고 거기에 적응한 것이다. 이는 대중정치인이 인민의 의지라는 자신의 권력에 대한 자유주의적 제한을 인정하는 것을 의미했다. 또 이는 혁명을 통한 해방이라는 희망을 포기하는 대신 자유주의적 헌정, 법치, 소유권을 인정하는 것을 의미했다.

포함했고 상원에 의해 부결되었다. 그러나 헌정적 권위에 관한 논쟁 끝에 예산안이 통과되면서 상원의 권력이 견제되었다. 부유층에게 이것은 역전불가능한 사회혁명으로 여겨졌다. 국가의 개입은 많은 불평에도 불구하고 보수당 내각에 의해 폐기되지 않았고, 1945년 노동당 정부에서 대거 확대되었다.

포셋은 이러한 개혁들이 야기한 논쟁을 검토하면서 그것이 주로 국가에 대한 태도를 중심으로 이루어졌다고 지적한다. 그는 국가에 대한 시장의 저항을 '자유시장 자유주의' 또는 '자유기업 자유주의'로 표현하면서 시장에 대한 사회의 저항을 표현하는 '새자유주의'(New Liberalism)와 대립시킨다.

포셋은 경제학에서 한계주의 혁명, 사법에서 계약의 자유, 비즈니스 출판물이라는 '자유시장 삼각형'이 시장의 입장을 표현했다고 주장한다. 한계주의는 시장균형이 효용 최대화의 의미에서 최적상태라는 것을 보이고자 했고 경제학을 정치적으로 중립적인 도구로 만들었다. 개인주의적 계약의 자유는 한편으로는 전통이나 관습으로부터의 자유로서 보수주의와 쟁점을 형성했고, 다른 한편으로는 계약 당사자의 사회적 범주로부터의 자유로서 새자유주의와 쟁점을 형성했다. 비즈니스 출판물은 1830-40년대 시장자유주의를 전파한 해리엇 마티노 같은 사람들의 저술에서 유래했는데, 특히 1843년에 등장한 최초의 경제주간지 『이코노미스트』는 기존 질서를 옹호하면서 이윤을 추구하는 기업가의 입장을 대중적으로 확산시켰다.

포셋은 새자유주의를 자유시장주의에 대항하는 사회의 입장을 표현하는 것으로 해석한다. 그들은 '사회적 잉여'를 공적 활용으로 전환시키는 것이 가능할 만큼 경제적 풍요가 달성되었다고 믿으면서 정치에서 협력 및 중도를 추구했고, 국가권력을 둘러싼 1880-1914년 논쟁에서 승자가 되었다. 영국에서 그 출발점은 자유를 누릴 능력과 환경을 강조한 철학자 그린(T. H. Green)의 '긍정적 자유' 개념이었다. 또 홉하우스(Leonard Hobhouse)는 이러한 사상을 확산시킨 대표적 인물이었다. 그는 건강한 사회의 중요성을 말하면서 개인에게 중요한 것은 사회적이기도 하다고 지적했다. 자유주의자가 개인주의적인 동시에 집단주의적이라고 주장한 셈이다. 그러나 그는 국가 개입을 지지하면서도 공유제는 반대했고 페이비언주의도 자유를 제한하는 반민주주의적 테크노크라시로 간주했다. 또 그는 '자격 없는'(undeserving) 빈민의 자기연민적 나태를 좌절시키기 위해서는 '자격 있는'(deserving) 빈민만을 구제해야 한다고 주장했다.

포셋에게 경제적 민주주의가 개인적 자유를 추구할 능력의 보장 및 향상에 관한 것이라면 윤리적 민주주의는 자유를 통해 무엇을 실현할 것인가에 대한 가치판단에 비배제의 원리를 적용하는 것이다. 여기서 민주주의와의 타협은 대중에 대한 교육자적 자세의 폐기를 의미했다. 그 결과 책임감 있고 자립적인 자아의 형성이라는 자유주의적 윤리는 선택의 자유에 대한 찬양으로 대체되었다. 윤리적 이상에서 콩스탕적 전망이 훔볼트적 전망을 압도한 것이었다.

포셋은 이러한 '윤리적 민주주의'가 제기하는 문제를 다루면서 부글레(Célestin Bouglé)의 논의를 소개한다. 부글레는 사람들이 광신도나 인종차별주의자가 되기로 선택하는 상황에 대한 해결책이 무엇인지 질문한다. 그는 국가의 개입을 통한 해결에는 반대하면서 윤리적 부조화 속에서의 시민적 조화라는 자유주의적 이상을 유지했다. 포셋에 따르면, 관용과 시민적 존중이라는 두 단계를 거쳐 윤리적 선택에서 국가와 사회의 개입이 사라진 것은 올바른 발전이었다. 부글레는 세 번째 단계의 과제가 합의를 위한 부단한 노력임을 강조했다. 그는 반교권주의 좌파와 가톨릭 우파가 대립하던 당시 프랑스에서 자유주의적 관용의 정신과 공화주의적 애국주의에 기초한 화해를 추구했다. 나아가 그는 윤리적 목표의 궁극적 동의가 불가능한 현대사회의 '다목적주의'(polytelism)를 주어진 것으로 간주하면서 유일하게 가능한 것은 공통의 공정한(fair) 원칙에 대한 합의라고 주장했다. 포셋은 이것이 윤리에서 자유민주주의적 원리를 예견한 것이었다고 평가한다.

위기와 재협상

포셋은 자유주의의 역사에서 민주주의와의 타협 못지않게 재협상을 중요한 주제로 다룬다. 19세기 말 정치·경제·윤리 영역에서 민주주의와의 타협이라는 기본적 방향이 정해졌지만, 새로운 관행의 정착은 지속적인 재조정의 과정이었다. 제국주의와 세계전쟁, 그리고 1930년대 대불황이라는 위기들이 그 중요한 배경이었다.

우선 포셋은 권력에 저항하고 지배에 분노하는 자유주의와 제국주의가 모순적이라는 현재의 통념을 정정하면서 자유주의적 제국주의라는 개념에 전혀 모순이 없다고 말한다. 식민화는 지배와 약탈, 불평등교환일 뿐만 아니라 진보와 근대성의 전파이기도 했으며 식민지의 기존 지배계급이 제국주의자보다 더 잔혹하고 억압적인 경우도 있었다. 프랑스 자유주의자 쥘 페리가 열등한 인종을 문명화할 의무에 대해 말했을 때, 이는 너무 당연한 말이었다.

후진적 민족에 대한 자유주의적 태도는 자국의 자격 없는 유권자에 대한 태도와 별반 다르지 않았다. 그들 모두 능력의 향상이 필요했고, 이를 위한 개혁은 자유주의자들의 임무였다. 제국주의 비판자들은 교육과 진보에 대한 자유주의적 믿음이 식민지에서의 폭력으로 이어졌음을 발견했다. 식민지 주민에게 진보를 가르치는 교사는 폭군일 수밖에 없었고, 자유주의는 제국주의의 가장 잔혹한 측면을 수반했다. 학생들이 반란을 일으키면 처벌해야 했다. 식민지에서의 잔혹행위에 격렬히 항의한 자유주의자들도 있었지만 대체로 소수에 불과했다. 식민지 정책에 대한 자유주의자들의 반대는 주로 그것의 낮은 수익성을 중심으로 제기되었다.

제국주의가 자유주의적 이상에서 멀어지고 억압 및 수탈에 가까워지면서 제기된 독립의 요구는 민주주의적 압력의 국제적 판본에 해당한다. 그리고 식민지 조정을 포함해서 민주주의에 적합한 세계를 구상한 윌슨의 국제주의 원칙이 자유주의적 해법을 표현하는 것이다.

1차 세계전쟁은 후진국이 아닌 문명국들 사이에서 전쟁이 발생할 수 있다는 것을 보여줌으로써 자유주의자들에게 충격을 안겼다. 또 전쟁은 국가권력을 비약적으로 증대시켰을 뿐만 아니라 무자비하게 전쟁을 수행할 능력을 갖춘 지도자들을 정치무대에 진출시켰다. 이러한 '전쟁국가'의 등장은 국가의 억압이라는 문제도 제기했다.12)

 포셋은 1930년대 대불황을 자유시장주의에 대한 확신이 결정적으로 소멸하는 동시에 볼셰비즘과 파시즘이라는 대안이 등장하게 되는 시기로 규정한다. 그런 상황에서 자유민주주의를 옹호하기 위해서는 경제적으로 자본주의가 다시 번성해서 그 토대의 역할을 할 수 있다는 것과 정치적으로 독단적 권력에 의존하지 않는 자유주의적 정치를 통한 질서유지가 가능하다는 것을 보여주어야 했다.

 그렇게 전개된 1930년대 논쟁은 민주주의와의 경제적 타협에 대한 상이한 이해와 결부된 것으로 일종의 재협상 과정으로 이해될 수 있다. 포셋은 실물경제위기론(과소소비론)의 케인즈(John Maynard Keynes), 금융위기론(부채-디플레이션론)의 피셔(Irving Fisher), 그리고 통화위기론에 동의하면서 정부개입무용론을 전개한 하이에크(Friedrich Hayek)를 대비시킨다. 케인즈와 피셔는 과소소비가 노동자와 자본가 모두에 의해 야기된 것이므로 정부, 즉 납세자 전체가 책임져야 한다고 주장한 반면 하이에크는 자본가 책임을 부정하고 조정의 책임을 노동자계급이 부담할 것을 주장했다.

 나아가 포셋은 케인즈주의의 민주주의적 함의를 제시한다. 그에 따르면 소비자 지출에 대한 강조는 자유주의와 민주주의의 경제적 타협으로 이해될 수 있다. 정치적으로 민주주의가 모든 사람의 정치적 발언권이라면 그에 상응하는 경제적 권력의 확대가 요구되었다. 고임금은 보통선거권에 대한 케인즈적 등가물이었고, 소비자 민주주

---

12) 여기서 포셋은 미국의 징병거부 사례를 언급한다. 1918년 10월 미국의 로저 볼드윈은 징병거부 혐의로 1년의 징역형을 선고받았다. 그는 징집이 개인의 자유, 민주주의적 자유, 기독교의 가르침이라는 이상과 정면으로 배치된다고 주장했다. 그는 권력을 불신하면서도 입법부와 사법부를 통해 억제될 수 있고 모범적 불복종이 제도적 개선으로 이어진다고 믿었다.

의는 유권자 민주주의에 상응했다. 그리고 이는 노동자가 소비자라는 의미에서 노동자 민주주의를 의미했다.

또 케인즈는 경제상황에 대한 책임이 유권자가 아니라 정치인에게 있다고 주장하면서 정부의 역할에 대한 사고의 전환을 가져왔다. 이제 경제적 성과가 진보의 척도가 되었고 그 책임소재는 정부의 경제정책에 있는 것으로 간주되었다. 정부가 경제적 민주주의의 매개자이자 집약적 장소가 된 것이다.

한편 포셋은 후버와 루스벨트를 대비시키면서 민주주의와의 재협상의 또 다른 요소를 발견한다. 통상 후버가 긴축적 정부와 자발주의를 옹호한 반면 루스벨트는 확장적 정부와 개입주의를 주창했고, 각각 '보수주의'와 '자유주의' 경제정책으로 불리면서 미국 정치의 경쟁구도가 형성된 것으로 여겨진다. 포셋은 후버가 아닌 루스벨트적 노선의 성공과 주류화를 민주주의적 압력에 따른 자유주의 사상의 변화 또는 양보로 해석한다. 생산에 대한 정부의 개입에 반대하고 정부의 강제보다 민간의 자기규제를 우선시하는 과거의 자유주의가 민주주의적 요구에 부응하지 못하여 쇠퇴한 대신 국가의 개입을 통해 대기업이라는 권력을 견제하는 새로운 자유주의가 부상했다는 것이다.

1930-40년대 위기에 처한 자유주의의 운명에 대해 궁극적 몰락, 부분적 회복, 완전한 번영이라는 세 가지 입장이 있었다. 첫째가 반자유주의적 도전자들의 입장이라면, 자유주의 옹호자들 중 둘째를 주장한 이가 하이에크, 셋째를 주장한 이가 포퍼(Karl Popper)였다. 하이에크의 『예속의 길』과 포퍼의 『열린 사회와 그 적들』은 모두 '긍정적' 논거 없이 전체주의라는 음울한 타자와의 대비를 통해 자신을 정당화하는 '부정적' 방법을 사용했다. 그러나 하이에크가 자유의 수호에 있어서 민주사회의 능력에 대한 불신과 개선에 있어서 지적 능력의 한계를 피력한 반면 포퍼는 민주사회의 개방성과 점진적인 사회공학적 회복의 전망을 제시했다. 새롭게 등장한 자유민주주의에 대한 포퍼의 기대는 1945년 이후 설득력을 갖게 되었다.

자유주의의 전성기와 위기

포셋에게 전후는 자유주의가 '두 번째 기회'를 성공적으로 살려 전성기를 맞이한 시기다. 직접적으로 그것은 전쟁과 대불황이라는 위기를 극복하고 파시즘에 대해 승리한 결과였지만, 근본적으로는 자유주의가 자유민주주의적 합의를 통해 자기교정에 성공했기 때문이기도 했다. 자유민주주의가 보편적 규범으로 정착된 전후 자유주의의 역사는 경제적·정치적 안정과 성장의 지속, 그리고 냉전에서의 승리와 함께 절정에 도달했다. 다른 한편 정치적 무관심이 증대하고 우파가 부상하기도 했는데, 이러한 경향은 결국 새로운 위기로 이어질 것이었다.

자유민주주의의 보편화와 세계인권선언

포셋은 전후를 자유민주주의의 보편화로 특징짓고 그런 관점에서 전후 국제질서의 수립을 자유민주주의적 관행의 국제적 형성과정으로 이해한다. 그에 따르면, 파시즘과의 투쟁에 대한 생생한 기억과 소비에트라는 타자의 등장이 이런 과정을 추동했고, 적어도 서구에서는 자유민주주의가 보편적 규범으로 수용되었다. 예를 들어 유럽 통합에 스페인, 포르투갈, 그리스 등이 참여한 것은 독재의 종식과 자유민주주의의 수용을 전제로 하는 것이었다. 또 탈식민지화와 민족자결주의의 확립은 모든 민족에게 외부 권력에 맞선 자치와 방어라는 형태로 시민적 존중의 원리가 적용됨을 의미했다.

포셋은 새로운 국제적 관행의 관점에 관한 가장 명확한 표현을 세계인권선언에서 발견한다. 존엄성·자유·평등·형제애를 선언한 1조부터 차별과 배제 없는 권리에 관한 2조, 그리고 생명·자유·안전에 대한 권리와 법 앞의 평등, 사생활 존중 및 소유와 거주 이전의 권리, 선거권 등의 조항들은 자유주의적 지도이념 중 시민적 존중에 대한 민주주의적 해석으로 간주되었다. 또 사회보장권 선언과 사회권 목록은 새자유주의적 정신의 반영으로 해석되었다.

그러나 선언문은 많은 논란을 야기했다. 최종안이 총회에 상정되었을 때 공산권과 대부분의 저발전국이 불참했는데, 현재 기준으로 약 3/4 정도의 국가에 해당했다.[13] 이후 인권선언에 대한 의구심은 더 커졌는데, 인권이 법제화와 함께 원래의 취지에서 벗어나 형식화될 수 있었고 다른 정부에 대한 공격의 무기로 활용될 수 있었기 때문이다.

인권 개념의 확대는 실망감을 더욱 가중시켰다. 인권 개념이 등장하면서 자유주의자들은 시민적 존중을 법정에서 옹호할 수 있는 성문화된 개인적 권리의 문제로 사고하기 시작했다. 포셋은 이러한 개념상 환원론이 실용주의적 목적에 따른 권리 주장의 확대를 낳았다고 지적한다. 유럽에서는 인권의 '과잉법제화'가 진행되었고 후진국에서는 그런 권리의 수용이 부담스러웠다. 명백한 권력 남용 방지를 위한 운동이 만족을 모르는 끝없는 요구들과 뒤섞여 인권선언에 대한 환멸과 조롱의 태도를 확산시켰다.[14] 그 결과 새로운 자유민주주의적 국제질서의 관점이 선언되었지만 그 실천가들이 각국의 공식적 제도 내에서 쉽게 형성되지는 않았다.[15]

그러나 포셋은 인권선언의 도덕적 권위가 사라진 것은 아니라고

---

[13] 미국은 이견 없이 승낙한 반면 영국만 해도 사회적 권리를 배제했고 자국 식민지에 한해서 선언을 거부했다. 식민지는 자국민의 권리보다 독립과 자결에 더 관심이 많았고, 소련은 선언이 주권침해라며 공개적으로 반대했다.
[14] 권리담론이 자격주장(entitlement claim)을 광범위하게 확장시켜 사실상 모든 정치적 쟁점이 권리의 문제로 제기된 것이다. 그리하여 1세대 시민적·정치적 권리가 2세대 사회적·경제적 권리를 낳고 3세대 소수자 권리를 낳는 '권리 인플레이션'이 발생했다.
[15] 인권에 대한 철학적 옹호도 실패했다. 1948년 카(E. H. Carr)와 간디가 속한 유네스코의 위원회는 인권의 철학적 토대를 개관해달라는 요청을 받았다. 위원회는 의견 일치가 어렵다는 결론에 도달했는데, 그러나 이 때문에 충격을 받은 사람은 별로 없었다.

지적하면서 비국가적 시민행동주의(civic activism, 시민운동 활동가주의)라는 다른 유형의 실천가로서 엠네스티에 주목한다. 엠네스티의 주창자인 영국 변호사 피터 베넨슨은 인권선언에 대한 불만에도 불구하고 비인도적 대우와 권력 남용에 대한 반대라는 핵심적인 자유주의적 요구의 도덕적·정치적 힘을 확신했다. '잊혀진 죄수들'에 대한 변호는 지정학적·이데올로기적 목적을 갖지 않았고 견해가 다르다는 것을 이유로 한 억압의 부당함을 주장한다는 인도적 목적에 따라 이루어졌다.16)

포셋은 결점들에도 불구하고 세계인권선언이 중요한 성과를 남겼다고 평가한다. 이를 계기로 존중에 대한 높은 표준, 국가나 고위공직자도 기소될 수 있다는 관념이 광범위하게 수용되었다. 또 엠네스티 같은 초민족적 시민행동이 국제정치의 행위자로 인정받았다.

정치적 무관심과 자유주의의 위기

포셋은 새로운 위기의 원인으로서 정치적 무관심에 주목한다. 그 원천 중 하나는 정치에 과도한 기대를 하지 말아야 한다는 것, 즉 '정치에서의 겸손'을 요구하는 태도였다. 포셋은 벌린(Isaiah Berlin)에게서 그런 함의를 발견한다.

포셋에 따르면, 벌린의 핵심 사상은 '긍정적 자유'에 대한 '부정적 자유'의 우위, 타인과의 결합에 대한 보편적 욕구의 중요성, 기본적 책무들(commitments) 사이의 일상적 갈등의 불가피성으로 요약된다. 벌린의 사상 전체를 관통하는 다원주의는 통일된 진영들 사이의 갈등이 아니라 인간 내면의 가치 사이의 갈등에 관한 것이라는 점에서 정치적이라기보다 윤리적인 다원주의다. 집단에의 소속은 그러

---

16) 이러한 시민운동은 소련 반체제인사들을 옹호하면서 소련의 붕괴에 일조했다. 이와 관련해 인권 개념이 '2차 냉전'의 무기로 활용되었다는 비판도 등장했다. 포셋은 이런 회의론이 인권의 복잡한 역사를 단순화하면서 국제형사사법을 무시한다고 주장한다. 특히 정치에서 선언이 갖는 힘이나 순교자·희생자가 야기하는 도덕적 분노의 힘을 이해하지 못했다는 것이다.

한 복잡성에 대한 인식과 대립한다. 그러나 자유주의자에게 사회에 대한 소속감은 필수적이고 그러한 긴장을 인정하면서 타협점을 찾아야 한다. 또 벌린의 다원주의는 보편성을 부정하는 상대주의가 아닌데, '사회적 통제로부터 독립된 인간 존재의 일정 부분'으로서 사생활에 대한 긍정이 보편적인 인간적 가치에 근거하기 때문이다.

나아가 포셋은 부정적 자유에 관한 논쟁들을 개관하면서 벌린의 목적이 '자유' 개념을 검토하는 것이라기보다는 특정한 정치적 태도를 권장하는 것이라고 해석한다. 논쟁 과정에서 자유를 누릴 능력을 강조하는 '새자유주의적' 반대가 등장했다. 또 부정적 자유와 긍정적 자유의 개념적 차이에 대한 의구심을 제기하면서 둘의 차이를 표현상의 차이로 축소시키는 견해도 등장했다. 포셋은 결국 벌린이 부정적 자유를 강조한 것은 포퍼가 정치인에게 최선을 목표로 하기보다는 최악을 회피하도록 촉구한 것과 유사하다고 주장한다.[17]

포셋은 정치에 대한 온건한 자제를 요청한 벌린과 달리 정치에 대한 불신을 정치적 행동으로 표현할 것을 촉구한 하이에크를 급진적인 '정치적 반(反)정치'로 규정한다. 『예속의 길』이 경제에 대한 간섭과 계획에 대한 반대라면 『자유헌정론』과 『법, 입법, 자유』는 재량적 권위에 대한 일반적 규칙의 우위와 법적 정의를 강조하면서 사회적 정의를 부정했다. 포셋은 하이에크에게 경제적 번영보다 더 중요한 관심사가 있는가라는 질문을 제기한다. 하이에크의 사상은 사회법을 해체시키는 만능무기였고, '인위적 질서'와 '자생적 질서'의 구별은 1980년대 신자유주의적 급진파의 중심 주제였다. 또한 하이에크의 사상은 어떤 사안을 경제적 영역과 정치적 영역으로 구분한 뒤 모든 문제를 정치 탓으로 돌리는 습관을 조성했다.

---

17) 포셋은 이후의 논쟁에서 벌린의 부정적 자유에 대한 개선으로 새자유주의적 방식과 구별되는 '제3의 방식'으로서 '공화주의적' 방식에 주목한다. 공화주의는 전제적 간섭으로부터의 자유로는 충분하지 않고 '안전'이 보장되어야 한다는 관점에서 그것을 위한 사회적 제약과 국가의 개입은 정당하다고 주장한다. 포셋은 이를 부정적 자유의 자유방임과 긍정적 자유의 '집단주의' 사이의 정치적 중도가 표현된 것으로 간주한다.

한편 포셋은 이러한 회의론과 정반대의 입장에서 기인한 정치적 무관심에도 주목하면서 자유민주주의의 성공 자체가 갈등의 불가피성이라는 자유주의 지도이념의 약화를 가져왔다고 주장한다. 19세기까지 갈등은 계급투쟁으로 묘사되었다. 그것은 정치적 갈등에 관한 명쾌한 상을 제공했고, 자유주의자를 포함한 모든 이들이 이에 의존했다. 그러다가 20세기 중반 계급갈등이 종식되면서 갈등 자체가 사라졌다는 환상이 확산되었다. '산업혁명의 근본문제의 해결'을 주장한 립셋(Seymour Martin Lipset)으로 대표되는 1950-60년대 '이데올로기 종언론'이 이러한 사고를 대표했다. 좌우를 막론하고 모든 정파가 국가에 의해 관리되는 자유주의적 자본주의의 전망으로 수렴하고 있었다. 그러나 정치적 갈등은 사라지지 않았다. 계급갈등 대신 새로운 갈등들이 복잡하게 전개되었지만, 자유주의자들은 그것들에 적절히 대응하지 못했다.

포셋은 미국의 '위대한 사회'의 사례를 통해 자유주의의 이 위기 양상을 조명한다.18) 우선 그는 존슨(Lyndon Johnson)의 개혁이 과소평가되고 있다고 지적한다. 존슨은 정치가 '따분한' 것으로 여겨지던 분위기에서 자유주의적 이상이 요구하는 좌파 자유주의적 과제를 수행했다. 그것은 전후 유럽과 미국 북부 일부 주에서 이루어진 자유민주주의 정부로의 이행을 20년 뒤 미국 전역에서 실현한 것이라는 역사적 의미를 갖는다.19)

그러나 개혁의 급진성에 비례한 이후의 반동으로 인해 자유주의

---

18) 포셋은 존슨과 함께 프랑스의 망데스-프랑스(Pierre Mendès-France)와 독일의 브란트(Willy Brandt)를 대표적 좌파 자유주의 정치인으로 소개한다. 그는 이 정치인들이 이념적 미몽에 빠지지 않은 좌파 자유주의자라는 베버의 상을 보여주는 동시에 관료주의에 빠지지 않고 정치적 이상과 입장을 견지한다는 정치인의 소명을 구현했다고 평가한다.
19) 존슨의 '위대한 사회'는 '빈곤과의 전쟁'에서 시작해 환경오염, 교육 및 문화진흥, 기회균등을 위한 법안들을 포함했다. 또 투표권법과 민권법을 통과시켜 흑인에 대한 남부의 차별을 철폐해 최초로 미국 시민 모두가 연방 권리장전의 보호를 받을 수 있게 했다. 포셋은 비배제 원리에서 이전의 미국은 영국, 프랑스, 독일보다 덜 완전한 민주주의 사회였다고 평가한다.

가 위기를 맞이하면서 그 성과가 퇴색되었다. '백인의 반격'과 함께 민주당은 남부지역 그리고 북부 노동자 다수의 지지를 잃었다. 또 민주당의 진보적 자유주의의 중심은 정체성 정치가 부상하면서 특수한 대의들의 '무지개 연합'으로 분열되었다. 이것은 시민적 존중의 확대에 따른 것이기도 하지만 그 즉각적 효과는 미국에서 정치적 자유주의의 약화와 도덕주의적 반동이었다.

우파의 부상과 정치적 위기의 심화

포셋은 국가에 대한 우파 자유주의의 공격에 주목하는데, 왜냐하면 그의 입장에서 민주주의 정치는 국가를 주요한 매개로 하기 때문이다. 앞에서 소개한 하이에크의 '반정치적 정치'는 이러한 공격의 선구적 사례다. 여기에 더해 포셋은 케인즈-루스벨트식 개입주의에 대한 대안으로서 '자유시장경제학'이 1960년대부터 호응을 얻기 시작한 지적 분위기의 변화에 주목하면서 대표적인 급진적 우파 경제학자로 공공선택이론의 뷰캐넌(James Buchanan)과 통화주의자 프리드먼(Milton Friedman)을 거론한다.

뷰캐넌이 선거정치와 정치인의 사익추구의 결합으로 인한 공공재 공급의 왜곡을 보여주었다면, 프리드먼은 재정정책 중심의 케인즈주의 경제정책의 한계를 지적하고 국가의 경제정책을 '규칙'에 기반한 통화목표 관리로 제한할 것을 주장했다. 이들의 주장은 경제위기와 함께 물질적 갈등이 부활한 1960-70년대의 상황에 부합하면서 설득력을 얻었다. 과세 및 공공서비스 공급에 대한 불만은 1978년 조세반란으로 폭발했고, 인플레이션과 실업의 교환관계(trade-off)가 영구적이지 않다는 프리드먼의 주장은 1970년대 스태그플레이션으로 입증된 것처럼 보였다.

그리하여 1960년대를 경과하면서 우파의 주장은 무시와 경멸을 극복했고 '급진적'이라는 말과 '보수적'이라는 말에 대한 평판이 뒤바뀌었다. 좌파 자유주의적 존슨 정부와 닉슨 정부는 이들의 공격에 취약했고, 이와 함께 자유민주주의적 타협 내부에서 균열이 가시화되기 시작했다. 자유시장경제학의 부상은 국가의 기능에 대한 회의와 냉소적 태도의 확산을 수반했다. 또 이전의 정치적 무관심이 정치무용론에 근거했다면, 새롭게 등장한 자유시장경제학은 정치인과 국가의 역기능을 보여주면서 정치에 대한 환멸을 심화시켰다.

포셋은 이러한 사상적 변화를 정치적 힘으로 전환시킨 인물로 새처(Margaret Thatcher)와 레이건(Ronald Reagan)에 주목한다. 그에 따르면, 새처는 정치가 문제이고 경제가 해답이라는 식의 생각을 전파시키며 시장의 해방을 위한 국가에 대한 공격에 국가권력을 활용했다. 자유의 승리로 여겨지는 새처의 개혁은 노조와 지방의회의 권력을 약화시키는 대신 거대자본의 권력과 중앙행정부 나아가 새처 자신의 권력을 강화했다. 또 새처는 국민의 일부를 영국의 적으로 몰아붙이고 프랑스와 독일에 대한 불신에 의존하는 분열적 방식으로 '애국자 총리'로서의 자신을 부각시켰다.

레이건도 새처와 유사하게 국가를 활용해서 국가에 대항했는데, 새처가 국가를 비판했다면 레이건은 국가를 희화화했다. 더 중요한 차이는 영국에서의 논쟁이 자유주의 내의 논쟁이었던 반면 미국에는 비자유주의 우파가 존재했다는 점이다. 포셋은 1950년대에 형성된 자유주의로서 미국주의(Americanism)에 대한 민주당과 공화당의 합의가 1970년대를 거치면서 약화되기 시작했음을 지적한다. 좌파에서는 정체성 정치가, 우파에서는 도덕 정치가 이를 부추겼다. 좋은 정치인이라는 말과 가장 미국적인 사람이라는 말이 동의어가 아니게 되었고 자유주의를 혐오하는 '좋은 공화당원'이 성립할 수 있게 된 것이다. 권력을 남용하는 허약한 민주당 정부에 실망한 공화당 내의 '반(反)정부' 움직임에서 '실망한 자유주의자'가 전통적인 반연방주의적 '초자유주의'와 현대화에 반대하는 '성난 보수주의'를 압도하는 경향으로 자리 잡게 된 것도 그 결과였다.

한편 포셋은 이러한 자유주의적·비자유주의적 우파와 구별되는 좌파 자유주의적 입장에 대한 철학적 정당화로 롤즈(John Rawls)를 제시한다. 그에 따르면 롤즈는 황폐해진 미국사회를 관찰하면서 두 가지 질문에 몰두했다. '패자에게 무엇을 이야기할 것인가?' '윤리적 불일치에도 불구하고 어떻게 함께 살 수 있을까?' 롤즈는 사회적 이득의 향유에 있어서 누구도 배제하지 않으면서 상충하는 가치관들의 평화를 유지하는 사회를 제시했다. 그것은 하이에크처럼 패자에 대해 불운하다는 위로로 끝내지 않는 사회였다. 또 그것은 밀이 말한 '유능한 재판관'의 지도적 권위가 사라진 민주주의라는 조건에서 공정하고 편견 없는(fair-minded) 현대시민이 인정하고 수용할 만한 자유주의적 질서를 요구했다.

포셋의 해석에 따르면, 롤즈의 평등한 자유(equal liberty, 키케로)의 원리, 평등한 기회의 원리, '차등원리'(difference principle)는 비침해, 비방해에 이어서 권리 행사를 위한 실질적 수단으로부터의 비배제를 지지하는 것으로, 새자유주의와 공명하는 자유민주주의의 익숙한 이상이었다. 롤즈는 사회계약론을 활용해서 편향되지 않게 선택한다면, 사람들은 공정 또는 정의를 선택할 것이고, 자신의 세 원칙에 동의할 것이라고 주장했다. 롤즈는 윤리적 부조화 속에서 시민적 조화라는 자유주의적 이상에다 정의에 대한 만장일치라는 요인을 추가한 것이다.

그러나 가상적 선택자들이 정의 이외의 것에는 동의하지 않는다는 롤즈의 가정은 다양한 공격에 직면했는데, 그런 공격은 주로 '공동체주의적'(communitarian) 관점에서 이루어졌다. 그들의 주된 불만은 윤리적 가치판단을 결여한 능숙한 선택자라는 개념이 자유주의적 시민에 대한 편협한 상을 제시한다는 것이었다. 샌델(Michael Sandel)은 공정한 사회의 상에 있어서 롤즈와 유사하다는 점에서 부분적인 비판을 제시했다. 그는 자유민주주의적 이상에는 동의하면서도 시장이 모든 것을 지배하는 현실의 자유주의 사회가 이에 부응할 수는 없다고 주장했다. 반면 매킨타이어는 전면적 비판을 제시했다. 그는 사람들이 '원하는 것'이 가치와 이상을 결정한다는 자유주의적 가정은 잘못되었고, 가치와 이상이 사람들이 '원해야 하는 것'

을 결정한다고 주장했다. 공유된 관습에서 등장하는 가치와 이상이 삶의 목적을 제공하는데, 자유주의적 현대화가 이를 파괴했다는 것이다. 공유된 관습 없이 가치와 이상을 논하는 것은 불가능하고, 도덕적 비일관성은 자유주의의 원죄다.

포셋은 이러한 논쟁 속에서 파시즘과의 관련성으로 인해 잊혀졌던 '공동체'라는 용어가 1980년대 후반부터 싱크탱크와 대학의 논쟁에 유입되기 시작했음을 지적한다. 공동체주의 운동은 감세와 정부에 대한 제한을 주장하는 자유시장주의를 지지하면서도 새처-레이건의 이기주의를 불편해하는 부동층에게 호소력을 발휘했다.[20]

포셋은 자유주의의 위기 속에서 강화된 자유시장주의와 공동체주의에 주목하면서 우파의 부상과 함께 위기가 더욱 심화되었다고 주장한다. 자유시장주의는 경제의 지속적 성장을 이끌어내지 못했을 뿐만 아니라 불평등을 악화시켰고, 공동체주의는 정치적·윤리적 갈등을 악화시켰을 뿐이다. 특히 이 두 가지 경향은 현재 자유주의의 중대한 위협인 '강경우파'의 사상적 기초를 이룬다.[21] 강경우파는 경제적 민주주의를 기꺼이 희생하는 초자유주의와 시민적 존중이라는 자유주의적 규범을 기꺼이 희생하는 반외국인주의의 연합이다.

이러한 설명은 결국 좌파 자유주의적 관행이 위기에 처하고 우파 자유주의가 부상하면서 케인즈주의적인 자유민주주의적 합의가 붕괴되었다는 것이다. 그 원인은 전후의 누적된 자유주의 정치의 위기에 있다. 포셋은 자유주의 정치를 복원하여 1930년대와 유사한 새로운 자유민주주의적 합의를 이끌어내야 한다고 주장한다.

---

20) 여기에 더해 포셋은 롤즈를 둘러싼 논쟁이 자유주의 세계 내에서 권리의 위치를 보여주었다고 주장한다. 그에 따르면, 롤즈는 세계인권선언의 철학적 질문에 대한 지연된 답변이었다. 롤즈와 함께 권리가 자유주의적 사고의 핵심 개념이 되었고 모든 논의는 권리를 중심으로 전개되었다.
21) 물론 강경우파가 반국가주의를 표방한다는 의미는 아니다. 포셋은 새처와 레이건의 사례처럼 우파 정치에 의해 국가는 오히려 강화되어 왔고 현재의 강경우파도 국가권력의 권위주의적 활용을 특징으로 한다고 주장한다. 정치인과 국가에 대한 강경우파의 공격은 결국 기존의 엘리트와 자유주의 정치에 대한 비판이었던 셈이다.

이론적 쟁점

여기서는 헤이우드(Heywood)의 『정치이념』(*Political Ideology*, Palgrave, 2017)의 논의에 기초해서 포셋의 자유주의 정치관행과 민주주의 개념을 비판적으로 검토한다.

정치이념과 정치관행

포셋 논의의 특징 중 하나는 자유주의를 19세기 이후 유럽 및 미국에서 자유주의자들이 실천했던 정치관행으로 정의하고 이념, 특히 '정치이념'(political ideology) 개념을 회피한다는 점이다. 대신 그는 '관점'이나 '지도이념'과 같은 용어를 사용하면서 자유주의 자체가 관념이 아니라는 것만 전제되면 '이념'이라는 용어로 대체해도 상관없다고 말한다. 말하자면 자유주의는 정치관행이고 이념은 그 구성요소인 '지도이념'으로서의 역할만 한다는 것이다. 포셋은 자신의 정치관행적 접근이 관념에서 출발하는 기존의 교조적 접근보다 더 현실적이라고 주장한다.

그러나 정치이념적 접근도 충분히 현실적이다. 이념이 실천에 근거를 둔 것은 맞지만, 일단 이념이 체계화되면 그것은 실천의 규범으로 작용하면서 실천을 특정한 방향으로 이끈다. 정치이념이라는 개념을 사용한다고 해서 현실과 괴리된 교조로 귀결되는 것은 아니다. 오히려 정치이념이라는 개념에 기초해서 통치에 필수적인 이론과 정책 및 제도의 연관관계를 더 일관되게 파악할 수 있다.

정치의 본질은 나라를 다스리는 경세(經世, 경세제민으로서 경제)에 있다. 정치이념은 한편으로 경세를 위한 현실인식의 방법을 제시하고 다른 한편으로 정치적 실천의 규범으로서 경세의 지향점을 제시한다. 나아가 정치이념은 그 지향점에 도달하기 위한 방법을 제시해야 하는데, 이는 경험적·현실적 근거를 가진 이론에 의해 뒷받침되어야 한다. 특히 현대의 정치이념은 현대경세학인 경제학과 그것을 보완하는 다양한 사회과학 이론을 근거로 삼는다. 이를 토대로 특정한 정책이 제시되고 그러한 정책이 제도화되는 과정이 현대의 정치과정이다. 그리고 이러한 조건에 부합하는 것이 현대의 3대 정치이념, 즉 자유주의, 보수주의, 사회주의이다. 반면 기존 정치에 대한 거부에 불과한 인민주의는 현대 정치이념에 미달한다.

포셋은 다른 관행들과 구별되는 정치관행의 고유성, 특히 경세로서 정치가 갖는 고유성을 간과하고 그 결과 이념이 반드시 이론·정책·제도와 결합되어야 한다는 사실을 무시한다. 따라서 포셋의 지도이념은 정치이념에 미달하는 것이지만 자유주의를 '경제학과 도덕철학 안에 가둬두지(sequester) 않겠다'는 그의 목적에는 봉사한다.

물론 포셋도 역사적 설명에서 이론 및 정책 논쟁이나 제도화를 다룬다. 그러나 정치이념에서와 달리 정치관행적 관점에서 이론이나 정책·제도는 경세라는 목적이 결여되기 때문에 평가할 수 있는 객관적 기준이 있을 수 없다. 그의 말대로 자유주의자들이 하는 것이 자유주의 정치이고 그들의 실천에서 발견되는 태도들을 규정하는 지도이념이 있을 뿐이다. 따라서 이론논쟁은 태도들 사이의 갈등을 표현하는 담론일 뿐이고 제도화는 특정 사안에 대해 어떤 태도를 규범화하는 것일 뿐이다. 이러한 관점에서 자유주의의 역사는 여러 태도들간의 갈등과 조정의 결과일 뿐 실천 이전의 어떤 이론적 판단도 불가능한 것이 된다. 그의 정치관행 개념은 자유주의 정치 및 역사에 대한 그러한 관점을 표현하기 위한 것이다.

그 결과 포셋은 현대정치의 현실적 조건, 자본주의의 역사에 대해 무관심할 뿐만 아니라 그에 상응하는 자유주의 이념·이론·정책·제도의 역사적 진화과정을 분석하는 데도 실패한다. 그뿐만 아니라 각국에서 실천되었던 자유주의 정치관행의 역사적 차이, 특히 영국과 프랑스에서 자유주의의 역사적 차이도 무시된다. 또 그는 역사에서 '숙녕본'을 거무할 것을 수장하면서 역사의 인과성 내지 역사법칙을 부정하는데, 이는 '정치의 우선성'이라는 의지주의로 귀결된다.

'자유' 없는 자유주의

정치관행 개념에서 경세적 관점이 제거된다면 뒤이은 자유주의의 개념화에서는 자유라는 대의가 주변화된다.22) 앞에서 설명했듯이 포셋은 자유주의적 실천을 이끄는 관점으로서 지도이념을 설정하는 과정에서 자유 개념을 배제한다. 그는 자유에서 시작하는 통상적 논법을 거부하고 자유주의의 역사에 대한 설명에서도 자유 개념이 정치적으로 중요한 의미를 갖지 못했다고 강조한다.23)

그런데 포셋의 지도이념은 이론에 의해 뒷받침되고 정책으로 구체화되는 체계적 정치이념이라기보다는 오히려 특정한 상황에서 자유주의자들이 취해온 태도들에 가깝다. 여기서 자유주의적 대의의 기초가 되는 자유 개념 없이 이런 태도 규정만으로 자유주의적 실천이 가능한가라는 질문을 제기할 수 있다.24) 나아가 자유라는 대의에 대한 합의 없이 서로 갈등하는 지도이념을 모두 포용할 수 있을지도 의문이다.

포셋은 다양한 자유주의 사상가들이 자신의 지도이념 중 일부를

---

22) 포셋은 『자유주의』에 후속한 『보수주의』에서도 정치관행 개념을 채택한다. 그러나 보수주의의 자유주의에 대한 관계에서 태도가 중요한 요인이라는 점과 보수주의적 '관점'이 자유주의의 4대 지도이념에 대한 보수적 태도로 설정한다는 점에서 더 적절한 접근인 것으로 보인다.
23) 포셋은 자유주의자들이 오랜 도덕적 권위를 가진 자유라는 관념에 의존했다고 인정하면서도 자유를 '출발점'으로 삼을 수 없다는 입장을 취한다. 그 이유로는 자유라는 용어가 비자유주의를 포함해서 광범위하게 남용되었다는 사실, 자유주의자들 사이에서도 이해가 일치하지 않는다는 사실, 자유주의자들이 여러 이념 중 반드시 자유를 최우선으로 선택하지도 않는다는 사실 등이 지적된다.
24) 예를 들어, 포셋은 권력에 대한 불신의 예로 권력분립론을 거론한다. 그러나 몽테스키외의 이론을 강력한 권력을 불신하는 태도로 환원할 수는 없다. 그가 권력분립을 통한 제한정부를 주장한 것은 절대권력에 의한 전제정의 공포로부터의 자유를 위한 것이었다. 나아가 몽테스키외는 여기에 더해 영국인의 '자유를 사랑하는 풍속과 관습'을 탐구했다. 결국 제한정부론의 기초는 자유라는 대의였던 것이다.

표현하고 있다고 해석한다. 예를 들어, 그는 벌린의 다원주의를 갈등의 불가피성과 권력에 대한 불신이라는 지도이념과 연결시키고 부정적 자유를 시민적 존중의 비침해·비방해로 해석한다. 그러나 이러한 태도 규정은 반(反)전체주의라는 벌린의 사상을 충분히 포괄하지 못할 뿐만 아니라 벌린의 사상에 대한 왜곡을 낳기도 하는 것이다. 일례로 포셋은 '부정적 자유'와 '긍정적 자유'의 개념적 차이가 크지 않다고 주장하는데, 이는 반전체주의에서 부정적 자유의 중요성을 무시하는 것이기 때문이다. 나아가 긍정적 자유의 부정과 반전체주의를 정치적 무관심으로 해석한 것은 포셋의 공화주의적 정치관을 시사한다.25)

한편 포셋은 개인주의도 자유주의에 필수적이지 않다고 주장하면서 공화주의를 자유주의와 등치시키고자 한다. 자유의 중심성을 기각한 이유도 여기에 있는데, 개인주의 없이 자유는 불가능하기 때문이다. 시민적 존중에 대한 그의 논의가 이를 보여준다. 포셋은 개인주의적 관점에서 개인들 사이의 존중 개념을 도출하는 것이 쉽지 않다고 지적하면서 대신 권력과 개인의 관계라는 수준에서 시민적 존중 개념을 도출할 수 있다고 주장한다.

포셋이 옹호하는 시민적 존중은 국가, 시장, 사회라는 공권력에게 시민이 요구하는 것인데, 이는 개인 이전의 사회를 전제한 것이다. 또 그가 사용하는 '시민적'이라는 표현은 이 존중이 불편부당하고 무조건적이며 '비인격적'(impersonal)인 것인 동시에 '능동적' 시민에게 주어진다는 의미다. 사실 이는 공화주의적으로 해석된 시민적 존중 개념이다. 이런 맥락에서 포셋은 프랑스의 공화주의를 이름만 다른 자유주의라고 주장한다.

이런 함의는 자유 개념에 대한 설명에서도 드러난다. 링컨의 사례

---

25) 벌린의 부정적 자유 개념은 자유(freedom)가 본질적으로 '~으로부터의 자유'라는 부정적 형태를 취할 수밖에 없다는 것이다. 벌린에 따르면, 부정적 자유와 긍정적 자유는 동전의 양면이 아니다. 두 개념은 그 자체로 목적이며 그 목적은 화해불가능하다. 또 부정적 자유 개념은 케이헌이 자유를 '공포로부터의 자유'로 정의하게 되는 개념적 기초를 제시한다.

에서도 알 수 있듯이 그는 'freedom'과 'liberty'가 수사적 차이만을 갖는다고 주장한다. 그러면서 전자가 방해의 부재를 의미하는 반면 후자는 자유를 실현할 능력이나 자율적인 이상적 시민으로서의 공적 책무를 의미한다고 말한다. 그는 이 중 어떤 자유 개념을 선택할 것인가에 대한 자유주의 내 합의가 없다고 지적한다. 나아가 그는 어떤 개념을 선택하더라도 자유주의적 약속의 범위의 확대라는 민주주의적 질문은 동일하게 제기된다고 주장한다.

말하자면 그는 자유주의적 '자유'(freedom)와 공화주의적 '자유'(liberty, 공익)을 구별하지 않는데, 민주주의적 관점에서 별로 중요하지 않은 문제라는 것이 그 이유다. 자신의 표현대로 '자유와 평등 중 굳이 선택하라면 평등을 선택하는' 민주주의적 자유주의자의 관점에서 자유주의와 공화주의의 차이는 중요하지 않다.[26]

민주정과 민주주의

포셋의 정치관행 개념의 결함은 민주주의에 대한 그의 논의에서도 드러난다. 포셋은 자유주의 및 자유민주주의와 달리 민주주의는 정치관행으로 규정하지 않는다. 그는 '민주주의'(democracy)라는 용어를 크게 두 가지 의미로 사용한다. 하나는 민주화라는 객관적 경향을 지칭하는 것이고 다른 하나는 민주화를 지향하는 주관적 태도를 지칭한다. 특히 포셋은 '민주화주의'(democratism)라고 부를 수 있는 후자를 강조하면서 정치체제로서의 민주주의, 즉 민주정 개념을 사실상 기각한다. 대신 민주주의는 자유주의적 혜택의 향유에서 누구도 배제하지 않는다는 원리로 재해석된다.

게다가 포셋은 민주주의를 정치에 국한시키지 않고 경제와 윤리

---

[26] 그러나 자유 개념들에는 현격한 차이가 있다. 벌린이 부정적 자유의 중요성을 강조한 것은 긍정적 자유의 추구가 기본적인 부정적 자유를 위협할 수 있기 때문이었다. 포셋이 이 차이를 축소하면서 모두 같은 자유로 간주한다면, 케이헌은 자유주의적 자유와 공화주의적 자유를 준별한다.

의 영역으로 확장시킨다. 19세기 말부터 자유주의가 선거민주주의를 수용한 것이 정치적 민주화를 의미했다면 노동자에 대한 경제적 양보를 수용한 결과가 경제민주주의이고 도덕적·지적 위계와 권위의 약화는 윤리적 민주주의이다. 나아가 21세기 자유주의의 위기를 극복하는 방안도 민주주의의 확대에 있다고 주장된다.

그러나 사실상 민주주의를 하나의 독자적 이념으로 간주하는 이 같은 접근은 현실의 정치체제로서 민주정에 관한 분석을 결여한다. 영국과 유럽에서 민주주의를 표방하고 있는 나라들은 실제로는 대부분 혼합정체, 즉 군주정적 요소, 귀족정적 요소, 민주정적 요소를 혼합한 정치체제를 갖고 있다. 특히 안정적 정치체제로서 유럽국가들의 모형이 되었던 영국국가의 경우 입헌군주정과 양원제에 기초하고 있다. 또 자유주의가 민주정을 수용해서 자유민주정이 확립되는 과정도 단순히 민주화 압력에 대한 양보로 이해될 수 없다. 자유민주정의 확립 과정은 투표권을 행사할 시민의 경제적·도덕적 능력이 확보되는 것을 전제로 하기 때문이다.

또 20세기에 노동자들이 생산성임금을 획득하게 된 것은 자유주의와 민주주의의 타협으로서 경제민주주의의 역사적 성과라기보다는 미국식 법인 자본주의의 역사적 성과로 이해하는 것이 더 정확할 것이다. 나아가 지적·도덕적 권위의 약화는 민주화라기보다는 자유민주주의가 안정적으로 작동할 수 있는 지적·도덕적 조건의 약화로 이해될 수 있다.

가장 중요한 것은 포셋이 '무제한적 민주주의'가 인민주의적인 '다수의 폭정'으로 귀결될 위험이 있다는 역사적 사실을 무시한다는 점이다. 실제로 민주정은 언제나 일정한 제한을 필요로 했다. 민주정이 자유주의와 결합한 자유민주정이 혼합정체에 기초한 제한을 전제로 했다면, 민주정이 사회주의와 결합한 인민민주정은 인민을 지도하는 전위당이라는 제한을 전제로 했다.

역사적 쟁점

여기서는 자유민주주의를 자유주의의 성숙으로 간주하는 포셋의 자유주의 역사 서술을 19세기 영국을 표준으로 하는 케이헌(Alan Kahan) 및 울로크(Nathaniel Wolloch)의 자유주의 역사 서술과 비교하면서 역사적 쟁점을 다룬다.

자유주의의 기원

포셋은 정치관행으로서 자유주의를 19세기의 산물로 간주하면서 자유주의의 사상적 기원에 대해 관심을 갖지 않는다. 그에 따르면, 자유주의는 나폴레옹전쟁이 끝난 1815년 이후 형성되었고 그 이전에는 중요한 의미를 갖지 못했다. 이러한 관점은 계몽주의와 자유주의의 연속성을 강조하는 울로크의 분석이나 자유주의의 기원으로서 프로토자유주의에 주목하는 케이헌의 분석과 대조를 이룬다. 케이헌과 울로크를 종합하면 로크, 몽테스키외, 스미스를 자유주의의 사상적 기원으로 간주할 수 있다. 그리고 그들의 논의는 영국에서 헌정질서가 확립되고 의원내각제가 형성되는 정치적 과정과 자유에 기초를 둔 상업사회가 발전하는 과정에 근거를 두고 있다.

영국헌정사를 빙험이 말한 '법의 지배'와 '의회의 지배'라는 두 측면에서 접근할 때 전자를 대표한 것이 명예혁명의 이론가였던 로크이고 후자를 대표한 것이 혼합정체의 이론가였던 몽테스키외이다. 왕과 가톨릭이라는 당대의 주권자들의 권력 남용으로부터 개인을 보호하기 위해 로크가 주장한 권리들은 신체와 정신의 자유를 보장하는 기본권으로 요약된다. 그러나 이러한 '법의 지배'의 원리만으로는 왕의 위법 행위를 실질적으로 막을 수 없었기 때문에 자유의 실질적 보장을 위한 제도적 발전이 요구되었다. 몽테스키외는 입법부의 우위를 주장한 로크의 이권분립론을 제한정부론으로 발전시키는 동시에 자유주의적 관습의 형성과 덕성의 향상을 주장했다.
케이헌이 공포로부터의 자유라는 관점에서 프로토자유주의를 강조한 것은 그것이 자유주의의 근간으로서 헌정의 중요성을 보여주기 때문이다. 게다가 로크와 몽테스키외의 시대에 헌정과 법치가 왕이라는 주권자에 대항하기 위한 것이었다면, 현재는 인민이라는 주권자에 대항하기 위해 필수적이다. 신체와 정신의 자유라는 기본권은 인민주의의 위헌적 행태에 대한 저항의 기준으로서 '휘선'(輝線, brightline)을 제시하는 것이고 제한정부론도 인민주의적 권력 남용을 견제하기 위한 제도의 중요성을 보여주는 것이다.
이와 같은 분석을 포셋의 논의와 비교해 볼 수 있다. 그는 시민적 존중 사상의 원천으로서 관용, 즉 종교적 자유가 관행으로 정착하는 과정을 설명한다. 그에 따르면, 관용의 근거가 된 것은 세속 권력이 신의 의도를 알 수 없으며 고문과 강압은 기독교 원리를 침해할 뿐이라는 인식이었다. 관용이 수용된 뒤에는 종교적 광신을 정신병 내지 조롱의 대상으로 여기는 사회적 분위기가 형성되었다. 그러나 당시 종교적 자유는 단순한 사회적 인식 개선의 산물이 아니라 사상적 투쟁, 즉 종교에 의한 왕권의 정당화에 대한 비판이라는 의미에서 전제정에 대항한 저항의 산물이었다. 또 종교의 자유는 양심과 사상의 자유로 이어지는 자유주의의 근본원리를 형성했다.
포셋은 자신의 지도이념 중 진보에 대한 믿음의 원천으로 계몽주의를 제시하면서도 그것이 특히 영국을 중심으로 자유주의의 이론으로 진화해 나간 사실을 보지는 못한다. 경제학적 계몽주의를 대표하는 스미스에게 진보는 더 이상 단순한 믿음이 아니라 이론적 역사로서 경제학에 근거한 것이었다. 스미스는 몽테스키외의 이론적 역사를 계승한 스코틀랜드 계몽주의의 전통에서 '노동에 기초한 소유'라는 로크의 자기소유론에서 경제학의 기본이론인 노동가치설을 도출했다. 생존양식 진화의 4단계와 이탈리아-네덜란드-영국으로 이어지는 상업사회의 계보가 진보에 대한 역사적 분석이라면, 부의 원천이 노동에 있다는 노동가치설에 기초한 경제학은 진보에 대한 이론적 분석에 해당한다. 그의 경제이론에서 생활수준 향상의 기초로서 노동생산성 개념과 경제성장의 진보상태·정지상태·퇴보상태라는 개념은 진보의 조건을 제시하는 동시에 중상주의를 비판하고 자유무역이라는 대안을 제시하는 함의를 가졌다.

케이헌과 울로크는 특히 스미스의 사상에서 공감 개념에 기초한 도덕 및 덕성의 이론이 갖는 역할에 주목한다. 공감에 기초한 도덕 감정의 사회적 상호작용은 그 결합의 규준으로서 관습(규범)과 제도(규칙)를 낳는다. 특히 스미스는 인애라는 도덕성을 옹호하면서 도덕의 지속적 향상을 강조했고 공화주의적 시민성(civism)이 아닌 자유주의적 시민성(civility)을 상업사회의 실천적 도덕으로 제시했다.

케이헌이 특히 스미스의 도덕 이론을 강조하는 이유는 현재 자유주의의 위기가 도덕적 지주의 약화에 기인한다는 그의 평가에 기인한다. 사실 포셋도 현재 자유주의의 위기의 중요한 원인이 도덕적 취약성에 있다는 것을 인식하고 있다. 그러나 그는 국가에 의한 특정 사상의 주입을 지지하는 것은 자유주의적이지 않다는 입장을 취하면서 '윤리적 부조화 속에서의 시민적 조화'가 자유주의자의 이상이라는 부글레의 입장을 수용한다. 이와 반대로 스미스의 도덕적 향상론은 국가의 개입이 아닌 시민사회 내 상호작용을 통한 도덕적 향상이 '윤리적 조화'의 경향을 창출할 수 있음을 보여준다.

자유주의의 사상적 기원으로서 로크-몽테스키외-스미스로 이어지는 계보의 중요성은 인민주의의 위험을 염두에 두고 정치이념적 접근을 할 때 비로소 인식될 수 있다. 자유주의적 헌정의 기초로서 기본권과 권력 견제를 위한 제도, 진보의 조건과 방법에 대한 이론으로서 경제학, 공감에 기초한 도덕적 향상과 시민성의 중요성은 정치관행 개념으로 포착될 수 없다. 특히 정치관행 개념에서는 제도의 중요성을 제대로 인식할 수 없고, 따라서 제도를 파괴하는 인민주의의 공격에 무관심하다.[27]

---

27) 이런 맥락에서 포셋은 인민주의를 정치가적 인민주의, 즉 엘리트 경쟁의 정치적 수단으로서 인민주의로 인식하는 경향이 있다.

자유주의의 표준으로서 '눈부신 자유주의'

앞에서 지적했듯이 포셋은 자유 개념과 개인주의를 상대화하면서 공화주의와 자유주의를 구별하지 않는다. 또 그의 정치관행 개념에서는 경제 및 정치의 이론과 정책·제도의 중요성도 주변화된다. 이런 관점에서 그는 여러 나라들의 정치관행을 자신이 제기한 자유주의적 관행의 공통적 특징들을 중심으로 검토한다. 이러한 접근은 결국 역사에서 '표준' 개념을 부정하는 결과를 낳는다. 이는 프랑스가 자유주의 사상에 가장 먼저 도달했을 뿐만 아니라 자유민주주의적 관행에도 가장 먼저 도달했다는 주장에서 드러난다.

특히 자유주의의 청년기에 관한 그의 설명은 정치적으로 안정된 영국보다 정치적으로 불안정한 프랑스에 주목한다. 자유주의 정치가 형성된 19세기 전반에 포셋이 주목한 인물은 콩스탕과 기조이고 영국의 경우 코브던의 자유무역주의와 채드윅의 구빈법이 언급될 뿐이다. 울로크나 케이헌이 주목하는 '눈부신 자유주의'의 대표자 매콜리는 전혀 거론되지 않는다.

그러나 울로크가 지적하는 것처럼 콩스탕과 기조는 모두 영국주의자였다. 콩스탕이 최초로 사용한 '자유주의'라는 용어가 지시하는 현실적 대상은 영국이었다. 기조의 역사학과 정치이론은 모두 영국을 준거로 했다. 게다가 울로크에 따르면, 콩스탕은 공동체에 참여할 수 있는 권리로서 고대적 자유와 공동체로부터 방해받지 않을 권리로서 현대적 자유를 구별하면서 현대적 자유를 이해하지 못한 자코뱅 공포정치와 나폴레옹전쟁을 비판했다. 요컨대 프랑스의 자유주의자들은 공화주의의 위험성을 인식하면서 그 대안으로 영국적 모형을 자유주의의 표준으로 삼았던 것이다.

케이헌에 따르면, 1세대 자유주의에는 기존의 전제정 및 종교적 광신에 대한 공포에 이어 혁명과 반혁명의 공포가 추가되었는데, 군주와 인민이라는 두 주권자에 대한 제약에 성공한 영국은 이에 성공적으로 대처할 수 있었다. 혼합정체 하에서 하원을 중심으로 민주정적 요소를 수용하는 동시에 상원을 중심으로 귀족정적 요소가 이를 견제하면서 민주정의 인민정으로의 타락을 방지할 수 있었기 때문이다. 이런 안정적 정치제도 위에서 영국은 민주화 요구가 혁명으로 발전하는 것을 차단하는 선제적 개혁도 추진할 수 있었다. 19세기 눈부신 자유주의를 대표하는 매콜리의 말처럼, 영국은 프랑스와 달리 '국왕의 폭정'(regal tyranny)이나 '하층민의 분노와 복수'(popular fury)가 없는 '예외적 자유' 속에서 진보를 달성했던 것이다.

포셋이 주장하는 민주주의에 주목하더라도 영국은 당대의 표준으로 간주될 수 있다. 1830년 프랑스혁명으로 성립한 7월왕정에서 자유주의와 공화주의가 분열하고 선거권도 성인 남성의 1%에서 2.5%로 확대된 데 그친 반면 영국에서는 1830년 프랑스혁명의 영향을 차단하기 위해 진행된 1832년 1차 선거법 개정에서 선거권이 성인남성 10%에서 20%로 확대되었다. 또 1848년 프랑스혁명에 의해 도입된 보통선거제도가 루이 보나파르트의 제2제정으로 귀결된 반면 영국은 1867년 2차 선거법 개정을 통해 농촌에서 선거인을 확대해서 민주화의 '이륙'에 성공했다.

영국에서 선거권 확대는 투표의 자격에 관한 논쟁을 수반했는데, 이는 다른 권리와 달리 투표권이 공무의 수행과 관련되기 때문이다. 자유주의자는 투표를 책임(trust)으로 인식하면서 제한선거제도를 지지했다. 그리고 책임을 맡을 능력의 기준으로 재산이 제시되었는데, 이는 1850년대부터 능력(capacity), 즉 교육과 덕성이라는 새로운 기준으로 대체되었다. 당시 영국의 자유주의자들이 포셋의 주장처럼 압력에 의해 마지못해 투표권을 수용한 것은 아니었다. 오히려 그것은 투표권 확대의 조건에 관한 토론과 숙고의 결과였다. 무엇보다 영국 사회의 진보에 따른 대중의 향상이 중요했고, 이와 결합된 민주정의 확대는 자유주의자들도 열정적으로 지지했다.[28]

---

28) 포셋이 영국에서 자유민주주의의 점진적 발전을 다루지 않은 것은 그의 민주주의 개념과 관련된다. 그의 정치적 민주주의는 보통선거권을 의미하며, 그런 관점에서 민주정의 제한을 위한 제도들은 보통선거권을 수용하는 방향으로 나가는 과정을 지연시킨 자유주의자의 저항으로 간주된다.

이런 관점에서 볼 때 혼합정체에서 상원에 의한 하원의 견제와 책임으로서 투표 개념에 기초한 제한선거제도라는 정치제도의 이면에는 영국의 경제적·도덕적 향상을 위한 자유주의자들의 노력이 있었다. 우선 경제적 향상과 관련해서 눈부신 자유주의가 영국자본주의의 성장기와 일치한다는 점을 지적할 수 있다. 그 기초는 1820-40년대 '기계에 의한 기계의 생산'에 의한 산업혁명의 완성과 자본주의의 본격적 발전이었다. 이는 자유무역 이념에 기초한 정책 및 제도에 의해 지지되었다. 또 1820년대 이후 노조결성 합법화에 따라 생산성임금이 정착되면서 경제성장이 노동자를 포함한 대중의 생활수준 향상으로 이어질 수 있게 되었다.

 이러한 물질적 향상의 기초 위에 교육이 확대되면서 대중의 도덕적·지적 향상도 기대할 수 있게 되었는데, 여기서 귀족이 사회적 모범의 역할을 했음을 지적할 필요가 있다. 절대왕정의 편에서 현대화에 저항한 프랑스 귀족과 달리 영국 귀족은 중간계급에게 결여된 정치적·군사적·문화적 능력을 통해 현대적 변모에 성공했고, 중간계급도 이튼·해로우 같은 사립기숙학교를 거쳐 옥스퍼드·케임브리지에 진학함으로써 그들과 융합하고자 노력했다. 귀족을 모방하려는 이런 노력은 한층 더 확대되어 교양을 갖춘 노동자인 '노동귀족'도 등장했다. 귀족에 대한 영국인의 '선망'은 배울 것 없는 귀족에 대한 프랑스인의 '질투'와 구별되었다. 영국의 도덕적·지적 향상의 과정은 스미스가 말한 '공감'과 '적정성'에 기초한 도덕적 향상의 중심에 보고 배울 모범으로서 귀족이 있었음을 보여준다.

 19세기 자유주의의 표준이라고 할 수 있는 영국에서는 정치·경제·도덕이라는 3대 지주가 유지·향상되면서 민주화 경향이 수용되었다. 여기서 3대 지주가 결합되어야 했던 이유는 선거권의 자격으로서 책임과 선거권 확대의 조건으로서 능력의 향상에 있었다. 반면 프랑스가 자유민주주의적 관행에 먼저 도달했다는 포셋의 평가는 선거를 권리로 인식하면서 향상론을 기각하는 공화주의적 관점에서만 가능한 평가다. 포셋은 제3공화정을 자유민주주의의 전형이고 '공화민주주의'(démocratie républicaine)가 '자유민주주의'의 다른 표현일 뿐이라고 주장하지만, 케이헌은 1870년대를 지나면서 자유주의가 거의 소멸하고 공화주의가 주류가 되었다고 평가한다. 또 이런 맥락에서 프랑스에서 대중정치의 실험이 영국보다 훨씬 빠른 1860년대부터 시작되었음을 지적한다.29)

자유민주주의적 타협은 자유주의의 '성숙'인가

포셋은 1870년대부터 시작된 민주화 압력에 대한 대응으로서 20세기 초에 자유민주주의적 타협이 이루어졌고 그 결과 1945년을 전후해서 자유주의가 성숙기에 접어들었다고 주장한다. 타협의 기본방향은 19세기 말에 새자유주의라는 형태로 정해졌지만 이후의 위기, 특히 1930년대 대불황을 거치면서 케인즈주의로 표현되는 '재협상'을 거쳐 자유민주주의가 완성되었다는 것이다. 나아가 포셋은 2차 세계전쟁 이후 세계인권선언을 자유민주주의의 보편화의 표현으로 간주하면서 그 기원도 새자유주의에서 찾는다.

이에 대해 첫째 자유민주주의적 타협이 새자유주의가 승리하는 연속적 과정인가, 둘째 전후 자유민주주의적 타협의 완성이 자유주의의 성숙의 표현인가라는 질문을 제기할 수 있다.

첫 번째 질문은 포셋의 설명에서 재협상의 성격에 관한 것이다. 그가 말한 재협상이란 1930년대 대불황 당시에 케인즈주의를 중심으로 하는 것이며, 핵심적 쟁점은 경제적 민주주의에서 국가의 역할이다. 포셋은 경제에서 국가의 역할에 대한 케인즈주의적 관점이 새

---

29) 1848년 보통선거권 도입도 프랑스 자유주의의 취약성의 표현이라는 것이 일반적 평가다. 대표적으로 케이헌은 보통선거권 도입 이후 책임으로서 선거라는 관점에서 선거권에 제한을 두려는 자유주의자들의 시도가 실패했다고 지적한다. 프랑스 자유주의자 중 최초로 투표가 권리라는 공화주의적 주장을 수용한 인물은 토크빌의 후계자 라불레(Edouard Laboulaye)였는데, 그는 대신 교육이라는 후속 조치를 통해 이를 보완할 것을 주장했다. 라불레는 포셋이 '비자유주의적 체제' 내에서 끝까지 원칙을 지킨 대표적 자유주의자라고 평가하는 인물이다.

자유주의를 훨씬 넘어서 경제성과를 책임지는 수준이 되었다고 주장한다. 그의 논의의 중심인 시장과 국가의 대립이라는 관점에서 볼 때 그는 케인즈가 마셜의 자유방임에 반대함으로써 국가의 주도적 역할을 옹호하는 새자유주의를 완성했다고 주장하는 셈이다. 즉 경제민주주의의 관점에서 새자유주의와 케인즈주의의 연속성을 주장하는 것이다.

그러나 영국 노동당에서 새자유주의를 계승한 페이비언주의와 케인즈주의자 미드 사이에서 벌어진 '국유화 논쟁'은 케인즈주의가 국가주의 내지 집단주의에 대한 개인주의적 반론을 내포하고 있음을 보여준다. 케인즈주의 시대에 경제에서 국가의 역할이 확대되었다고 하더라도 그것은 새자유주의가 옹호한 국가의 개입과 전혀 다른 성격을 갖는다. 여기서 국가는 거시경제적 관리라는 목적에서 시장의 한 주체로 참여하는 것으로, 그 개입은 시장과 개인주의의 원칙에 따른다. 그리고 무엇보다도 케인즈주의는 투자결정에서 민간의 자율성을 옹호하는 자유기업의 원리에 근거를 두었다.30)

나아가 역사적 자본주의의 관점에서 볼 때 새자유주의는 영국 자본주의의 쇠퇴를 표현하는 반면 케인즈주의는 새로운 미국 자본주의의 성장을 표현한다. 포셋이 지적했듯이 새자유주의는 계급투쟁이 격화되고 사회주의가 부상하는 상황에 대한 대응으로서 '부자의 집과 빈자의 집을 아우르는 공동의 지붕', 즉 경제적 운명공동체를 창출하려는 시도였다. 이는 제국주의적 통치성의 일부로서 민족주의에 대한 기여로도 해석할 수 있다. 주지하다시피 유럽에서 이 같은 민족주의는 파시즘으로 귀결되었다. 반면 케인즈주의적 타협은 원칙적으로 민족주의와 무관하며 본질적으로 자유기업의 원리에 기초를 둔 자유주의적 타협이었다.31)

---

30) 이런 맥락에서 뒤메닐은 케인즈혁명을 20세기 초 미국에서 발생한 법인혁명과 관리자혁명에 후속한 것으로 간주한다. 뒤메닐에 따르면, 법인혁명에 후속한 법인기업 내부의 관리자혁명은 미시적 안정성을 확보하는 대신 거시적 불안정성을 야기했는데, 케인즈혁명이 그와 같은 거시적 불안정성을 완화시켰다.

두 번째 질문과 관련해서 자유주의의 표준을 눈부신 자유주의로 설정하는 정치이념적 관점과 세계인권선언을 자유주의의 절정으로 여기는 포셋의 논의를 비교해 볼 수 있다. 앞에서 설명했듯이 19세기 영국이 자유주의의 표준인 이유는 헌정질서로서 혼합정체의 형성, 자본주의의 표준적 발전, 도덕적 향상의 기풍이라는 3대 지주가 결합되었기 때문이다. 그 결과 민주정의 점진적 수용 및 확대가 이루어졌다는 점에서 자유민주주의의 표준이 되기도 했다.

반면 정치관행 개념에 의존하는 포셋은 그러한 분석을 제시할 수 없다. 대신 그가 선택한 것이 자유민주주의 보편화의 표현으로서 세계인권선언이다.32) 자유주의의 전성기를 전후로 설정한다면 20세기 미국의 자유주의가 그 현실적 대상일 것인데, 그 성공을 자유민주주의적 정치관행으로 설명할 수 있을까? 정치관행의 관점에서는 민주주의와의 결합이 성숙인 이유에 대한 이론적 설명이 불가능하다. 유일한 설명은 시민적 존중이 '아무리 하찮고 어리석고 쓸모없어 보이더라도 한 사람도 빠짐없이' 주어지게 되는 민주주의의 승리라는 것이다. 그러나 포셋이 말한 민주주의의 승리가 과연 자유주의의 성숙인지는 의문이다.

우선 포셋이 말한 정치적 민주주의가 자유주의 정치의 약화를 의미한다는 것을 지적할 필요가 있다. 선거권의 자격에 관한 케이헌의 논의에 따르면, 책임이나 능력과 무관한 보통선거권으로 인해 선거인이 마치 외상 거래를 하듯 정치에 참여하면서 민주정이 인민정으로 타락할 위험이 증가한다. 또 19세기 프랑스에서 보듯이 한번 도입된 보통선거권을 되돌리는 것은 불가능하다. 게다가 선거권에 제한을 가하는 것에는 명확한 한계가 존재하고 상원에 의한 통제 같은

---

31) 경제를 시장과 국가의 대립으로 여기는 포셋의 관점은 '신자유주의'에 대한 이해에서도 드러난다. 그는 이를 시장주의로의 회귀로 이해하는데, 사실 1980-90년대 신자유주의 경제정책은 케인즈주의 내에서 통화주의적 비판을 수용한 새케인즈주의(New Keynesianism) 경제학에 기초한다.
32) 이 같은 평가는 포셋의 가족사와도 관련이 있다. 인권변호사였던 그의 부친 제임스는 1948-50년에 국제연합 영국 대표단의 일원으로 세계인권선언의 기초에 참여했고 유럽인권위원회 의장이 되었다.

제도를 갖춘 나라도 흔치 않다. 따라서 세계인권선언이 정치적으로 유효했다고 해도 그 결과는 세계 대부분의 나라를 정치적 위험에 빠트리는 것이었고, 남한의 역사가 그 대표적 사례이다.

물론 투표가 책임이 아닌 권리가 되었다고 해서 정치에서 능력주의가 사라진 것은 아니다. 전후 능력주의는 정치인과 기술관료의 결합으로서 전문가주의로 변모했고 정당조직과 학계는 정치에 대한 민주정의 영향력을 제한하는 역할을 담당했다. 문제는 전문가주의가 도덕성을 보장하지 않는다는 것이고, 이는 케이헌이 말한 3세대 자유주의의 결함으로서 도덕적 지주 약화의 중요한 요인이기도 했다. 특히 케이헌은 냉전의 상황에서 미국의 자유주의가 케인즈주의 경제정책과 결합되어 '이데올로기의 종언'이라는 형태를 띠게 되었다고 지적한다.33) 그는 이를 자유주의의 성숙이라기보다는 '공허한 승리'로 묘사한다. 포셋이 말한 '윤리적 민주주의'는 이러한 결함을 더욱 심화시키는 역할을 한다. 도덕적·지적 위계의 해체는 전문가주의, 나아가 능력주의 자체에 대한 공격을 불러일으키고 엘리트와 대중 모두에게서 도덕성의 상실과 윤리적 갈등을 심화시킨다.

물론 포셋도 자유주의의 윤리적 취약성을 인식하면서 주로 정체성 정치와 관련해서 이 문제를 제기한다. 그러나 그는 부클레적 관점을 고수하면서 아무리 훌륭한 도덕적 가치나 높은 수준의 지식이 있다고 해도 개인이 그 수용을 거부한다면 그것도 '존중'할 수밖에 없다고 생각한다. 물론 포셋도 상대주의는 부정한다. 대신 벌린처럼 집단적 소속감과 보편적 가치를 전제로 하는 다원주의를 주장한다. 그리고 이런 관점에서 정체성 정치가 특수한 집단적 경계를 강화하면서 보편성의 부정으로 나아가는 것에 반대한다. 나아가 우파의 인종주의적 편견과 반외국인주의를 비판하면서 자유주의적인 '시민적 민족주의'의 가능성을 주장한다.

---

33) 이 시기에 새뮤얼슨의 현대경제학과 그것에 조응하는 아먼드의 정치학 및 파슨즈의 사회학이 결합하여 '현대화이론'(modernization theory)이 완성된다. 현대화이론은 전통사회가 미국과 유사한 현대사회로 이행하는 경로에 관한 '비이데올로기적' 처방을 대표했다.

그러나 윤리적 민주주의의 관점에서는 보편성에 대한 포셋의 주장도 갈등하는 윤리적 관점 중 하나일 뿐이다. 따라서 윤리적 존중 하에 활발한 정치적 실천을 전개하는 것 이상의 대안을 제시할 수는 없다. 이는 개인주의의 기각으로 인해 국가의 강제가 아닌 방식에 의한 보편적 가치의 형성을 사고할 수 없기 때문인데, 포셋의 이러한 입장을 19세기 눈부신 자유주의의 향상론과 비교할 수 있다. 거기서는 개인주의적 관점에서 시민사회의 도덕적·지적 향상과 시민성 형성이라는 스미스적 대안이 가능하기 때문이다. 요컨대 윤리적 민주주의의 결함에 대한 해결은 '정치의 우선'이라는 의지주의가 아니라 케이헌이 말한 '도덕적 지주'의 부활일 것이다.

결론

포셋의 『자유주의』는 자유주의와 민주주의를 구별하고 양자의 관계를 역사적으로 파악하고자 시도한다. 그것은 일리 있는 시도이고 그가 짚어내는 역사적 맥락이나 시기구분에서 유의미한 점을 발견할 수 있다. 그러나 그는 민주주의를 우선시하면서 영미에 국한되지 않는 유럽, 특히 프랑스의 정치관행을 강조한다. 그 결과 그는 자유주의와 공화주의를 혼동하고, 개인주의와 자유의 중요성을 상대화한다. 나아가 그는 자유주의의 역사적 표준으로서 19세기 영국의 '눈부신 자유주의'를 무시한다. 자유주의의 정의에서 정치이념을 기각하고 정치관행을 채택한 이유도 여기에 있는 것으로 보인다.

이렇게 재구성된 자유주의의 역사는 중대한 편향성을 드러낸다. 우선 그는 계몽주의로 소급되는 자유주의의 사상적 계보를 무시하고 대신 자유주의가 19세기 초 정치적·경제적 격변 속에서 출현했다고 주장한다. 또 제도화를 통해 안정적으로 자유주의가 발전한 영국이 아닌 제도적으로 불안정하면서 공화주의가 우세했던 프랑스에 준거해서 19세기 자유주의를 설명한다. 또 그는 19세기 말에 자유주의가 정치·경제·윤리에서 민주주의와 타협을 시작하고 1930년대에 재협상을 단행함으로써 2차 세계전쟁 이후 전성기를 맞이했다고 주장한다. 이런 관점은 단지 역사 해석의 문제를 넘어 오늘의 자유주의 위기에 대한 처방과 관련하여 중요한 함의를 갖는다.

포셋은 자유주의가 민주주의와의 정치적 타협과 재조정을 통해 전성기를 맞이했다고 생각하기 때문에, 오늘도 '정치의 활성화'를 통해 그런 관행이 다시 만들어질 수 있다고 주장한다. 이런 제안은 현재 자유주의의 혜택에서 너무 많은 사람들이 배제되어 있다는 인식에 기초한다. 따라서 그가 말하는 정치의 활성화는 민주주의의 확대를 함의한다. 말하자면 1930년대 케인즈주의적 합의와 유사한 것을 다시 시도할 수 있다는 것이다.

그러나 포셋은 자유주의 이념과 정책의 현실적 조건, 즉 자본주의의 역사를 무시하기 때문에 새로운 타협의 경제적 실현가능성을 고려하지 않는다. 1930년대에 타협이 가능했던 것은 미국에서 새로운 자본주의적 성장이 개시되고 있었기 때문이고, 그것을 이끈 것은 법인혁명·관리자혁명·케인즈혁명을 통한 법인자본주의의 성립이었다. 반면 오늘은 위기에 처한 법인자본주의를 대체할 새로운 성장의 동력을 발견할 수 없는 상황이다.

자유주의의 위기에 대한 포셋의 대안에 내포된 가장 중요한 결함은 인민주의에 대한 처방의 취약성이다. 그는 강경우파의 확산을 우려하면서도 헌정에 대한 인민주의의 위협은 심각하게 여기지 않는다. 게다가 그가 주장하는 자유주의 정치는 자유 개념을 주변화하고 제도적 과정보다 권력투쟁에 초점을 맞춘다. 그의 '지도이념'은 자유주의 제도를 파괴할 따름인 인민주의를 식별할 기준을 제시하지 못한다. 무엇보다도 더 많은 민주주의가 필요하다는 포셋의 제안은 인민의 '개탄스러운'(deplorable), 더 나아가 '한심스러운'(contemptible) 선택에 무력할 수밖에 없다.

서론 ··· 217
정치이념으로서 보수주의 ·· 220
에드먼드 버크의 현대적 보수주의 ··································· 223
　정치의 조건으로서 질서와 권위 · 223
　정치적 실천방법으로서 경험과 중용 · 227
　정치의 목표로서 보수와 향상 · 230
19세기 영국과 유럽의 보수주의 ······································· 233
　영국의 자유주의적 보수주의 · 234
　프랑스의 복고주의적 보수주의 · 238
　독일의 권위주의적 보수주의 · 243
20세기 미국의 보수주의 ·· 247
　'자유방임' 보수주의: 전통의 형성 · 248
　자유보수주의의 변화: 구보수주의와 신보수주의 · 250
　신보수주의의 좌절과 인민주의의 폭발 · 255
결론 ··· 261

포셋의
『보수주의: 전통을 위한 싸움』

송 인 주

서론

이 글은 에드먼드 포셋(Edmund Fawcett)의 『보수주의: 전통을 위한 싸움』(*Conservatism: The Fight for a Tradition*, Princeton University Press, 2020)을 중심으로 현대 정치이데올로기로서 보수주의가 어떻게 자유주의의 경쟁자인 동시에 자유민주정을 수호하는 협력자가 되었는가를 고찰한다.

『자유주의』에서 지난 200년간 자유주의의 역사를 분석했던 포셋은 『보수주의』에서 자유주의의 성공과 실패에서 중요한 역할을 했던 보수주의의 역사적 변화를 분석한다. 보수주의자는 전통의 수호를 자신의 임무로 삼기 때문에 자유주의적 현대성이 일단 전통으로 자리를 잡으면 보수주의는 그 제도·관습·가치를 지키는 데 필수적인 우군이 된다. 자유주의의 번영뿐만 아니라 생존도 보수주의에 딸려 있다는 것이다. 따라서 포셋은 자유주의를 제대로 이해하기 위해

서도 보수주의에 대한 이해가 필수적이라고 주장한다.1)

포셋은 『자유주의』와 마찬가지로 『보수주의』에서도 보수주의를 체계적인 정치이데올로기가 아니라 '정치관행'(practices of politics)으로 정의하고 영미와 유럽 주요국의 정당·정치가의 관행을 분석한다. 그에 따르면, 보수주의는 나폴레옹전쟁 이후 사회경제적 현대화가 본격화되면서, 특히 1820년대 선거민주정을 지향하는 자유주의 정당들의 출현에 대항해서 정치집단으로 등장하기 시작했고 이후 크게 네 국면에 걸쳐 변신하는 모습을 보였다.

1830-80년의 1기에 보수주의는 자유주의적 현대성에 전면적으로 저항했다. 이 기간 동안 '타고난 통치자'로서 보수주의자들은 본래 그들의 소유였던 정치적 권위를 되찾는 일에 매진했다. 1880-1945년의 2기는 '적응과 타협'의 시기로 자신의 '실적'을 통해 권위를 회복한 보수주의가 현대성의 '신중한 관리자'로서 자유주의와 화해한 시기였다. 1945-80년의 3기는 보수주의가 지적·정치적 자신감을 회복하고 자유민주정의 수호에 적극적으로 나선 시기였다. 1980년 이후 4기에는 주류 보수주의가 사실상 자유주의와 융합된 것에 맞서 극보수주의 또는 초자유주의 강경우파가 도전세력으로 등장하여 보수주의 내부의 경쟁이 가속화되었다.

포셋은 보수주의 정치관행을 자유주의에 대한 대응으로 규정하기 때문에,2) 시기별, 국가별, 정당별, 사안별로 천차만별이었던 보수주의의 다양한 양상을 자유주의적 보수주의(liberal conservatism, 자유보수주의)와 비자유주의적 보수주의(illiberal conservatism, 비자유보수주의)로 대별한다. 보수주의 정치전통을 관통하는 핵심은 자유주의와의 대결에 있으며 그로 인해 보수주의 내부에서도 타협과

---

1) 포셋은 국제정치평론가로서의 오랜 경력뿐만 아니라 친인척을 아우르는 개인적·가정적 배경에서도 자유주의와 보수주의에 두루 관련된다. 일례로 보수당 총리를 역임한 보리스 존슨은 그의 생질(누나의 아들)이다.
2) 보수주의 3기에 새뮤얼 헌팅턴은 보수주의자가 자유주의에 대항해서 변화 또는 개혁에 반대하는 입장을 취할 뿐이라는 점에서 보수주의는 항상 '상황적 보수주의'라고 규정한 바 있다.

저항을 둘러싼 갈등이 나타난다. 여기서 포셋의 핵심적인 주장은 자유주의의 헤게모니를 인정하는 자유보수주의가 보수주의의 주류를 이룰 때 자유민주정이 안정되었다는 것이다. 또 그런 타협과 협력은 보수주의에도 보상을 제공해서 안정된 자유민주정에서 보수주의적 '우파'가 항상 더 지배적인 집권세력이 될 수 있었다고 주장한다.3)

포셋의 이런 관점은 '한 나라의 정치생활이 건강하려면 질서/안정 당과 진보/개혁당이 모두 필요하다'는 존 스튜어트 밀의 자유주의를 계승하는 것이다. 또한 그것은 보수주의라는 평형추가 없다면 자유주의적 관념은 결국 '개인성의 흙먼지(dust and powder)로 분해'되어 버릴 것이라는 에드먼드 버크의 '보수주의'도 계승한다. 나아가 이는 보수주의의 건강성도 '자유민주정 질서에 봉사하는 우파의 능력과 의지'에 달려 있다는 교훈을 내포한다. 현재 인민주의의 확산은 보수주의의 건강악화(ill-health)와도 무관하지 않다는 것이다.

그러나 보수주의를 정치이념이 아니라 '정치관행'으로 파악하는 포셋의 논의는 보수주의의 이데올로기와 정책, 그리고 그것을 뒷받침하는 사상과 이론 등의 일관성을 과소평가할 위험을 내포한다.4) 이 때문에 여기서는 먼저 헤이우드(A. Heywood)의 『정치이데올로기』(*Political Ideology*, Macmillan, 1992; 6판: Palgrave, 2017)를 참고하여 정치이데올로기로서 보수주의의 특징을 개략하고, 제시 노먼(J. Norman)의 『에드먼드 버크』(2013; 국역: 살림, 2019)를 중심으로 현대적 보수주의의 전형으로서 버크의 사상을 검토한다.

이어 포셋의 저작을 근거로 19세기 이후 자유주의의 발전과 함께 변화·발전한 주요 국가들의 보수주의 정치사를 개략적으로 살펴본

---

3) 포셋은 이 책에서 보수주의자와 우파를 동일한 범주로 사용한다. 그에 따르면 '민주주의자'의 등장 이후 일종의 중간 영역으로서 우파 자유주의자, 즉 보수주의적 자유주의자 내지 자유주의적 보수주의자가 등장했다.
4) 포셋은 '정치관행'이라는 관점이 자유주의보다 보수주의를 이해하는 데 더 적합하다고 생각하는 것 같다. 일례로 포셋은 『자유주의』에서와 달리 『보수주의』에서는 정치관행과 정치가들을 먼저 검토하고 그다음에 사상과 사상가들을 소개한다.

다. 특히 자유보수주의의 주도권이 확고했던 영미와 계속해서 혁명과 반혁명의 폭력에 시달렸던 유럽의 차이에 주목한다. 또 최근의 상황과 관련하여 20세기 자유민주정의 모델이 되었던 미국에서 보수주의의 성립·발전과정과 그 특색을 별도로 살펴본다. 마지막으로 보수주의 정치사의 큰 흐름을 재고하면서 자유민주정 수호에서 보수주의만의 고유한 역할이 무엇인지를 재론한다.

정치이념으로서 보수주의

포셋은 보수주의를 자유주의에 반작용하는 정치관행의 특정한 전통, 즉 보수주의 정치가의 언행과 그 속에 담겨있는 세계관으로 규정한다. 이는 보수주의를 고유한 이상과 원칙, 또 그것을 실현하기 위한 정책과 그런 정책의 현실성을 근거짓는 고유한 이론을 갖는 정치이데올로기가 아니라 사실상 자유주의에 대항하는 정치적 태도 또는 변화를 싫어하고 현상유지를 좋아하는 기질이나 생활방식으로 다루는 것이다. 또 이 같은 관점에 따라 포셋은 영국보다는 구질서 옹호세력이 크고 강대했던 유럽, 특히 프랑스의 상황을 중심으로 보수주의 정치의 역사와 특징을 검토한다.5)

이 같은 접근은 보수주의의 이론적 근거와 사상적 깊이를 옹호하는 보수주의 사상가들의 반발을 야기한다.6) 뿐만 아니라 보수주의를 유럽에 초점을 맞추어 1830년 이후의 정치관행으로 파악할 경우 보수주의의 역사를 상당 부분 왜곡할 수 있다. 보수주의라는 용어가

---

5) 포셋 자신은 영국에 비해 프랑스(그리고 독일과 미국)에 보수주의를 정치이념으로 체계화하려는 '더 대담한 사상가'가 많았다는 이유를 들고 있다.
6) 자유주의적 주류는 포괄범위의 방대함과 비교정치적 분석이란 점에서 『보수주의』에 대해 호평을 하는 반면 보수주의 사상가들은 보수주의의 이론적·사상적 깊이를 이해하지 못했다는 혹평을 한다. 포셋이 미국의 대표적 온건 보수주의 사상가로 소개한 케크스(John Kekes)의 서평("Besmirching a Tradition", *The New Criterion*, March 2021)이 대표적이다.

1820년대를 전후하여 정치영역에 최초로 등장한 것은 사실이지만, 버크에 대한 울로크의 평가—'계몽된 형태의 보수주의'(enlightened form of conservatism)—가 보여주듯 보수주의 사상은 계몽주의 시대, 특히 프랑스혁명기에 이미 정립되고 있었다. 게다가 보수주의 개념의 실질은 자유주의에 저항하기보다는 경쟁 속의 협력을 추구한 영국 보수당의 정책으로 구현되었기 때문에 19세기 유럽에서는 자국 내에 '보수주의'가 없다는 인식이 일반적이었다. 헤이우드가 유럽의 보수주의를 '권위주의적 보수주의'(authoritarian conservatism)라는 별도의 유형으로 구분한 것도 이런 이유 때문이다.

물론 포셋도 이 같은 맥락을 알고 있기 때문에 자유보수주의와 비자유보수주의의 선구자로 각각 영국의 버크와 프랑스의 메스트르를 『보수주의』의 서두에서 대조한다. 버크가 '균형어린 어조, 사실에 열린 태도, 전방위적 중용··온건'을 중시한 데 반해 메스트르는 '맹목적 열광(zeal)'으로 '반(反)현대'를 주창했다는 것이다. 그리고 포셋은 유럽에 더 주목하면서 이런 메스트르가 강경우파의 선조라고 지목한다. 바로 이 때문에 포셋은 오늘의 인민주의적 강경우파, 즉 매개적 전문기구·제도 같은 현대성을 거부하며 '인민에게 직접 말하는' 비자유보수주의의 외연과 계보를 지나치게 과장하면서 정작 자유보수주의의 확장가능성을 과소평가한다.

포셋은 자본주의적 현대성을 관리하는 자유보수주의 정치의 모범적 사례가 영국임을 인정한다. 그러나 영국 보수주의의 핵심을 정치관행, 즉 자유주의의 내재적 폭주위험을 제어하고 실질적 성과를 강조하고 변화의 속도를 조절하는 신중한 통치양식(mode of politics)으로만 규정하기 때문에, 지난 두 세기의 후반에 공통적으로 나타난 보수주의의 세계적 부상 또는 복귀를 설명하지 못한다. 나아가 21세기에 왜 다양한 보수세력이 극도의 차이에도 불구하고 강경우파로 연합하여 자유민주주의를 대체하고자 하는지를 설명하지 못한다. 그 모두는 자본주의적 현대성을 공통의 모태로 하면서도 더 오랜 기간의 역사적 경험을 근거로 자유주의와 구별되는 가치·이론·정책을 발전시킨 정치이데올로기로서 보수주의와 관련된다.

보수주의가 정치적 태도나 관행으로 국한되지 않는다는 점을 강조하는 헤이우드에 따르면, 정치이데올로기로서 보수주의의 이론적 근거는 매우 광범하며 심오하다.[7] 또 보수주의는 각국의 역사와 전통을 반영하기 때문에 다양한 형태를 띨 수 있지만,[8] 그럼에도 불구하고 모든 보수주의는 단순한 실용주의나 기회주의를 넘어 현실정치의 방향과 내용을 안내하는 이념적 '상식'(common sense)을 폭넓게 공유한다. 전통, 인간의 결함(imperfection), 유기적 사회, 권위, 재산/소유 등을 핵심 개념으로 하는 사상체계가 그런 상식의 기초를 이룬다. 그 전형을 가장 잘 보여주는 것이 흔히 보수주의의 창시자로 여겨지는 에드먼드 버크의 사상이다.

포셋은 버크의 보수주의를 두고 현대성과 불화한 메스트르와 달리 현대성과 화해할 길을 제시했다고 평가한다. 하지만 보수주의 정치관행의 형성을 1830년 이후로 잡는 그의 입장으로 인해 실제 버크에 대한 분석은 보수주의와 자유주의의 접점 또는 일치점과 관련되는 매우 소략한 것이다. 보수주의 정치사상은 전통·역사·관습 같은 비합리적이고 경험적인 측면을 중시하기 때문에 반이론적이고 반이데올로기적이라고 보는 자유주의자들의 일반적 인식도 작용했을 수 있다. 여기서는 제시 노먼의 『에드먼드 버크』 외에도 로버트 니스벳의 「보수주의: 꿈과 현실」(1986)과 C. B. 맥퍼슨의 「버크」(1980)—모두 『에드먼드 버크와 보수주의』(문학과지성사, 1997)에 실림—도 참고하면서 버크 정치철학의 핵심을 살펴본다.

---

[7] 보수주의와 관련된 대표적 이론은 앵글로색슨적 전통의 경제학과 대비되는 유럽적 전통의 사회학이다. 이외에도 사회·발달심리학이나 문화인류학 같은 학문도 그것을 보충하는데, 최근에는 진화생물학·인류학의 역할이 크다.
[8] 헤이우드에 따르면, 현대적인 (정치적) 보수주의는 자유보수주의, 권위보수주의, 온정보수주의, 초자유보수주의 등의 유형으로 나눌 수 있는데, 영미권과 서유럽 밖에서는 일본을 제외하면 발견되지 않는다.

에드먼드 버크의 현대적 보수주의

현대 보수주의 사상은 모두 버크에 대한 주석에 불과하다고 할 만큼 에드먼드 버크는 보수주의 정치이념의 원조로 손꼽힌다. 특히 자유주의적 평등주의에 대한 격렬한 비판을 담고 있는 말년의 『프랑스혁명에 관한 고찰』(1790)은 일종의 '반혁명 선언'으로서 보수주의 사상의 본격적 출발로 간주된다. 그러나 로크를 계승한 온건 계몽주의자이자 28년간 현역 의원이었던 실천적 정치가로서 버크의 자유보수주의 사상은 그보다 훨씬 이른 시기에 시작되었다. 또 그의 정치사상 전체는 각종 저술뿐만 아니라 여러 개혁정책 또는 정책 비판을 실행한 의원 활동에 내재된 메시지를 포괄한다.9)

정치의 조건으로서 질서와 권위

보수주의는 보통 인간의 보편적 '보존욕망'(desire to conserve, 버크)를 전제로 하며 인류의 집단적·역사적 성취로서 사회질서, 특히 사회질서의 실체로서 제도·관습·관행과 그런 관행의 정수·규범으로서 전통10)을 제일의 보존 대상으로 삼는다. 물려받은 전통은 충실하게 지키고 또 가능한 개선하여 후대에 전해줘야 한다. 전통은 자연스레 발생한 관행에서 비롯되어 오래되었다는 이유만으로도 자발적 동의와 참여를 이끌어내는 권위를 갖기 때문이다.

---

9) 버크가 의회에서 제시한 다양한 분야의 정책은 대체로 로크와 스미스의 사회·경제이론에 기초를 두고 있다. 이 때문에 맥퍼슨은 버크를 휘그이론의 창시자로 간주되는 로크의 계승자로 평가한다. 또 제시 노먼은 버크를 '이론적 경세가'인 스미스의 사상을 현실에서 구현한 '실천적 경세가'로 간주한다. 실제로 버크는 스미스가 당대에 유일하게 인정한 지음(知音)—'서신을 주고받은 적도 없지만 경제와 관련된 생각이 나와 동일하다'—이었다.
10) 니스벳에 따르면, 보수주의의 전통은 과거에서 물려받은 모든 것이 아니라 전승된 것인 동시에 유익하고 바람직한 것이다. 종교와 법에서 전통이라는 단어의 어원인 'tradere'는 '성스러운 보관물'을 전해준다는 의미였다.

이처럼 물려받은 사회적 질서와 관행의 권위에 순종하면서 전통을 있는 그대로 지킬 것을 강조했기 때문에 계몽주의 시기 유럽에서 보수주의자는 앙시앵레짐을 방어했다. 또 보수주의자는 권위의 위계를 거부하는 민주주의자는 물론이고 '개인의 자유'를 최고 가치로 추구하는 자유주의자에게도 강력히 저항했는데, 그와 같은 지향은 프랑스혁명기에 극단적인 반혁명적 폭력으로 표출되기도 했다.

반면 버크는 동일한 질서·제도·전통을 말하면서도 '자유'를 강조했다. 즉 그는 '질서 속의 자유' 또는 '자유와 권위의 양립'(노먼)을 주창했는데, 이는 정치가로서 버크가 당시 영국의 정치전통 보존을 자신의 최고 임무로 삼았고 권위의 위계가 안정되어 있는 사회질서가 그런 정치를 가능케 하는 조건이었기 때문이다.

버크가 프랑스혁명을 격렬하게 비판한 주된 이유는 혁명이라는 급격한 변혁의 폭력성에 있었다. 버크에 따르면, 추상적 원리나 연역적 사유에 집착한 급진주의자들은 구질서의 장점은 인식하지 못하고 혁명이 성취할 수 있는 것을 과대평가하면서 새로운 질서가 갖고 있는 사변적·환상적 성격을 인식하지 못했다. 존재하는 선을 인정하지 않고 악을 치유한다는 열정만으로 기존의 선마저 파괴해버리고 말았다는 것이다. 그 결과 혁명의 목적으로서 공익은 평계가 되었고 혁명의 수단으로서 배신과 살인이 목적으로 전도되었다.

버크가 중시한 것은 관습적 권리와 규범이 지켜지는 안정적 일상 속에서 제도적 정치활동을 통해 이루어지는 점진적 변화였다. 명예혁명이 모범적이었던 것은 전면적 변혁이 아니라 훼손되지 않은 부분(군주제)을 잘 활용해서 그 결함을 치유한 것(군주주권의 제한)에 있었다. 프랑스혁명과 달리 미국혁명은 미국인이 이미 누리고 있었으나 영국인의 방해로 박탈된 권리(공정경쟁과 공평과세)를 되찾기 위한 투쟁이었고, 그래서 사회는 급격한 변화를 겪지 않았다.

'변화의 수단이 없는 나라는 보존의 수단을 갖지 않은 것과 같다.' 버크에게 정치는 제도적 환경 속에서 예측가능한 관행적 입법활동을 통해 고칠 것은 고쳐나가며 지킬 것은 지키는 일이었다. 질서는 점진적 변화를 위한 정치에 필수불가결한 조건이었다. 사회가 개명하여 미래를 향해 움직이고 있다면 더욱 그럴 것인데, 18세기 영국이 바로 그런 상황이었다.11) 토지귀족은 상업적 원리를 촉진하려 애썼고, 휘그당은 능력자로서 소유자에게 부를 집중시키는 입법에 앞장섰으며, 민부 증진의 최전선에 선 부르주아지는 영국경제의 공간을 해외로 넓혔다. 이 같은 변화로 인해 물리적·사회적 이동성이 확대되면서 능력을 갖추고 운이 따라준다면 지방 출신도 치부하거나 출세할 기회를 제공받는 진보적 사회가 출현하고 있었다.12)

하지만 유동성이 심한 진보적 사회에서는 안정성을 보장할 반대급부도 똑같이 중요하다. 버크가 귀족으로 대표되는 소유자의 중요성을 강조하며 전통적 위계와 그 권위에 대한 순응을 중시한 이유도 여기에 있었다. 상업사회의 성장이 당장 불평등을 심화시키더라도 그런 불평등은 종교적 광신을 제어하는 동시에 문명의 토대로서 물질적 부의 발전을 가져오기 위해 불가피하다. 중요한 것은 사회가 그렇게 전진하고 해야 한다는 합의, 즉 장기적으로 국민의 행복을 증진한다는 의미에서 '국익'에 대해 합의하고 사회 전체가 그 방향으로 나아가도록 조율하는 것인데, 그것은 특수한 자질과 능력을 갖춘 개인들을 필요로 했다.

이 같은 관점에서 버크는 하원의 의원을 인민의 종복이나 지방민심의 대리인이 아니라 권능이 부여된 대표, 즉 독자적인 판단과 행동이 가능한 '대표인민'으로 규정했다. 버크에 따르면, '의회는 "단일한" 국민의 "숙의" 기관으로서 전체의 이익이라는 "단 하나의 이익"만을 갖는다. 의회를 이끌어가는 것은 지방의 목적이나 편견이 아니라 전체의 일반적 이성으로부터 얻어지는 일반적 선이다.'

이후의 보수주의자들과 마찬가지로 버크도 인간이 결함투성이의

---

11) 바로 이 점에서 버크는 프랑스혁명의 발발 원인으로 구체제가 사회의 자연스러운 변화에 너무 경직적이었다는 사실도 지적한다.
12) 버크 자신이 차별받는 아일랜드 출신이었지만 로킹엄 후작의 개인비서로 정치를 시작하여 하원의원이 되고 휘그당의 지도적 일원으로 활동한 자수성가의 대표적 인물이었다.

존재라고 주장했다. 개인의 이성은 한정적이고 이성에 앞서 감정과 습관에 휘둘린다. 그렇기 때문에 일상의 안전과 생계를 위해서도 개인들은 인민 전체의 집합적·역사적 지혜의 보고인 관습과 전통을 따르는 것이 중요하다. 종교도 그런 전통의 하나다. 계시로서의 종교가 아닌 제도로서의 종교는 착실한 신앙생활과 교육을 제공함으로써 선행을 고취하고 조금이라도 더 나은 인간이 되도록 향상심을 자극할 수 있다.

그런데 누구에게든 소유권이 안전하게 보장되고 자신의 노력 여하에 따라 일정한 출세와 성공의 기회를 보장받는 사회의 안정성을 지키는 데는 이보다 더 특별한 능력이 요구된다. 일단 소유자의 임무는 모든 계급에게 이익이 되도록 민부를 증대시키기 위해 먼저 자기 재산의 가치를 증식시키는 것이다. 그런 재산증식 자체가 진보하는 상업사회의 질서를 책임지고 지키는 일이기 때문이다.13)

지키기 위해서라도 고쳐야 할 때 그런 '수정'을 책임지는 통치자들에게는 더 고도의 능력이 필요하다. 관습이 헌법인 사회에서 인민이 향유하는 자유와 권리나 과거로부터 물려받은 정치제도를 안정적으로 보존·개선·전달하려면 '상속'의 정신과 문화를 갖춰야 하기 때문이다. 영속적 공동체의 표지로서 영토를 대대로 관리하며 '타고난 통치자'로 길러진 '혈통귀족'은 그런 측면에서 통치에 적합하다. '베푸는 자'라는 고귀한 사명을 짊어진 그들은 존중받아 마땅한 사회질서의 구현자다. 나아가 귀족들은 자신이 보유한 전통적 권위와 세련된 예의범절로 정치적 화해와 조정 기능을 수행할 수 있다.

재산과 학식·교양을 갖추고 있을 뿐 아니라 겸손, 중용, 공적 책임이라는 태도까지 겸비해서 권력을 갈망하는 '자연귀족'도 좋다. 수적으로도 더욱 많은 이런 신사, 즉 귀족과도 쉽게 혼인하며 하원을

---

13) 버크는 부자의 부가 빈자의 노동에 기생한다는 점을 인식했지만, 두 가지 이유에서 그것이 부의 재분배를 지지하는 근거가 될 수 없다고 보았다. 첫째, 전반적 재분배를 실시하더라도 빈민 각자에게 소량만 돌아갈 뿐이다. 둘째, 전반적 재분배는 부의 원천을 고갈시킨다. 버크 역시 스미스처럼 잉여가 생산에 재투자되는 한 자본가의 축적은 공익에 기여한다고 보았다.

장악하고 있는 상층 부르주아지(haute bourgeoisie)는 자신의 성공을 통해 체현한 근면·질서·일관성·규칙성의 미덕을 대중에게 확산시키는 살아있는 모범이 된다.14) 그들은 '교환적 정의'나 '공정과 정직' 같은 상업사회의 새로운 관행을 전통으로 승격시키며 자본주의적 사회질서를 안정·강화할 것이다.

요컨대 버크가 생각한 '질서 속의 자유'는 사실 '안정 속의 자유', 더 정확히는 현대적 정치를 가능케 하는 조건으로서 전통적 권위가 지지해주는 '안정된 변화 속의 자유'였다고 할 수 있다. 그것은 버크 정치철학의 기초가 되는 1688-89년 명예혁명의 정신을 반영하는 것이기도 했다. 버크에 따르면, 명예혁명은 단지 군주주권의 법적 제한이 아니라 정치적 제한, 즉 왕이 의회의 일원으로 규칙에 따라 주권을 행사하게 만든 헌정의 시작이라는 데 진정한 의의가 있었다. 달리 말해서 군주를 비롯한 사회구성원 누구도 하고 싶은 대로 할 자유는 없다. 그럼에도 불구하고 18세기 상업사회 영국에서는 모두가 관습과 전통 하에서 새로운 규칙을 따름으로써 과거보다 더욱 많은 자유를 누리게 되었다. 이미 시작된 변화의 안정성 또는 자유를 증진시키는 안정된 변화로서 동적 질서를 옹호했다는 점에서 버크는 진정한 의미의 현대적 보수주의를 개시했다고 볼 수 있다.

정치적 실천방법으로서 경험과 중용

버크에게 정치는 사회가 자신을 돌아보며 심사숙고해서 자신을 교정해가는 자기보존의 최고 활동이었다. 이는 주어진 정치제도 속에서 규칙에 따라 이루어지는 공동의 의사결정 활동이라는 형태를 취한다. 폭넓은 토론과 의견교환, 상호설득·협상 등을 통해 서로 다

---

14) 버크는 프랑스혁명이 실패한 원인 중 하나로 국민의회를 장악한 프티부르주아지의 역량 부족을 들고 있다. '국사를 담당할 역량을 갖추지 못한 시시한 시골 변호사들'은 하원에 견고함을 부여할 만큼의 실질적이고 안정된 재산이 없었고, 따라서 '지주계급이 갖게 마련인 자연스러운 속성을 전혀 갖지 못했다.'

른 우선순위들 사이에서 정치적 선택을 하는 것이다. 따라서 정치가는 좋은 의미에서 '아마추어'여야 한다. 여러 분야, 의제, 영역 사이에서 균형을 잡아야 하는 'generalist'(박학다식가)여야 한다는 것이다. 게다가 그러한 균형은 단순한 절충이 아니다. 효과적인 정치적 의사결정은 다양한 전문성과 장기적 시각을 필요로 한다. 따라서 정치가는 그 모두를 고려하며 직관적으로 종합할 수 있는 경험, 지혜, 독자적 판단력, 그리고 무엇보다 상식을 갖춰야 한다. 버크는 이 같은 정치가를 '행동하는 철학자'로 묘사한다.15) 방정한 품행과 적절한 화술, 공감적 사교술 같은 정치가의 개인적 매력과 재능이 더해지면 더욱 좋다. 정치적 의사결정은 어쨌든 의회 내 '대표인민들'을 설득해서 다수파를 형성하는 일이기 때문이다.

비록 고위직은 아니었지만 버크는 그런 '정치가'의 면면을 몸소 실천했다. 도덕적 품성과 미덕으로 모범을 보이고, 명백한 증거를 제시하고 설득력 있는 주장을 펼침으로써, 때로는 감동적 표현을 하고 때로는 거침없는 언사로 공격하거나 훈계하면서 사람들을 자기 편으로 만들고자 했다. 그리고 무엇보다 버크는 경세의 실천과 관련된 실질적 내용에 밝았다. 그는 국가정책의 경제적 결과를 연구하는 일을 자신의 주된 업무로 삼았고, 그것에 기초하여 주어진 상황과 문제의 제한된 개선을 노리는 신중한 해법을 제시했다.16)

이 같은 정치적 실천방법의 핵심을 경험과 중용으로 요약할 수 있다. 경험은 추상적 원리나 체계적 추론을 멀리하고 정책의 성패 사례와 정책의 실효를 중시하는 것이다. 버크는 경세의 실천이 역사

---

15) 원칙을 토대로 하는 현대적 정당정치의 선언문이라 할 『오늘의 불만의 원인에 관한 사유』에서 버크는 다음과 같이 주장했다. '정부가 추구해야 할 바람직한 목적을 규명하는 일은 사색하는 철학자의 몫이다. 그러한 목적을 달성할 바람직한 수단을 찾아내 효과적으로 사용하는 일은 행동하는 철학자인 정치가의 몫이다.'
16) 노먼에 따르면, 정부의 존속이 공인된 정당의 지지에 의존하는 정당제와 의원내각제를 주창·선도함으로써 버크가 '현대적 정당정치의 건설자'가 될 수 있었던 것은 미래를 예견한 어떤 추상적 도식이나 전망보다 자신이 직접 경험한 궁정과 의회의 부패를 극복할 실용적 방법을 구한 결과였다.

라는 경험과학에 기초한다는 사실을 알고 있었던 셈이다. 버크는 추상적 탁상공론과 '형이상학적' 인물을 참지 못했다. '인간이 식량과 의약품을 누릴 권리를 추상적으로 따져서 무슨 소용이 있는가? 식량을 구할 방법과 의약품을 구할 방법을 마련하는 게 관건이다.(…) 교수가 아니라 농부와 의사에게 도움을 요청해야 한다.' 도그마적 신앙·원칙을 경계하고 경험적·실용적 접근을 강조하는 이런 성향은 이후 거의 모든 보수주의 정치·사상가의 공통된 특징이 되었다.

그렇다고 버크가 추상적 사고를 경시한 것도 아니었다.17) 그가 경계한 것은 폐쇄적인 도그마적 사고였다. 선험적 추론을 낳는 그런 사고의 특징인 절대적 일관성은 인간사를 다룰 때 가능하지도 바람직하지도 않다.18) 인간의 생활이라는 복잡한 대상에는 정밀과학의 개념을 적용할 수 없다. 정책은 사람을 대상으로 한 실험이 되어서는 안 된다. 그렇기 때문에 정책이 적용되는 구체적 조건은 오히려 도덕적 기준에 의거해 판단되어야 하고 그런 도덕적 기준조차 느슨하게 정의되고 유연하게 적용되어야 한다. 복잡한 현실적 상황과 인간본성의 취약성19)이 항상 고려되어야 하기 때문이다. '어떤 정치제도가 인류에게 이로운지 해로운지를 결정하는 판단 기준은 상황이다.' 즉 사정에 따라서는 예외도 인정해야 하고 기준의 수정도 필요하다. 또 바로 그런 일을 해야 하기에 정치가는 무엇보다도 신중함을 미덕으로 삼아야 한다.

이처럼 경험과 구체적 상황을 강조하는 정치적 실천은 결국 중용

---

17) 경세의 실천에 필요한 경험적 일반화나 역사에 대한 직관은 당연히 추상적 사고를 요한다. 로크는 대다수 사람들은 추상적 추론을 할 수 없기 때문에 행실의 지침으로 종교가 필요하다고 했는데, 이와 관련해서는 울로크에 대한 박상현의 글을 참고할 수 있다.
18) 일례로 버크는 미국 독립전쟁기에 양측이 사용한 추상적 이론이 양측을 비타협적으로 이끌어 합리적 평화를 더 어렵게 만들었다고 생각했다.
19) 보수주의의 인간관은 자유주의·사회주의에 비하면 성악설에 더 가깝다. 또 동기의 복합성을 강조하는데, 선의에서 나온 행위도 상황 때문에 곧잘 굴절되기 때문이다. 스미스의 '적정성의 감각'처럼 버크가 사회화·문화화된 인간의 선입견(prejudice)을 중시한 것도 바로 그런 이유에서였다.

으로 귀결된다. 일단 불완전한 정보나 한정된 자원 같은 조건에서 신중한 일처리는 중도를 실용적 기준으로 삼게 된다. 이 같은 중도는 곧 적중의 방법이 되기도 한다. 정책의 시비나 유불리를 판단하는 기준이 구체적 조건과 상황에서 나오기 때문이다. 정책이 실효를 가지려면 지속되어야 하고 이를 위해 꾸준히 힘을 써 지켜가는 일에도 중도가 필요하다. 올바른 해답을 가지고 있어도 의회, 특히 경쟁하는 맞수 정당을 설득할 수 없다면 무용지물이다. 정권이 바뀌어도 정책이 지속되려면 경쟁자와도 화해할 수 있어야 한다.

요컨대 중용의 정치는 정치적 경쟁을 사실상 전쟁인 군사적·종교적 경쟁과 구분할 수 있어야 한다는 함의를 띤다. 타협하지 않고 끝까지 싸워서 가능한 한 적을 절멸해야 한다는 공화주의적 시민성(civism)은 현대정치에 적합하지 않은 것이다. 냉정·단정·정중함 속에서 적수와 공존할 뿐 아니라 나아가 협력·공생할 수 있는 자유주의적 시민성(civility)이 필요하다. 따라서 버크적인 정치적 실천의 핵심은 정치가가 최고의 시민이 되는 것 또는 최상의 시민이 '대표 인민'이 되는 것이었던 셈이다.

정치의 목표로서 보수와 향상

정치를 보수의 방법으로 생각했던 버크에게 보수는 그 자체로 목표이자 이상이었다. 문제는 무엇을 보수하는가인데, 일반적으로 지적되는 것은 유기적 질서를 갖춘 사회, 그리고 궁극적으로는 그 사회의 집단적·역사적 성취의 정점으로서 국가다. 그러나 그 국가의 실체를 무엇으로 보는가는 또 다른 문제로, 버크는 1688-89년 명예혁명으로 수립된 혼합정체의 헌정질서를 영국 국가의 실체로 간주했다. 그렇다면 그 헌정질서의 핵심은 무엇인가.

유럽에서 보수는 항상 기성 질서의 보수였고 심한 경우 그것은 곧 앙시앵레짐의 보전, 즉 왕과 성직자 등 주류(the Establishments) 인물과 가계의 보수를 의미했다. 이 같은 보수주의는 쉽게 절대군주정에 대한 지지와 권위주의로 귀결되었다. 반면 버크는 질서를 인간의 행복에 필요한 안정적인 환경으로 간주했을 뿐이며 질서 속에서 위계를 구현한 인사에 대한 충성을 윤리적 의무로 간주하지 않았다. 나아가 버크는 추상적 질서보다는 기존의 관습·관행·제도에 녹아 있어서 모두가 공유하고 실천하는 신념을 강조했는데, 영국에서 그 것은 절대군주정에 저항하는 자유였다.

버크에 따르면, 영국인의 자유는 오래전부터 선조들이 누려온 권리였다. 선조들은 절대군주정에 의해 위협받는 자유를 보호하기 위해 희생을 무릅썼다. 명예혁명을 계기로 자유는 결국 헌정의 원칙으로 인정받았다. 버크가 프랑스혁명과 달리 미국혁명을 옹호한 이유도 마찬가지였다. 미국혁명은 변덕을 부린 식민모국의 정책에 대항해서 이미 누리던 권리를 지키기 위한 것이었지 새로운 권리를 얻기 위한 혁명이 아니었다. 버크는 새로운 권리를 위해 오래된 권리를 포기하지 않았을 뿐만 아니라 폭력을 동원해서 어떤 전례도 없는 새로운 법을 만들어 새로운 권리를 얻는다는 발상에 반대했다.[20]

버크가 보기에 영국 헌정의 원칙이 되는 권리로서 자유 개념은 사회에 공헌할 '시민적 권리'에 우선하는 '개인적 권리'로서의 '자유' (freedom) 개념에서 유래한다. 정복자 노르만인과 투쟁한 앵글로색슨인의 자유 개념은 대헌장 이래 타인의 자유를 침해하지 않는 한 자신의 신체와 정신을 마음대로 누릴 자유로 인정되어 왔다. 이 같은 자유 개념은 19세기부터 영국인들의 민족적 기질로 자리 잡은 '자조'와도 연결된다.[21]

귀족 또는 상류층에 대한 영국인의 '승복'(deference, 경의)이라는

---

[20] 이런 맥락에서 버크는 자연상태라는 관념을 거부하고 '상속된 권리만이 인간의 유일한 실제적 권리'라고 주장했다. '의지와 욕구를 규제하는 통제 권력이 어디엔가 존재하지 않으면 사회는 존속할 수 없다.'
[21] 자조(self-help, 스스로 도움)는 미국인의 '독립'(in-dependence, 매이지 않음)과도 달리 남 탓 이전에 '나부터 잘하자'는 의미를 내포한다. 새로운 권리를 만들어 공익(common good)에 같이 헌신하자고 남에게 '강요'하기 이전에 규칙을 준수하는 시민적 생활 속의 밥벌이부터 소양 쌓기, 취향과 안목 키우기에 이르는 '사생활'에서 스스로 해내는 개인이 되자는 의미일 것이다.

관례도 이와 무관치 않다. 왕을 비롯해서 귀족은 과거 어느 시대에는 인민의 영웅이었고, 그 가계가 유지되고 있다는 사실만으로도 오랜 시간 그들의 땅(영지)과 사람(소작농)을 관리하는 자질과 능력을 증명한 사람이다. 그들은 이 사회를 관장하며 지속시키는 데 큰일을 한 사람, 즉 사회의 '어른'이다. 범속한 타인의 자유도 방해해서는 안 되는데, 그들을 모델로 해서 스스로 향상해나가지 못할 바에 '어른'의 일을 방해해서는 안 될 것이다.

그렇다고 자질과 능력이 확인된 소수의 주류가 정치를 독점할 이유는 없다. 나라는 점점 더 커지고 인물도 점점 더 많이 필요하다. 중요한 것은 '향상'에 시간이 필요하다는 것이다. 새 권리를 위해 옛 권리를 버리는 일이 바보짓이듯 새 통치자를 세우자고 옛 통치자를 버리는 일도 바보짓이다. 중요한 것은 기존 엘리트의 성과와 능력을 새로운 엘리트가 계승하는 동시에 향상시키는 것이다. 따라서 자질과 능력을 갖추지 못한 이들이 지금 당장 그들과 모든 정치적 의사결정을 함께 하겠다고 나서는 일은 막아야 한다. 버크가 선거제 개혁을 반대한 이유도 바로 그것이었다. 그는 오히려 '저질 유권자'를 배제하기 위해 선거권을 더 줄이는 것이 바람직하다고 생각했다.

요컨대 버크가 궁극적으로 보수하고자 한 대상은 영국사회가 역사적으로 이룩해낸 최고의 업적으로서 개인적 자유를 핵심 가치로 하는 '문명'이었다고도 할 수 있을 것이다. 버크는 확실히 상업사회로 전환된 18세기 영국사회가 과거보다 진보했다고 믿었고, 유사한 진보가 유럽이나 다른 지역에서도 가능할 수 있다고 생각했다. 물론 버크는 그와 같은 진보가 결코 완벽한 것이라고 생각하진 않았고 특히 물질적 진보에 수반되는 파괴적 측면을 인정했다. 그러나 그는 예절·예술·문학으로 표현되는 인간의 도덕적 감수성도 (일정 정도는) 진보할 수 있다고 생각했다.22) 그리고 그런 진보가 지속될 수 있으려면 정치가 보수와 향상을 목표로 해야 했다. 최고의 인재들이

---

22) 보수주의자는 일반적으로 사회의 진보 가능성은 인정하지만, 인간(성)의 진보 가능성은 회의한다.

소명으로서 자기 역할에 책임감을 가지고 보수를 위한 정치를 할 수 있을 때, 사회도 국가도 향상될 수 있다는 것이다.

19세기 영국과 유럽의 보수주의

케이헌이 자유주의 1세대와 2세대로 구분한 19세기에서 20세기 초에 이르는 시기를 포셋은 보수주의 1기와 2기로 구분하고, 각 시기에 보수주의가 자유주의와 대결한 가장 중요한 쟁점으로 '선거민주주의'와 '경제·문화민주주의'를 꼽는다.23) 일단 1830년대에 보수주의라는 용어가 현재와 유사한 의미를 확립한 후 속도와 수준의 차이는 있지만 대략 19세기 말이면 각국의 보수주의는 대체로 자유민주정에 적응하면서 보수주의의 '현대화'를 완수한다. 그러나 경제적 평등의 추구와 종교·도덕의 약화라는 세기말의 새로운 과제에 상이한 방식으로 대응하면서 보수주의 내부의 분열이 심화되기 시작한다는 것이 그의 주장이다.

그러나 이런 서술은 공통점을 지나치게 강조하기 때문에 3세대 자유주의의 고유한 과제, 즉 전체주의와의 투쟁에서 왜 각국의 보수주의가 결정적으로 분기하게 되었는지를 잘 설명하지 못한다.24) 자유주의와 보수주의의 제도적 경쟁이 정착되었던 영국은 나치에 맞서 싸웠다. 반면 '걸핏하면 싸우려 드는 나라'인 프랑스는 나치에 굴복했고 심지어 부역했다. 압도적 다수였던 보수가 다층적·다면적으로 계속 분열되어 나치의 집권을 오히려 방조했던 독일에서는 그래도 일군의 보수주의자가 나치에 대한 저항을 시도했다. 포셋은 이

---

23) 민주주의를 제도·정체가 아니라 이상·이념으로 간주하는 포셋의 용어법과 관련해서는 이태훈의 글을 참고하시오.
24) 포셋은 자유주의가 전체주의의 공포와 대결하던 시기를 보수주의 2기로 구분하지만, 1933-1945년 독일의 사례는 언급하지 않고 건너뛴다. 파시스트를 '반자유주의를 극단으로 밀고간 비보수주의자'로 보기 때문이다. 또 독일에서 파시즘에 대항했던 보수주의자도 무시한다.

같은 차이를 보수세력의 통합 정도로 설명하지만, 역사와 전통을 숭상하는 보수주의의 일반적 특징을 고려할 때 이는 너무 단순한 분석이다. 오히려 각국의 정치·경제적 조건과 보수주의 전통의 역사적 차이에 주목할 필요가 있을 것이다.

영국의 자유주의적 보수주의

포셋에 따르면, 19세기에 들어와 자유주의가 부상하면서 사회 진보를 촉진하고 필요하면 국가권력을 동원해서라도 걸림돌을 제거하려고 시도하자 보수주의자는 그 틀 내에서 승리하든가 아니면 그 틀을 대체하든가 선택해야 했는데, 영국의 보수주의는 전자의 길을 선도했다. 영국 보수주의는 일종의 '전략적 퇴각'을 단행해서 일찍부터 자유주의, 자본주의, 민주주의 모두와 타협하고 현대적 주류의 일부가 된 것인데, 이는 필, 더비, 디즈레일리, 솔즈베리 같은 탁월한 보수주의 정치가가 선도적으로 개혁을 이끈 덕분이었다.

1834년 공식적으로 출범한 보수당의 첫 지도자 로버트 필은 직물제조업자 집안 출신으로서 1834년 총리가 되기 이전에 웰링턴 정부 하에서 가톨릭 해방을 이끌었다. 가톨릭 해방 법안은 종교의 자유 같은 이념에서 유래한 것이 아니라 마지못해 취한 실용적 결정의 산물이었다. 아일랜드의 자치와 군사적 점령 사이에 남은 유일한 대안이 종교 영역에서의 양보였던 것이다. 그러나 이 법안을 계기로 필이 이끌었던 타협파와 상원의 과격파 사이에서 토리당의 분열이 발생했다.

필은 자유주의자들이 주도했던 1832년의 선거개혁법을 반대했으나 법이 제정된 이후에는 그것을 받아들였다. 도시 중간계급이 주축을 이루는 경제적 자유주의자들을 끌어들여서 토리당의 과격파를 꺾는 동시에 급진적 개혁은 물리침으로써 기성 질서를 지키고자 했던 것이다. 필은 불필요한 사회 변화에는 가능한 한 저항하고 필요할 때는 적응한다는 것을 당의 원칙으로 제시하면서 '입증된 남용의 교정'과 '실제적 불만의 구제'를 위한 개혁만 수용할 것을 권고했다. 그리고 총리가 되었을 때는 소득세를 도입하고 곡물법을 폐지하면서 경제적 자유주의를 완전히 승인했다. 스미스와 버크의 자본주의적 헌정론이 보수당(소수파)의 '선도' 하에 영국의 지배적 현실로 정착된 셈이었다.

곡물법 폐지 당시에 필의 반대파(다수파)였던 더비경 에드워드 스탠리는 1860년대에 자유주의자 파머스톤을 지지하면서 보수주의와 자유주의의 화해를 시작했다. 그는 파머스톤의 대외정책에는 동의하지 않았으나 급진파에 대한 적대감을 공유했다. 실용주의자였던 그는 진보의 혜택에는 손상이 따른다고 믿었기 때문에 보수는 방심하지 말고 예기치 못한 것을 경계해야 한다고 강조했다. 멈출 수 없는 변화의 '기계'를 '노련한 손'으로 다루면 좋은 결과를 얻겠지만 변화를 '무분별하게 가속'하면 '저항할 수 없는 파괴'가 불가피할 것이었다. 정책의 의도하지 않은 결과에 대한 이 같은 민감한 감수성이 보수주의의 강점이었다.

의회의 개혁철학으로 간주되었던 공리주의를 공격하면서 정치적 경력을 시작한 벤저민 디즈레일리는 버크를 충실히 계승하여 국가를 '정교한 기술들의 복잡한 창조물'로 이해하면서 영국 정치제도의 강건성을 강조했다. 그에 따르면, 건전한 제도는 공리 내지 효용을 계산함으로써 평가할 수 있는 것이 아니라 국민적 기질과 역사를 반영하는 것이다. 이는 그의 정치가 대중의 여론에 귀를 기울이고 이웃, 고장, 나라 등에 대한 그들의 자연스러운 애착의 균형을 조절하는 데 집중되었다는 것을 의미했다. 총리가 된 후 그는 노동자를 보호하고 도시를 정화하는 법을 시행하는 등 사회적 성향의 보수주의로 복지국가를 향한 길을 열었다.

야당 당수로서 디즈레일리는 입헌군주정을 완성하는 의원내각제 성립에 결정적 계기가 되는 2차 선거법 개혁을 주도했다.[25] 이후 그

---

[25] 영국 헌정의 발전과정과 그 역사적 의의에 대해서는 윤소영의 「'대선 불복 2년동란'」, 『한국사회성격 논쟁 세미나 (IV)』를 참고하시오.

는 특정 계급·당파가 아니라 국민 전체를 대변하는 대중정당으로서 '현대 보수당의 아버지'였다고 평가받았다.26) 이는 디즈레일리가 버크의 사상에 정통했다는 사실로 설명할 수 있다. 그는 정치가 편익뿐만 아니라 가치, 도덕, 규범의 영역으로서 고유한 언어와 상징을 필요로 한다는 사실을 잘 알고 있었다. 그는 왕과 당에 대한 충성을 스스로 시현하면서 관습과 전통에 대한 사람들의 애착을 나라에 대한 충성으로 확장시켰다. 그리고 무엇보다 사회가 의무와 책임의 자연적 위계라는 보수주의의 신조를 강조하면서 특권층은 명예롭고 관대해야 한다는 노블레스 오블리주의 원칙을 부활시켰다. 헤이우드가 강조했듯이 디즈레일리는 사회가 직면한 부자와 빈자의 분열과 갈등이라는 '두 국가'(two nation) 문제에 대해 '일국(one nation) 보수주의'를 보수당의 새 이념으로 제시했던 것이다.

요컨대 디즈레일리는 급진적이었던 젊은 시절의 경험을 되살린 '사회적 성향의 보수주의'라기보다는 중세로 거슬러 올라가는 영국 사회의 역사적 경험 속에서 최고의 업적·전통을 보존·환기하면서 보수주의를 약자의 보호와 포용이라는 '온정주의적'(paternalistic) 가치와 책임의식으로 현대화시켜 민주주의와 화해시키는 중용을 선도했다.27)

포셋은 디즈레일리보다는 오히려 그가 사망한 후 보수당을 이끈 솔즈베리경 로버트 개스코인-세실을 현재 보수당의 더 직접적인 선조로 간주한다. 사업가이기도 했던 그가 자유주의적 자본주의와 선거민주주의에 대한 영국 보수주의의 능동적 적응을 이끌면서 이후

---

26) 이런 측면에 비추어 볼 때, 디즈레일리에 관한 포셋의 진술은 약소할 뿐 아니라 폄훼의 성격도 다분하다. 포셋은 기존 지배층의 입장을 반영하면서도 노동자와 중간계급 모두에게 호소할 수 있었던 디즈레일리의 능력을 자기보존의 본능과 권력욕 그리고 언론에 대한 감각과 달변술 정도로 거론할 뿐이다.
27) 디즈레일리를 이은 랜돌프 처칠(윈스턴 처칠의 아버지) 이후 이와 같은 보수당의 정책 기조는 '토리 민주주의'라는 별칭을 갖게 되었다. 왕, 상원, 교회 등 전통적 제도들을 보존하되 민주정이라는 사회적 변화 흐름에 맞춰 사회적 책무를 진 상류층이 실용적 개혁을 주도했던 것이다.

영국 보수당의 핵심적 특징이 된 '우파 자유주의'의 정신—토지기반 이익뿐 아니라 기업과 금융의 이익도 대변하는 정신—을 정초했다는 것이다. 실제로 이 시기에 보수당은 자유당 출신 조지프 체임벌린과 동맹을 맺어서 대기업과 제국 그리고 관세를 지지했고 노동자 재해보상제도 같은 노동자 보호제도도 도입했다. 또 1884년의 선거법 개혁을 지지하여 시골 지주의 영향력을 축소시킴으로써 선거민주주의를 지방 수준에서도 정착시켰다. 그리고 1883년 원외조직인 '앵초연맹'을 시발로 보수당은 전국조직이 되어 정치적 보수주의를 대중화했다.

솔즈베리의 정치철학이 자유민주주의로 기울었던 것은 아니다. 정치를 몰고 가는 것은 이해관계이지만 정치는 또한 상징으로 생각하고 말해야 한다는 것을 잘 알았던 그는 공석에서 '귀족민주주의자' 역할을 잘 해냈다. 그러나 그의 본심은 자유주의가 인간애에 관한 감상과 기독교에 대한 오해로 가득 찬 '옹호할 수 없는 종교'와 같다는 것이었다. 그는 '무제한의 민주주의'도 경계했는데, 더 훌륭하고 합의적인 정부는커녕 출세주의자와 편협한 전문가만 키울 것이기 때문이었다. 또 제도는 그것이 사회의 안정과 안전, 번영에 얼마나 공헌하느냐로 판단되어야 했다. 보수주의의 과업을 자유에 대한 제한 없이 질서를 유지하는 것으로 보았던 그는 특히 자유를 지키는 일은 문명의 '표층'이 부서지기 쉽다는 점을 무시하는 기만적인 진보의 희망을 억제하는 데 있다고 믿었다.

1880년대 이후 솔즈베리가 이끈 당의 변화는 엄청난 포용 범위와 응집력을 보였고, 1918년 이후 보수당은 대규모 우파 정당으로 정착되었다. 이로 인해 영국 보수주의는 1920년대와 30년대에 파시즘 같은 강경우파의 확산을 모면할 수 있었다. 포셋에 따르면, 이 같은 보수당의 발전과정은 신중한 실용주의라는 영국 보수주의의 특징적 통치스타일이 누적된 결과다. 그러나 그저 자본주의를 관리했을 뿐이라고 시사하는 포셋의 평가는 장기적 역사 속에서 사고하면서 경제적 자유와 정치적 자유를 수용하는 동시에 도덕적 지주를 강화시

컸던 보수주의 정치가들의 역량을 과소평가하는 것으로 보인다.28)

프랑스의 복고주의적 보수주의

나폴레옹전쟁이 끝난 이후 유럽 전반에 구체제의 복원을 지향하는 복고주의의 바람이 불었는데, 그 주역은 프랑스였다. 혁명기로 소급되는 프랑스 최초의 자유주의자들은 자신들을 건설자로 생각했지만 타고난 집권당이었던 보수주의자들에게 그들은 파괴자일 뿐이었다. 따라서 보수주의의 첫 번째 과업은 자유주의, 더 정확히는 공화주의의 잘못을 일소하고 권위를 재확립하는 것이었다. 그에 따라 이 시기 가톨릭교회를 중심으로 보수주의자들은 열정적으로 군주제, 교회, 지주의 이익 같은 기성 제도를 방어하려 했다.

앙시앵레짐을 옹호하는 기본적 논리는 혁명기에 사부아의 지방 행정귀족(administrative nobility)이었던 조제프 드 메스트르가 제공했다. '모든 정부는 전제적이다. 선택은 복종하거나 반역하는 것뿐이다.' '유일하게 영속하는 제도는 종교적인 것이다.' '자유는 언제나 왕이 주는 선물이다.' 과거의 절대주의를 절대적으로 옹호하는 듯한 메스트르의 이 같은 입장은 통상 메스트르를 반계몽주의적인 우파 권위주의자이자 파시즘의 선구자로 간주하게 했다. 그러나 포셋에 따르면, 프랑스혁명을 사회의 정화와 구제를 위한 '신의 징벌'로 간

---

28) 보수당도 솔즈베리 이후에 분열의 위기를 겪었다. 보수당은 이른바 '새로운 자유주의'에 기초해서 사회개혁으로 방향을 전환한 자유당과의 집권경쟁에서 패배한 뒤 보호주의 관세를 비롯하여 아일랜드 문제나 제국질서의 불안 같은 문제를 둘러싸고 분열되었다. 그러나 1차 세계전쟁을 겪으며 재결집했고 스탠리 볼드윈으로 대표되는 부르주아 출신 지도자를 만나 재기했다. 포셋에 따르면, 자유무역을 지지한 당내의 경쟁자 처칠에 비해 저평가되곤 했지만, 볼드윈의 보수당은 사멸한 자유당을 대신하여 새로이 부상한 노동당을 정당한 경쟁자로 대우하면서 1920-30년대의 사회개혁을 사실상 주도했다. 또 그는 대불황으로 어려움을 겪던 나라를 통치하면서 더 지적이고 겸손한 보수주의를 호소함으로써 전국적 포용 정치를 공고히하여 극단주의의 부상을 막는 데 기여했다.

주한 메스트르의 기본 논지는 혁명적 과잉의 자멸적 특성을 파악했다는 점에서 버크와 비슷한 것이었다.

다만 메스트르는 인간의 자기통치 능력에 대해 버크보다 더 비관적이었기에 때문에 사회를 보존하는 규칙을 준수하게 하려면 징벌의 위협과 함께 가혹한 규율과 순종적 믿음이 필요하다고 보았던 것이다. 또 그는 그런 규칙의 원천을 관습이 아니라 신성으로 보았고, 따라서 정치에서 권위와 복종을 절대적으로 강조했다. 포셋은 메스트르의 그런 절대주의적 권위 개념, 즉 버크와 달리 이견을 용납하지 않고 화해의 가능성도 없이 모든 논란을 종식시키는 최종적 권위에 호소함으로써 정치의 공간을 소멸시키는 폐쇄성이 이후 비자유 보수주의의 공통점이 되었다고 지적한다.

메스트르 이후의 프랑스 우파들은 1820년대에 재부상한 자유주의 정치의 움직임을 부정하고 그것을 과거의 질서로 대체하려고 했다. 그 결과 이미 붕괴한 앙시앵레짐을 대신해서 수립되어야 할 새로운 사회질서와 권위의 원천에 대한 사회적 탐색은 계속해서 방해를 받았다. 프랑스 보수주의는 자유주의적 현대성에 대한 타협과 적응이 아니라 저항, 그것도 열정적이고 맹목적인 저항으로서 반동과 독재의 길을 택한 것이다.

나폴레옹이 귀족과 가톨릭의 지위를 복권시킨 이후 프랑스의 보수주의자는 대부분 왕당파로서 제정에 충성을 다했다. 나폴레옹전쟁 이후 보수주의 왕당파는 부르봉 왕정복고를 지지했다. 샤토브리앙처럼 입헌군주제와 대의제를 지지한 보수주의자도 틀에 박힌 정통주의 이론이 아니라 부르봉 왕가의 실제적 업적을 들어 왕정복고를 지지했다. 그러나 복고왕정은 혁명과 제정의 유산 '상속'을 거부한 채 시대착오적인 앙시앵레짐으로의 복귀를 시도했고, 무리한 절대주의는 스스로 붕괴했다.

이후 오를레앙파 명사들의 7월왕정도 상업화는 장려했지만 중앙집권국가를 내세우며 민주주의의 압력은 완전히 무시했다. '시민왕' 루이 18세는 소심한 반쪽짜리 대의제를 허용했고 그런 입헌적 헌장

아래에서 프랑수아 기조 같은 '반민주적 자유주의자들'은 경제적 자유를 위한 부분적 개혁을 시도했다. 그러나 루이 18세에 이어 극단적 보수주의자의 지지를 업은 동생 샤를 10세가 등극하여 하원 폐쇄, 언론 검열, 중간계급 유권자 배제 등 다시금 절대주의의 복원을 시도했다. 그 결과 7월왕정은 1848년 2월에 완전히 내파되었고, 제2공화국이 선포되었다.

프랑스 최초의 현대적 우파 정당이 이때 만들어졌다. 보수 진영의 방어를 위해 1848년 5월 푸아티에에 결집한 왕당파 의원들은 '질서, 재산, 종교'를 내건 질서당을 표방했다. 포셋에 따르면, 질서당에는 정통파와 오를레앙파, 절대주의자와 입헌주의자, 자유주의자와 반자유주의자가 모두 관여했다. 프랑스의 명사들과 중산층을 공포에 빠뜨린 공화국을 누구도 믿지 않았던 것이다.

그리고 이 같은 반혁명적 결집 속에서 현대적 보수주의로 지칭될 수 있는 흐름이 등장했다. 이후 초대 대통령이 되는 티에르가 그런 흐름을 대표하는 인물이었다. 포셋에 따르면, 1820년대에는 극보수와 반동에 대항하는 '운동당'의 일원이었던 티에르는 자유주의와 타협한 보수주의자의 본보기로서, 가부장적이고 반민주적인 자세로 하향식 자유주의를 시도했던 기조보다 훨씬 더 유연하게 대중의 요구와 사회의 흐름에 대처했다.

그러나 1848년 공화국이 부활시킨 혁명기의 보통선거는 1852년 국민투표를 거쳐 루이 보나파르트의 제2제정으로 귀결되었다. 프랑스 민주주의자의 염원이었던 보통선거는 결코 민주정의 보장책이 아니었던 것이다. 오히려 케이헌의 지적처럼 설익은 '선거민주주의'는 프랑스의 정치문화를 일종의 '정치적 외상거래'가 되게 만들었다.29) 예컨대 프랑스의 왕정체제가 소극으로 막을 내린 다음 제3공화국의 첫 10년 동안에도 프랑스의 좌우 경쟁, 특히 정통파(반동)와

---

29) 능력과 무관한 선거권은 민주정을 인민정으로 타락시키는 정치적 외상거래에 불과할 뿐이라는 케이헌의 지적과 관련해서는 「'대선 불복 2년동란'」을 참고하시오.

오를레앙파(입헌군주정), 보나파르트파(독재정) 셋은 '빈 의자를 놓고 다퉜다'(티에르). 포셋이 지적하는 것처럼, 프랑스라는 상품을 독점해서 (어떤) 인민을 위해 쓰겠다는 관념은 좌우 모두에게 공통적이었지만, 실제로 어떤 이론에 기초하여 어떤 정책으로 어떤 경제·사회를 만들어가겠다는 구체적인 발상은 누구에게도 없었다.30)

프로이센 점령과 파리 코뮌을 거치는 등 우여곡절 끝에 시작된 제3공화국에 들어서야 프랑스 우파는 드디어 최종 승자가 없는 투쟁이라는 자유주의적 관념을 받아들였다. 초대 대통령 아돌프 티에르는 '공화국은 보수적일 것이며 그렇지 않으면 생존할 수 없을 것'이라고 선언하면서 보수주의와 공화주의의 타협을 추진했다.

그러나 그런 노선을 거부하는 보수주의자들이 여전히 많았다. 정치적으로는 반공화주의 과격파가 국정을 괴롭히고 방해했다. 지적으로는 공화주의가 원천부터 오염된 것으로 여겨졌다. 알자스와 로렌의 상실이 영광스러운 제국과 왕정에 대한 보수주의자들의 꿈을 다시 자극하기도 했다. 선거에서 압승을 거둔 '반공화파'는 대통령을 갈아치우며 불모의 내전적 정치문화를 지속했고, 타협적 보수주의자들은 주저 끝에 1875년에 공화주의 헌법을 허용했다. 비타협적 보수주의자의 공화국 전복 시도가 또 한 차례 있었지만, 1880년대가 되면 부상하는 사회주의의 위협에 맞서 온건 보수주의자와 온건 공화주의자 사이의 협력이 이루어졌다.

이후 프랑스는 이른바 세속화로 집약되는 제도 개혁을 추진하며 1930년대까지 보수적 중도주의가 주도하는 사회가 되었다. 의회 내에서 다양한 당명의 자유주의적 좌파와 우파가 좌우 경쟁을 주도했지만, 보수세력은 하나의 통합된 정당 없이 끊임없이 변동하는 연합

---

30) 물론 루이 나폴레옹의 제2제정은 자유로운 시장과 강력한 국가 그리고 제한된 정치적 자유를 결합한 하향식 현대화를 지향했지만, '성과 기반 정당성'이라는 권위에 기댄 체제는 늘 불안정했다. 공개적 정책논쟁이 막힌 상태에서 황제의 대리인일 뿐인 정치가들의 통치는 현상유지에 머물거나 방만한 주먹구구식 정책을 채택할 경우가 많았고 결국 제국 내부의 기강 해이와 도발적인 대외 모험의 대가를 치르면서 파국을 맞게 되었다.

을 통해 정권을 잡았다. 강력한 지역 기반과 현직 의원에게 유리한 지방선거제 덕택으로 의회 밖으로 밀려나지 않았던 보수파 의원들은 전국정당의 참견을 필요로 하지 않았다.

그러나 프랑스의 시끄러운 반항적 우파는 결코 잦아들지 않았다. 특히 제3공화국 시기에 가장 강경한 반자유주의자이자 군주정 지지자인 샤를 모라스가 1898년에 설립했던 악시옹 프랑세즈(L'Action française, 프랑스의 투쟁)는 극단적 보수주의자가 집결하는 구심이 되었다.31) 가톨릭교회도 초기의 반자유주의적 적대로 복귀해서 파시즘보다 공산주의가 더 위험하다고 가르쳤다. 자유주의와 보수주의의 타협을 혐오하는 보수적 정치세력은 파시스트 기업인의 후원을 받는 극우 프랑스인민당(1936)을 낳았다.

공화국은 결국 나치 독일에 대한 군사적 패배(1940) 이후 '쓰러졌는데', 통상의 이미지와 달리 강경우파가 장악한 상하 양원의 압도적 찬성으로 공화국을 권위주의적 비시 프랑스로 대체했다. 필리프 페탱 장군이 이끄는 비시 정부는 공화주의자의 '자유, 평등, 박애'를 대신해 '노동, 가족, 조국'을 내세웠고, 비타협적 우파는 그 안에서 서로 영향력을 다투었다. 그러나 그들이 한 일은 결국 질서 유지를 통해 독일 점령군에 부역하는 것이었다.

요컨대 프랑스의 보수주의는 자유주의와 계속 불화했고 그로 인해 현대화에 미달하는 '가면무도회 같은' 정당 간 경쟁이 지속되었다. 프랑스에서는 양심의 자유로서 종교의 자유가 뿌리내리지 않은 상황에서 경제적 자유는 불완전했고 정치적 자유는 불가능했으며 끝내는 도덕적 지주도 신에 의탁하는 불완전한 상태에 머물렀다. 이 같은 프랑스의 불행이 자유주의뿐만 아니라 보수주의도 불안정하게 만들었다.

---

31) 가톨릭교회까지 포함한 로마적 전통을 중시했던 모라스는 신에 대한 절대적 신앙을 주장하며 약간의 자유주의적 회의도 용서치 않았다. 그러나 종교에 기대어 사회의 통합과 애국적 정서를 강조한 것은 모든 프랑스 보수주의자의 공통점이었다. 프랑스의 복고주의적 보수주의는 결국 완전한 정교분리를 이루지 못한 절대군주정과 가톨릭의 문제로 소급된다.

독일의 권위주의적 보수주의

19세기 초 '제한된 권력과 평등한 존중'이라는 자유주의적 이상을 실현하는 새로운 정치적 틀이 확산될 때 영국과 프랑스의 보수주의가 각각 적응과 거부라는 상반된 선택을 했다면, 아직 통일국가도 없이 중세적 '영방국가'(Territorialstaat, 지방국가)의 집합으로 남아 있던 독일은 어떤 선택도 할 수 없었다. 1848년 이후 독일에서도 자유주의 정치를 추구하는 흐름이 등장하지만, 이들은 비스마르크가 이끄는 프로이센 중심의 통일국가 형성에 종속되었다. 이후 독일의 '특수한 길'(Sonderweg)의 최종적 결과는 1차 세계전쟁의 패전과 바이마르공화국의 실패에 이은 나치의 집권이었다.

포셋은 이런 독일적 경로에 대해 프로이센의 퇴행적 귀족계급이 주축을 이룬 독일의 '일차원적' 보수주의가 자유민주주의를 지연시키고 파괴를 도왔다는 통설을 소개하면서도 독일의 내적 현실을 과소평가했다고 비판한다. 초기 자유주의 도입을 둘러싸고 19세기 독일 내에서 전개된 현대정치의 실험 과정은 다른 유럽국가와 크게 다르지 않았다. 오히려 현실은 통합되고 강력한 우파가 아니라 분열되고 취약한 우파가 자신감 있는 어떤 단일 정당도 만들지 못해 자유민주주의를 방해했다는 것이다.

포셋에 따르면, 독일 최초의 보수주의자들은 정치적으로 버릇없이 자랐다. 그들은 권위를 완전히 잃은 적이 없었고 계속 국가기관과 연결되어 있었다. 정당 면에서 보수주의는 1815년 비엔나체제가 정착된 이후 지역 명사들의 비공식 연결망으로 시작되었다. 구질서 옹호자들은 자유주의와 민주정으로부터 군주의 권력을 보호하는 데 단호했다. 위로부터 취해진 몇 가지 개혁으로 때늦은 봉건적 관행이 일부 종결되었지만 대부분의 지역에서 절충적이고 불확실한 절대주의가 여전히 지배적이었다.

그 결과 최초의 독일 보수주의자들은 공통된 한 가지 문제를 갖게 되었는데 권력의 고삐를 여전히 쥐고 있음에도 더 이상 완전한 책임은 지지 않게 된 것이었다. 보수주의는 대중에게 수용되지 못했고 보수주의자는 대중을 끌어안기를 두려워했다. 유감스러워하면서도 타협하지 않는 독일 보수주의자들은 받아들일 수도, 저항할 수도 없는 대중의 힘 앞에서 뒤로 물러나 체념하거나 은둔했다. 현대정치에 참여하기를 거부한 채 수구의 길로 나아간 것이다.

프랑스혁명이 독일의 정치의식을 일깨웠다면 1848년 혁명은 독일 보수주의를 공개적인 논쟁으로 밀어 넣었다. 프랑스의 7월왕정에 대응해서 보수주의 정당을 건설하려던 노력은 1837년 가톨릭과 프로테스탄트가 서로 다른 길을 가면서 실패했다.32) 반면 1848년 부유한 귀족이 주축이 되어 베를린에서 창립된 '융커의회', 즉 '재산권 보호와 전계급의 복지 증진을 위한 연합'을 표방한 400명의 보수주의자 집단이 '강한 프로이센'을 목표로 내걸고 1861년 프로이센 의회에서 정당으로 확립되었다. 독일의 보수주의자들이 현대적 규칙에 따라 제도정치 내에서 활동을 시작했던 것이다.

그러나 독일의 보수주의자들은 전반적으로 현대정치에 필요한 조직화에 서툴러서 프랑스만큼의 통합된 정당도 만들어내지 못했다. 빌헬름 제국의 우파는 압도적 다수였지만 민주정에 미온적이고 지역적으로 흩어진 채 미조직 상태로 남아 있었다. 1871년 프로이센이 주도한 통일 이후에는 우파 주류세력이 거의 20년 동안 세 개의 정당으로 나뉘어 있었다. 기업가와 은행가의 정당으로서 반사회주의에 힘썼던 자유보수당과 종종 그들과 동맹하면서 위로부터의 현대화를 추구한 국민자유당은 선거민주주의를 경계하면서도 가능한 한

---

32) 종교적 분열 외에도 다양한 쟁점이 이 시기 보수세력의 결집을 어렵게 했다. 무엇보다 불안정한 연방이라는 조건이 현대정치의 장을 획정하는 것을 방해했다. 오스트리아가 주도하는 느슨한 제국적 연방(대독일주의)인지, 아니면 프로이센이 주도하는 통일된 국민국가(소독일주의)로 갈 것인지가 결정되어야 했다. 독일의 소국과 반프로이센·반자유주의 성향의 보수주의자는 오스트리아를 지지했다. 자유주의자와 기꺼이 타협하려는 보수주의자와 프로이센식보다 오스트리아식 독재를 더 싫어하는 자유주의자는 프로이센을 지지했다.

이용하려 했다. 반면 북독일의 완고한 구보수세력의 결집체인 독일 보수당은 종교의 정치 참여를 지지했으며 프로이센 의회를 손에 넣고 1918년까지 개혁적 총리들을 계속 괴롭혔다.

독일 우파의 분열을 부른 또다른 원인은 절대군주정 하의 실세 재상이었던 비스마르크의 존재였다. 포셋에 따르면, 비스마르크 체제는 궁정정치와 제한적인 대의제를 혼합한 낡은 정치제도를 민주주의와 권위주의의 혼합물로 대체한 것이었다. 왕과 관료 그리고 의회의 복잡한 상호작용에 의존한 그 체제는 비스마르크의 총체적 감독을 필요로 했다. 니더작센에서 태어난 융커로서 자기 계급의 관점에 철저했던 이 '철혈재상'은 자유주의자와 민주주의자를 모두 멸시했으나 자신이 최종적 결정권을 갖는 한 어느 쪽과도 손을 잡는 '실용적 권위주의자'였다. 그는 자신의 권위 하에 정당과 제도가 서로에게 맞서 승자를 가리는 것이 건전한 정치라고 보았다.

비스마르크는 설득보다는 무력에 기초한 위로부터의 독일 통일을 추구했고 경쟁하는 외국세력들이 승자를 가리도록 도우면서 독일의 유럽 내 지배력을 추구했다. 그는 거의 즉흥적으로 보통선거와 허약한 의회 그리고 황제의 각료 선임권 등 신구의 요소들이 모순적으로 얽힌 제국헌법을 만들어냈다. 그리고 비민주적으로 선출된 다수 우파를 등에 업고 거의 독단적으로 국정의 운영을 책임졌다. 제국정치에서 비스마르크의 이런 압도적 비중은 빌헬름 제국에 내재했던 권위의 혼란을 가리는 동시에 독일 정당정치의 허약함을 용인·조장했다. '성마른 독일 우파'가 자유주의나 민주주의와 관련된 자신의 입장을 정립하고 현대적 정당정치 세력으로 (재)조직화할 동기를 원천적으로 차단한 것이다.

그에 따른 독일 보수주의 정치의 취약성은 1880년대부터 이미 나타나기 시작했다. 세 우파 정당은 1887년 제국의회 선거에서 47%의 득표율을 정점으로 이후 갈수록 지지기반을 잃어갔다. 동부 프로이센을 중심으로 하는 시골에서 벗어나 급속히 성장하는 도시의 정치세력으로 자리 잡는 데 실패한 것이었다. 그 결과 농업·농촌 방어를 제외하면 보수주의가 무엇을 옹호해야 하는지라는 문제가 더욱 불확실해졌다. 통일제국을 보전하려는 권위주의 체제에서 독일 자유주의의 성격은 이미 변질되었기 때문에 자유주의에 대항하는 힘으로서 보수주의의 자기규정도 이제는 불가능했다. 종파 갈등이나 동서 갈등 같은 오랜 문제에 더해서 관세 인상, 식민지 확대, 해군 증강, 유대인 등 이민자 축소 등을 둘러싸고 우파는 점점 더 분열되어 갔다. 1890년 자신의 목소리를 내고 싶어 했던 젊은 황제가 비스마르크를 퇴출한 후 의회가 힘을 얻자 그런 분열과 갈등은 더욱 가시화되었다.

이 모든 것이 1918년 이후 생소한 '의회정치'의 수용을 둘러싸고 전개된 다양한 혼란의 원천이 되었다. 바이마르공화국은 특히 자유민주정의 안정에 필수적인 자유보수주의 세력을 결여했다.[33] 게다가 독일국가인민당 같은 일부 세력은 공화국을 난파시키는 '보수혁명'을 지향하면서 바이마르 후기의 취약한 연립정부 체제를 위협했다. 그 당은 결국 1931년 나치당과 연합하여 하르츠베르크전선을 형성함으로써 나치가 보수적 중산층 지역에 접근할 길을 열어주었다. 그러나 거의 부역으로 일관한 프랑스 보수주의자와 달리 독일에서는 나치의 집권 전후부터 보수세력 내부에서 히틀러에 대한 비판자와 반(反)나치 저항집단이 등장하기도 했다.[34]

---

33) 우파 3당으로 정립되어 있던 독일 보수주의 주류는 제국의 붕괴 이후 새로운 두 개의 집단, 즉 독일인민당과 독일국가인민당으로 재편되었다. 구스타프 슈트레제만이 이끄는 독일인민당은 과거 국민자유당 다수파로 구성되었고, 독일국가인민당은 과거 독일보수당 및 자유보수당 세력이 주축이었지만 극우 과격파나 참전군인과 농민단체도 포괄했다. 독일인민당은 기업을 지지하는 정당으로서 공화국을 지지한 반면 독일국가인민당은 공화국에 대해서 양가적 태도를 취했다.
34) 이른바 '보수혁명' 주창자들 중에서 참전 경험이 있는 젊은 지식인들이 주축을 이룬 청년 보수주의자 일파는 중세의 귀족적 문화와 미학을 복원하려고 시도하면서 엘리트주의적 관점에서 나치의 광신과 폭력에 반대했다.

20세기 미국의 보수주의

 전체주의에 대항한 전쟁을 승전으로 이끈 처칠의 보수당은 1945년 총선에서 참패했다. 보수주의자들이 파시즘의 격퇴보다는 제국의 보존을 위해 전쟁에 참여했다고 의심받은 결과였다. 포셋에 따르면, 1945년 종전 당시 보수주의는 사실상 영년(zero year)의 상태로 돌아왔다. 하지만 이후에는 '올라갈 일밖에' 없었는데, 대신 보수주의의 주류 세력에 교체가 일어났다. 20세기 초까지 선거민주주의는 수용했지만 '경제민주주의'에는 저항했던 보수주의 세력이 주변화되고 케인즈주의적 혼합경제질서를 수용한 세력이 주류가 된 것이었다. 이와 함께 새로운 자유보수주의가 형성되어 우파 자유주의와 보수주의의 전통적 요소, 즉 제한적 국가와 권위 있는 국가, 혁신적 자유시장과 안정된 공동체, 개인의 자립 가능성과 사회적 결속에 대한 요구 등을 혼합하며 자유민주정을 보완했다. 안정감을 주는 권위와 신뢰 그리고 실용감각에 기대어 보수주의 정당은 자유주의 정당의 약속을 그들보다 더 잘 이행함으로써 유권자의 신뢰를 얻었다. 냉전시대의 보수주의 3기에는 자유보수주의와 보수자유주의가 거의 융합되면서 보수주의 고유의 특색이 희미해졌다.35)

 그러나 다른 한편으로는 타협에 따르는 '복지자본주의'와 국가의 확대된 역할의 경제적·도덕적 비용이 점점 커졌고, 특히 개인주의의 이름으로 문화적 허용성(permissiveness)이 확장되는 흐름은 윤리적 아노미로 보였다. 이를 배경으로 1970년대부터 새로운 보수주의

---

35) 해럴드 맥밀런으로 대표되는 1950년대 영국 보수당 주류는 디즈레일리-볼드윈식 '일국 보수주의' 전통을 이어갔다. 그들은 온정적 보수주의에 기초하여 비이데올로기적 '중도노선'으로 케인즈주의를 수용했다. 프랑스에서는 드골이 여전히 국가적 긍지를 추구했지만, '분노나 긍지 없는 정상성'과 안정된 번영을 추구한 앙투안 피네, 발레리 지스카르 데스탱 같은 중도보수주의자가 '영광의 30년'을 이끌었다. 독일에서는 '실험은 안 된다'를 내세운 콘라트 아데나워가 기독민주당을 이끌면서 '독일적 특수성'을 기각했다. 기민당은 '사회적 시장경제론'에 입각해서 국가코퍼러티즘 체제를 확립하고 '라인강의 기적'을 준비했다.

자들이 정치세력으로 결집했고 1980년대에는 집권에도 성공했다. 그리고 자유보수주의와 비자유보수주의의 분열·갈등이 심화되면서 보수주의 4기의 후반부에 해당하는 2000년대에는 다양한 비자유보수주의 세력이 '비자유주의적 민주주의', 즉 인민주의로 경도되었다.

전후 자본주의의 황금기를 중도에서 안정적으로 이끌었던 보수주의가 세 세대도 지나지 않아서 자유민주정의 내재적 위협세력이 된 이 같은 변화 과정은 미국 보수주의에서 가장 분명하게 드러난다. 케이헌은 전후 자유주의의 성취를 '공허한 승리'로 평가하면서 자유주의의 '도덕적 지주'가 취약해졌다고 지적했는데, 이 같은 자유주의의 변화 양상은 현대적 보수주의의 역사에도 영향을 미쳤다. 특히 도덕의 영역이 보수주의의 주요한 근거지가 되었다.

'자유방임' 보수주의: 전통의 형성

포셋은 미국 보수주의의 특징이 '자유방임'을 일관되게 주장하는 것이라고 주장한다. 그에 따르면, 그런 보수적 정치관행은 초기부터 민주적 평등주의에 대항하는 형태를 띠었다. 따라서 미국 사회에서는 본래 보수주의의 토양이 충만했다.[36] 이 같은 관점에서 포셋은 '혁명을 예방하는 혁명'의 헌법을 기초한 매디슨을 미국 보수주의의 선구자로 간주하고, 19세기 중반 잭슨민주주의에 대항해서 버크의 사상을 따랐던 휘그당의 존 애덤스를 미국 보수주의의 시발점으로 꼽는다. 그러나 앙시앵레짐의 전통이 존재하지 않았던 미국에서 비자유보수주의는 존재하지 않았고, 무법천지의 개척지나 농촌·소읍의 문화가 지배적이던 상황에서 매디슨이나 애덤스가 자유보수주의

---

36) 미국을 설명할 때 포셋은 보수주의를 특히 기질과 태도로 간주하는 경향이 있다. 자유방임을 지지해도 무한한 진보에 대한 자유주의적 믿음은 의심했고 평등을 믿지 않으며 대중의 자치 역량을 의심한 사람은 모두 보수주의자였다는 것이다. 또 포셋은 미국의 보수주의자가 종교적인 면에서 인간은 결함이 있고 현세에서 구원받을 수 없다고 본다는 점에서 아우구스티누스를 따르는 경향이 있다고 지적한다.

의 전통을 형성했다고 보기도 어렵다.37)

그런데 노예제 문제로 휘그당이 분열하고 남북전쟁에 이은 남부 재건사업이 흐지부지된 이후 상황이 달라졌다. 북부와 남부를 가르는 선과 함께 지역과 계급에 기초해서 보수주의가 형성되기 시작한 것이다. 낙후된 남부지역의 백인 엘리트는 민주당 내에서 인종분리를 고수하면서 주 입법부의 다수파를 차지했다. 더 부유해진 남부가 연방의 압력에 굴복하여 실용적 셈법을 받아들인 1960년대까지 그들은 민주적 자유주의에 저항했다.38) 또 남부지역의 농본주의자들은 북부의 '물질주의'에 맞서 더 고귀한 '정신적 가치'를 옹호했다.

현대적 보수주의는 도시 산업세력을 대변한 공화당의 북부에서 준비되고 있었다. 19세기 말 '금박의 시대'에 도시 기업가들을 중심으로 자유방임에 헌신하는 보수주의적 '영웅들'이 나타났다.39) 앤드루 카네기가 체현한 보수주의적 '부의 복음'에서 사회진보는 인위적 개입이 불필요한 자연적인 힘으로 간주되었다. 사회는 '경쟁의 법칙'에 따라 스스로 발전한다는 스펜서식 '사회다윈주의'가 확산되기도 했다. 대법원을 비롯한 미국의 각급 법원도 재산권과 기업이익을 수호하는 데 관심을 보였다.40) 자유방임에 헌신하는 이런 분위기 속에

---

37) 이런 맥락에서 니스벳은 『보수주의』에서 19세기까지 미국에는 본래적 의미의 보수주의가 존재하지 않았다고 지적한다. 미국에서 보수주의라는 단어가 긍정적 의미로 대중화된 것은 레이건 대통령이 당선되면서부터였다. 그 용어는 1950년대 학술계에서 통용되기 시작했고, 정계에서는 1960년대 남부 민주당원이나 공화당 내 우익의 골드워터(Barry Goldwater) 분파가 목소리를 낼 때 부정적 의미로 사용되기 시작했다.
38) 남부 민주당과 공화당의 보수연합(conservative coalition)이 상원을 사실상 '거부원'으로 만들었는데, 그런 거부(veto) 권력은 1960년대에 깨진다.
39) 이 시기에는 공화당도 분열되어 있었다. 재계 '영웅들'과 친화적이던 다수파 공직자들은 자유방임을 지지하며 정경유착을 방관했고, 소수파 개혁가들은 정화를 시도하다가 이후 공화당을 탈당하여 진보당을 결성했다.
40) 캘리포니아 대법원장 출신인 스티븐 필드 대법관이 주도한 '실질적 적법절차' 개념을 담은 수정헌법 14조(1868)는 가 주의 진보주의적인 사회적 입법이 재산권을 침해하지 않도록 보호했다. 필드는 계급입법이라는 이유로 1895년 연방소득세에 위헌판결을 내리기도 했다. 이 판결은 연방소득세에 관한 수정헌법 16조(1913)로 무효화된다.

서 공화당은 1869년부터 1933년까지의 64년 동안 백악관을 48년, 상원을 56년, 하원을 36년 동안 차지했다.41)

포셋에 따르면, 자유기업 문화를 적극적으로 지지한 태프트, 쿨리지, 후버의 정치도 '보수주의적'이었다. 이들은 사회문제를 해결하는 데 국가를 이용하는 것이 사회주의적 발상이라는 입장을 취했다. 경제적 자유주의를 옹호하는 연방법 유지에 매진하는 '미국 법원의 보수세력'도 이 시기에 등장했다.42) 자유기업 문화를 촉진하기 위해 1934년 미국자유연맹이 만들어졌고, 유럽에서는 '대체로 무시된' 하이에크와 미제스 등이 인기를 끌기도 했다. 이 같은 사상적 흐름은 1946년 경제자유재단의 설립으로 이어졌다.

1920년대 미국의 진보주의는 케인즈주의를 수용한 뉴딜의 현대적 자유주의로 대체되었는데, 같은 시기에 자유방임의 전통을 수호하려는 보수주의 정치전통도 형성되었다. 또 대규모 유럽이민이 이민제한법을 낳은 이 시기에 미국의 문화적 동일성에 대한 우려가 커지고 '종교적 보수주의'가 교회에서 기반을 넓혀갔다. 정치적 자유와 경제적 자유의 확대가 물질주의 문화를 확산시키고 있다는 우려 속에서 문화적 측면에서 보수주의가 성장할 여지가 커졌던 것이다.

자유보수주의의 변화: 구보수주의와 신보수주의

포셋은 『자유주의』에서 1950-80년대를 자유주의의 전성기로 간주했는데, 이에 상응해서 『보수주의』에서는 보수주의 3기의 정치적

---

41) 이 같은 성공에는 당시 영국 보수당처럼 광범위한 인쇄물 사용으로 전국적 유권자 교육을 시도한 선거운동이 큰 역할을 했다. 또 이 시기 공화당은 계급협조를 선호했고 특히 '일하는 미국인'을 내세워 백인 노동자계급의 충성과 편견에 호소했다.
42) 19세기 중반 휘그당으로 매사추세츠 상원의원이었던 루퍼스 초트는 미국의 정신문화, 특히 애국적 미국인의 형성에서 헌법을 수호하는 법조계의 보수주의가 각별히 중요하다고 주장했는데, 미국변호사협회의 설립(1878) 이후 그 전망이 현실화되었다.

분열을 강조한다.43) 이는 자유보수주의로서 미국의 보수주의 주류가 전후 황금기에 자유주의와 협조관계를 맺으면서 '워싱턴 컨센서스'를 형성했다는 것을 의미한다. 다만 헤이우드가 지적하는 것처럼 1960년대 말의 사회적 소요로 대표되는 '허용의 1960년대'와 그에 이은 '너 좋을 대로 해'(doing your own thing)라는 분위기의 확산은 자유보수주의 내에서 '신보수주의'가 형성되는 계기가 되었다.

루즈벨트의 뉴딜체제를 계승하는 냉전기 자유주의 체제에 대한 자유보수주의의 지지는 아이젠하워 대통령의 집권으로 대표된다. 아이젠하워의 공화당은 유럽의 보수주의자는 누구도 몰랐던 그들만의 교훈, 즉 '하나의 혁명을 되돌리려고 또 다른 혁명을 시작하지 말라'는 교훈을 통치에 적용했다. 2차 세계전쟁을 승전으로 이끈 장군일 뿐만 아니라 정치가이기도 했던 아이젠하워는 경제적·전략적으로 미국의 힘을 강화하는 일을 조용히 주재했다. 8년간 대통령으로 재임하면서 그는 특히 뉴딜의 전통을 이으면서도 그 속도를 조절하는 데 매진했다. 소련의 '격퇴'를 원했던 냉전의 매파들과 달리 아이젠하워는 소련의 '봉쇄'를 추구했고, 스탈린주의가 종결된 이후에는 데탕트를 추진했다. 인종분리 문제에 대해서도 그는 남부의 반대와 방해를 무릅쓰면서 인종분리금지법의 집행을 강제했다.

그러나 전후 뉴딜 민주당에 대한 보수주의자들의 태도는 분열되어 있었고, 공화당 내부의 일부 보수주의자는 아이젠하워의 중도 정책에 반대하기도 했다. 아이젠하워가 뉴딜 지지자이자 위험에 무신경한 세계주의자라며 비웃던 강경 보수는 1930년대 반(反)루스벨트 자유연맹의 전통을 지키는 데 자부심을 느끼는 중서부의 보수주의자들이었다. 로버트 태프트로 대표되는 이들 강경 보수는 1950년대 남부 캘리포니아와 남서부지역을 기반으로 한 종교적 보수주의 성향의 공화당 우파와 연합하여 뉴딜이라는 '앙시앵레짐'에 저항하면서

---

43) 그러나 이 시기에 미국의 보수주의는 자신의 고유한 이론적 기반을 확보하려고 시도하기도 했다. 1950년대부터 버크와 토크빌을 소환하여 정치적 보수주의를 특정화·체계화하려는 지적 흐름이 본격화된 것이다.

1960년경부터 서서히 권력으로 복귀했다. 그러나 이들 세력이 내세웠던 배리 골드워터44)가 1964년 대선에서 린든 존슨에게 대패하면서 자유주의와 타협한 자유보수주의의 주류적 지위는 한층 더 확고해졌다.45)

한편 아이젠하워식 자유보수주의 주류와 골드워터식 강경 보수주의 사이에 새로운 문화적 보수주의 세력도 자라나고 있었다.46) 포셋에 따르면, 보수주의자들은 소비자이론이 합리적 선택의 주체로 간주하는 '현명한 군중'이 자생적 질서의 원천과는 거리가 멀고 결코 도덕적이지도 않다는 의심을 떨쳐버린 적이 없었다. 그런데 1960년대에 문화·윤리적 민주주의, 특히 도덕이 아니라 '도덕적 자유'로 확대된 정치적 자유주의의 흐름이 그런 불안을 일깨웠다. 미국의 전통인 민주주의적 정치문화의 본질로 간주된 자유주의적 개인주의가 학교와 법정을 비롯한 여러 곳에서 도덕적 결정은 그저 개인적 취향의 문제라는 시각을 확산시키고 있었던 것이다. 그리고 그 결과로 자기이익의 추구가 새로운 도덕적 교리로 등장했다. 특히 정부의 책

---

44) 골드워터는 원칙주의적 강경외교를 강조한 애리조나 연방상원의원으로 현재 공화당 보수주의의 원조로 평가받는다. 레이건은 대선 후보 경선에서 골드워터를 지지하는 연설을 통해 처음 전국적 조명을 받았다. 자유의 적으로서 큰 정부, 독재정권, 공산주의에 대한 강경 대응이 골드워터의 일관된 원칙이었다. 반면 그는 인종통합, 낙태, 동성애, 약물 문제 등의 문화적 쟁점에 대해서는 개방적이었다. 말년에는 공화당이 '멍청이 무리'(bunch of kooks)에게 장악되었다고, 특히 기독교 우파가 당을 돈벌이 벤처들의 종교조직처럼 만들었다고 비판했다. 그를 계승한 애리조나 연방상원의원이 존 매케인이었다.
45) 강경 보수를 대표했던 골드워터는 1964년 대선에서 고작 6개 주 승리에 22.6%p의 득표율 차이로 역사적 참패에 직면했는데, 선거 결과에 바로 승복하는 것도 거부했다. 니스벳에 따르면, 이 같은 패배는 뉴딜 이전의 자유방임을 주창하는 '전통' 보수주의는 박물관에 가야 한다는 것을 대다수 미국인에게 납득시켰다.
46) 이 시기에 도슨, 앨리엇, 커크, 매킨타이어 같은 보수주의 사상가들은 자유주의가 '국민의 사회적 습관을 파괴함으로써, 그리고 그들의 선천적인 집단의식을 개인적 요소로 용해시킴으로써' 전체주의를 가능하게 만들었다고 주장했다. 이 같은 보수주의 논리는 1955년에 창간된 윌리엄 버클리의 『내셔널 리뷰』를 통해 차츰 대중적으로도 확산되기 시작했다.

임성이 증대한 뉴딜식 체제에서 사람들은 자기향상을 위한 개인적 책임은 망각한 채 모든 것을 국가에 의탁하면서도 경제적 자유와 자기이익만 옹호하는 것으로 보였다.

이 같은 문화적 타락과 사회적 쇠락에 대응하여 크게 두 가지 부류의 새로운 보수주의 세력, 즉 신우파(new right)와 신보수주의(neoconservative)가 등장했다. 니스벳에 따르면, 이들은 친공주주의적 신좌파는 물론이고 제도권 자유주의에 대한 반감을 공유했다. 나아가 지역문화와 지방공동체, 자유시장 메커니즘과 공적 판단(public judgement)에 대한 관심, 그리고 의회와 법원에 대한 새로운 존중 등을 공유했다. 반면 차이점도 있었는데, 신우파는 종교적·도덕적 문제에 더 관심을 가진 반면 신보수주의자는 복지국가라는 목표에는 동의하지만 그 운용에서 큰 정부에 반대하고 개인의 책임을 더 강조하는 이들이었다.

1970년대에 확산된 새로운 보수주의 세력이 배리 골드워터를 기점으로 패퇴했던 과거의 자유방임 보수주의 세력과 만나 이뤄낸 성취가 바로 레이건의 집권이었다.47) 포셋에 따르면, 중서부의 태프트식 강경 보수주의가 도덕적 허용성을 확대하던 자유주의와의 대중적인 문화전쟁을 거쳐서 남부와 서부에 뿌리를 둔 레이건식 보수주의로 돌아온 것이었다.

레이건 진용은 다양했다. 골드워터 선거운동의 베테랑이었던 극우파는 오직 권력장악에만 관심을 가졌고, 복음주의자들은 낙태 금지와 공립학교 내 기도 의무화 같은 도덕적 목적을 추구했으며, 초자유주의자들은 감세정책에 집중했다. 대법원과 연방준비제도 같은 엘리트기구의 평준화를 노린 인민주의자들은 레이건의 카리스마에 희망을 걸었고, 냉전 보수주의자들은 더 호전적인 외교정책과 군비

---

47) 닉슨 정부는 공화당의 무게중심이 자유주의와의 타협에서 대립으로 이동하는 과도기였다. 닉슨은 남부 캘리포니아에서 '빨갱이사냥' 변호사로 경력을 시작했고 당내 우파에 속했는데, 아이젠하워는 우파를 달래기 위해 그를 부통령으로 선택했다. 그래도 대통령 닉슨은 민주당 의회와 함께 중도에서 통치했고, 결국 온건파와 급진파로 분열된 당을 남겼다.

강화를 주장하며 '2차 냉전'을 이끌었다. 남부 캘리포니아의 지지로 주지사를 두 번 역임한 레이건은 기민함과 재능, 경륜과 행운으로 그 시끄러운 '가족들'을 효과적인 하나의 연합으로 유지했다. 경제적· 도덕적 측면에서 큰 정부는 실패한다는 '정부실패론'이 그와 같은 성공을 가능케 해준 공통적 주제였다.48)

게다가 레이건 집권으로 정점에 이른 3기의 '미국 보수주의 르네상스'(니스벳)가 이룬 위업은 우파만 향유한 것도 아니었다.49) 1990년대의 클린턴 정부는 정부실패론을 부분적으로 수용하면서 '정책개혁론'을 내세우는 신자유주의 정책개혁을 추진했다. 또 '침묵하는 다수' 또는 '도덕적 다수'의 상식과 함께 시장도 정부도 아닌 '개인의 실패'와 그것에 대한 책임을 강조한 문화적 보수주의자의 의제도 수용했다. 그 결과 클린턴은 '가족의 가치'나 주·지방공동체를 되살리는 사회정책들을 추진했다. 1960년대 이래 대항문화에 대한 반대에서 시작해서 1980년대부터 미국 사회·문화의 하향평준화(leveling down)를 일관되게 비판한 신보수주의의 목소리를 자유주의 주류도 수용했던 것이다.50) 요컨대 21세기가 개시되기 직전까지 미국의 보

---

48) 헤이우드는 신보수주의가 선호하는 정부가 '작지만 강한' 정부라는 점을 들어 신보수주의에 '국가주의' 성향이 있다고 지적한다. 특히 미국에서는 대외적으로 강한 정부에 대한 요구가 컸다. 미국의 신보수주의는 이 시기에 외국인의 응석을 받아주는 다자주의를 택하며 때때로 소련에 추파를 던지는 물러터진 정부라는 '악당'(villain) 공식을 채택했다.
49) 보수주의 르네상스의 효과는 미국 국내에 국한되지도 않았다. 주지하다시피 이 시기에는 영국에서도 토리가 '보수'당이 아니라 '혁신'당이라고 주장한 새처가 집권에 성공했다. 독일의 경우 보수주의의 조용한 관리 속에서 기민당의 헬무트 콜이 통일을 이끌었다. 좌파가 집권했던 프랑스는 예외처럼 보였지만 미테랑이 1986년에 비례대표제를 도입한 결과 드골주의자와 공화주의자가 사실상 하나의 중도우파로 뭉쳤을 뿐 아니라 강경우파(국민전선)의 원내 진입을 허용했다.
50) 니스벳에 따르면 신보수주의의 지도적 인물로서 1965년 대니얼 벨과 함께 신보수주의자들이 집결한 잡지『퍼블릭 인터레스트』를 창간한 어빙 크리스톨의 경우 청년기 트로츠키주의에서 곧바로 절충적 신보수주의로 옮겨갔다. 이는 당시 캠퍼스 내 혁명적 격정의 대부분이 전통적 보수주의자가 아니라 자유주의자를 공격했던 것에 대한 반작용이었다.

수주의 주류는 여전히 자유보수주의로서 자유주의 세력과 함께 자유민주주의를 교정하며 보수하고 있었다.

신보수주의의 좌절과 인민주의의 폭발

21세기에 시작된 아들 부시 정부도 신보수주의자가 주도했다. 그러나 포셋에 따르면, 새 정권에 참여한 젊은 2세대 신보수주의자들은 1960년대 '위대한 사회' 자유주의자처럼 자만심에 차 있었다. 그리고 그들은 미국 덕분에 소련이 해체되었다는 '마술 같은 비약적 인식'에 사로잡혔다. 일종의 역사적 전능함을 믿으면서 그들은 자신들 덕분에 국가적 자신감이 회복되었다고 주장했는데, 그 결과는 이라크전쟁이라는 '응보'였다. 이를 배경으로 신보수주의의 일원이었던 프랜시스 후쿠야마는 2006년에 신보수주의 운동의 부고를 발표했다.51)

신보수주의자에 대한 공화당 내 비주류의 불만은 1990년대로 소급하는 것이었다. 기대만큼 '작은 정부'도 실현하지 못하고 도덕적 성전에서도 별다른 성과를 거두지 못했던 레이건 정부에 실망한 구보수주의가 점점 강경해지고 있었다.52) 그들이 보기에 조지 부시의 '큰 정부 보수주의'는 더 나빴는데, 악성부채만 남겼기 때문이다. 구보수주의는 냉전 해체기의 명랑한 분위기에 반대했고 이민자의 유입에 불만을 표시했으며 세계무역질서를 편익이 아니라 비용으로 간주했다. 또 문화적 빈곤과 도덕적 해이를 개탄하면서 언제나 경멸

---

51) 후쿠야마는 『뉴욕 타임즈』에 기고한 글에서 신보수주의를 레닌주의와 견주면서 레닌주의가 비극으로 귀결되었다면 신보수주의는 소극으로 귀결되었다고 주장했다.
52) 이 시기 구보수주의의 분위기는 팻(패트릭) 뷰캐넌으로 대표된다. 닉슨, 포드, 레이건이 특별보좌관 출신으로 '침묵하는 다수'라는 말을 만들어냈던 뷰캐넌은 교황을 옹호하는 가톨릭 신자로서 공화당 내 반지성주의를 대변했다. 대학과 민주당 엘리트의 음모, 서구문명의 몰락, 미국의 영혼 회복 같은 주제는 한 세대 뒤 스티브 배넌(트럼프의 책사)에게로 이어진다.

할 만한 민주당과 가짜 공화당 중 누가 더 나쁜가라는 것을 불확실하게 만든 신보수주의를 특히 증오했다.

그리고 무엇보다 1980년 이후 30년간 '워싱턴 컨센서스'에 따라 자유주의자와 보수주의자가 함께 이뤄낸 경제적 실적에 대한 불만이 존재했다. 포셋에 따르면, 민주당의 자유주의적 우파와 거의 혼융된 주류의 자유보수주의자들은 자신이 이룬 경제적 성공에 만족·도취하여 점점 더 쌓여가는 불만세력의 존재를 간과했다. 사실 그들은 지난 30년간 끊임없는 변화와 행동을 주장하며 그에 반대하거나 주저하는 사람들을 낙오자라고 공격했다. 그 결과 경제적 자유주의를 따라갔던 사람들도 지역과 사회의 요구에 무관심한 그들의 노선에 실망하게 되었다.53)

그리고 그런 실망과 분노를 표출할 세 번의 기회가 왔는데, 2001년의 9·11테러, 2008년의 금융위기, 2016년의 대선이 그것이었다. 자유주의적 우파는 특히 2007-09년 금융위기에 취약했고, '워싱턴 컨센서스'의 주역들은 자신감의 상실과 노선의 불확실성으로 표류했다. 이는 반대자들이 주류의 자유보수주의를 공격할 빌미가 되었다. 지면, 방송, 웹진 등에서 새로운 공론장을 차지한 수많은 저질 작가와 저술가 사이에서 '부인과 혐오의 공동전선'이 형성되었다. 그 결과 2010년대에 들어서면 자유주의 정통은 제대로 비판하지도 못하는 비주류 강경파가 강력한 수사학으로 무장한 '급진적 복음'으로 공화당의 주류 온건파와 전쟁을 벌이는 형세가 만들어졌다.54)

---

53) 보수주의자들이 보기에 21세기 사회현실은 이미 '하이퍼-리버럴 상태'였다. 외설과 폭력, 가족 가치의 침식, '허용과 방종' 일색의 아동 양육·교육, 난잡한 전위예술, 학생의 악행에 대한 교수의 관용, 침묵을 강제하는 '정치적 올바름'(PC) 등의 문화전쟁은 나날이 심화되었다. 게다가 신보수주의자들이 일찌감치 비자유주의적이고 불공정하며 비생산적이라고 생각했던 우대조치(affirmative action)도 다른 방식으로 지속되었다.
54) 이 같은 비주류의 득세는 미국뿐만 아니라 영국과 유럽에서도 나타난 세계적 현상이었다. 프랑스 대선(2002)에서 국민전선의 약진, 미국 공화당 티파티의 납세자 행진(2009), 지방 및 유럽연합 선거에서 영국독립당의 선전(2013-14), 독일을위한대안(AfD) 창당(2013) 등이 그 구체적 사례다.

포셋에 따르면, 이런 비자유보수주의는 배타적 자국민주의, 교조적 초자유주의, 대중의 의지에 대한 비뚤어진 호소 등을 특징으로 했다. 또 그들의 구호와 논리는 19세기 말부터 존재했기 때문에 '신우파'가 아니라 '강경우파'라는 용어가 적합하다고 본다. 그들은 '극우'도 아닌데, 왜냐하면 '극'(極)이 주변부 경계를 지칭하는 반면 그들은 이미 당내의 새로운 '주류'로 부상했기 때문이다. 자유보수주의자들은 격정과 경악, 충격과 비탄으로 그들을 대했고, 신보수주의자들은 공화당을 이탈했다. 그 결과는 2016년 트럼프의 집권이었다.

포셋은 트럼프 지지자들에게 전달된 공화당의 메시지가 공존할 수 없는 두 이익의 접합이었다고 지적한다. 하나가 작은 정부를 원하고 사회에 대한 시장의 책임을 부인하며 경제적 세계화를 선호하는 초자유주의라면, 다른 하나는 문화적 정체성과 국가의 쇠퇴를 우려하며 자국민을 우선하는 더 오래된 보수주의다.55) 전자가 '정책무용론'을 주장하며 극단의 개방과 방임을 옹호한다면, 후자는 국가의 보호와 폐쇄를 지향한다.

이 같이 당이 대변하는 이해관계가 세계적인 것과 국가·지방적인 것, 기업적인 것과 공동체적인 것으로 갈라져 있지만, 강경우파는 둘의 차이를 가릴 만큼 안정된 대안은 약속하지 못한다. 막연하게 부자에게 피해를 주지 않고 약자를 돕겠다고 약속할 뿐이다. 또 내적 일관성이 없기 때문에 강경우파의 공화당은 정당정치적 교란과 지적 임시변통의 정치스타일을 선호한다.56)

---

55) 그러나 현실은 포셋의 구분보다 더 복잡해 보인다. 포셋은 미국의 복음주의 개신교를 비롯하여 종교세력은 거의 다루지 않는데, 이는 보수주의의 정의와 관련해서도 큰 공백이다. 또 한때 신보수주의가 대변했던 문화적 보수주의의 외연도 넓다. 문화적 보수주의는 신앙생활 여부와 상관없이 인간사회의 '보편문화'였던 남녀노소의 유별을 지키며 살고 싶어 하는 보통의 중·노년층에게도 호소력을 가졌다.
56) 일례로 트럼프는 의회의 반대에 부딪힐 때마다 과격하게 제도를 뒤흔들며 행정명령과 긴급권한에 의존했다. 또한 주의를 딴 데로 돌리는 연극을 해대어 연방법원에서 자유주의적 판사들을 제거한 일도 신문 1면에 오르지 못했다.

그럼에도 강경우파는 명백한 모순을 유리한 방향으로 이끄는 지략이 있다. 그것은 쇠퇴, 포획, 적, 희생자의식이라는 네 가지 주제의 수사학적 논지를 급진주의적 취향으로 적절히 혼합하는 것이다. 쇠퇴는 '나라가 쇠약해지고 있다', '결속이 깨졌다', '사람들이 타락했다' 같은 국가적 파멸의 이야기다. 이런 상황에서 정치와 정부는 대중을 이해하지도 대변하지도 않는 이기적인 엘리트, 즉 내부의 적에 포획되어 있다. 따라서 '당신', 즉 우리 진정한 국민만이 나라를 구하고 미국을 되돌릴 수 있다.

국민의 적인 자유주의자의 본질적인 도덕적 결함은 탐욕, 무신앙, 애국심 결여 등에 있다. 지금 여기에 소속된 우리와 달리 어디에나 다니면서 어디에도 소속되지 않는 그들은 자신의 관심사 외에는 어떤 애착도 없다. 그에 따라 강경우파는 자국우선주의를 내세우며 국제주의와 다자주의를 폐기한다. 마지막으로 희생자의식은 모든 상이한 집단을 함께 묶어주는 주제다. 권리를 침해하는 국가의 희생자와 위선적이고 냉담한 자유주의의 희생자는 서로 연결된다. 희생자를 대변하기 때문에 격렬하게 흥분하며 쉽게 성내는 트럼프의 자질은 수치가 아니라 긍지로 느껴진다.

포셋은 마지막으로 트럼프로 대표되는 강경우파의 정치관행이 '정치가적 인민주의'라는 사실을 지적하고,57) 그 결함과 원인을 간단하게 분석한다. 그에 따르면, 강경우파는 일단 파시스트는 아니라고 할 수 있다. 파시즘은 역사적으로 특수한 현상이었을 뿐이기 때문이다. 게다가 강경보수는 파시즘적 대중동원과 폭력보다는 오히려 공포와 묵인에 의존한 통제라는 보수적 권위주의를 지향한다. 그렇다고 이들이 파시스트보다 덜 위험한 것은 아닌데, 인민주의가 변종 파시즘이 될 가능성이 없지 않을 뿐만 아니라 무엇보다도 이들이 양당제 미국 사회에서 한쪽 정당의 주류로 고착될 가능성이 없지도 않기 때문이다.58)

---

57) 베를루스코니에서 비롯된 정치가적 인민주의라는 변종 인민주의에 대해서는 『인민주의 비판』(공감, 2005)을 참고하시오.

이어서 포셋은 강경우파의 정치가적 인민주의가 대중과 엘리트의 갈등이 아니라 엘리트끼리 벌이는 경쟁이라고 강조한다. 강경우파는 자신들이 '버려진 사람들, 대표가 없는 사람들'을 대표한다고 말하는 동시에 선량한 다수 국민을 '외부자'로 만든다. 나아가 정치적 외부자였던 그들 자신이 '내부자'에 대한 유권자의 증오를 이용하여 반란을 선창하면서 익숙한 정당정치의 패턴을 뒤엎는 것이다. 한마디로 강경우파는 '제도에 반하는 호소'에 집결하는 행동주의자다. 자신과 국가를 혼동하는 뻔뻔함을 특징으로 하는 그들은 자신들의 이익에 부합하여 그 편익을 누릴 수 있을 때는 대의제와 투표제를 이용하고 인정하지만, 사실은 다당제 경쟁이나 연합정부를 불편해하고 대중에 의해 선출된 자신의 반대파가 사기를 잃을 때 가장 행복해하는 것이다.

포셋은 여기서 강경우파의 인민주의에는 적의 절멸을 지향하는 폐쇄적 사고가 저변에 깔려 있으며 바로 그 점에서 지금의 인민주의가 200년 전의 반동적 보수주의와 유사한 적대적 반자유주의를 내포하고 있음을 시사한다. 특히 인민주의자들은 자신이 단일한 '인민의 의지'를 대표한다고 주장하지만, 이는 사실 미국의 자유주의적 헌정질서와 대립하는 것이다.[59]

포셋은 다니엘 벨의 논의를 빌어서 바로 그 특수한 소수, 즉 인민의 의지를 알아본다는 인민주의 정치인의 특성을 지적한다. 그에 따

---

58) 이는 포셋이 정치의 양극화나 시빌리티의 부족 등과 결합되어 미국의 보수정치가 다른 어느 나라보다 심각한 상태라고 진단한 이유이기도 하다. 예컨대 트럼프의 집권과 비견되는 브렉시트의 경우 과거에도 존재했던 반(反)유럽주의라는 비주류적 노선에 캐머런의 실책이 더해져 나온 결과였다. 즉흥적 상황 대처에 노련한 '기회주의자' 보리스 존슨은 스타일만 빌려왔을 뿐 강경우파는 아니어서 당을 더 오른쪽으로 이끌려 하지는 않았고 다만 현상을 '관리'했을 뿐이라는 것이다.
59) 포셋은 단일한 인민의 의지라는 관념이 미국의 헌정에 구현된 자유주의와 양립할 수 없다고 주장한다. 매디슨은 미국 헌법을 기초할 때 인민의 의지 같은 것은 존재하지 않으며 주권은 개인으로서 시민에 응답할 뿐이고, 인민이나 계급 같은 특정 집단을 대변하지는 않는다고 주장한 바 있다.

르면, 엘리트와 그 환상을 거부하는 자들로서 '침묵하는 다수'의 분개를 먹고 크는 행동주의 엘리트의 본질은 사실 주변적 내부자다. 그들은 자기 영역 안에서는 엘리트였으나 중앙 정치에서는 신망, 권위, 권력을 얻지 못하는 '지위 격차'에 포획된 이들로서 사회계급보다는 사회·문화적 지형의 산물이다. 한마디로 점점 더 크고 높아지는 능력주의 사다리에서 구조적으로 아래에 입지해 있어서 스스로 항상 무시당한다고 느끼는 '이류'라는 것이다.

심리적·지적 열등감에 사로잡혀 있는 그런 인민주의 정치인들이 진중한 신용을 얻기는 어렵다. 대중을 대변한다고 주장하면서 뻔뻔하게도 서로 맞지 않는 이익집단에게 대놓고 봉사하는 경향 역시 마찬가지다. 따라서 그들 세력의 부상은 결국 오늘의 자유민주주의 사회가 '응급치료가 필요한 중병'을 앓고 있음을 알려주지만, 그 병인을 제거하는 것은 결코 쉬운 일이 아니다. 과거 권위주의자와 파시스트들이 그랬던 것처럼 강경우파는 환멸적인 세상으로부터의 안전을 약속하고 있기 때문이다.

포셋에 따르면, 결국 21세기에 부상한 비자유보수주의의 핵심적인 위협은 그들이 일종의 절대적 안전이라는 '새로운' 권리를 약속하는 대신 권력으로부터의 보호와 모두를 위한 존중이라는 익숙한 자유주의적 권리는 철회하려 한다는 데 있다. 이로부터 미국의 우파가 자유보수주의와 비자유보수주의의 갈림길에 처해 있음이 명확해진다. 강경우파가 내세우는 '질서와 안전'은 자유보수주의가 중시해온 '질서와 자유'와 양립할 수 없기 때문이다. 포셋은 미국의 보수주의자들에게 '무너진 중도를 다시 세울' 것을 요구한다. 그러나 정치의 전장이 오른쪽으로 이동한 지금의 상황에서 자유보수주의가 다시 활성화되려면 자유주의의 조력 역시 필요할 것이다.[60]

---

60) 포셋은 자유주의가 현재 위기에 처해 있고, 이미 퇴조한 좌파는 대학, 특히 인문학부에서만 '미학화된 형태'(aestheticized form)로 살아남았다고 지적한다. 그 결과 정치적 논쟁은 자신들의 전통을 통제하기 위해 경쟁하는 보수주의자들이 주도하고 있다는 것이다.

결론

포셋의 『보수주의』는 영미와 유럽에서 지난 200년간 보수주의 정치관행과 세계관의 변화를 조명하면서 자유민주정의 제도화에서 보수주의가 어떤 역할을 해왔는지를 추적했다. 그에 따르면, 보수주의는 프랑스혁명과 그 이후 선거민주주의를 지향하는 자유주의 정치의 제도화에 대항하면서 출현했다. 보수주의자들은 19세기 중후반까지는 계속해서 자본주의적 현대성을 부정하며 자유주의를 대체하려고 노력했지만, 19세기 말이 되면 점차 현대성에 적응하여 선거민주주의를 수용하고 자유주의와 타협했다.

그러나 경제민주주의라는 새로운 과제가 쟁점이 되면서 보수주의는 분열했다. 자유주의와의 타협에 반대한 비자유보수주의의 강경파가 주도한 일탈로 인해 보수주의 내부의 분열은 결국 1930년대 대불황기에 파시즘의 확산을 허용했다. 전후 재건된 보수주의의 주류는 경제민주주의 요구를 부분적으로 수용한 자유보수주의로서 냉전에 앞장서면서 자유주의와도 협력했다. 이로써 자유주의적 중도의 정치에 기초한 복지자본주의가 자유민주주의 사회의 지배적 현실이 되었다.

하지만 복지자본주의가 요구하는 비용의 증가와 20세기의 자유주의가 심화시킨 문화민주주의, 특히 도덕적 지주의 약화와 혼란이라는 폐해를 둘러싸고 보수주의자들의 불만은 점증했다. 이에 더 강한 경제적 자유와 개인의 책임을 결합하는 신보수주의 정치가 1980년대에 주류화되었다. 이들은 탈냉전을 배경으로 자유주의와 새롭게 타협하며 신자유주의 정책개혁에 협력했다. 그러나 2007-09년 금융위기 속에서 보수주의 주류는 방향을 상실한 채 표류했고 대신 인민주의적 강경우파가 대변하는 비자유보수주의가 새로운 주류로 부상했다. 인민주의적 강경우파는 자유주의뿐만 아니라 자유민주정 전반을 위협하고 있다.

포셋은 정치에서 자유민주정으로 대표되는 현대사회의 '문명'이 자유주의와 타협·협력하는 자유보수주의의 지지 위에서만 안정적으로 유지될 수 있었다는 사실을 보여주었다. 또 자유주의적 현대성이 전진함에 따라 보수주의 내부의 분열과 갈등이 어떻게 확대·심화되고 그로 인해 자유보수주의와 비자유보수주의의 세력균형이 어떻게 이동할 수 있는지도 보여주었다.

그러나 포셋의 이 같은 논의는 '전통적으로' 복고·권위주의적 보수주의가 강력했던 유럽에 초점을 맞춘 것으로서 자유보수주의가 지배적이었던 영미 보수주의 정치의 역사적 경험과 현재적 의의를 희석하는 경향이 있다. 버크의 현대적 보수주의 사상에서 드러나는 것처럼 영미의 자유보수주의는 애초부터 공익을 내세우며 입법을 사회개혁의 만능 도구로 여기는 '법 물신숭배'(legal fetishism)와는 거리를 두었다. 중요한 것은 대중이 현실에서 이미 누리고 있는 개인적 자유나 예의범절·사교관행 같은 관습적 권리를 침해하지 않도록 변화하는 현실에 맞춰 법과 제도를 신중히 개선해가는 것이다. 이에 그들은 '자유라는 원칙'을 따르면서 사회·국가를 향상하는 보수를 지향했고, 그런 정치의 실천에서 경험과 중용을 중시했다. 그 결과 그들은 현실주의적 정치력을 보이면서도 과거와의 연속성을 보존할 수 있었다.

특히 현대적 정치관행으로서 보수주의의 출발점이 된 19세기 중후반의 영국 보수당은 자유보수주의의 전형이었다. 자유주의와 경쟁하면서도 필요할 때는 과감하게 타협·협력하고 때로는 그들보다 먼저 개혁을 선도하기도 했던 보수당 주류의 관행은 '고집 센 것처럼 보이되 헛되이 싸우기보다는 양보하는' 것이었다. 집권 보수당은 노블레스 오블리주 같은 정치인의 책임의식과 헌정을 실질적으로 운용할 수 있는 능력을 강조했다. 또한 그들은 새로운 권리의 창안이 아니라 경제적·정치적 자유의 '지속적 증진'을 도모했으며, 그런 목적을 달성하기 위해 경쟁상대의 절멸이나 복속이 아니라 힘의 균형의 변경을 추구하는 정치문화를 확립하려고 노력했다.

이 같은 영국 보수주의의 사례는 자유보수주의가 자유주의와 함께 현대사회의 기본선(baseline)이 된 정치적·경제적 자유를 보존하고 향상하는 주력일 뿐만 아니라 케이헌이 지적한 20세기 자유주의의 취약점, 즉 도덕적 지주의 공백을 보강할 고유한 잠재력도 지니고 있음을 보여준다. 보수주의 사상가들이 일반적으로 지적하는 것처럼 제도적 경쟁이자 타협·화해·조정으로서 정치는 최소한의 공통문화(common culture), 즉 모두가 헌신하고 인정하는 가치·규범·소양의 존재로서 '공유된 관습과 공통의 신앙'(버크)을 전제한다. 또 '대표인민'으로서 정치인은 그런 문화를 인지하고 체현한 '최고시민'일 필요가 있다. 요컨대 정치문화는 덕성과 능력에 기초를 두어야 하며 만인에게 본보기가 되는 정치가의 정치적 실천은 바로 그런 민족적 정치문화의 지표다.

2024년 4·10총선 그 후 … 265

「'대선 불복 2년동란'」의 논지 · 265
7·23 국민의힘 당대표 경선 · 268
'이재명의 민주당'에 대하여 · 275
11·5 미국 대선 · 280

자유주의의 역사 … 290

케이헌의 『공포로부터의 자유』 · 290
울로크의 『자유주의 온건파와 급진파』 · 295
로젠블랫의 『자유주의의 잃어버린 역사』 · 298
로스의 『애덤 스미스 평전』 · 301

재론 '프랑스 이데올로기' … 312

위고의 『레 미제라블』: 뮤지컬과 뮤지컬 영화 · 312
소설 『레 미제라블』 · 320
발자크의 『골동품 진열실』과 『사기꾼』 · 326
콜스의 『하버드 문학 강의』 · 331

질의와 응답 … 337

재론 러시아-우크라이나 전쟁 · 337
푸틴의 역사관 · 346
재론 영국의 보수주의 · 356
인류의 미래 · 373

「'대선 불복 2년동란'」의 목차 … 380

부록: 대선 불복 '20년동란'

윤 소 영

2024년 4·10총선 그 후

「'대선 불복 2년동란'」의 논지

『한국사회성격 논쟁 세미나 (IV)』에 실린 「'대선 불복 2년동란'」 (목차 참조)의 주제는 이중적이었습니다. 윤석열 정부 1년차의 연구는 '마르크스주의 지식인이 되는 것은 쉬운 일인가?'라는 알튀세르적 문제설정으로 상징되는 것이었지요. 그러나 윤 정부 2년차에서도 대선 불복이 지속되는 상황에서 성철 스님을 흉내내어 '대선 불복, 이것은 도대체 무엇인가'라는 화두를 들 수밖에 없었어요. 또 그런 화두를 깨기 위한 공부로 자유주의적 이념과 제도가 인민주의 내지 파시즘에 의해 해체되고 붕괴되는 과정을 연구했던 것이고요.

　윤석열 정부 2년차의 연구를 중심으로 「'대선 불복 2년동란'」의 논지를 개관해보면, 먼저 님한 문민화의 실패는 1930년내 대불황이 계기가 되었던 바이마르공화국 쇠망과 나치 집권의 사례에 유비할 수 있습니다. 1997-98년 경제위기를 기화로 출범한 김대중 정부가 노무현 정부를 거치면서 결국 프로토파시즘으로서 인민주의를 표방한 '문재명 정부'로 귀결되었기 때문이지요.

바이마르공화국의 쇠망과 나치의 집권에서 몇 가지 역사적 교훈을 얻을 수 있습니다. 특히 슈미트나 프라이슬러 같은 '법비(法匪, 법률비적)에 의한 법치의 파괴'(티머시 스나이더)가 '범죄자가 통치하는 경찰국가'(로버트 해리스)로 귀결되었다는 것이지요. 또 그런 비극을 막을 수 있는 것은 군부밖에 없었으므로 1944년 7·20쿠데타의 실패가 그만큼 아쉬웠다는 것이고요.

나아가 반파시즘 인민전선의 역사적 의미도 다시 한번 확인할 수 있습니다. '부르주아 민주정과 파시즘 사이의 선택'(디미트로프)을 상징하는 반파시즘 인민전선은 혁명투쟁이 아니라 반혁명에 대한 투쟁, 쉽게 말해서 파시즘에 반대하여 자유민주정을 옹호하는 투쟁이라는 것이 그 핵심이지요. 달리 말하자면 '비루/야비를 분쇄하자'(Ecrasez l'Infâme)는 볼테르의 구호 아래 밀(또는 오히려 매콜리)의 후예와 마르크스의 후예가 연대해야 한다는 것이에요.

그래서 자유주의적 제도와 이념에 대해 좀 더 체계적으로 연구할 필요가 있는 것입니다. 먼저 자유주의적 제도를 법치, 나아가 헌정을 중심으로 인식하면, 대통령제에서는 의회주의와의 대립으로 인해 문민화가 실패하기 마련임을 알 수 있지요. 노무현 대통령의 유지를 계승한 '문재명 정부'는 박정희-전두환 정부와 마찬가지로 법치를 파괴하는 경찰국가를 지향한다고 할 수밖에 없거든요. 게다가 군부독재보다 더 악질적인 인민주의라는 프로토파시즘을 통해서요.

이런 맥락에서 매콜리에게 주목할 수밖에 없습니다. 그는 '국왕의 폭정'과 '하층민의 분노와 복수', 좀 더 간단하게 말하자면 참주정과 인민정을 비판하면서 자유와 법/권리라는 자유민주정의 '휘선'(輝線, brightline)을 강조한 바 있지요. 그가 말하는 법/권리는 물론 지배의 주체로서 법과 보편적 권리로서 기본권을 의미하는 것이고요.

매콜리는 추첨제도를 대체하는 선거제도에 주목하기도 하는데,

전자는 민주정을 상징하는 반면 후자는 귀족정을 상징한다고 할 수 있습니다. 이런 맥락에서 선거제도의 민주화를 상징하는 보통·평등선거, 쉽게 말해서 '1인1표'의 결함에 주목해야 하는 것이지요. 능력은 물론이고 책임과도 무관한 선거권은 '외상'으로 정치에 참여하는 권리인 셈인데, 그런 외상을 갚지 못할 경우에 정치적 '파산'으로서 인민정 내지 파시즘이 초래될 수밖에 없어요.

자유주의적 이념과 관련해서는 매콜리는 물론이고 토크빌과 밀이 주장하는 자유주의의 3대 '지주'(pillar)가 정치적 자유, 경제적 자유, 나아가 도덕이라는 사실을 알 수 있습니다. 또 자유주의적 도덕이란 정치적·경제적 자유에 적합한 '습관과 관습' 내지 '풍속과 세태'인데, 그것을 상징하는 것이 스미스와 매콜리가 말하는 '향상'(betterment/improvement)이지요. 공화주의적 시민의 덕성 'civism'과 구별되는 자유주의적 시민의 덕성 'civility' 역시 그 상징이고요.

이런 맥락에서 이른바 '권리혁명'(rights revolution)을 배경으로 하는 정의론을 비판할 수 있습니다. 권리혁명이란 보편적 권리로서 기본권 대신 특수한 권리로서 약소자의 권리에 주목하는 것으로, 그에 적합한 정의론을 제시한 사람이 바로 롤즈이지요. 롤즈의 정의론은 후천적 능력으로서 성취(achievement) 대신 선천적 능력으로서 적성(aptitude)을 강조하는 것이 핵심이에요. 쉽게 말해서 향상론을 기각하는 데 핵심이 있는 것인데, 그래서 자유주의를 표방하면서도 인민주의 비판에는 무력할 수밖에 없는 것이고요.

능력주의(meritocracy)에서 '일류의 재능'은 정치적·경제적 지식과 함께 그런 일류 엘리트에게 불가결한 덕성입니다. 반면 능력주의에 대한 현실적 대안이란 보호-피보호관계(patronage)에 따른 연고주의(cronyism) 내지 정실주의(favoritism)일 따름이고요. 이 때문에 자유주의는 물론이고 마르크스주의도 능력주의를 수용하는 것인데, 레닌이 마야코프스키를 비판하면서 이론경제학과 역사과학은 물론이고 풍속과 세태('일상생활의 리얼리티')에 무지한 '불량배(hooligan) 공산주의'를 경계한 것은 이런 맥락이었지요.

7·23 국민의힘 당대표 경선

저는 4·10총선을 전후해서 드러난 윤석열 대통령과 한동훈 비대위원장의 갈등을 태조와 태종의 갈등에 비유한 바 있습니다. 그런데 총선백서의 발간 등을 둘러싸고 총선 패배의 책임을 한 위원장에게 전가하면서 결국 그를 퇴출하려는 윤 대통령의 의도가 적나라하게 드러났지요. 한 위원장이 국민의힘 당대표에 도전할 수밖에 없었던 것은 이 때문이었다는 것이 제 생각이에요.

나아가 국민의힘 당대표 경선과정에서 윤-한 갈등을 태조-태종 갈등에 비유했던 제 판단을 뒷받침하는 또 다른 증거가 발견되기도 했습니다. 두 사람 사이의 갈등에는 아들과 후배에 대한 아버지와 선배의 시기와 질투뿐만 아니라 그 부인들인 강비와 김건희 여사도 작용하고 있었다고 할 수밖에 없거든요.

알다시피 강비는 태조의 경처(京妻)이자 계비인 강씨인데, 태종을 제거하려다 실패한 강비의 친정인 곡산 강씨는 중인으로 전락할 수밖에 없었습니다. 위키피디아를 보면, 문과급제자가 4명밖에 없는 곡산 강씨 중에서 우리가 알 만한 사람은 김대중-노무현 정부에서 중용된 바 있는 전라도 출신 강봉균 장관과 제주도 출신 강금실 장관, 그리고 이준석 의원과 함께 재승박덕으로 유명한 서울 출신 강용석 변호사 정도일 따름이에요.

태종은 특히 외척의 세도를 경계했는데, 자신의 부인인 여흥 민씨, 즉 민비 역시 강비 못지않은 야심가였기 때문입니다. 조선이 쇠망한 하나의 원인이 정조의 유훈에 따른 외척의 세도였고, 그것을 추종한 사람이 바로 고종이었지요. 그런데 고종의 부인도 여흥 민씨였다는 사실에서 조선의 패망은 태종비의 '사후복수'였다는 생각이 들기도 하는 대목이에요.

건국 이후 영부인 관련 스캔들은 전두환 대통령의 부인인 이순자 여사를 논외로 한다면, 모두 민주당 출신 대통령의 부인과 관련된 것입니다. 김대중 대통령의 부인인 이희호 여사, 노무현 대통령의 부인인 권양숙 여사, 문재인 대통령의 부인인 김정숙 여사, 그리고 이재명 대통령 후보의 부인인 김혜경 여사가 모두 스캔들의 주인공이거든요. 그런데 대선 직전부터 김건희 여사를 둘러싼 해괴망측한 스캔들이 끊이지 않으면서 윤석열 대통령의 아킬레스 건이 되었던 것이지요. 말이 씨가 된다더니 노무현 대통령을 존경한 나머지 부인 스캔들까지 모방한 셈이에요.

당대표 경선을 전후해서 홍준표 시장을 내세워 한동훈 위원장을 공격한 데다가 한 위원장의 대항마로 나경원 의원에 이어서 원희룡 지사까지 동원한 것을 보고 윤석열 대통령이 과연 제정신인가 하는 생각까지 들었습니다. 급기야 총선 패배의 원인으로 김건희 여사가 한동훈 위원장에게 보낸 이른바 '명품백 스캔들' 관련 문자의 '읽씹'까지 거론했거든요. 윤 대통령이 김 여사의 '국정 농단'을 자인한 셈이라는 생각이 들지 않을 수 없는 대목이지요.

게다가 윤석열 대통령은 한동훈 위원장이 제기한 '이·조[이재명·조국] 심판론'도 총선 패배의 원인으로 간주했습니다. 하기야 총선 직후에 이재명 대표와 이른바 '영수회담'을 개최하면서 야당과 협치를 약속한 데다가 심지어 이 대표 부부와 정기적 골프 모임도 제안했다는 경악스런 소문이 돌기까지 했지요.

당대표 경선에서 한동훈 위원장의 측근 중에 김경율 회계사 같은 좌파가 많고, 게다가 한 위원장의 이모부가 한국기자협회장을 역임한 다음 『프레시안』을 창간한 『중앙일보』 출신의 이근성 선배라는 사실도 거론되었습니다. 좌파 성향의 인터넷 신문으로서 『프레시안』은 『오마이뉴스』와 비교할 때 인민주의와 거리를 두면서 '정론지'를 지향했던 만큼 별로 인기는 없었지만요.

서울대 동양사학과 69학번으로 1974년에 민청학련 사건에서 무기 징역을 선고받은 이근성 선배에 대해서 역시 『중앙일보』 출신이자 『이론』 동인이기도 했던 정춘수 선배를 통해 저도 얼마간 들은 바가 있습니다. 굳이 비교해보면 그는 김근태 선배 같은 '앞것'(vanguard)

보다는 김민기 선배 같은 '뒷것'(rearguard)인 셈인데, 쉽게 말해서 지도자보다는 후견자라는 뜻이지요.

한동훈 위원장의 측근으로 좌파가 많다는 사실을 거론하는 것을 보고 윤석열 대통령이 김한길 위원장의 국민통합위원회를 홀대하는 까닭을 비로소 깨닫게 되었습니다. 제가 국민통합위원으로 활약을 기대했던 임현진 교수와 윤정로 교수가 1년 만에 사퇴했고, 그 후 위원회가 형해화되어 무슨 일인가 못내 궁금했는데 까닭이 있었던 것이지요.

윤석열 정부에서 '인민주의에 반대한 국민전선'의 형성이 불가능하다면, 그 원인은 국민의힘이 표방하는 보수주의의 지역적 기반이 영남이기 때문이라고 생각할 수 있을 것입니다. 영남의 보수주의는 자유주의와의 연대를 거부하는데, 이 점에서 볼 때 영국의 보수주의와 다르고 독일이나 프랑스의 보수주의와 비슷하다고 할 수 있지요. 자유주의에 이어서 인민주의라는 프로토파시즘에도 반대하는 것을 보면 프랑스보다는 독일의 보수주의와 비슷한 것 같고요.

한동훈 비대위원장이 총선 패배 100여일 만에 당대표로 선출될 수 있었던 것은 당심과 민심이 압도적 지지를 보낸 덕분이었습니다. 당원투표와 여론조사의 지지율이 각각 63%와 64%였거든요. 반면 윤석열 대통령이 지원한 원희룡 지사, 나경원 의원은 각각 20%와 14%, 14%와 18%의 지지율이었고요.

한동훈 위원장이 당대표에 도전할 수밖에 없었던 이유를 윤석열 대통령의 핍박에서 찾으면서 태조가 사주한 '조사의의 난'에 비유한 바 있습니다. 그런데 조사의의 난이 진압된 다음에도 태종에 대한 태조의 증오가 사라진 것은 아니었어요. 박종화 선생의 『세종대왕』(1969-77)을 각색한 『용의 눈물』(1996-98)을 보면, 서울로 올라온 태조가 활과 철퇴로 태종을 죽이려고 했는데, 나무위키를 참고할 수 있지요.

당대표 경선 막바지에 정보경찰 출신이자 친윤 핵심으로 알려진 이철규 의원이 이른바 '김옥균 프로젝트'를 준비한다는 해괴망측한 소문이 돌기도 했습니다. 한 위원장이 당선된다고 해도 '3일 천하'로 끝날 것이라는 겁박이었는데, 정점식 정책위원회의장과 김재원 최고위원이 경선에 불복하는 듯한 발언을 한 것이 그 방증이라고 할 수 있겠지요. 물론 그들을 암살자 홍종우에 비유할 수는 없겠지만요.

윤석열 대통령과 한동훈 위원장의 갈등이 이런 지경에 이르면서 태조와 태종의 갈등에 비유하기도 했던 저로서도 더 이상 할 말이 없게 되었습니다. 또 중학교 국어시간에 배웠던 포은 정몽주의 모친 영천 이씨의 시조 '까마귀 싸우는 골[골짜기]에 백로야 가지 마라'가 떠오르기도 했고요. 이념의 인간이 아니라 욕망의 인간이 활개치는 오늘의 정치판은 려말선초의 그것 이상인 것 같아요. 그러나 아직도 윤 대통령이 못한 일을 한 위원장이 할 수 있다는 희망을 버리지는 못하겠어요.

사실 집권 이후 윤석열 대통령의 언행에 대해서는 그의 죽마고우인 이철우 교수조차 '어리둥절하다'고 고백하는 실정입니다. 건국절 문제를 계기로 부친인 이종찬 광복회장과 윤 대통령의 갈등이 폭발한 것에 대해 『동아일보』와 인터뷰하면서 나온 발언인데, 대선 불복에 대한 반사작용으로 수도권 중도파를 포기하면서 영남 보수파에 의존하려는 경향을 우려한 충정의 발로였겠지요. 뉴라이트, 게다가 식민지현대화론을 주장하는 낙성대연구소 출신의 인사들을 중용한 것이 그런 경향의 방증이었고요.

광복절을 건국절로 개명하자는 것은 안병직 교수에 이어 낙성대연구소를 대표한 이영훈 교수가 2006년에 제안한 것으로 나름대로 일리가 있습니다. 『한국사회성격 논쟁 세미나 (I)』에 실린 「'한국의 불행'」과 「재론 위기와 비판」에서 소개한 것처럼, 탈냉전적 현행헌법과 달리 냉전적 제헌헌법에 따르면, 북한은 반국가단체가 될 수밖에 없거든요.

먼저 제헌헌법은 임시정부의 정통성을 전제하면서 3·1운동으로 '긴립'된 대한민국을 '새건'한다고 주상했습니다. 이런 입장에서는 1919년 3월 1일에 건국된 것이지요. 따라서 미국의 7월 4일처럼 3월

1일은 독립절이자 건국절이고요. 반면 1987년에 개정된 현행헌법은 박은식 선생의 주장처럼 임시정부의 '법통'(法統), 즉 헌법적 계통을 대한민국이 계승했다는 설을 채택했습니다. 이런 입장에서는 1948년 8월 15일에 건국된 것이지요. 그런 이유로 이 교수가 8월 15일을 광복절, 즉 국가재건절에서 건국절로 개명하자고 주장한 것이에요.

비교하자면 북한에서는 2018년 9월 9일이 건국 70주년이었습니다. 위키피디아를 보면, 정식 명칭은 '독립일' 또는 '공화국창건일'이에요. 또 북한에서는 임시정부를 '사대매국노망명단체'로 간주하고 있고요. 한국현대사 연구에서 주사파를 대변했다가 뉴라이트로 전향한 김구 연구자 도진순 교수가 1919년 건국설이 김구 선생이 아니라 이승만 대통령의 지론이었다고 강조하는 것은 이 때문이지요. 그는 문재인 정부의 1919년 건국설이 김대중-노무현 정부의 1948년 건국설과도 배치된다고 주장하고 있고요.

동시에 김구 선생과 임시정부의 테러에 대한 논란도 제기되었는데, 『조선일보』 인터뷰에서 안병직 교수는 『테러리스트 김구』(미래사, 2024)의 저자인 성균관대 출신 정안기 박사가 (이영훈 교수의 제자이지) 자신의 제자는 아니라고 주장했습니다. 그래서 정 박사의 책을 읽어보았는데, 식민지현대화론이나 이승만건국론/박정희부국론에 대한 비판을 전제하면서도 낙성대연구소의 업적에서는 늘 한두 가지 배울 것이 있기 때문이에요. 제 모토는 '길가는 세 사람 중에 반드시 내 스승이 있다'(三人行, 必有我師焉)는 공자의 말씀이지요.

먼저 김구 선생이 지도한 임시정부는 극단적 폭력을 수단화하는 테러를 자행했고, 그런 폭력의 대상은 역시 군인이 아니라 민간인이었습니다. 테러의 대표적 사례는 일본의 국부인 이토 히로부미에 대한 안중근 의사의 암살로, 안 의사가 김 선생의 롤 모델이었어요. 그러나 9·11테러를 계기로 해서 특정 민간인이 아닌 불특정 민간인이 테러의 대상이 되었는데, 그 대표적 사례는 작년 10월에 하마스가 자행한 이스라엘 민간인의 살해·납치이지요.

테러리스트는 민간인을 대상으로 하는 극단적 폭력을 자신이 표방하는 목적으로 정당화하고 있습니다. 이것은 자코뱅과 스탈린주의의 전통을 계승한 것인데, 김구 선생이 지도한 임시정부의 테러는 민족의 적을 처단한 것이고 자코뱅과 스탈린주의의 테러는 인민의 적을 처단한 것이지요. 그러니 그들로서는 민족과 인민의 적인 유다인을 처단한 히틀러의 홀로코스트 역시 옹호할 수밖에 없겠지요.

정안기 박사는 임시정부의 테러에서 유일한 예외로 윤봉길 의사를 거론하고 있습니다. 달리 말해서 윤 의사를 '불령선인'(不逞鮮人, 불량조선인), 즉 '불량배 민족주의자'로 취급할 수 없다는 것이에요. 이태복 선배가 김구 선생의 『백범일지』에서 비롯된 '행동대원 프레임'을 비판하면서 윤 의사는 노블레스 오블리주를 실천했던 사대부의 후예라고 주장한 것과도 일맥상통하는 입장이지요.

그런데 이종찬 광복회장이 윤석열 대통령을 비판했던 것은 이런 논란보다는 오히려 할(喝, 꾸짖기)과 방(棒, 몽둥이질)인 것 같습니다. 친구 아버지이자 대권 도전 지지자로서 그 나름대로 애정을 표현한 것이에요. 물론 이철우 교수도 우정의 발로였고요. 그러니 '먹고살기 힘든 국민들'에게 의미가 없는 건국절 논쟁 등을 제기했다는 구실을 내걸고 광복회에 대한 보복성 감사를 지시했던 윤 대통령의 반응은 납득할 수 없는 것이었지요.

김연우 작가의 『구수한 윤석열』(리딩라이프, 2021)은 대학생 시절 윤석열 대통령이 부친에게 고무호스로 맞았다는 일화를 소개하기도 했는데, 사실 너무 황당해서 믿어지지 않았습니다. 제 경우를 보면, 중학교에 입학하면서 아버지에게 할과 방을 면제받았거든요. 그런데 최근 윤 대통령의 언행을 볼 때, 윤기중 교수가 오죽했으면 그렇게까지 했겠나 하는 생각이 들어요. 게다가 이번에는 고무호스로 맞는 데 그치지 않고 부부가 함께 감옥살이를 할 것임을 왜 모르는지 저 역시 '어리둥절할' 따름이에요.

윤석열 대통령에 대한 윤기중 교수의 태도는 단지 '엄한 아버지와 스승 밑에서 훌륭한 자식과 제자가 나온다'(棒下出孝子, 嚴師出高徒)는 말로 설명할 수 없습니다. 저는 파평 윤씨인 윤 대통령이 소론의 비조인 윤증의 후손이라고 생각했는데, 위키피디아에 따르면, 적손이 아닌 서손이라고 하네요. 윤 대통령의 언행을 '홍길동 신드롬'으로 설명할 수 있지 않을까 하는 생각이 드는 대목인데, 예를 들어, 저희 집안의 문장(門長, 문중 최고의 어른)이던 윤치호 선생의 해평 윤씨답지 않은 언행, 단적으로 기독교로의 개종이나 신학 이외의 문과 학문에 대한 비하는 서손이라는 사실로 설명할 수 있거든요.

「'대선 불복 2년동란'」에서 윤석열 대통령을 항우에 비교하면서 윤(閏, 가짜)똑똑이, 즉 일류 바보일지도 모르겠다는 의문을 제기한 바 있습니다. 그런데 이번에 「대선 불복 '20년동란'」을 준비하면서 라보엠(la bohème, 보헤미안), 즉 파락호 내지 일류 불량배가 아닐까 하는 의문도 들었어요. 윤 대통령이 김건희 여사 같은 '여자투기꾼'(adventuress, '꽃뱀')을 만난 이유를 도저히 이해할 수 없었거든요. 집안이나 학벌이나 모든 것이 어울리지 않는 상대였고, 특히 모친이 결혼에 반대했다는 소문도 있었고요.

그런데 9수한 끝에 사법시험에 합격한 윤석열 검사를 검찰총장을 거쳐 대통령으로 만든 일등 공신이 바로 김건희 여사였다는 소문도 있다고 합니다. 35세에 임관하여 거의 언제나 지방검찰청을 떠돌던 윤 검사는 이명박 정부에서 대검 중수부와 서울중앙지검 특수부로 영전했는데, 그 즈음 김 여사를 만나 결혼했다고 하거든요.

윤석열 검사가 한동훈 검사를 키웠으니 한 대표가 윤 대통령을 배신한 것으로 오해하는 사람도 있습니다. 그러나 재학 중 사법시험에 합격했던 한동훈 대표는 수석합격에 비견되는 '소년급제'의 '공신'(功神)이었지요. 또 노무현 정부에서 예외적으로 지방검찰청에 근무한 것을 보면 노 대통령을 존경했을 리도 없고요. 윤 검사와 한 검사의 관계가 본격화된 계기는 박근혜 정부 국정농단 특검이었는데, 박 정부에서 또다시 지방검찰청을 떠돌던 윤 검사가 특검 수사팀장으로 선발되고 그 공적으로 서울중앙지검 검사장에 이어 검찰총장으로 승진하면서 한 검사의 수사능력이 필요하니 그를 발탁한 셈이에요.

'서울의소리'가 폭로한 김건희 여사 녹취록에는 윤석열 대통령을 가리켜 '멍청해도 말을 잘 들으니 데리고 산다'는 발언이 있습니다. 그러니 김 여사가 윤 정부를 자신과의 '공동정부'로 간주하는 것은 당연할 것 같아요. 윤 대통령이 V1이고, 김 여사는 V2가 아니라 V0라는 소문까지 있다고 하니 더 이상 할 말이 없네요.

이 대목에서 김건희 여사를 마리 앙투아네트보다는 오히려 강비에게 비유하는 것이 옳다는 심증이 굳어졌습니다. 사실 태조는 고려 제일의 신궁으로 유명한 무인이었으므로, 개경에서의 정치는 강비가 전담했다고 하거든요. 그래서 정도전을 앞세워 자신의 막내아들인 의안군(방석)을 정안군(태종) 대신 왕으로 만들려다가 왕조의 창업을 백척간두로 몰아가고 결국 멸문지화를 자초한 것이었지요.

김건희 여사가 민주당과도 교류했으므로 그 리스크는 제한적일 것이라는 주장이 있습니다. 역시 '서울의소리' 녹취록에 나온 '원래 우리는 좌파[친문]였다'는 발언이나 총선 패배 직후에 나온 양정철 비서실장과 박영선 국무총리 발탁설이 방증으로 제시되기도 하고요. 그러나 이번 총선에서 친명이 친문을 소외시킨 것을 볼 때, 김 여사 관련 리스크를 친문 말살의 계기로 활용할 수도 있을 것 같아요.

'이재명의 민주당'에 대하여

8월 18일 민주당 대표 경선에서는 송영길 의원의 '먹사니즘'(먹고 사는 문제를 위주로 한 이념과 운동)이라는 해괴망측한 구호까지 물려받은 이재명 대표가 85%의 경이적인 지지율로 당대표 연임에 성공했습니다. 2년 전 78%에 비해서 지지율이 10%나 상승한 것은 당원 투표율이 상승한 반면 대의원 투표율은 하락한 덕분이었지요. 그런데 민주당에서는 지지율이 90%를 넘지는 않아 조선노동당의 '유일체제'와의 차별화에 성공했다고 자위한다는 소문도 있어요.

당대표의 연임이라는 남한 정당사 초유의 사태를 정당화하면서 민수당에서는 김대중 대통령의 선례를 제시하기도 합니다. 그러나 그것은 당권과 대권을 분리하기 이전 당총재 시절이었으므로 견강

부회라고 할 수밖에 없지요. 게다가 이재명 대표를 문재인 대통령은 몰라도 김대중 대통령은 물론이고 노무현 대통령과도 비교할 수는 없다는 것이 사실이고요.

나무위키를 보면, '세상에 나쁜 개는 없다'는 말은 개가 나쁜 짓을 하는 것은 오로지 개 주인 탓이라는 뜻이라고 합니다. 그런데 진짜 개의 경우가 그렇고 '개 같은 사람'(bastard, 불량배)의 경우는 다를 것 같아요. 나쁜 개가 있을 뿐만 아니라 또한 개(아빠)가 나쁜 짓을 하는 것은 '개딸' 탓이라고 할 수도 있거든요. 7개 사건 11개 혐의와 관련해 4개의 재판을 받고 있는 이재명 대표에게 1심에서 유죄 선고가 내려지면 '국민적 저항을 받을 것'이라는 협박이 그 증거라고 할 수 있겠고요.

이런 맥락에서 공직선거법위반과 위증교사 등 2건의 1심 선고가 11·5 미국 대선 이후로 연기된 것은 우연이 아니라는 생각입니다. 만일 트럼프가 재선에 성공한다면, 윤석열 정부는 레임덕에 몰릴 것이니 무죄까지 선고하지는 못하더라도 형량을 낮춰 이 대표의 차기 대권 도전을 가능케 하겠지요. 또 대장동개발비리나 불법대북송금 등 2건의 1심 선고는 차기 대선 이후로 지연될 수도 있을 것 같은데, 특히 대장동개발비리 사건과 위증교사 사건은 동일한 판사가 담당하고 있어요. 이재명 대표의 재판에서 이제까지 법비가 보여준 행태를 고려할 때 충분히 예상할 수 있는 일이겠지요.

게다가 이재명 대표의 '사법 리스크'에서 결정적 증인인 유동규 씨나 김성태 회장에 비견되는 명태균 씨나 김대남 씨가 등장하면서 '김건희 리스크'도 제고되고 있습니다. 특히 명 씨가 윤 대통령과 김 여사의 관계를 '장님 무사의 어깨 위에 올라탄 앉은뱅이 주술사'에 비유했다는 측근의 증언까지 있었지요. 이 대표와 김 여사 중에서 누가 '똥 묻은 개'이고 누가 '겨 묻은 개'인지는 알 수 없는 일이라는 여론이 형성될 수밖에요.

그래서 이 대표가 '임금이라는 배를 백성이라는 물이 뒤집을 수 있다'(君舟民水)면서 '개떼의 공격'(baiting)을 사주하는 것 같습니다.

이는 2016년의 박근혜 대통령 탄핵정국에서 『교수신문』이 '올해의 사자성어'로 선택했던 순자의 말이에요. 1917년의 러시아혁명에서 밀류코프도 비슷한 말을 했는데, 케렌스키 임시정부를 '인민의 소요라는 바다에서 가라앉기 십상인 약한(unseaworthy, 바다로 나갈 수 없는) 배'에 비유했거든요.

이 대목에서 동학농민전쟁부터 광주항쟁까지 과거사를 착취하는 '문재명' 일당을 비판하지 않을 수 없습니다. 박현채 선생을 따라 저 역시 동학농민전쟁과 광주항쟁을 갑오개혁과 마르크스주의 부활의 계기로 평가하는 입장이었지요. 그러나 이런 평가가 동학농민전쟁과 광주항쟁의 또 다른 측면을 무시하는 것이기도 했다는 자기비판을 하지 않을 수 없게 되었어요.

먼저 동학농민전쟁은 청일전쟁의 계기가 됨으로써 조선이 회복력을 상실하고 침몰하기 시작한 계기가 되기도 했다는 사실을 부정할 도리가 없습니다. 동학농민전쟁의 연구사에 대해서는 『한국사회성격논쟁 세미나 (I)』에 실린 「위기와 비판」에서 이미 소개한 바 있는데, 관심이 있으시면 참고하세요.

또한 1979년 10·4 YS국회의원제명과 10·16 부마항쟁으로 촉발된 10·26 박정희 대통령 암살과 '서울의 봄'을 기화로 대권 도전에 나선 DJ의 야심이 좌절되면서 촉발된 것이 1980년 5·18 광주항쟁이었는데, 광주항쟁의 희생자를 제물 삼아 결국 집권에 성공한 김대중 정부는 남한경제가 회복력을 상실하고 침몰하기 시작한 계기가 되었습니다. 물론 남한정치가 회복력을 상실하고 침몰하기 시작한 계기가 된 것은 김 대통령에게 반대하던 노무현 대통령의 집권이었지만요.

김대중 대통령은 물론이고 노무현 대통령과 '문재명' 일당의 그런 행태 역시 전라도의 민심에 의해 지지되고 있습니다. 또한 '문재명' 일당의 실체가 점차 드러나면서 그들을 지지하는 것이 곤란해지자 전라도의 민심은 조국 교수에 대한 지지로 이동했는데, 그 덕분에 이번 총선에서 소국 교수가 기사회생한 것이었지요.

조귀동 씨는 2022년 대선 직전에 출판한 『전라디언의 굴레』(생각의힘, 2021)에서 '준(準)인종차별로서 지역차별의 구조'라는 프레임을 제시한 바 있습니다. 호남인에 대한 차별이 흑인에 대한 차별과 같다는 주장이었어요. 저 역시 비슷한 때『신동아』인터뷰「'문재인 정부 10년동란'은 막아야 한다」(『한국사회성격 논쟁 세미나 (III)』에 실림)에서 호남인과 흑인을 비교한 바 있는데, 다만 저는 차별 대신 향상심의 부족을 강조하는 입장이었지요.

나아가 조귀동 씨는 김대중 정부의 '우대정책'(affirmative action)에 만족하지 못했던 호남인이 노무현 후보 이래 영남 출신 대통령 후보를 지지한 이유를 중앙정부보조금이라는 '포크배럴'(pork barrel, 돼지고기를 보관하는 통, 즉 밥그릇)을 챙기려는 목적 때문이라고 주장하고 있습니다. 그 결과 군부독재 시절의 고무신·막걸리 선거가 오히려 문민화 이후 '체제화'되었던 것이지요.

체제화된 고무신·막걸리 선거를 상징하는 것이 바로 문재인 정부에서 추진한 2023년 새만금잼버리대회와 관련된 천문학적 규모의 비리였습니다. 그러니 각종 개발비리로 명성을 떨친 이재명 대표가 대통령에 당선될 경우 클렙토크라시(kleptocracy, thievocracy), 즉 클렙테스(kleptes, thief, 도적)의 지배를 방불할 것이라고 예상할 수밖에 없는 것이지요.

정치 컬선턴트를 지망하는 조귀동 씨와 제 입장에는 차이가 아주 많습니다. 그는 윤석열 정부 1년차를 평가하는『이탈리아로 가는 길』(생각의힘, 2023)에서 노무현 정부가 문민화를 완료했다고 주장한 다음에 (한미자유무역협정 덕분에) 경제가 선진화되었지만 정치는 인민주의화된 이탈리아의 길을 걸었다고 주장하고 있지요. 그러나 노무현 정부가 인민주의를 심화한 것이 아니라 문민화를 완성했다는 주장이나 (한미자유무역협정으로) 경제가 선진화되었다는 주장은 전혀 근거가 없는 낭설이에요.

사족일 수도 있겠는데, 한강 작가의 노벨문학상 수상에 대해서도 한두 마디만 덧붙이겠습니다. 호남인이 자랑하던 김대중 대통령의 노벨평화상 수상은 빛이 바랜 지 이미 오래인데, 수상의 근거인 남북정상회담의 대가로 지불했던 5억달러(현물 5천만달러 포함)의 불법대북송금이 노무현 정부에서 단죄되었거든요. 쉽게 말해서 불법대북송금 5억달러와 교환된 노벨평화상이었다는 것이에요.

한강 작가의 수상 역시 호남인으로서 자랑스러울 것이 없습니다. 백낙청 교수와 창비가 지원한 황석영 작가나 고은 시인과 달리 문지나 문학동네와도 친화력이 있는 한 작가가 수상했고, 『채식주의자』 이외에 수상 근거로 거론된 광주항쟁과 4·3사건을 소재로 한 작품 역시 민족문학론과는 무관하기 때문이지요. 물론 제가 황 작가나 고 시인의 수상을 지지하는 것은 아니지만요.

한강 작가의 작품은 한국문학보다는 오히려 '한류', 즉 K팝·K무비·K드라마 등 외국에서 유행하는 K컬처를 대표한다는 것이 제 생각입니다. 달리 말해서 리얼리즘이 아닌 오리엔탈리즘에 적합한 작품이라는 것인데, 2016년에 싱어송라이터 밥 딜런에게 노벨문학상을 수여해 전 세계 문학인의 뺨을 때리더니 2024년에는 왜 이렇게 한국 문학인의 뺨을 때리는지 그 까닭이 궁금해지네요. 차라리 문학상을 문화상으로 대체하여 평화상과 함께 과학에 속하지 않는 제반 분야의 공적에 대해 수여하는 것이 어떨까 하는 생각도 들고요.

『한겨레신문』이 기획한 연쇄특별기고의 첫 회를 담당한 김명인 교수도 저와 비슷하게 이해했는데, 다만 리얼리즘에 충실한 황석영 작가가 아니라 포스트모더니즘에 충실한 한강 작가가 적합하다는 강변이었습니다. 하기야 그는 2017년에 자신이 주도하는 『황해문화』에 최영미 시인의 「괴물」을 실어서 고은 시인의 수상을 좌절시키는 데 일조하기도 했지요.

김명인 교수는 1980년대 백낙청 교수의 민족문학론에 대한 소장 비평가들의 비판에서 앞장을 서기도 했습니다. 한홍구 교수와 함께 김 교수는 사실 제 경복고 후배로 서울대 운동권에서 나름대로 유명했는데, 다만 한 교수는 엔엘 성향이고 김 교수는 피디 성향이었지요. 그러나 한 교수처럼 김 교수도 인문대 출신이라서 마르크스주의를 공부하지 못해 그의 민족문학론 비판은 어설펐어요.

11·5 미국 대선

국민의힘과 민주당의 당대표 경선을 둘러싸고 전개된 한가하고 안이한 국내정세와 달리 국제정세는 급변하고 있었습니다. 먼저 7월 13일에 트럼프 후보가 대선 유세 중 피격되는 사건이 있었고, 이틀 후 백인 흙수저 출신인 밴스 상원의원이 러닝메이트로 지명되기도 했지요. 그 결과 6월 27일 텔레비전토론에서 완승한 트럼프 후보가 지지율에서 바이든 대통령을 앞서게 되었던 것이고요.

저는 이미 「'대선 불복 2년동란'」에서 트럼프 후보의 승리에 대비할 필요성이 있다고 주장한 바 있습니다. 그러면서 트럼프의 '당선 가능성이 아주 높지는 않다'고 부당하게 전제하면서 윤석열 대통령의 한미일 외교·안보관계의 복원 내지 강화에 반대하던 대사 출신의 민주당 비례대표의원 위성락 같은 사람에 대한 비판을 제기하기도 했던 것이지요.

밴스 후보는 트럼프 후보의 지지세가 강력한 애팔래치아 지역인 켄터키 출신이자 러스트벨트 지역인 오하이오 상원의원이기도 한데, 「'대선 불복 2년동란'」에서 소개한 바 있는 가나리 류이치의 『르포 트럼프왕국』(2017; 국역: AK, 2017)은 러스트벨트와 애팔래치아의 표심에 관한 르포르타주였지요.

밴스가 2016년에 출판한 자서전이 『힐빌리의 노래』인데, 이 책은 2020년에 영화화되기도 했습니다. '힐빌리'(hillbilly)는 시골뜨기, 그 중에서도 특히 '백인 하층민'(white trash)이라는 의미인데, 그러나 자서전을 드라마틱하게 재구성한 영화는 '빈곤포르노'라는 혹평을 받기도 했어요. 이재명 대표의 자서전이 영화화된다면 역시 비슷할 것 같다는 생각인데, 물론 앞으로 어찌 될지는 모르겠고요.

2017년 이른바 '촛불혁명'으로 문재인 정부가 출범한 직후 실용서 출판사인 흐름출판에서 『힐빌리의 노래』가 국역되었습니다. 그런데 이 책이 국내에서 수용된 맥락은 조금 기이했는데, 트럼프를 박근혜 대통령과 유비하면서 문재인 대통령을 지지하려는 의도였거든요. 2016년 대선에서 밴스가 트럼프를 '미국의 히틀러'라고 비판했던 탓일지도 모르겠지만요.

그런 와중인 7월 21일에 바이든 대통령은 결국 대선 후보 사퇴와 '여성 오바마'라고 불렸던 해리스 부통령의 대선 입후보를 지지할 수밖에 없었습니다. 또 한 달 만에 해리스 후보가 지지율에서 트럼프 후보를 앞서기 시작하면서 트럼프의 당선을 저지할 수 있다는 희망이 되살아나기도 했고요.

11·5 대선을 50여일 앞둔 9월 10일에 열린 텔레비전토론을 『연합뉴스TV』가 100분 동안 생중계했습니다. 동시통역과 함께 인공지능 통역도 있었는데, 동시통역은 묵음처리하고 인공지능통역을 자막으로 읽었지요. 후자와 비교할 때 전자는 엉터리였고, 버벅거리는 것도 귀에 거슬렸거든요. 인공지능으로 퇴출될 직종에는 경상계·이공계 전반, 나아가 법률가·의사 이외에도 통역사가 있겠구나 하는 생각이 들기도 했고요.

어쨌든 미국 대선의 텔레비전토론을 처음 시청한 셈인데, 일류와 이류의 차이를 실감할 수 있었습니다. 텔레비전토론의 경험이 없는 해리스가 선전했는데, 토론 직후에 실시된 CNN의 여론조사에서도 역시 해리스가 2:1로 우세했다고 하지요. 게다가 『뉴욕 타임즈』는 트럼프의 33개 발언 중에 절반인 16개가 사실과 다른 거짓말이라고 판단했고요.

트럼프는 멍청한 발언으로 일관했습니다. 물론 트럼프의 멍청함은 그를 지지하는 러스트벨트와 애팔래치아 주민의 멍청함을 반영한 것이었지요. 이류 유권자를 대변하는 사람이 이류 후보이거든요. 반면 삼류 후보 이재명 대표와 그가 대변하는 삼류 유권자 전라도-경상남도 주민은 멍청한 것이 아니에요. 「'대선 불복 2년동란'」에서 '개탄스럽다'(deplorable/condemnable)와 '한심스럽다'(contemptible)를 구별해야 한다고 강조한 것은 이 때문이었지요.

이 대목에서 라르스 폰 트리어 감독의 『도그빌』(2003)과 후속작

『만덜레이』(2005)를 소개해두겠습니다. 1933년 로키산맥과 앨라배마를 배경으로 하는 두 작품의 소재는 백인 하층민과 흑인 해방노예의 타락이었지요. 본래는 '기회의 나라 미국' 3부작으로 기획되었다고 하는데, 흥행에 실패하면서 마지막 작품인 『워싱턴』의 제작은 불발되었고요. 그럴 바에 로키산맥 대신 애팔래치아산맥으로 설정해도 좋았을 것 같은데, 애팔래치아산맥의 남단이 앨라배마이거든요.

『도그빌』의 작의(作意, 창작의도)는 '상황이 허락하는 한, 악이란 어느 곳에서든 발생할 수 있다'는 것입니다. 로키산맥의 폐광촌으로 도피한 그레이스라는 여성이 주인공이었는데, 궁핍에 굴복하지 않고 도덕재무장(MRA)을 시도하던 공동체가 그녀의 약점을 발견하면서 불량배 집단으로 전락한다는 줄거리였지요. 보호의 '대가'(quid pro quo)로 그레이스를 노예, 즉 가축으로 취급했기 때문인데, 게다가 남성들은 암소를 수간(獸姦)하듯이 그녀를 성노예로 착취했어요.

그런데 그레이스는 사실 갱단 두목의 외동딸이었고 아버지로부터 탈출해서 폐광촌으로 도피했던 것입니다. 결국 아버지에게 구조된 그녀는 폐광촌을 '도그빌'(Dogville, 개자식들이 사는 마을), 즉 '그것을 없앰으로써 이 세상을 개선할 수 있는 마을'로 규정하면서 잔혹한 복수를 결행했지요.

『만덜레이』는 도그빌을 떠나서 앨라배마 만덜레이의 목화농장에 이른 그레이스의 이야기였습니다. 그녀는 여전히 노예생활을 하는 흑인을 소작농으로 전환하려고 시도하면서 그 '준비'(ripening, 숙성)를 위해 투표와 분노의 표현 등에 대한 교육을 구상했지요. 그런데 투표에 대한 교육과 분노의 표현에 대한 교육 사이에 흑인이 투표를 분노를 표현하는 수단, 즉 복수의 수단으로 악용하면서 그레이스의 시도는 결국 실패하게 되었어요.

그레이스의 실패는 노예의 대표자와 마님의 계약서인 『마님의 법』(Mam's Law)을 노예문서로 오해한 것에서 비롯된 것이었습니다. 이 법은 소작농으로 전환할 준비가 미비한 흑인의 상황을 고려해서 마련한 것인데, 북부의 자유주의와 남부의 보수주의를 절충했다고 평가할 수 있겠지요.

『마님의 법』은 흑인을 일곱 등급으로 나누어, 특히 7등급에 속하는 '카멜레온'을 경계하고 '잔혹할 정도로 영악하다'(diabolically clever)고 묘사했습니다. 그러나 『마님의 법』을 폐기한 그레이스는 바로 그 사기꾼을 자신의 파트너로 신뢰하면서 실패를 자초했지요. 김성태 회장은 이화영 부지사가 이재명 대표를 가리켜 '뱀 같은 사람'이라고 한 적이 있다고 증언했는데, 남한판 도그빌 '잼마을'(재명이네 마을)에 사는 개딸들에게 이 영화를 추천하고 싶어요.

다시 본론으로 돌아가서, 9월 말에 빅터 차 등이 편집한 전략·국제문제연구소(CSIS)의 보고서 *The Global Impact of the 2024 U. S. Presidential Election*이 발표되었습니다. 신설된 지정학·외교정책 부서에서 작성한 최초의 보고서인데, 빅터 차가 초대 부서장으로 취임했다고 하지요. 숙독할 가치가 있는 보고서였어요.

보고서의 기조는 북·중·러·이란의 블록이 기정사실인 상황에서 이번 대선이 '자유주의적'(rule-based) 국제질서의 '존폐를 결정하는'(make-or-break, 만들어내거나 부숴버리는) 계기, 즉 '진리의 순간'(moment of truth, 위기/시련의 순간)이라는 것이었습니다. 그리고 그런 계기의 가장 중요한 사례로 한반도를 거론했고요. 쉽게 말해서 트럼프의 당선이 결국 북·중·러·이란에게 유리할 것이라고 주장한 셈이었지요.

동시에 보고서는 누가 당선되든지 변화는 불가피하며 다만 속도 내지 강도에 차이가 있을 따름이라고 주장했습니다. 달리 말하자면 전후에 미국이 해온 '세계경찰'(world police) 역할에 대한 미국인의 피로감이 누적되어 왔고, 트럼프의 '미국우선주의'(America first)란 그런 여론을 반영할 따름이라는 것이었지요. 에드먼드 포셋(Edmund Fawcett)은 공화당 내 세력관계의 변화라는 맥락에서 트럼프 현상을 설명하고 있는데, 이 책에 실린 송인주의 글을 참고하세요.

자유주의적 국제질서, 좀 더 간단하게 말해서 국제주의의 대안이 블록화라는 것은 이미 2차 세계전쟁에서 경험한 바 있습니다. 미국의 먼로주의를 모방한 독일의 유럽 먼로주의와 일본의 아시아 먼로주의가 그것이었는데, 그러나 루즈벨트가 윌슨의 선례에 따라 먼로주의를 폐기하고 국제주의를 지향했던 것이지요. 또 처칠의 영국은 물론이고 스탈린의 소련과 장개석의 중국 역시 루즈벨트의 미국이 표방한 국제주의를 지지했던 것이고요.

푸틴과 시진핑이 다시 한번 먼로주의를 표방하면서 미국·영연방·일본의 국제주의에 대항하려는 상황에서 트럼프는 국제주의를 폐기하고 먼로주의를 지향하고 있습니다. 그의 미국우선주의는 북·중·러·이란 블록을 무시한다는 특징이 있지요. 북·러와 타협하고 이란과 적대하면서 중국과의 경쟁에 '올인'하는 셈이에요.

지난 집권기에 이란과의 핵협정을 파기하면서 아랍과의 화해를 모색한 것처럼 트럼프의 서아시아 정책은 모순적입니다. 그에 따라 친이란·반아랍 성향의 하마스가 '대리전쟁'(proxy war)에 돌입한 것이 이번 팔레스타인-이스라엘 전쟁의 특징이라고 할 수 있겠지요. 물론 북·중·러 블록에 속한 이란이 러시아-우크라이나 전쟁의 제2전선을 형성했다는 특징도 있겠고요.

보고서는 특히 중국경제의 약점을 적극적으로 활용해야 한다고 주장하고 있습니다. 『한국사회성격 논쟁 세미나 (II)』의 「후기」에서 소개한 것처럼, 2015-16년부터 중국경제의 '신창타이'(新常態, new normal)에 대한 논쟁이 제기되었지요. 신창타이라는 용어는 2012년 이후의 경제성장률 7%대를 가리키는데, 2015년에 6%대로 하락한 경제성장률이 7%대를 회복할 수 있을 것인가가 쟁점이었고요.

그런데 경제성장률이 회복하기는커녕 2019년에 급기야 6.0%까지 하락했습니다. 또 2020-22년의 코로나19로 인한 격동기를 지나자 2023년에는 5%대로 하락했고, 2024년에는 4%대로 하락할 것으로 예상되고 있고요. 2007-09년 금융위기 이후 경제성장률이 매년 평균 1.8%포인트나 과대평가되었다는 의혹까지 고려하면 결국 2-3%대까지 하락한 것인데, 중국경제가 '중진국함정'(middle-income trap)에 빠지고 있는 셈이에요.

이재명 대표와 개딸들은 시진핑의 '중국몽'과 '강군몽'을 신봉하여 조만간 중국이 미국을 압도할 것이라고 기대하고 있습니다. 그러나 중국의 1인당 국민소득(1.3만달러)은 세계평균(1.4만달러)에 불과할 따름으로, 다른 나라와 비교할 때 칠레(1.7만달러)·멕시코(1.5만달러)보다 낮고 아르헨티나(1.3만달러)와 같으며 브라질(1.1만달러)보다 높은 정도이지요. 나아가 항공모함과 잠수함으로 상징되는 해군력에서 중국을 미국·일본과 비교하는 것은 어불성설일 따름이고요.

이번 추석연휴에 아이피티비(IPTV)에서 방송해준『범죄도시』세 편을 보았는데, 마석도 형사가 없는 편이 범죄자에게 유리한 것은 당연한 일입니다. 하기야 이재명 대표와 개딸들은 미국·영연방·일본보다 북·중·러·이란이 낫다고 생각하겠지만요. 마치 서울방송(SBS)의『야인시대』(2002-03)에서 종로상인이 '이식 야쿠자' 김두한/긴토간 일당에게 보호비를 내는 것이 낫다고 생각한 것처럼요.

여기서는 보고서 중에서 동아시아와 관련된 내용만 간단히 소개해보겠습니다. 먼저 일본은 아베 총리와 트럼프 대통령의 개인적 친분덕택에 유럽이나 남한과는 달리 오히려 동맹이 심화되었다고 강조하고 있지요. 그 증거로는 아베 총리의 제안에 따라 오바마 정부의 아시아-태평양 전략이 트럼프 정부의 인도-태평양 전략으로 발전한 사실을 들고 있고요.

이미 몇 차례 인용한 것처럼, 전략·국제문제연구소의 아미티지가 2019년의 인터뷰에서 아베 총리를 '난세의 유일한 희망'(the brightest spot in the globe)이라고 부른 것은 이 때문이었습니다. 아베 총리가 2022년 7월에 암살당한 후에도 기시다 총리나 이시바 총리 역시 미일동맹의 강화를 지향하고 있고요. 대통령이 누군지에 따라 외교·안보정책이 요동치는 남한과 전혀 다른 것인데, 국익에 대한 합의가 존재하는지 아닌지의 차이겠지요.

유럽과 달리 아시아에서는 다자주의가 불가능하고 '최소다자주의'(mini-lateralism)가 불가피한 것은 중국과 일본의 관계가 프랑스와 독일의 관계와 달리 갈등적이기 때문입니다. 최소다자주의는 피아를 구별하는 다자주의, 즉 '동지적 국가들'(like-minded nations)인 동맹국(ally, 조약을 체결한 우호국)과 제휴국(partner, 조약을 체결하지 않은 우호국)으로 국한되는 다자주의이지요.

시대착오적이라고 할 수밖에 없는 위안부 논쟁을 비롯한 일련의 반일 논쟁의 진정한 쟁점은 바로 이것입니다. 쉽게 말해서 위안부 논쟁 등을 통해 반일을 선전·선동하는 의도는 미국·영연방·일본의 국제주의에 대항하면서 북·중·러·이란 블록을 옹호하려는 데 있다는 것이지요. 그들은 물론 반한·반미이기도 한데, 다만 그런 의도는 숨기고 있는 것이고요.

보고서에서 인도-태평양 지역 중에서 이번 대선결과의 '상반된 영향력'(disparate outcome)이 가장 클 곳으로 한반도를 지목하면서 그 결과 역내에 전략적 연쇄효과가 발생할 것으로 예상한 것은 바로 이런 맥락입니다. 하기야 이재명 대표의 1심 선고가 대선 이후로 연기되었을 뿐만 아니라 김정은 위원장 역시 트럼프의 재선을 기대했던 것 같거든요. 트럼프가 재선에 성공할 경우에는 또다시 평화협정과 미군철수, 나아가 핵보유국인정과 핵군축협상을 시도해볼 수 있겠다는 판단 때문이었겠지요.

김정은 위원장의 두 국가론에 대해서도 보충해두겠습니다. 그는 작년 말에 남북한을 '적대적 두 국가' 내지 '두 교전국'으로 규정하고 '반(反)통일'을 선언한 바 있습니다. 김일성 주석과 김정일 위원장의 유훈인 연방제통일론을 기각한 셈인데, 그 이전의 무력통일론으로 복귀한다는 의도라고 해석할 수도 있어요. 물론 트럼프가 재선되고 그 덕분에 이재명 대표가 대통령으로 당선될 경우에 연방제통일론으로 복귀할 수도 있겠지만요.

이런 맥락에서 노무현 대통령의 세종시 천도론이 결국 연방제를 염두에 둔 장기적 포석이 아니었나 하는 의심이 들기조차 합니다. 세종시가 위치한 37도선 이남은 충청도·전라도·경상도이고, 평양시가 위치한 39도선 이북은 평안도·함경도이므로, 통일의 1단계에서 남한 정부와 북한 정부는 전자와 후자를 단독으로 통치하고 그 사이의 서울·경기도·황해도·강원도, 달리 말해서 삼국통일 이전 백제와 고구려, 고구려와 신라의 각축장이었던 한강 유역을 공동으로 통치한다는 구상이라는 의심이 든다는 것이지요.

반면 보고서에서 대만은 일본과 마찬가지로 이번 대선이 큰 영향을 끼치지 않을 것으로 판단하고 있습니다. 지난 1월에 이미 민진당의 라이칭더 총통이 당선되었기 때문인데, 대만도 여소야대이지만 남한 같이 국론 분열이 내란을 방불케 하는 한심한 상황까지 이른 것은 아니거든요.

이미 몇 차례 설명한 것처럼, 장개석 총통이나 천수이볜 총통과 박정희 대통령이나 노무현 대통령의 차이가 이렇게 귀결되었다는 것이 제 생각입니다. 또 이런 차이는 '아시아의 영국/잉글랜드'로서 일본의 '스코틀랜드'와 '아일랜드'로서 대만과 조선/남한의 차이로 소급된다는 생각이기도 하고요. 남한이 스코틀랜드보다는 오히려 아일랜드와 비슷하다는 것은 '요술경제학'(leprechaun economics)을 공유하기 때문이기도 한데, 「2021년 4·7보선 전후」(『한국사회성격논쟁 세미나 (III)』에 실림)를 참고하세요.

마지막으로 러시아–우크라이나 전쟁에 대한 분석도 간단히 소개해두겠습니다. 푸틴의 전쟁자금인 에너지수출대금을 감축하는 것이 결정적인데, 그는 유럽연합에서 중국과 인도·터키로 수출선을 변경하는 것으로 대응했어요. 또 러시아–우크라이나 전쟁에서 브릭스의 일원인 인도·브라질과 함께 남아공 같은 '부동국가'(swing state)가 존재하기도 하고요. 하기야 2010년에 남아공이 가입하면서 브릭스의 영문표기가 'BRICs'에서 'BRICS'로 변경되었고, 2014년에는 이란은 물론이고 이집트를 비롯한 일부 아랍 국가(사우디아라비아는 제외)까지 확대되었다고 하지요.

보고서에 따르면, 푸틴은 해리스를 '자유주의적 테러리스트들과 자유주의적 독재자들'의 대표자로 간주한다고 합니다. 우크라이나를 파시즘, 즉 스딸린주의적으로 말해서 '테러 독재'라고 비판한 것과 관련되는데, 자유주의와 파시즘을 동일시하는 황당무계한 정치관임을 알 수 있지요. 이재명 대표와 개딸들이 법치를 표방하는 윤석열 정부를 '검찰 독재'라고 비판하는 것 역시 같은 맥락이겠고요.

우려한 대로 이번 대선은 트럼프의 승리로 귀결되었습니다. 그것도 경합주 7곳에서 모두 완승한 것인데, 지난 대선에서는 1곳에서만 승리한 바 있지요. 게다가 총선에서도 공화당이 완승했는데, 상원은 공화당 우위로 역전되었고 하원은 공화당 우위가 유지되었거든요. 연방대법원은 이미 보수가 우위를 차지하고 있고요. 또 이방카 부부가 이번 대선에서는 배제되었다고 하는데, 그들이 지난 임기 중에 백악관 내부에서 '균형추' 역할을 해온 사실에 대해서는 나중에 설명하겠어요.

미국 대선 이후로 연기된 이재명 대표의 1심 선고는 공직선거법 위반 사건의 경우 징역 1년에 집행유예 2년과 위증교사 사건의 경우 무죄였는데, 모순된 선고라고 할 수밖에 없습니다. 후자는 제 예상과도 일치한 정치적 판결인데, 그런 것을 요즘 '트럼프 모델'이라고 부른다고 하지요. 반면 전자는 예상외의 중형이었고요. 법적 '불안정성'(uncertainty)과 '모호성'(obscurity)의 대표적 사례가 될 이런 모순된 판결은 김명수 대법원 이후 진행되어온 '법비에 의한 법치의 파괴'를 반영한다는 것이 제 생각이에요.

그러나 이번 판결에 의해 이재명 대표의 사법 리스크가 얼마간 해소된 것이 한동훈 대표에게는 오히려 전화위복이 될 수 있겠다는 생각이 들기도 했습니다. 이재명 대표의 공직선거법 위반 1심 선고를 기화로 하여 한 대표 일가 관련 '당원게시판 의혹'이 제기되면서 한 대표에 대한 공격이 재개되었거든요. 명태균 씨 논란이 제기된 다음에 가진 한 대표와의 '독대' 이후 윤석열 대통령 부부와의 갈등이 해결된 것이 아니라 잠시 유예되었던 것 같은데, 그래서 이른바 '김옥균 프로젝트'의 부활에 대한 우려가 제기되었던 것 같아요.

하기야 한동훈 대표와의 독대에 후속하는 기자회견에서 윤석열 대통령은 김건희 여사의 처신을 육영수 여사의 내조에 비유하기도 했습니다. 그러면서 김 여사의 처신을 국정농단이라고 비판하려면

'국어사전을 다시 정의해야 한다'는 망언도 서슴치 않았고요. 자신의 이름을 [서결]이 아니라 [성녈]로 발음해달라고 할 때는 시골 출신 부모 때문에 서울말을 제대로 배우지 못해서 그런다고 생각했는데, 그의 파락호 기질을 간과한 제 잘못이 큰 것 같아요.

급기야 윤석열 대통령은 12월 3일 밤에 비상계엄을 선포함으로써 자신의 롤 모델이던 노무현 대통령처럼 '자살'의 길을 선택했습니다. 1979년 박정희 대통령 암살사건으로 인한 계엄선포 이후 45년 만의 일인데, 그러나 4일 새벽에 여야 의원 190명이 만장일치로 계엄해제 요구결의안을 의결함으로써 즉각 무효화되었어요. 계엄선포 직후에 한동훈 대표가 긴급최고위원회의를 소집해 '위헌·위법적 계엄선포'라고 비판하자 친한계 의원 18명이 계엄해제에 동참한 반면 친윤계 의원은 추경호 원내대표의 지시에 따라 불참했고요.

윤석열 대통령이 내란을 방불케 한 지난 2년 반 동안의 대선 불복에 대한 대응책으로 국민전선을 포기하는 대신 선택한 계엄선포를 자칭 자유민주주의자인 옐친이 자행한 의회 포격에 비유할 수 있을 것입니다. 그런데 사실 제가 윤 대통령이 선택할 '옐친 모델'로 예상한 것은 일가의 부정·부패 사면과 대통령직 교환을 푸틴에게 제안한 사례였어요. 좀 더 구체적으로 말하자면, 사법 리스크가 얼마간 해소된 이재명 대표에게 김건희 여사의 부정 내지 비리 사면과 자신의 임기 1년 단축 및 대통령 4년 중임제 개헌을 교환하자고 제안할 것이라는 예상이었지요.

게다가 그런 교환에는 한두 가지 명분까지 있었습니다. 트럼프의 재선에 따른 국제정세의 격동은 물론이고, 나아가 정치학계가 줄곧 요구해온 대통령 4년 중임제 개헌과 대선 사이 중간평가로서 총선을 배치하는 정치일정의 재조정 등이 그것이었지요. 이 대목에서도 윤석열 대통령의 파락호 기질에 대해서 무지했던 제 잘못은 변명의 여지가 없는데, 다만 한동훈 대표가 군부독재 시절보다 더 광범위한 국민전선을 형성하여 조기대선에서 이재명 대표에 맞서 선전하기를 기대하면서 향후 정세를 주시할 따름이에요.

자유주의의 역사

케이헌의 『공포로부터의 자유』

「'대선 불복 2년동란'」에서 자유주의적 이념의 역사를 정리하면서 참고한 것은 케이헌(Alan Kahan)의 『공포로부터의 자유』(*Freedom from Fear*, Princeton University Press, 2023)였습니다. 울로크(Nathaniel Wolloch)의 『자유주의 온건파와 급진파: 자유주의 사상의 계몽주의 원천』(*Moderate and Radical Liberalism: The Enlightenment Sources of Liberal Thought*, Brill, 2022)은 원고를 완성한 다음에야 발견하여 참고하지 못했거든요.

그래서 이번에 양자를 비교하면서 자유주의적 이념의 역사를 다시 한번 정리해보려는 것입니다. 케이헌의 장점은 전체주의가 패배한 다음 새로이 대두한 인민주의와의 대결을 염두에 두면서 자유주의적 이념의 핵심을 검출해내려는 시도에 있다고 할 수 있겠지요. 그 결과 국가가 아니라 시민사회나 경제, 전체나 집단이 아니라 개인이 자유주의적 이념의 '휘선'이라는 사실이 새삼 강조되는 것이에요. 또 자유주의의 역사에 대한 앤서니 아블라스터(Anthony Arblaster)의 견해는 완전히 무시되는데, 이 책에 실린 김태훈의 글을 참고하세요.

이런 맥락에서 케이헌은 매콜리(Thomas Macaulay), 나아가 토크빌(Alexis Tocqueville)-밀(John Stuart Mill)에게 주목하면서 그들이 대표하는 1세대 자유주의(1815-73)를 부각하고 있습니다. 케이헌이 혁명과 반혁명의 공포로부터의 자유를 강조하는 그들의 자유주의를 '눈부신'(many-splendored, 마치 다이아몬드처럼 다면적으로 빛나는) 자유주의라고 부르는 것은 정치적 자유, 경제적 자유, 나아가 도덕이라는 세 개의 지주를 모두 강조하기 때문이지요.

물론 그들 사이에서도 차이가 있습니다. 먼저 영국사에 대한 휘그적 해석을 주창하는 매콜리는 부르주아지가 주도하는 경제성장을 위해서는 눈부신 자유주의가 필요하다고 주장하는데, 그것을 통해 '국왕의 폭정'(regal tyranny)이나 '하층민의 분노와 복수'(popular fury)를 방지할 수 있기 때문이지요.

반면 '귀족적 자유주의자'인 토크빌과 밀은 프랑스사에 준거해서 부르주아지에 의한 '다수의 횡포'를 경계했습니다. 경제성장에 무관심한 토크빌은 '부르주아지의 횡포'를 경계하며 '평형추'(counterweight)로서 '귀족'의 필요성을 강조했지요. 경제성장이 정지하는 '정상상태'(定常狀態, stationary state)에 주목하는 밀도 부르주아지를 '오합지졸'(conglomerated mediocrity)로 간주하며 '귀족'의 필요성을 강조했고요.

다만 '귀족'(aristos), 즉 '일류'(the best)로 법조인을 상정한 토크빌과 달리 밀은 지식인을 상정했다는 차이가 있습니다. 그래서 그가 「데쉬탈에게 보낸 편지」에서 이렇게 주장한 것이지요.

The intellectual classes lead the government, and the government leads the stupid classes.	지식인이 정부의 길잡이고, 정부가 무지자의 길잡이다.

경제성장은 '행복추구'(the pursuit of happiness)를 위한 충분조건은 아니더라도 필요조건이라는 사실을 다시 한번 강조해두겠습니다. 경제성장을 통해서 기본욕구(basic needs)의 충족에 필요한 물질적 생활수단을 생산하고, 또 그것을 초과하는 물질적 생활수단으로는 그 밖의 다양한 욕구의 충족에 필요한 비물질적 서비스와 교환할 수 있기 때문이지요.

『한국사회성격 논쟁 세미나 (I)』에 실린 「한국자본주의의 역사」에서 이미 설명한 것처럼, 생활수준과 최저생계비(기본욕구)의 비율로서 생계비율(subsistence ratio)이 1, 4, 8일 때 덩샤오핑처럼 온포(溫飽, 배부르고 등 따스함), 소강(小康, 얼마간 편안하고 안락함), 부유(富裕, 풍요)라고 부를 수 있습니다. 다만 이 수치는 19세기의 경제사에서 도출된 것으로, 20세기의 경제사에 적합한 수치는 아직 제시되지 않은 것 같아요.

　빈곤의 공포를 강조하는 2세대 자유주의(1873-1914)는 그것으로부터의 자유를 위해 시민사회나 경제 대신 국가, 개인 대신 전체나 집단을 강조하는 것입니다. 또 그것에 대한 반사작용으로 출현하여 전체주의나 집단주의의 공포를 강조하는 3세대 자유주의(1919-91)는 벌린(Isaiah Berlin)이 제기한 부정적 자유론과 벨(Daniel Bell)이 제기한 이데올로기 종언론에 대한 논쟁을 거쳐 롤즈(John Rawls)의 정치적 자유주의와 프리드먼(Milton Friedman)의 경제적 자유주의의 분화로 귀결되었던 것이고요.

　그런데 케이헌의 이런 설명에는 결함이 있습니다. 먼저 케이헌이 무시하는 경제학사에 주목한다면, 빈곤의 공포를 대량실업의 공포로 치환하는 케인즈(John Maynard Keynes)의 거시경제정책론이 전체주의나 집단주의에 대한 개인주의의 반론임을 알 수 있지요. 또한 노동당의 '당헌 4조', 즉 국유화 조항에 대한 논쟁이 그 대표적 사례라고 할 수도 있고요. 관심이 있으시면, 『알튀세르를 위한 강의』와 『역사적 마르크스주의: 이념과 운동』을 참고하세요.

　나아가 경제사에 주목한다면, 1세대 자유주의가 3세대 자유주의로 이행하는 과정이란 자본주의의 표준으로서 영국을 미국이 대체하는 과정임을 알 수 있습니다. 남북전쟁 이후 우리가 아는 미국이 출현하는 과정은 법인혁명, 관리자혁명, 케인즈혁명을 통해서 독점자본이 법인자본으로 개혁되는 경제적 과정인 동시에 인민주의와 진보주의에 대항하면서 자유주의가 현대화되는 이념적 과정이기도 했거든요. 관심이 있으시면, 『일반화된 마르크스주의 개론』을 참고하세요.

　자유주의적 이념의 역사에 대한 연구에서 경제학을 무시한다는 것은 치명적 결함일 수밖에 없습니다. 그런 사태를 경계한다는 의미에서 새뮤얼슨(Paul Samuelson)의 유명한 말을 인용해둘 것인데, 『현대경제학 비판』에서 설명한 것처럼, 그는 마셜의 미시경제학과 케인즈의 거시경제학을 종합하여 경제학을 현대화한 장본인이지요.

한 나라의 경제학 교과서를 집필할 수만 있다면, 누가 그 나라의 법률을
제정하든(…)상관하지 않겠다.

물론 소득주도성장론이나 기본소득론을 주장하는 사이비 경제학자
나 그를 지지하는 프로토파시스트적 인민주의자에게는 아무런 의미
도 없는 말이겠지만요.

3세대 자유주의의 결함은 인민주의의 대두에 무력하다는 데 있는
것입니다. 롤즈의 정치적 자유주의는 오히려 인민주의에 활용될 수
있는데, 남한이 그 사례라고 할 수 있겠지요. 또 프리드먼의 경제적
자유주의 역시 인민주의에 대한 대안으로는 부족할 수밖에 없는데,
그의 『선택할 자유』(*Free to Choose*, 1980)가 '인생 책'이라고 언급
한 윤석열 대통령이 그 사례라고 할 수 있겠고요.

윤석열 대통령의 결함으로 '정치와 그 원리'에 대해서는 배우려고
하지 않고 검사 시절의 금과옥조인 '법과 그 원칙'만 되뇌고 있다는
사실을 지적할 수밖에 없습니다. 유가는 법가를 비판하면서 나라를
다스리려면 형(刑)만 갖고는 안 되고 정(政)도 있어야 한다고 강조
했고, 그래서 형정이나 정형이라는 말이 있는 것이지요. 여기서 정
이란 물론 인정(仁政)과 덕치(德治)라는 이중적 의미에서의 정치를
의미하는 것이고요.

윤석열 대통령은 인정과 덕치라는 말을 들어본 적도 없고 알려고
하지도 않는 것 같습니다. 그래서 이재명 대표의 '사법 리스크'에만
'올인'하다가 패가망신의 위기에 몰린 것 같아요. 인정이나 덕치는
애덤 스미스에게서도 발견되는 것으로, 서울법대 대선배로 스미스로
소급되는 시카고학파 법경제론을 소개한 박세일 교수가 생존했다면
윤 대통령에게 한 수 가르쳐줄 수 있었을지도 모르겠어요.

케이헌에 따르면, 인민주의는 자유주의적 민주정에 대한 비자유
주의적 민주정의 도전으로 정의할 수 있고, 그 기원은 히틀러주의와
스탈린주의를 거쳐 자코뱅주의로 소급할 수 있습니다. 달리 말해서
자유주의적 이념과 분리된 민주주의적 제도, 나아가 민주주의적

제도의 인민주의적 타락에 주목하자는 것인데, 이재명 대표가 주장하는 먹사니즘이란 결국 '막사니즘'(이념도 제도도 없이 짐승이나 벌레처럼 막살자는 주의)이거나 '먹싸니즘'(역시 짐승이나 벌레처럼 먹고 싸기만 하자는 주의)일 따름이라는 촌철살인의 비판이 제기된 바 있지요.

따라서 인민주의의 공포에 대응하려는 4세대 자유주의의 기원도 1세대와 3세대 자유주의에서 발견할 수 있다는 것이 케이헌의 주장이고, 그가 매콜리에게 주목하는 것은 이 때문입니다. 나아가 슈클라(Judith Shklar)와 윌리엄즈(Bernard Williams)에게도 주목하는데, 전자는 벨의 이데올로기 종언론에 대한 대안으로서 벌린의 부정적 자유론을 복권시켰고, 후자는 긍정적 자유론으로서 벌린의 다원주의 대신 향상심을 강조했지요.

나아가 슈클라가 제도를 무시한 벌린과 달리 자유주의적 이념과 민주주의적 제도의 '관습적'(convenient, 사랑이 아니라 편의를 교환하는) 결혼을 강조했다는 사실에도 주목할 필요가 있습니다. 이런 관점에서 자유주의의 역사를 정리한 에드먼드 포셋(Edmund Fawcett)의 견해에 대해서는 이 책에 실린 이태훈의 글을 참고하세요.

4세대 자유주의는 자본주의의 표준으로서 미국을 대체할 수 있는 새로운 사례에서 비로소 실현될 수 있을 것입니다. 그러나 워싱턴 컨센서스가 런던 컨센서스를 대체했듯이 베이징 컨센서스가 워싱턴 컨센서스를 대체한다는 주장은 시진핑이 '중국몽'과 '강군몽'을 주창하면서 이미 무효화되었지요.

나아가 그런 중국에서 사회주의의 표준을 발견할 수 있다는 주장은 소련에서 사회주의의 표준을 발견하려는 비극을 반복하는 소극, 아니 오히려 그런 비극을 소극화하는 '블랙 코미디'라고 해야 하는 것입니다. 시진핑의 사회주의가 푸틴의 사회주의나 심지어 김정은의 사회주의와 연대할 경우 기후위기에 앞서 인류가 공멸할 가능성이 아주 높다는 것이 제 생각이에요.

울로크의 『자유주의 온건파와 급진파』

 케이헌과 비교할 때 울로크는 자유주의의 기원을 계몽주의까지 소급하는 것이 특징입니다. 그러나 그는 온건한 계몽주의와 급진적 계몽주의의 차이가 자유주의와 공화주의의 차이로 귀결된다는 사실을 간과하고 있지요. 나아가 자유주의적 이념과 공화주의적 이념의 이론적 근거가 경제학과 철학(나아가 사회학)의 차이로 귀결된다는 사실 역시 간과하고 있고요.
 달리 말하자면 울로크가 자유주의는 영국에 고유하고 공화주의는 프랑스에 고유한 이념이라는 사실을 간과한다는 것입니다. 그가 산업혁명과 부르주아 혁명의 구별, 자유주의적 시민성과 공화주의적 시민성의 구별 등을 간과하는 것도 이 때문이고요. 그 결과 울로크로서는 경제성장의 관점에서 자유주의와 공화주의를 비교할 수도 없는 것이지요.
 그럼에도 불구하고 울로크는 케이헌과 달리 매콜리의 자유주의의 기원에 스미스는 물론이고 그의 친구들인 기번과 버크의 자유주의가 있다는 사실을 강조한다는 장점이 있습니다. 물론 이 세 사람의 자유주의가 동일한 것은 아니었는데, 스미스와 버크가 영국의 명예혁명과 미국의 독립전쟁을 지지한 반면 기번은 영국의 명예혁명은 지지하면서도 미국의 독립전쟁은 반대했거든요.
 먼저 기번은 폴리비오스의 정체순환론에 주목하면서 그런 악순환을 단절하는 혼합정체를 지지했습니다. 또 혼합정체를 순수 민주정 내지 인민정으로 전환하려는 급진파를 '불량배'로 간주했고요. 그가 사용했던 'canaille'(카네일)은 본래 'a pack of dogs'(개떼)라는 의미라고 하는데, 이재명 대표 지지자의 별명인 개딸이 이렇게도 유서 깊은 이름인 줄은 미처 몰랐어요.
 버크는 혁명기 프랑스의 헌법 실험을 비판하면서 영국이 6-7세기에 걸쳐 성취한 헌정질서를 6-7일 만에 창조하려는 어처구니없는 시도라고 비판한 바 있습니다. 달리 말해서 자코뱅은 자신이 하느님이나 구세주라는 망상/미망(délire, delusion)에 빠졌다는 것이지요. 그는 자코뱅 같은 '다수의 폭정'이 루이 16세 같은 '소수의 폭정'보다 더 나쁘다고 비판했어요.

알다시피 이런 비판은 토크빌과 밀에게 계승되었습니다. 게다가 남한 인민주의자들이 존숭하는 노신조차 같은 의견이었지요. 『한국 사회성격 논쟁 세미나 (III)』에서 이미 지적한 것처럼, 그는 386세대처럼 독단적이고 무모하지 않았는데, 폭군(暴君)보다 폭민(暴民)이 '더 폭력적'이라고 주장했고, 참주정에서는 사람들이 냉소적인 반면 인민정에서는 사람들이 '죽어가는 모습'(死相)이라고 주장했거든요. 아Q가 지배자가 되는 상황을 경계한 것인데, 아Q는 머슴만도 못한 날품팔이여서 불량배 기질이 있었기 때문이에요.

그런데 기번과 비교할 때 버크는 대중에 대해서는 좀 더 동정적이었습니다. 대중의 의견/판단은 비판하더라도 그 이익/불만은 존중해야 한다는 것이었지요. 대중은 '한심스럽다'(contemptible)기보다 '개탄스럽다'(condemnable/deplorable)는 것이고, 그 때문에 그들을 오도하는 불량배일 따름인 급진파의 영향으로부터 분리시켜야 한다는 것이에요.

울로크는 스미스와 기번-버크의 계승자로서 매콜리의 자유주의를 '온건주의로 위장한 급진주의'(radicalism in moderate garb)로 간주하고 있습니다. 달리 말해서 매콜리의 온건주의란 실행가능성(feasibility)에 주목하는 급진주의라는 것이에요. 심지어 매콜리는 혁명적 폭력을 유감스럽다(deplorable), 그러나 불가피하다(necessary)고 간주했다고 하고요.

매콜리가 보통선거제에 반대하는 것은 그것이 스미스가 말하는 '자유와 소유[달리 말해서 정치적 자유와 경제적 자유]에 대한 안전 보장'의 파멸로 귀결될 것이기 때문이었습니다. 보통선거제가 '소유의 파멸'인 인민정을 거쳐서 '자유의 파멸'인 참주정으로 귀결된다는 그의 주장은 기번이 주목한 폴리비오스의 정체순환론에 부합하는 것이었지요.

이 대목에서 울로크의 『매콜리와 계몽주의』(*Macaulay and the Enlightenment*, Boydell, 2022)에 주목해두겠습니다. 매콜리는 약관 29세에 스미스-버크-기번의 관점에서 아버지 밀을 비판하면서 필명을 날리게 되었지요. 그러나 말년의 그는 일기에서 벤섬을 '불량배'(trashy man, 인간쓰레기)라고 부르며 밀 대신 벤섬을 더 많이 비판해야 했다고 고백한 바 있어요.

울로크는 특히 혁명적 폭력의 불가피성에 대한 매콜리의 입장을 부연하면서 다음과 같은 발언을 인용하고 있습니다.

> 혁명의 폭력이 그 혁명을 초래한 실정(misgovernment)의 정도에 조응한다는 것은 예외 없는 규칙이다.

영국혁명에서 1688년혁명보다 1640년혁명이 더 폭력적인 이유, 1688년의 영국혁명이나 1776년의 미국혁명보다 1789년의 프랑스혁명이 더 폭력적인 이유, 나아가 프랑스혁명에서도 1830년혁명보다 1789년혁명이 더 폭력적인 이유는 그런 혁명을 초래한 실정의 정도가 더 컸기 때문이라는 것이에요.

매콜리의 이런 입장은 혁명가와 경세가(statesman/legislator)를 구별하는 데서 비롯된 것이라고 할 수 있습니다. 혁명가를 특징짓는 고유한 정신은 토크빌처럼 말하자면 '특수한 질병, 즉 모종의 규칙 혐오와 위험 선호'였지요. 또 그런 정신적 질병은 루소와 자코뱅에 의해 감염된 것이었고요.

반면 경세가에게는 이론, 그러나 철학이 아니라 과학이 필요한 것인데, 매콜리가 볼 때 그것은 스미스의 경제학(political economy) 내지 이론적 역사(philosophical history)였습니다. 또 대중적 역사서술을 지향한 매콜리에게는 스미스의 후예인 스코트의 역사소설이 큰 영향을 끼치기도 했고요. 이미 인용한 불량배 마르크스주의자에 대한 레닌의 경고를 경세가에 미달하는 혁명가에 대한 경고로 해석할 수도 있겠다는 생각이 드는 대목이에요.

매콜리에게 스미스가 결정적으로 중요했다는 사실을 새삼 강조해두겠습니다. 스미스의 『민부론』은 리카도의 『경제학원리』 같은 단순한 경제학적 저작이 아니라 '경세학(political science)의 위대한 독창적 저작'이었지요. '애덤 스미스[이론적 경세가]와 동시에 아들 피트[실천적 경세가]가 된다는 것은 거의 불가능한 일이다'라면서도 그 필연성을 주장했던 것은 이 때문이에요. 매콜리는 물론 불가능성보다는 필연성을 강조했던 것이고요.

로젠블랫의 『자유주의의 잃어버린 역사』

마지막으로 헬레나 로젠블랫의 『자유주의의 잃어버린 역사』(2018; 국역: 니케북스, 2023)도 주목해두겠습니다. 1세대 자유주의의 역사에서 프랑스와 독일의 기여를 개관하는 책인데, 그녀의 책은 영국을 중심으로 하는 이제까지의 설명을 보완하는 의미가 있어요. 그러나 'lost history'는 '잃어버린 역사'인 동시에 '실패한 역사'이자 '잊혀진 역사'이므로 반면교사라는 의미를 갖는 것이겠지요.

로젠블랫은 'liberality'가 현대적 의미를 갖게 된 것은 나폴레옹 전쟁 이후의 프랑스였고, 그 주창자가 콩스탕(Benjamin Constant)이었다고 주장하고 있습니다. 그가 자코뱅 인민정의 귀결이 바로 나폴레옹 참주정이었다고 비판하면서 카이사르주의/보나파르트주의에 대한 자유주의적 대안을 모색했다는 것이지요. 또 그런 대안의 핵심으로 정교분리, 나아가 양심과 표현의 자유라는 기본권을 보장하는 법치와 헌정을 발견했다는 것이고요.

로젠블랫은 'liberality'의 어원 'liberalitas'는 전혀 다른 의미라고 강조하고 있습니다. 로마 공화정의 경세가 키케로에게 그것은 공화주의적 시민의 덕성인 '공익'(res publica, common good, 공동선)의 추구를 의미했다는 것이에요. 그러나 정교분리, 기본권을 보장하는 법치 등이 이미 영국 헌정사에서 실현되었다는 사실을 잊어서는 안 되겠지요. 쉽게 말해서 현대적 자유주의라는 용어는 프랑스적이라 하더라도 그 개념은 영국적이라는 것이에요.

여기서 루소가 『사회계약』에서 한 '자유롭도록 강제한다'(forcer d'être libre)는 말에 주목할 필요가 있습니다. 저는 지식인의 폭력에 대한 발리바르의 글에서 이 말을 처음 보았는데, 그러나 그는 이것이 『루가복음』에 나오는 '밖에 있는 사람을 억지로라도 안으로 들어오게 하라'는 예수의 말에서 온 것으로 해석했지요.

그러나 루소의 말은 공화주의의 맥락에서 '공익을 위해 희생하라'는 의미로 해석하는 것이 옳을 것 같습니다. 이 때문에 공포정치기에 로베스피에르가 이 말에서 '인민의 적'(ennemi du peuple)이라는 개념을 발명해낼 수 있었지요. 「대선 불복 2년동란」에서 지적했던 'civility/civilité'의 경우에서처럼, 발리바르가 자유주의와 공화주의의 차이에 대해 잘 모른다는 생각이 들 수밖에 없는 대목이에요.

「위기와 비판」(『한국사회성격 논쟁 세미나 (I)』에 실림)에서 저는 'freedom'이 자기중심적인 무제한의 자유를 의미하는 반면 'liberty'는 타인과의 관계 속에서 제한된 자유를 의미한다고 설명한 바 있습니다. 이것은 밀의 설명을 차용한 것인데, 그러나 밀 이후에는 'freedom'도 'liberty'의 의미로 사용되었지요. 또 전후에는 처칠 때문에 오히려 'freedom'이 주로 사용된 반면 'liberty'는 평등에 반대한 보수주의자에 의해 애용되었고요. 'freedom'과 'liberty'의 어원은 각각 게르만어 'frijadōm'과 라틴어 'libertas'라는 사실도 지적해두겠어요.

키케로에 대해서도 언급해두겠는데, 앤서니 에버렛의 『키케로』(2001; 국역: 서해문집, 2003)를 참고할 수 있습니다. 공화정 말기의 경세가였던 그는 공화주의자보다는 오히려 자유주의자의 선조라고 할 수 있지요. 폴리비오스의 정체순환론과 혼합정체론을 지지하면서 카탈리나가 상징한 인민정과 카틸리나의 배후 중 한 명인 카이사르가 상징한 참주정의 대두에 저항했기 때문이에요.

위키피디아에 따르면, 엥겔스가 어디선가 키케로를 '역사상 가장 비열한 악당'(the most contemptible scoundrel in history)으로 폄훼했다고 하는데, 매콜리에 대한 마르크스의 폄훼와 마찬가지로 별로 근거가 없는 것입니다. 사실 키케로 말년의 성찰을 집약한 『국가론』

과 『법률론』의 주장은 매콜리와 대동소이한 것이었어요.

> 조타수의 목적이 배의 안전한 항해인 것과 마찬가지로 경세가의 목적은 나라의 행복이어야 한다.
>
> 인민의 행복이 최고의 법이다.

어쨌든 콩스탕의 분투에도 불구하고 프랑스 자유주의의 취약성은 1815년 복고왕정(절대군주정)을 대체한 1830년 7월왕정(입헌군주정)에서 자유주의자('저항파')와 공화주의자('운동파')의 분열로 드러난 바 있습니다. 그런 와중에 선거권 확대도 결국 실패한 것인데, 성인 남성의 1%에서 겨우 2.5%로 확대되는 데 그쳤거든요. 반면 동일한 시기 영국에서는 성인 남성의 10%에서 20%로 선거권이 확대되었던 것이고요.

자유주의자와 공화주의자의 분열은 『레 미제라블』의 배경인 1832년 6월봉기로 폭발하기도 했습니다. 또 7월왕정에 대한 다양한 비판이 제기되기도 했는데, 먼저 밀은 '과두정 내지 금권정'이라고 비판한 바 있지요. 또 마르크스는 '프랑스의 국부를 착취하기 위한 주식회사'라고 비판했고요. 게다가 7월왕정에 국한된 것은 아니더라도 '일체의 소유는 도둑질이다'(La propreté, c'est le vol)라는 프루동의 비판까지 있었고요.

나아가 토크빌이 미국의 민주정을 연구한 것은 7월왕정에 대한 대안을 모색하기 위한 시도였습니다. 그는 콩스탕이 강조한 법치와 헌정에 추가하여 자유주의적 풍속과 세태로서 향상심의 중요성을 발견했지요. 그러나 토크빌의 분투에도 불구하고 자유주의가 부활에 성공한 것은 아닌데, 공화주의 이외에도 보수주의라는 경쟁자가 건재했기 때문이에요. 그 결과 마르크스가 비판한 것처럼, 나폴레옹의 비극이 나폴레옹 3세의 소극으로 반복되었던 것이고요.

프랑스와 달리 벨기에에서는 부르주아 혁명이 성공했다는 사실을 강조해둘 필요가 있습니다. 1830년에 네덜란드에서 독립했고, 이듬해 입헌군주정 아래 양원제와 의원내각제를 도입했거든요. 또 프랑스와는 달리 가톨릭이 정교분리까지 수용했는데, 그 때문에 1834년에 루뱅대학을 설립하여 소르본대학과 달리 자유주의적 가톨릭을 추구했던 것이고요. 벨기에서 산업혁명이 개시되어 1870년대 독일이 통일되기까지 유럽의 산업화를 대표하게 된 것은 이런 일련의 혁명 내지 개혁 덕분이었어요.

빌헬름 1세를 도와서 나폴레옹 3세를 패퇴시키고 독일의 통일을 성취한 사람은 물론 비스마르크였습니다. 그는 '자유주의'가 아닌 '권력', '연설과 다수결'이 아닌 '쇠와 피'(鐵血)의 중요성을 강조하는 '현실정치'(Realpolitik)의 대가였지요. 물론 신권이 존재할 수 없는 상황에서 왕권에 종속된 일개 재상에 불과했지만요.

그러나 비스마르크는 1848년혁명의 실패에서 통일이 우선이라는 교훈을 배운 자유주의자는 물론이고 심지어 국가코퍼러티즘을 통해 사회주의를 모색한 라살주의자도 포섭할 수 있었습니다. 이런 맥락에서 ML파-장안파의 잔당인 영남 좌파가 박정희 장군의 쿠데타를 지지하다가 통혁당-주사파로 전향하여 김일성 주석의 연방제 통일을 지지했던 사실을 연상하는 것이 저만은 아닐 것 같아요.

로스의 『애덤 스미스 평전』

이언 로스의 『애덤 스미스 평전』(1995, 개정판: 2010; 국역: 글항아리, 2024)이 국역되었기에 간단하게나마 언급해두겠습니다. 아마 작년인 스미스 탄생 300주년을 기념해서 기획된 것 같은데, 국역본이 원서의 두 배인 1200쪽에 이른 방대한 분량에다 평전(critical biography)이 아닌 보통의 전기(life, 일대기)여서 일반 독자는 물론이고 스미스의 도덕철학에 관심을 갖는 연구자에게도 큰 도움이 되지는 않을 것 같지만요.

게다가 로스의 입장에도 얼마간 문제가 있다고 할 수 있습니다. 19세기 영국식 자유무역론 내지 자유시장론과 20세기 미국식 자유기업론을 혼동하고 있거든요. 또 스미스의 『민부론』이 에르하르트의 이른바 '사회적 시장경제론'과 친화성이 있다고 주장하는데, 전자는 자유주의 경제학인 반면 후자는 보수주의 경제학이에요.

『도덕감정론』에서 『법학 강의』를 거쳐 『민부론』에 이르는 스미스의 '도덕철학' 3부작에 대한 제 해석은 『한국사회성격 논쟁 세미나 (II)』의 「후기: '인민의 벗이란 무엇인가'」와 『한국사회성격 논쟁 세미나 (IV)』에 실린 「'대선 불복 2년동란'」에서 이미 제시된 바 있습니다. 조국 교수를 둘러싼 논쟁 덕분에 스미스를 공부하면서 와인개스트의 정치경제론적 해석에서 많은 것을 배울 수 있었지요.

그래도 워낙 상세한 전기인지라 로스의 책에서도 미처 몰랐던 몇 가지 세부사항을 배울 수 있었습니다. 먼저 스미스가 옥스퍼드 유학을 마치고 고국 스코틀랜드로 돌아온 것은 1745-46년의 자코바이트 반란이 막바지에 이른 때였지요. 에딘버러대학을 거쳐 글래스고우대학에서 강의하면서 스미스가 자코바이트 반란의 역사적 의미를 이론적으로 천착한 것은 당연한 일이었어요.

여기서 스미스의 이론적 역사 내지 경세사학(pragmatic history)의 핵심인 '생존양식'(mode of subsistence) 4단계론이 유래했던 것입니다. 생존양식은 어렵·채집단계에서 목축단계를 거쳐 농경단계와 상업단계로 진화하는데, 반란을 지지했던 고지인(Highlander)은 어렵·채집 내지 목축단계였고 반란에 반대했던 저지인(Lowlander)은 농경 내지 상업단계였다는 것이 스미스의 해석이었지요.

돕(Maurice Dobb)의 제자 미크(Ronald Meek)에 따르면, 스미스가 튀르고와 공유한 생존양식 4단계론에서 원시공산주의, 노예제, 봉건제, 자본주의, 공산주의라는 마르크스의 '생산양식'(mode of production) 5단계론이 유래했다고 할 수 있습니다. 또 튀르고와 달리 스미스는 『민부론』에서 그 논거로 경제학을 제시했고, 마르크스는 역사과학을 정초하기 위해 경제학 비판에 착수했던 것이고요.

스미스에게서 생존양식으로서 경제의 진화는 정치(법과 정부)의 개혁 및 도덕(풍속과 세태 내지 세태와 인정)의 향상과도 관련되는 것이었습니다. 다만 경제적 진화는 정치적 개혁 및 도덕적 향상의 충분

조건이 아니라 필요조건이었고요. 달리 말해서 아리스토텔레스의 존재론으로 소급하는 모든 인과론을 기각한 것인데, 마르크스 역시 경제와 정치 및 도덕의 관계를 인식하기 위해 적합 내지 일치한다는 의미의 '조응한다'(entsprechen)는 단어를 사용했지요.

그런데 역으로 경제적 진화에 적합한 정치적 개혁 및 도덕적 향상의 부재가 경제적 진화에 반작용한다고 할 수도 있습니다. 그 결과 상업사회에 등급이 존재하는 것이고요. 마르크스 역시 자본주의의 표준(Muster)으로서 이념적 평균(idealer Durchschnitt) 내지 보편적 전형(allgemeiner Typus)이 존재한다고 주장했는데, 이 개념을 통해 엥겔스에게서 비롯된 '최종심'(letzte Instanz)의 결정을 둘러싼 인과론 논쟁이나 산업혁명의 표준은 영국인 반면 부르주아 혁명의 표준은 프랑스라는 마르크스의 선입견에서 탈출할 수 있겠지요.

어쨌든 자코바이트 반란에 대한 스미스의 이런 해석을 수용하여 명예혁명부터 나폴레옹 전쟁까지 장기18세기의 '2차 100년전쟁'을 마무리짓는 워털루 전투 전야에 스코트가 집필한 소설이 『웨이벌리』 (1814; 국역: 현대지성사, 2005)라는 사실에도 주목할 수 있습니다. 스코트와 이론적 역사에 대해서는 Youssef Sabbah, *Philosophical History in Scott's Waverley Novels*, Ph.D. Thesis, University of Wales, Bangor, 2003이 있는데, 인터넷에서 쉽게 구할 수 있어요.

『웨이벌리』에서 내란의 비극을 고발한 스코트가 실은 자코바이트의 후예였다는 사실에 주목해야 합니다. 그러나 그는 자코바이트의 주력군인 고지인이 저지인에게 공납/약탈(blackmail)을 일삼는 비적 (catheran)일 따름이었음을 인정하고 있지요. 나아가 씨족장으로서 비수(匪首, 비적의 수령)였던 퍼거스가 '프랑스화된 스코틀랜드인'의 결함, 즉 '자존심과 복수심이 강하고 난폭한 기질'이라는 스코틀랜드인의 결함과 결합된 '잔재주과 말재주'라는 프랑스인의 결함을 갖고 있음을 인정하고 있고요.

리프쉬즈의 도움을 받아 루카치가 집필한 『역사소설』(1937; 국역: 거름, 1987)이 주장했듯이, 『웨이벌리』가 역사소설의 효시였습니다.

나아가 스코트의 후예인 발자크와 디킨즈의 사회소설, 즉 풍속·세태소설 내지 세태·인정소설이 출현하면서 마르크스와 엥겔스가 강조한 리얼리즘 소설의 전통이 형성되었던 것이고요.

스미스를 비롯한 스코틀랜드 계몽주의자를 일제강점기의 윤치호 선생이나 김성수 선생 같은 애국계몽운동가/실력양성운동가와 비교할 수 있을 것입니다. 남한에서 두 선생이 친일파로 매도되는 데서 스미스 같은 경세가가 존재할 수 없는 이유를 찾을 수 있겠지요. 또 같은 이유로 스코트 같은 리얼리즘 소설가가 희귀할 수밖에 없는 것도 당연한 일일 것 같고요.

굳이 스코틀랜드 계몽주의자라고 한 것은 영국 계몽주의자에서도 잉글랜드 계몽주의자와 스코틀랜드 계몽주의자 사이에 차이가 있었기 때문입니다. 스코틀랜드 계몽주의에 대해서는 아쉬운 대로 이영석 교수의 『지식인과 사회: 스코틀랜드 계몽운동의 역사』(아카넷, 2014)를 참고할 수 있지요.

최근에 영국 계몽주의의 역사를 집대성한 로이 포터의 『근대세계의 창조』(2000; 국역: 교유서가, 2020)가 번역되었으므로, 한두 마디 보충해두겠습니다. 그는 프랑스 계몽주의를 특권화하는 데 반대하면서 계몽주의의 민족적 차이를 강조하는 *The Enlightenment in National Context* (Cambridge University Press, 1981)를 편집한 바 있지요.

영국 계몽주의는 물론이고 프랑스 계몽주의도 뉴튼과 로크에서 시작된 것입니다. 『인간오성론』(1689)에서 로크는 뉴튼이라는 '학문공화국'(commonwealth of learning)의 '도편수'(master-builder)를 위해 '터를 닦고 잡동사니를 치우는 막일꾼(under-labourer)'을 자처하면서 '선험적 합리성'(rationality)을 '증거'(evidence)에 의해 지지되는 '경험적 합리성'(reasonableness)으로 대체한 바 있지요.

데카르트와 홉즈는 물론이고 스피노자의 대안을 추구한 로크의 의도는 학문공화국을 뉴튼의 자연철학에서 도덕철학으로 확장하는 것이었습니다. 그리고 그런 의도를 실행한 것은 잉글랜드나 프랑스의 계몽주의자가 아니라 스코틀랜드 계몽주의자, 특히 스미스였지요. 역시 스코틀랜드 계몽주의자인 스코트는 스미스의 도덕철학에 적합한 '문학공화국'(commonwealth of [polite] letters)을 추가했고요.

그런데 1100쪽에 이르는 방대한 분량인 포터의 책은 '인민의 벗'(ami du peuple, 마라)을 자처하는 '폐허의 건축가'(architect of ruin, 버크)일 따름인 프랑스 계몽주의자에 대한 영국 계몽주의자의 특징을 부각하는 데 실패했습니다. 스미스의 경제학(17장)을 경세학(8장), 현대화의 이론적 역사(10장), 추상적 진보(progress)를 구현하는 구체적 향상(improvement)(19장) 등과 분리했기 때문이지요. 게다가 스코트는 완전히 무시했고요.

다시 본론으로 돌아가면, 로스는 혁명기의 프랑스에서『민부론』이 수용·번역되기 시작했다는 사실을 지적하고 있습니다. 그러나 큰 결실은 없었는데, 루소의 철학에 압도되었기 때문이지요. 스미스는 중농학파의 비조인 케네의 결함에도 주목했는데, 루소와 케네 모두 '공론가'(speculator), '공상가'(projector), '교조주의자 내지 논리주의자'(man of system)로 간주한 것 같아요.

이런 비판은 루소처럼 자연권을 강조하는 철학적 교조주의자나 케네처럼 자연법을 강조하는 경제학적 교조주의자와 이론적 역사 내지 경세사학으로서 경제학을 주창하는 자신의 차이를 강조하기 위한 것이었습니다. 하기야 역학(mechanics)에서조차 데카르트와 뉴튼의 차이가 존재했을 정도이니까 프랑스 지식인과 영국 지식인의 기질적 차이는 부정할 도리가 없겠지요.

『2007-09년 금융위기』에서 이미 설명한 것처럼,『프린키피아』에서 뉴튼은 데카르트주의자들을 반비판하면서 '나는 가설을 조작해내지 않는다'(hypotheses non fingo)라는 유명한 경구를 제시했습니다. 중력이라는 원인 자체를 설명하는 원인, 이른바 '제1의 원인'으로 간주된 데카르트의 '소용돌이' 개념 같은 것은 자신에게 필요 없다는 주장이있지요.

이 대목에서 마르크스가 리카도는 물론이고 케네도 스미스보다 높이 평가한 것을 비판할 수 있을 것입니다. 이것이 『자본』의 논리주의적 편향이었는데, 그것을 정정하려고 엥겔스가 논리-역사주의, 단적으로 말해서 역사주의를 제안한 것이지요. 또 말년의 알튀세르는 뒤메닐의 『'자본'의 경제법칙 개념』(1978)의 「서문」에서 논리와 역사의 결합을 제안한 것인데, 그러나 이미 『민부론』에서 스미스가 그런 시도를 했다는 사실은 몰랐던 것이에요.

로스는 『민부론』 개역본이 출판된 것은 프랑스혁명 200주년 직후인 1995년이었다는 사실을 지적하고 있습니다. 로스는 물론 몰랐지만, 『민부론』 개역본은 알튀세르의 '이론' 총서에 후속하는 것으로 그의 제자 발리바르가 과학철학 및 과학사를 전공한 또 다른 제자 르쿠르와 함께 편집하던 '이론적 실천' 총서였지요.

그러나 발리바르가 스미스의 『민부론』은 물론이고 그의 도덕철학을 수용한 흔적은 발견할 수 없었습니다. 알튀세르의 유훈에 따라 마르크스주의의 일반화에 매진하던 시절의 대표적 논문인 동시에 마르크스 사망 100주기 기념 논문인 「마르크스의 계급정치 사상」(1983)에서 그는 『자본』의 결함으로 자본주의의 역사를 분석할 수 없는 무능력을 지적했는데, 역시 스미스가 이미 『민부론』에서 그런 분석을 시도했다는 사실을 몰랐던 것이지요.

스미스가 공론가, 공상가, 교조주의자 내지 논리주의자를 경계한 것은 그들 중에 불량배가 혼재하기 마련이기 때문이었습니다. 그런 자들은 '멍청함'(folly)과 '속임수'(knavery)를 뒤섞은 '음모'(scheme)를 추구하는 불량배 내지 비적이라고 할 수 있는데, 「재론 위기와 비판」에서 소개한 경제사가 치폴라(Carlo Cipolla)의 비판을 스미스가 선취한 셈이었지요.

로스에 따르면, 신고전파 경제학 이후 스미스에 대한 연구는 일본에서 지속되었습니다. 그러나 로스의 설명은 부실할 수밖에 없지요. 로스가 주목한 스미스 연구자가 미즈타 히로시인데, 히토쓰바시대학에서 그의 스승이 다카시마 젠야였어요. 또 다카시마의 『아담 스미스』(1968; 국역: 소화, 2004)는 이미 국역되어 있으니 참고할 수 있고요.

다카시마의 대표적 제자는 두 사람이었는데, 스미스 연구자로는 미즈타가 있었던 반면 마르크스 연구자로는 아마도 남한에서는 제가 맨 처음 주목한 바 있는 히라타 기요아키가 있었습니다. 세 사람의 공저인『사회사상사 개론』(1962; 국역: 청사, 1983)도 이미 국역되어 있으니 참고할 수 있고요.

그런데 다카시마 이전에 일본의 대표적 유상(儒商, 지식인 출신의 경제인)으로 유가자본주의의 선구자이자 '일본의 스미스'라고 불릴 수 있는 시부사와 에이이치에 대해 먼저 언급해두겠습니다. 일본의 경제학은 학계가 아니라 관계가 주도하여 '관청경제학'(bureaucrat/government economics)이라는 말이 있는데, 그 전에 '실업경제학'(practical/business economics)이 존재했다고 할 수 있어요. 아쉬운 대로 양의모 박사의『시부사와 에이이치』(살림, 2019)를 참고하세요.

1869년 30세에 재무부 조세국장으로 발탁된 시부사와는 1873년에 실업가로 변신하여 주식회사제도를 도입하고 제일은행(미즈호은행)을 비롯해 오사카방적(도요방적), 도쿄철도 등 500여개 기업의 창업과 경영에 관여했습니다. 또 미쓰이·미쓰비시와 경쟁하면서도 재벌을 형성하지는 않았는데, 바로 이 점에서 이토 히로부미와 오쿠마 시게노부의 정치적 자유주의에 적합한 경제적 자유주의를 실천했다고 할 수 있지요. 실업계에서 은퇴한 다음 그는『논어와 주판』(1916)과『논어 강의』(1925)를 출판했는데, 2009년에 페이퍼로드에서 출판된 전자의 국역본에 후자가 발췌되어 있고요.

시부사와의『논어와 주판』은 자신의 의리합일(義利合一, 도덕과 경제의 융합과 일치) 사상을 개진하는 저서입니다. 또『논어 강의』는『논어』에 대한 자신의 독자적 해석을 개진하는 저서로 특히 풍속과 세태의 중요성을 강조하기 위해 '인애를 풍속으로 하는 마을에 사는 것은 좋은 일이다'(里仁爲美)와 '군자[기자]가 그곳[오랑캐 땅인 조선]에 살았는데, 무슨 누속(陋俗, 나쁜 풍속)이 있겠는가'(君子居之, 何陋之有)라는 공사의 말씀에 주복했지요.

다시 본론으로 돌아가서, 스미스 200주기 기념 심포지엄이 1990년

나고야에서 열렸는데, 그 발표문이 미즈타와 그의 후배인 스기야마 츄헤이 편집의 *Adam Smith: International Perspectives* (Macmillan, 1993)로 출판되었습니다. 이 책에 실린 스기야마 등의 "Adam Smith in Japan"과 미즈타의 "Conclusion"을 참고하면서 일본에서 스미스 연구에 대한 설명을 보충해보겠어요.

스기야마 등에 따르면, 일본에서 스미스가 주목된 것은 일본사회 성격 논쟁의 맥락에서 메이지유신의 성격에 대한 판단 기준을 모색하려는 목적이었습니다. 즉 스미스의 '시민사회' 개념을 '부르주아화·문민화·세속화된 현대사회'의 의미로 해석하면서 그것을 기준으로 메이지유신을 평가하려는 의도였다는 것이지요.

나아가 이런 시도의 중심지는 히토쓰바시대학의 전신인 도쿄상대였다고 합니다. 물론 도쿄상대를 대표한 사람은 백남운 선생의 스승이자 미노베 다쓰키치나 요시노 사쿠조와 더불어 다이쇼 민주주의의 3대 사상가 중 한 명이었던 후쿠다 도쿠조였는데, 그 곁에 다카시마도 있었던 것이에요. 강좌파를 비판적으로 계승하려던 그의 입장은 시민사회의 부재라는 관점에서 메이지유신을 비판하는 것이었고요.

또 다카시마의 학통을 계승한 미즈타는 스미스의 도덕철학 3부작의 번역에 도전하기도 했다고 합니다. 『법학 강의』에서 출발하여 『민부론』을 거쳐 『도덕감정론』에 이르는 대장정이었지요. 또 자신의 연구 범위를 스미스에서 스코틀랜드 계몽주의 전체로까지 확장하기도 했다고 하고요.

미즈타는 스미스에 대한 연구를 통해 러시아혁명에 대한 레닌의 반성을 계승할 수 있음을 시사하고 있습니다. 레닌이 마지막 논문인 「양은 적더라도 질이 좋은 것이 차라리 더 좋다」(Better Fewer, But Better)의 서두에서 다음과 같이 강조한 바 있다는 것이지요.

> 우선 우리는 진정한 부르주아 문화에 만족해야 한다; 우선 우리는 조야한 유형의 부르주아 이전의 문화, 즉 [차르의] 관료적 문화 내지 농노적 문화 등을 기꺼이 제거해야 한다. 문화의 문제에서 성급하고 무차별적인 조처는 아주 유해하다. 많은 우리 젊은 작가들과 당원들은 이 점을 잘 이해해야 할 것이다.

1921년의 마야코프스키 비판과도 일맥상통하는 이 논문이 발표된 1923년은 마침 스미스 탄생 200주년이기도 했는데, 미즈타에 따르면, 레닌이 강조하고자 했던 문화란 시민사회의 풍속과 세태라는 의미로 해석할 수 있는 것입니다. 그러나 소련에서 나온 전기 『레닌』(1983; 국역: 백산, 1986)은 물론이고 새로운 전기인 로버트 서비스의 『레닌』(2000; 국역: 교양인, 2017) 역시 이 대목을 무시하고 있다는 결함을 갖고 있지요.

스미스 연구와 마르크스 연구의 결합을 통해서 강좌파-정통파와 노농파-우노파의 대립을 지양하려는 '시민사회파'를 형성한 사람이 히라타였는데, 일본 마르크스주의자 중에서 제가 특히 관심을 가졌던 사람은 바로 그였습니다. 1980년대 초에 중앙도서관의 정기간행물실에서 일본 월간학술지 『경제 세미나』에 연재되던 『코멘타르 '자본'』(1980-83)을 발견하고 탐독했는데, 마침 결호가 몇 권 있어서 일본에 연구교수로 가 있던 안병직 교수에게 복사해주십사 부탁하기도 했지요.

히라타 편집의 『사회사상사』(1979; 국역: 한울, 1982)와 『경제원론』(1983; 국역: 풀빛, 1987)도 역시 국역되어 있습니다. 1985년에 풀빛의 나병식 선배가 요청해서 제가 소개한 책이 『경제원론』이었는데, 판매 실적이 신통치 않아 원래 기획했던 『코멘타르 '자본'』은 결국 국역되지 못했지요.

히라타의 마르크스 해석과 발리바르의 마르크스 해석의 공통점을 지적해두겠습니다. 먼저 마르크스의 'die bürgerliche Gesellschaft'의 해석에서의 공통점인데, 히라타는 경제적·정치적·도덕적 반봉건이라는 의미의 'la société bourgeoise'와 반군사·반종교 내지 문민화·세속화라는 의미의 'la société civile'의 이중성을 강조한 바 있고, 발리바르 역시 'la société civile-bourgeoise'라는 번역을 제안한 바 있거든요.

나아가 『자본』의 결론 「자본주의적 축적의 역사적 경향」의 말미에 나오는 '개인적 소유를 재건한다'(wiederherstellen das individuelle Eigentum)는 구절에 두 사람 모두 주목한 바 있습니다. 과거 소련 경제학계를 비롯한 전 세계 마르크스주의자를 괴롭혀왔던 미스터리한 표현이지요. 그런데 그들은 공산주의를 개인적 소유를 재건하는 자유로운 개인의 연합인 '노동자연합'(Arbeiterassoziation)으로 정의함으로써 이런 곤란을 해결한 것인데, 관심이 있으시면 『마르크스의 '자본'』을 참고하세요.

김수행 교수가 『자본론』에 이어서 『국부론』까지 번역했으므로, 한두 마디 덧붙이겠습니다. 『국부론』의 「역자 서문」에서 사민주의적인 '마르크스주의의 위기론'에 대응하기 위해 『자본론』의 '이론적 토대'인 『국부론』을 번역하게 되었다고 했는데, 터무니없는 변명일 따름이었지요. 「『국부론』과 『자본론』 사이의 이론적 계승과 단절」 (『이론』, 1994년 여름)을 보면, 그가 현실사회주의의 붕괴를 전후로 해서 스미스가 복권되는 맥락에 대해 전혀 무지하다는 사실을 알 수 있거든요. 제가 들은 바로는 아들들을 위해 런던에 주택을 구입해준 다음 뒤늦게 귀국한 부인과 함께 부부가 살 아파트를 구입하기 위한 목적이 컸다고 하지요.

서울대 경제학과가 2024년 2학기부터 마르크스주의 강좌를 폐지한다고 하던데, 전석담 선생과 박현채 선생에서 비롯된 서울상대의 좌파적 전통을 파괴하는 데 안병직 교수에서 김수행 교수로 이어진 영남 출신이 결정적으로 기여했다는 사실을 지적해두지 않을 수 없습니다. ML파-장안파에 이어서 통혁당-주사파에 친화적인 서울상대의 사이비 좌파 계보가 안병직-김수행 두 교수와 그 제자들이었다고 할 수 있지요.

물론 안병직 교수와 김수행 교수는 유형적으로 전혀 달랐습니다. 사상의 표준을 제시하는 'maître à penser'(master for thinking)를 지향하던 안 교수는 역부족으로 사상을 오도하는 'maître penseur' (master thinker)로 타락한 경우라고 하는 것이 타당하겠지요. 한국 사회성격 논쟁에서 식민지반봉건사회구성체론-주변부자본주의론을 주장하다가 박현채 선생의 식민지반봉건사회론-신식민지국가독점자본주의론에 논파당한 다음에는 식민지현대화론-중진자본주의론을 제시했거든요.

반면 김 교수는 안 교수를 반면교사 삼아 능력주의적 후견자인 'tutelar/tutor'를 지향하다가 보호자(おやぶん, 匪首)인 'patron'으로 타락한 경우였습니다. 자신의 주변에 능력과는 무관하게 주로 영남 출신의 제자들을 모았거든요. 정운영 선생이 김수행 교수 제자들의 박사논문 심사에서 배제되기 시작한 것은 김 교수가 부임한 지 4-5년이 되던 해부터였는데, 수준 미달의 논문을 통과시키자는 그의 압력에 순응치 않았기 때문이에요. 저는 물론 단 한 번도 심사에 초빙된 적이 없고요.

서울대 경제학과에 김수행 교수의 후임이 임용되지 못한 것이나 김 교수가 은퇴한 다음에 시간강사가 담당해오던 마르크스주의 강좌가 폐지된 것은 사필귀정인 셈입니다. 서울대 경제학과가 법학과에 이어 경영학과와의 경쟁에서 패퇴했다고 하더라도 아직은 이류학과로까지 타락한 것은 아니거든요. 김 교수의 제자들은 그 후계자를 자임하는 정성진 교수의 경상대라는 '양산박'으로 퇴각하여 경상남도-전라도의 '문재명 정부' 지지자들 속에서 생존을 모색하고 있는 것 같은데, 과연 얼마나 버틸 수 있을지 두고볼 일이에요.

재론 '프랑스 이데올로기'

위고의 『레 미제라블』: 뮤지컬과 뮤지컬 영화

『일반화된 마르크스주의 세미나』에 실린 「과천연구실 20년」에서 저는 포스트구조주의 이후에 출현한 최신의 '프랑스 이데올로기'로 2013년 위고(『레 미제라블』) 열풍과 2014년 피케티(『21세기 자본』) 현상을 언급하면서 특히 후자에 대한 비판을 전개한 바 있지요. 또 피케티에 대해서 '비판적 지지'의 입장인 뒤메닐에 대해서도 반론을 제기한 바 있고요.

그런데 돌이켜보니 이것 역시 알튀세르에게서 물려받은 저 자신의 '이론주의적 편향'이었습니다. 애당초 남한에는 피케티나 뒤메닐에 대한 경제학적 논쟁을 전개할 수 있는 조건이 존재하지 않았거든요. 복지국가론을 대체하려는 소득주도성장론과 기본소득론 같은 사이비 경제학의 출현이 그 증거인 셈인데, 이런 '경제학적 문맹 내지 사기'는 논쟁할 대상이 아니라 퇴치/척결해야 할 대상이에요.

그래서 이번에 『레 미제라블』에 대해 공부해보기로 결심했던 것입니다. 위고는 7월왕정 말기인 1845년에 『레 미제라블』의 집필을 시작했는데, 1848년 2월혁명에 참여한 데다 1851년 루이 보나파르트/ 나폴레옹 3세의 쿠데타 이후에는 망명을 떠날 수밖에 없게 되어 이미 80% 정도 진척된 원고의 완성이 1860년까지 지연되면서 결국 1862년에야 출판되었던 것이지요.

국역자 정기수 교수에 따르면, 『레 미제라블』은 이미 일제강점기에 국내에 소개되었다고 합니다. 먼저 1914년에 최남선이 줄거리를 소개했고, 1922년에 홍난파가 초역을 시도했다는 것이지요. 그러나 완역된 것은 1962년이었는데, 당시 공역자 중 한 사람인 정 교수가 2012년에 개역하여 민음사에서 출간하기도 했고요.

『레 미제라블』의 줄거리는 널리 알려진 대로 장 발장의 인생유전이었습니다. 유리창을 깨고 0.5프랑(5시간분 임금)짜리 빵 한 덩어리를 훔친 강도죄로 5년의 도형(徒刑, 중노동형)을 선고받은 그는 4번 도형장에서 탈출을 시도한 탓에 결국 19년이 지나 가석방되었지요. 장 발장이 가석방된 것은 1815년 워털루전투에서 나폴레옹이 패퇴하여 복고왕정이 출범한 직후였고요.

장 발장은 미리엘 주교에게 감화되어 새 삶을 시작했는데, 그러나 사회적 편견과 차별 때문에 가석방 죄수라는 신분은 위장할 수밖에 없었습니다. 그 결과 도형수 자식에서 경찰로 신분이 상승한 자베르 경감의 추적을 받게 되었던 것이지요. 장 발장과 자베르 모두 하층민 출신이라는 사실에 주목해둘 필요가 있어요.

위고가 10여년 만에 집필을 다시 시작한 대목은 『레 미제라블』의 대단원인 1832년 6월봉기였습니다. 1848년 2월혁명일 수 없었던 것은 그 귀결인 제2제정이 아직 건재했기 때문이겠지요. 게다가 위고는 망명 초기인 1852년에 위인(le Grand, 군자)인 나폴레옹과 달리 나폴레옹 3세는 소인(le Petit)이라고 비난한 팜플렛을 발표한 전과가 이미 있었거든요.

그런데 장 발장이나 그의 공장에서 해고된 여공 팡틴의 딸이자 그의 양녀인 코제트의 나이를 고려해도 불가피하게 1848년 2월혁명일 수는 없었습니다. 1832년 6월봉기보다 더 중요한 1831년 12월 리용의 견직공봉기는 『레 미제라블』의 플롯에 적합하지 않았는데, 코제트의 애인인 마리우스가 등장하려면 서울인 파리에서 대학생이 주도한 봉기여야 했거든요.

『레 미제라블』에 대한 평가는 김화영 교수가 번역한 미셸 레몽의 『프랑스 현대소설사』(1967; 국역: 열음사, 1991)를 참고할 수 있는데, 그는 특히 스코트의 후예이자 동년배인 발자크와 위고를 비교하고 있습니다. 발자크는 스코트를 따라 '개인의 전형화'를 통해 '전형적 인물'을 창조했는데, 그러기 위해서 『인간희극』의 4/5 정도를 귀족과 부르주아지의 '풍속과 세태'의 묘사에 할애했던 것이지요.

반면 위고는 하층민에게 주목했는데, 나중에 자세하게 설명할 것처럼, 불어에서 '레 미제라블'이라는 단어는 하층민을 의미합니다. 게다가 위고의 하층민은 모두 '예외적 인물'이었는데, 방금 지적한 것처럼, 장 발장과 자베르는 보편성을 결여한 특이한 인물이었지요. 그런데 장 발장과 자베르보다 훨씬 더 흥미로운 경우가 테나르디에 부부와 그 자식들인 에포닌과 가브로슈였습니다. 테나르디에 부부는 불량배의 화신같은 인물인 반면 에포닌과 가브로슈는 6월봉기에 참여하여 산화했거든요.

발자크는 귀족과 부르주아지의 전형성을 추구했던 반면 위고는 하층민의 예외성을 추구했다는 레몽의 설명은 「마르크스의 계급정치사상」에서 발리바르의 주장, 즉 『자본』에서 마르크스의 '이론에서의 계급적 관점'이 '자본의 추상(abstraction)과 노동의 구체(concrétude)'로 표현되었다는 명제와도 비슷합니다. 달리 말해서 역사의 주체인 부르주아 계급과 달리 프롤레타리아는 역사의 주체에 미달한 대중으로만 존재했다는 의미이지요.

어쨌든 불문학사에서 『레 미제라블』에 대한 평가는 야박한 것이 사실인데, 발자크 이후 리얼리즘이 주류였기 때문입니다. 물론 졸라에 이르러 리얼리즘이 자연주의로 변질되기도 했지만요. 또 마르크스와 엥겔스를 포함한 지식인도 발자크를 선호하고 위고를 선호하지 않았고요. 그러나 대중은 발자크가 아닌 위고를 선호했는데, 귀족과 부르주아지에 대한 리얼리즘적 묘사는 생소한 반면 하층민에 대한 낭만주의적 묘사는 친화력과 호소력이 있었기 때문이겠지요.

레몽에 따르면, 『레 미제라블』의 주제는 장 발장이 '도형수에서 그리스도로 현성용한다'는 것인데, 현성용(transfiguration)은 물론 공관복음서에서 예수가 모세와 만나는 장면을 가리키는 용어입니다. 또한 장 발장이 이렇게 개과천선할 수 있었던 것은 미리엘 주교가 매개한 '은총의 신비'라는 것이 레몽의 주장이고요.

위고는 『레 미제라블』을 '양심의 서사시'라고 불렀다고 합니다. 장 발장과 자베르의 대결을 통해서 '양심'이라는 신이 인간의 법에 승리한다는 작의를 표명한 셈이지요. 위고는 로베스피에르 같은 무신론자가 아니었는데, 무신론은 '귀족적'이라고 비판하면서 인민에게는 종교가 필요하다고 역설했다고 하지요.

이 때문에 『역사소설』에서 루카치가 자유주의(실은 공화주의)로 전향한 이후에도 위고는 리얼리즘이 아니라 낭만주의를 견지했다고 비판한 것입니다. 좀 더 구체적으로 말해서 『레 미제라블』의 결함을 '역사의 주관화(Subjektivierung)와 도덕화(Moralisierung)'에서 발견할 수 있다고 주장한 것이었지요.

러시아에서 『레 미제라블』이 완역된 해인 1892년은 인민주의가 퇴조하고 마르크스주의가 출현하던 때였습니다. 그러나 냉전기의 소련에서도 푸시킨의 작품들과 함께 위고의 『레 미제라블』이 가장 사랑받았다고 하는데, 위고와 스탈린이 인민주의를 공유한다는 사실의 방증이라고 해석할 수 있겠지요.

반면 중국에서는 대약진기에 시작된 번역이 문화혁명기에 중단되어 1984년에야 완료되었습니다. 모택동이 인민주의에 반대했기 때문은 아니고 그의 쇼비니즘 때문이었지요. 다이 시지에의 『발자크와 바느질하는 중국소녀』(2000; 국역: 현대문학, 2005)에서 알 수 있듯이, 위고와 더불어 발자크도 금서였어요. 그러나 쇼비니즘을 넘어 반달리즘이라고도 할 수 있는 것이 『모택동 어록』과 『노신 어록』을 제외한 중국서적 역시 금서였거든요. '大革文化命'(문화의 생명이 아주 위독하다)이라는 언어유희가 있었던 것은 이 때문이에요. 작가가 감독한 영화(2002)도 인터넷으로 쉽게 찾아볼 수 있으니 참고하세요.

다이에 따르면, 반자본주의를 넘어서 반문명을 지향한 문혁기에 지식인은 발자크와 그 번역자 푸 레이를 '통화'로 간주했다고 합니다. 쉽게 말해서 지식인 사이의 교류를 위해서 발자크와 푸 레이가 필요했다는 것인데, 푸 레이는 『고리오 영감』과 『사촌 퐁스』를 번역했고, 볼테르의 『캉디드』, 로맹 롤랑의 『장 크리스토프』와 『베토벤의 생애』 등도 번역했지요. 그 때문에 1958년 반우파투쟁에서 핍박을 받았고, 결국 1966년 9월에 부부가 자살을 선택할 수밖에 없었던 것이에요.

그런데 『레 미제라블』은 5부에 이르는 방대한 분량뿐만 아니라 복잡다기한 플롯으로도 유명해서 대중성이 전혀 없습니다. 하기야 일본에서조차 『레 미제라블』을 전공하지 않으면 불문학자도 거의 읽지 않는다고 할 정도거든요. 따라서 『레 미제라블』에 대한 대중적 인기가 독후감에서 오는 것은 아니라고 할 수밖에 없지요.

또 『레 미제라블』은 고가여서 애당초 대중성이 없었다고 합니다. 5부 10권인 1질이 6프랑이었다고 하는데, 60시간분 임금에 해당하는 거액이었어요. 그래서 위고의 맏아들인 샤를이 3시간짜리 연극으로 개작했고, 1863년에 브뤼셀에서 초연되었다고 하지요. 거의 동시에 뮤지컬로도 제작되어 필라델피아에서 초연되었다고 하고요.

결국 『레 미제라블』의 대중화에 영화의 역할이 아주 중요했는데, 프랑스의 국민배우였던 장 가뱅이 주연한 3시간 반짜리 영화(1958)가 원작에 가장 충실하다는 평가가 있었습니다. 그러나 영화보다는 역시 뮤지컬이나 뮤지컬 영화가 더 중요했는데, 남한의 위고 열풍도 뮤지컬과 뮤지컬 영화 덕분이었지요. 개역판 『레 미제라블』이 출간된 것도 역시 그 덕분이었고요.

먼저 오페라와 뮤지컬의 차이에 대해 설명해두겠습니다. 뮤지컬이 오페라보다 오락성이 강한 것은 원어로 부르는 고전음악(가곡)이 아니라 번역어로 부르는 통속음악(유행가)을 사용한다는 사실에서 분명하겠지요. 또 뮤지컬은 배우가 가수와 무용수의 역할을 겸하는 반면 오페라는 가수가 배우의 역할을 겸하고 무용수의 역할은 거의 하지 않는다는 차이도 있고요.

1980년에 프랑스에서 뮤지컬 『레 미제라블』이 제작되었습니다. 그 후 위고 100주기인 1985년에 영국에서 영어판으로 번안되었는데, 그 제작자가 『캣츠』(1981), 『오페라의 유령』(1986), 『미스 사이공』(1989)의 제작으로 유명한 캐머런 매킨토시였지요. 그 후 영어판이 각국 언어로 번역되어 국제적으로 통용되었고, 2012-13년의 한국어 공연 역시 마찬가지였어요.

뮤지컬 『레 미제라블』은 2012년에 영화로도 제작되어 골든글로브 작품상, 장 발장 역 남우주연상, 팡틴 역 여우조연상을 수상하기도 했습니다. 남한에서는 물경 600만명이 관람했고 일본에서는 450만명이 관람했다고 하는데, 2007-09년 금융위기를 계기로 두 나라에서 출현했던 『정의란 무엇인가』(2009)의 샌델(Michael Sandel) 열풍에 후속하는 것이었지요. 인구비를 고려할 때 남한의 관객수가 일본의 3배인 것은 가무를 좋아한 동이족의 후예다운 일일 것 같고요.

『레 미제라블』의 뮤지컬과 뮤지컬 영화가 소설과 영화보다 영향이 큰 것은 음악이 인민주의적 선동에 적합하기 때문일 것입니다. 프랑스에서 뮤지컬 『레 미제라블』이 제작된 1980년은 이듬해 미테랑 집권 전야였고, 영국에서 영어판이 제작된 1985년은 1984-85년 광부 파업 패배 직후였지요. 뮤지컬 영화 『레 미제라블』이 제작된 2012년은 2011년 아랍의 봄과 오큐파이운동 직후였고요.

나아가 남한에서 위고 열풍과 피케티 현상이 출현한 2013-14년은 2014년 세월호침몰사건 전후였으므로, '촛불혁명'이라고 불려왔던 '대선 불복'이 2022년이 아니라 2008년에 시작된 것이라는 사실이 분명해진다는 생각이 듭니다. 달리 말해서 2022-24년의 '2년동란'이 아닌 2008-27년의 '20년동란'이라는 사실을 문득 깨닫게 된 셈인데 [물론 2025년의 조기대선 여부가 불확실한 상황에서 하는 말이다], 이번 대선 불복의 계기로 활용된 이태원압사사건과 해병대원익사사건은 세월호침몰사건의 대체물이었고, 지난 대선 불복의 계기로 활용된 세월호침몰사건은 저 유명한 '광우병소동'의 대체물이었거든요.

다만 2008년 대선 불복의 계기였던 광우병소동이 가짜 뉴스였던 반면 세월호침몰사건과 이태원압사사건-해병대원익사사건은 타인의 죽음이었습니다. '타인의 피'(보부아르)를 정치적으로 활용하는 것이 386세대 운동권의 폐습이었다는 사실이 새삼 상기되는 대목인데, 「'대선 불복 2년동란'」에서 이미 인용했던 사르트르(그리고 메를로-퐁티)에 대한 카뮈의 비판을 다시 한번 인용해두겠어요.

> 모든 거짓 이념의 결과는 피인데, 그러나 피를 흘리는 이는 항상 타인이다. 그렇기 때문에 우리 철학자들 중에는 제멋대로 아무 말이나 지껄이는 자가 있는 것이다.

2008년 대선 불복에도 이듬해 발생한 노무현 대통령의 자살이 활용되기는 했는데, '문재명 정부'의 지지자는 '투신공양'으로 간주할지도 모르지요.

어쨌든 이런 과정을 통해서 남한 운동권의 '악당(villain) 본색'이 적나라하게 드러났습니다. 동시에 민주당의 대선공약을 특징짓는 경제정책이 경제학에서 이탈하면서 인민주의화되었는데, 2012년의 복지국가론('스웨덴 모델')이 2017년의 소득주도성장론을 거쳐 2022년에는 급기야 기본소득론으로 변질되었거든요.

뮤지컬과 인민주의의 친화성은 이미 선례가 있는데, 그것이 바로 오페라와 파시즘의 친화성이었습니다. 이경분 박사의 「베토벤 수용을 통해 본 나치의 음악정책」(『음악이론 연구』, 6집, 2001), 「바그너 수용을 통해 본 나치의 음악정책」(『낭만음악』, 78호, 2008), 「전쟁, 살인 그리고 음악: 나치제국에서 음악의 역할」(『역사비평』, 2007년 가을)을 보면, 영국의 소설과 프랑스의 소설 및 미술에 대해 독일이 비교우위를 갖는 음악에 주목했던 사람이 바로 괴벨스였지요.

독일음악을 상징했던 대표자는 물론 베토벤과 바그너였습니다. 그런데 베토벤의 교향곡보다 바그너의 오페라를 선호한 히틀러는 『나의 투쟁』에서 독일의 3대 위인으로 프리드리히 대왕이나 루터와 함께 바그너를 거론할 정도였다고 하지요. 하기야 9번 교향곡에서 '모든 인간이 형제가 된다'(Alle Menschen werden Brüder)는 「기쁨의 노래」 가사는 나치의 민족주의에 적합하지 않았고, 5번 교향곡의 모티프('운명')는 영국방송공사(BBC) 시그널 음악으로 사용되기도 했다고 하거든요. 이런 맥락에서 '내 베토벤은 네 베토벤이 아니다'라는 니체의 말에 새삼 주목할 수도 있고요.

이경분 박사는 『잃어버린 시간 1938-1944』(휴머니스트, 2007)와 『나치 독일의 일본 프로파간다』(제이앤씨, 2011)에서 작곡가 안익태의 친일을 문제삼는 애국가 논쟁에도 개입한 바 있습니다. 그런데 애국가 작사자 윤치호와 작곡가 안익태의 친일을 문제삼는 '불량배 민족주의자'가 중국군과 북한군의 군가를 작곡한 정율성의 복권을 시도하는 데서 그들의 목적이 반한미일이고 친북중러임을 깨달을 수 있지요. 안중근을 존숭하면서 그에게 암살당한 이토 히로부미를 모욕하는 '불량배 민족주의자' 역시 마찬가지이겠고요.

내년이 『나의 투쟁』 100주년이 되는 해이므로, 히틀러에 대해서도 한두 마디 보충해두겠습니다. 다행히 1960년대 중반에 민비연(민족주의비교연구회) 사건과 동백림 사건의 관련자였던 황성모 교수가 2014년에 동서문화사에서 『나의 투쟁』을 완역했거든요. 제바스티안 하프너의 『히틀러에 붙이는 주석』(1978; 국역: 돌베개, 2014)이나 닐 그레고어의 『HOW TO READ 히틀러』(2005; 국역: 웅진지식하우스, 2005) 같은 좋은 해설서도 번역되어 있고요.

나치의 이념과 운동에 대한 해설서 겸 자서전인 『나의 투쟁』에서 히틀러는 단순한 정치인이 아니라 이념가, 좀 더 구체적으로 말해서 '조직자 겸 지도자(Führer)' 이전에 '이론가 겸 강령가(Programmatiker)' 임을 자부했다는 사실에 주목할 필요가 있습니다. 따라서 유화정책의 주도자였던 체임벌린처럼 히틀러를 '깡패'(gangster)라거나 '흔해빠진 작은 개'(the commonest little dog)라고 무시하면 결코 안된다는 것이지요.

'보헤미안/불량배 출신 인민주의자'로서 히틀러의 문제는 그의 이념과 강령에 있는 것입니다. 역사가를 자처한 그가 의지한 이념의 핵심은 '종족적 민족주의'에 있었고, 그 강령의 핵심은 민족의 '생활공간'에 있었지요. 히틀러가 바그너의 오페라에 주목한 것은 그런 이념과 강령의 대중화를 위한 수단이었기 때문인데, 하프너를 번역한 안인희 박사의 『게르만 신화, 바그너, 히틀러』(민음사, 2003)를 참고하세요.

그런데 문제는 그런 이념과 강령이 본질적으로 반경제학적이었던 데 있습니다. 종족적 민족주의론이 반경제학적이라는 사실은 두말할 필요도 없겠시요. 나아가 생활공간은 민족을 부양할 수 있는 영토를 의미하므로, 현대경제의 특징인 산업과 무역을 기각하는 사이비

중농주의라고 할 수 있겠고요.

게다가 그런 반경제학적 이념과 강령은 민족의 생활공간을 확보하기 위한 '반인류적 범죄'(crime against humanity)로서 세계전쟁으로 귀결되었습니다. 그런 전쟁의 목적은 우월한 민족인 아리아인, 그 중에서도 특히 게르만인을 위한 열등한 민족인 슬라브인의 정복과 노예화, 나아가 기생충/바이러스에 비유되는 유다인의 박멸/퇴치 내지 절멸에 있었기 때문이지요.

소설 『레 미제라블』

내친 김에 소설 『레 미제라블』에 대해서도 공부해둔 것이 있어서 설명을 조금 보충해보겠습니다. 다행히 좋은 참고서가 번역되었는데, 데이비드 벨로스(David Bellos)의 『세기의 소설 '레 미제라블'』(2017; 국역: 메멘토, 2017)이 그것이었지요. 230개의 삽화를 중심으로 한 해설서 가시마 시게루의 『레 미제라블』(1987; 국역: 신한미디어, 2001)도 얼마간 참고할 만하고요.

먼저 발자크와 위고 모두 외젠 쉬의 『파리의 비밀』(1842-43)을 의식했다고 합니다. 먼저 위고는 쉬를 모방하려고 시도했는데, 제목부터가 그랬지요. '비밀'을 의미하는 '레 미스테르'(les mystères)와 비슷한 '레 미제르'(les misères)가 『레 미제라블』(*Les Misèrables*)의 원제로, 그 의미는 '불행'이나 '빈곤 내지 비참'이었어요.

그러나 위고가 '레 미제라블'로 제목을 변경하면서 '레 미스테르'와의 연결성은 소멸했습니다. 벨로스에 따르면, '레 미제르'는 추상명사인 반면 복수형의 '레 미제라블'의 의미는 구체적이므로, 단지 '불행한 사람들'이나 '가난하고 불쌍한 사람들'이라고 번역할 수는 없다고 하지요. 그럴 경우에는 '레 미제뢰'(les miséreux)라는 단어를 사용할 수도 있었거든요.

이미 지적한 것처럼, '레 미제라블'에는 하층민 중 예외적 인물들로 장 발장과 자베르 말고도 특히 테나르디에 부부가 있었습니다.

그들은 단순한 빈민이 아닌 타락한 빈민으로서 룸펜프롤레타리아, 즉 노동 대신 범죄를 선택하는 '카나이'(canaille)였지요. '게으를 수 있는 권리'(droit à la paresse, 라파르그)를 주장하면서 '노동거부'(refus du travail)를 선전·선동했던 왕년의 네그리처럼요.

테나르디에는 그 부부가 브레히트의 '억척어멈'(Mutter Courage) 같은 종군상인으로 워털루전투에 참여했습니다. 그런데 테나르디에는 단순한 상인이 아닌 좀도둑으로, 쉽게 말해서 '시체약탈자'(corpse-robber)였는데, 김동인 작가의 단편인 「광염소나타」(1930)에서 '시체강간자'(necrophile)라는 말은 배웠어도 이런 말까지 있는지는 미처 몰랐어요. 어쨌든 그렇게 모은 밑천으로 부부가 뻔뻔스럽게 '워털루참전 중사네'(Au sergent de Waterloo)라는 이름의 식당 겸 여관을 열었고, 고향으로 돌아가던 팡틴을 만나자 코제트를 길러주겠다고 속여 피 같은 돈을 빼앗다가 결국 죽음으로 내몰았던 것이지요.

그런데 테나르디에 부부의 자식인 에포닌과 가브로슈는 부모처럼 '카나이'가 되기를 거부했습니다. 먼저 딸바보였던 부모에게 소외된 아들 가브로슈는 6월봉기에 참여하여 전사했는데, 공화주의자였기 때문은 아니고 '부랑아'(gamin)로 지내다가 그렇게 되었어요. 1830년의 7월혁명을 묘사한 들라크루아의 「인민을 이끄는 자유의 여신」(1830) 곁의 '쌍권총을 든 소년'에서 가브로슈를 연상할 수 있지요.

에포닌은 또 다른 경우였습니다. 부모를 좇아 불량배 노릇을 하다 마리우스를 짝사랑하게 되면서 부모와 결별했거든요. 또 마리우스 대신 총에 맞은 것이었고요. 386세대 운동권에 이념이나 욕망 말고 부모와의 갈등이 운동에 투신한 동기인 경우도 많았는데, 가브로슈나 에포닌도 그들과 비슷한 사례라고 할 수 있을 것 같아요.

발자크는 쉬가 제창한 '멜로드라마적 정의론'에 반발하여 '가난한 친척들' 연작을 발표했는데, 말년의 대표작인 『사촌누이 베트』(1846)와 『사촌 퐁스』(1847)가 그것들이었습니다. 특히 『사촌 퐁스』(국역: 을유문화사, 2018)는 '1816-48년의 성장 중인 부르주아지'(엥겔스), 즉 '벼락부자'를 묘사하면서 그들에게 승복하지 않는 하층민의 '질투의 권리선언'에도 주목한 바 있지요. 이런 점에서 위고의 '낭만주의적 정의론'에 대한 비판을 선취했다고 할 수도 있고요.

하층민에 대해 위고는 양가감정을 가졌습니다. 6월폭동을 주도한 공화주의적 대학생들의 조직 '라베세의 벗'(Les amis de l'ABC)은 '라베세'(l'abaissé, 하층민), 즉 인민의 벗을 뜻하는 것이지요. 달리 말해서 로베스피에르나 당통과 더불어 자코뱅을 지도했던 마라가 1789년 혁명 직후 창간한 정치신문 『인민의 벗』(*L'Ami du peuple*) 과 같은 뜻이라는 것이에요.

그러나 위고가 하층민 모두에게 공감했던 것은 아닙니다. 벨로스에 따르자면, 테나르디에는 '테냐'(ténia, 촌충)에서 온 이름이므로 기생충이라는 뜻인데, 위고도 '카나이'는 혐오했다는 증거라고 할 수 있겠지요. 테나르디에 부부는 귀족과 부르주아지에 대한 증오, 특히 '분노와 복수'(furie)의 화신이었는데, 이념의 인간이나 욕망의 인간 과는 또 다른 정념의 인간이라고 할 수 있겠지요.

그런데 장 발장의 '현성화'의 계기가 된 '의인'(un juste) 미리엘 주교는 사실 가톨릭에 대한 미화가 아니라 현실 속의 가톨릭 사제에 대한 풍자였다는 사실을 강조해둘 필요가 있습니다. 그래서 가톨릭의 반발이 거셌던 것인데, 『마태오 복음』의 '산상 설교'에서 예수가 가르친 '의로운 일'에서 멀어진 지 이미 오래였거든요.

위고가 가톨릭에 대해 부정적이었다는 것은 종지기 콰지모도와 부주교 프롤로의 '숙명'(ananke)을 묘사한 『노트르담의 꼽추』(1831) 를 봐도 알 수 있습니다. 백년전쟁 직후 파리의 대성당을 배경으로 한 이 소설에서 위고는 집시 무희 에스메랄다를 사랑한 두 사람의 갈등과 파멸을 묘사한 바 있는데, 물론 장애인 콰지모도가 선인이고 비장애인 프롤로가 악인이었지요. 『노트르담의 꼽추』는 앤서니 퀸과 지나 롤로브리지다 주연의 영화(1956)로도 제작되었고요.

『노트르담의 꼽추』에서도 역시 하층민에 대한 위고의 관심을 알 수 있습니다. 노트르담대성당과 함께 파리 빈민가이자 집시 소굴인 '기적의 궁전'(Cour des miracles)이 주요한 배경이었거든요. 이곳의 주민인 '레 트뤼앙'(les truands)은 '레 미제라블'과 마찬가지로 빈민이자 불량배였지요. 집시는 백년전쟁 말기에 프랑스에 도착했는데, 프랑스인은 그들이 보헤미아인이라고 오해하여 라보엠(la bohème)이라고 불렀지요. 마르크스가 출신을 불문한 불량배 일체를 라보엠이라고 불렀던 것도 이 때문인 것 같고요.

『레 미제라블』에서 미리엘 주교나 장 발장 같은 독지가의 개인적 자선(charité, 이웃에 대한 사랑)이 중요했던 것은 프랑스에 구빈법이 존재했던 적이 없기 때문입니다. 반면 영국에서는 이미 1601년에 엘리자베스 여왕이 제정한 구빈법을 1832년에 휘그당이 개정했던 것이고요.

빈곤 문제를 넘어서서 노동 문제와 관련해서도 영국과 프랑스의 상황은 차원이 달랐는데, 『동지들』(Comrades, 1986)이라는 영화를 추천하고 싶습니다. 1833-34년에 하디의 고향이기도 했던 잉글랜드 남부 도싯의 어느 작은 마을에서 벌어진 사건이 소재였는데, 저임금을 강요하는 악덕지주에 대한 투쟁을 위해 감리교 목사 러브레스가 주도하여 농업노동자공제조합을 결성하려던 사건이었지요.

이미 1825년에 노동조합의 결성이 합법화된 상황에서 공제조합원 6명에 대해 오스트레일리아 유형(流刑, 추방형) 7년이 선고되었던 것입니다. 이런 '불법적' 판결에 반대하여 러셀의 조부 등이 나서서 투쟁했는데, 그 덕분에 2년 후 유형수 6명에 대한 사면이 이루어진 것이지요. 러셀은 1815년의 곡물법이 폐지된 1846년에 보수당 총리 필의 후임으로 휘그당 총리를 역임하게 될 것이고요.

영국경제사에서 1820-40년대는 '기계에 의한 기계의 생산' 덕분에 1780년대에 시작된 산업혁명이 완성된 시기였습니다. 또 1820년대 이후 노조결성의 합법화에 따라 생산성임금이 정착되어 분배정의도 실현되었고요. 그러나 지역별·산업별로는 차이가 있어서 러브레스 목사 등의 투쟁이 필요했던 것이지요.

1838년부터 차티즘이 출현하여 노조결성과 분배정의를 위한 투쟁이 아니라 보통선거권의 쟁취라는 정치투쟁에 나섰던 것도 이 때문이었습니다. 그러나 러셀 등이 지도한 휘그당이 선제투쟁에 나서서 1832년에 선거법을 개정하여 성인 남성의 선거권을 10%에서 20%로 확대한 상황에서 그런 투쟁이 성공하기 쉽지 않았던 것이지요. 물론 선거권을 20%에서 40%로 확대한 1867년의 2차 선거법 개정의 계기가 되었다고 할 수는 있겠지만요.

그런데 『사회과학 비판』에서 설명한 것처럼, 1830-40년대는 공장 노동자의 생활수준이 하락하던 시기여서 '엥겔스 휴지기'(Engels' pause)라고 불리기도 했습니다. 생산성임금에도 불구하고 생활수준이 하락했던 주요한 이유는 도시생활로 인한 주거비의 증가였지요. 물론 의류비의 증가라는 부차적 이유도 있었고요. 그 결과 식비가 감소하면서 생활수준이 하락했던 것이에요.

따라서 생활수준을 상승시킬 수 있는 해법은 생산성을 초과하는 임금의 상승이 아니라 곡가의 하락이었고, 그 논거를 제시한 것이 바로 스미스의 지배노동가치설을 비판한 리카도의 투하노동가치설이었습니다. 그리고 필의 보수당과 러셀의 휘그당이 합의하여 곡가의 하락을 위해 곡물법(곡물수입금지법)을 폐지했던 것이고요.

생산성을 초과하는 임금의 상승, 즉 임금분배율의 상승을 통해서 경제성장이 가능하다는 임금주도성장론이라는 사이비 경제이론을 주장한 존 로빈슨에게 리카도 경제학을 부활시킨 스라파가 '자네가 경제학에 대해 뭘 알아'라고 질타한 이유를 알 수 있는 대목입니다. 그람시의 친구인 스라파는 20세기 전반기 케임브리지 천재 중 한 명이었는데, 다른 천재들인 케인즈와 비트겐슈타인조차 그를 경외했다고 하는 말하자면 '천재 중의 천재'였지요.

하기야 존 로빈슨은 반(反)경제학적인 문화혁명이나 주체사상에 대해서도 열광했습니다. 스탈린주의를 비판했던 문화혁명과 스탈린주의를 극단화했던 주체사상이 적대적 관계라는 사실은 모르면서요. 줄리아 로벨의 『마오주의: 전세계를 휩쓴 역사』(2019; 국역: 유월서가, 2024)에 따르면, 김일성 주석이 흐루쇼프를 축출하고 스탈린주의를 복권시킨 브레즈네프에게 문혁을 '바보짓'(idiocy)이자 '난폭한 짓'

(wickedness)이라고 비판했다고 하거든요.

마지막으로 위고가 시대착오적으로 프랑스 이데올로기를 고수했다는 사실도 지적해두겠습니다. 영국에서 법치와 헌정을 수입하려던 7월왕정에 대한 반발이 그가 공화주의자의 6월봉기에 주목하게 된 동기였지요. 나폴레옹의 제1제정과 달리 7월왕정이 벨기에를 강제 병합하는 대신 그 독립을 지원했다는 것도 그가 반발한 이유였고요.

이런 반영주의 때문인지 영국에서 『레 미제라블』이 완역된 것은 2008년, 그것도 영국이 아닌 영연방 오스트레일리아에서였습니다. 반면 미국에서는 1862년에 완역되었는데, 특히 남부군 사이에서 큰 인기였다고 하지요. 'Lee's miserables'(리 장군의 불쌍한 병사들)로 제목을 바꾸고 휴식 시간에 둘러앉아 낭독했다는 것이에요.

스스로 '불쌍하다'고 믿는 자들에게 『레 미제라블』이 수용된 사례라고 할 수 있겠습니다. 또 다른 'Lee's miserables'(이재명 대표의 불쌍한 개딸들) 역시 그럴지 모르겠지요. 하기야 '촛불혁명' 직후인 2019년에 남한판 '레 미제라블'인 셈인 봉준호 감독의 『기생충』이 칸 영화제 황금종려상에 이어 아카데미 감독상과 작품상 등을 수상하여 문재인 대통령과 김정숙 여사에게 격려를 받은 바도 있지만요.

이 대목에서 일본 영화 『굿'바이』(2008)가 생각났습니다. 도쿄의 어느 첼리스트가 오케스트라의 해단으로 낙향하여 납관사(納棺師, 염습 등을 담당하는 장의사의 하청업자)로 전직하면서 겪는 이야기로, 아카데미 외국어영화상을 수상하는 등 국내외에서 절찬을 받은 작품이었지요. 아이돌그룹 출신 배우로 일본방송협회(NHK) 스페셜 드라마 『언덕 위의 구름』(2009-11)에서 아키야마 사네유키 역으로 열연한 모토키 마사히로가 기획한 영화라고도 하고요.

저는 『기생충』을 본 적도 없고 볼 생각도 없는데, 그러나 두 영화가 정지상태(stationary state)에 진입하는 한일 양국의 세태와 인정, 나아가 민도의 차이를 반영한다는 생각이 들었습니다. 또 그런 차이가 정지상태 이후의 전망에서 퇴보(decline/regress)와 진보(advance/progress)의 분기를 예고한다는 생각도 들었고요. 『굿'바이』에서 첫 장면은 오케스트라의 마지막 연주가 된 베토벤의 9번 교향곡『합창』(1824)이었는데, 올해가 200주년이니 연말에는 남한에서도 몇 차례 연주회가 열리겠지요.

발자크의 『골동품 진열실』과 『사기꾼』

마침 발자크의 『골동품 진열실』(1839/44; 국역: 을유문화사, 2024)도 국역되어 간단히 소개해두겠습니다. 영국과 달리 프랑스에서는 귀족과 부르주아지가 갈등을 지속한 탓에 타협과 합의에 이르지 못했는데, 그것은 일차적으로 부르주아지의 선망의 대상이 되지 못한 귀족의 결함 때문이었지요. 부르주아지도 역시 '벼락부자'(parvenue)라는 결함이 있었고요. 이런 상황을 묘사한 『골동품 진열실』은 복고왕정기의 '시골생활'(『인간희극』 1부의 장면2)을 묘사한 반면 『사촌 퐁스』는 7월왕정기의 '서울생활'(장면3)을 묘사했지요.

발자크는 「초판 서문」에서 시골의 '우월한 사람들'(supériorités)이 모두 서울로 올라가려고 하는 '편집증(manie)에서 귀결되는 [프랑스의] 불행'을 묘사하겠다는 작의를 표명하고 있습니다. 우월한 사람들이란 귀족과 부르주아지, 나아가 젊은 인재를 의미했고요. 여기서 불행은 '번영을 크게 희생하는 혁명'이었고, 혁명은 '평범한 사람들'(médiocrités)의 '권리주장'(prétention)으로 인한 '끔찍하고 악착스런 투쟁'이었지요.

달리 말해서 귀족과 부르주아지, 나아가 그들의 자식들이 추구한 '개인적 부귀영화'가 하층민을 '질투의 권리선언'으로 유인한 것인데, 이 말은 '사생활'(『인간희극』 1부의 장면1)을 묘사한 『베아트릭스』(1839)에 나온 것이었습니다. 그리고 발자크가 우려한 대로 1848년 2월혁명이 발발한 것이고요.

『골동품 진열실』은 보수주의적 귀족과 '자유주의적' 부르주아지의 갈등을 묘사했습니다. 나폴레옹을 추종한 보나파르트주의자는 논외로 할 수 있고요. 나아가 하급귀족 중에는 부르주아지에게 포섭된

'변절자'(défectionnaire)가 있었던 반면 상급귀족은 대개 부르주아지와 대립하고 있었지요. 정조 이후 조선의 노론처럼 복고왕정 이후 프랑스의 귀족도 시파(時派)와 벽파(僻派)로 분화되었던 것이에요.

그런데 발자크에 따르면, 하층민(parterre, petites gens)을 선거에 동원한 귀족과 부르주아지의 투쟁이 서울과 시골에서는 형태적으로 차이를 보였습니다. '행동(fait)에서 이념(idée)으로, 폭력(force brutale)에서 지성(force intellectuelle)으로 전환한' 서울에서는 이론적 형태를 띤 반면 시골에서는 여전히 폭력적 형태를 띠었다는 것이지요.

시골에서 귀족과 부르주아지의 투쟁이 폭력적인 것은 귀족의 무시에 대해 부르주아지가 증오로 대응했기 때문입니다. 부르주아지에 대해 귀족은 벼락부자라고 무시했고, 이것이 부르주아지의 분노와 복수로 귀결되는 증오, 즉 원한을 유발했던 것이지요. 달리 말해서 부르주아지의 '원한의 정치'가 폭력적 형태를 띠었다는 것이에요.

시골 귀족이 몰락의 위험에 당면하게 된 것은 아버지와 달리 그 아들이 '파락호'(roué)가 되었기 때문입니다. 서울로 올라간 귀족의 아들은 혁명을 계기로 출현한 프랑스식 당디(dandy), 즉 라보엠이 되었지요. 파리 사교계에 진출하려고 부르주아지에게 큰 빚을 지게 되고, 결국에는 거액의 어음을 위조하기에 이르렀거든요.

그런데 여기에는 귀족 아들의 파락호 기질을 간파한 부르주아지의 음모(프랑스식 '몰카공작')가 개재되었습니다. 부르주아지의 폭력투쟁이란 아들을 형법으로 처단하여 귀족을 몰락시키려는 것이었는데, 이 때문에 『골동품 진열실』의 대단원이 『베니스의 상인』에 버금가는 흥미진진한 '법정투쟁'(lutte judiciaire, 爭訟)이 되었던 것이지요.

귀족의 아들이 파락호가 된 것은 귀족의 결함 때문이라고 할 수 있습니다. 영국과 달리 프랑스의 귀족 중에는 경세가가 없었는데, 절대군주정에서는 기껏해야 리슐리외나 콜베르 같은 예외적 재상이 존재할 수 있었을 따름이고, 그들조차 왕권에 종속되었던 것이지요. 그러니 귀족의 자부심(assurance/confiance, 자기에 대한 믿음) 내지 자긍심(fierté, 자기에 대한 긍정)은 자만심(vanité, 자기에 대한 만족)

내지 자존심(orgueil, 자기에 대한 존경)과 대동소이할 수밖에 없었던 것이고요. 부르디외가 비판했듯이, 프랑스 엘리트는 능력주의와는 무관한 구별짓기(distinction)에 집착해왔다고 할 수 있어요.

프랑스의 리슐리외나 콜베르와 유사한 경우가 독일의 비스마르크였습니다. 심지어 명황조 말기 중국의 장거정조차 그런 경우였고요. 이런 관점에서 보면 조선의 서인-노론-벽파, 달리 말해서 기호 내지 기청지방의 사대부는 예외적으로 신권을 견지한 진정한 사대부였지요. 반면 동인-남인 같은 영남지방의 사대부는 물론이고 기호 내지 기청지방의 사대부 중에서도 소론과 시파는 서인-노론-벽파와의 경쟁에서 승리하려고 왕권에 순응하는 경향이 있었고요.

「'대선 불복 2년동란'」에서 저는 남한에서 벌어지는 아귀다툼을 '박정희의 사후복수'라고 불렀습니다. 그가 능력주의를 폐지하면서 하향평준화가 시작되었고, 그런 하향평준화가 '일류'를 대체한 '이류'의 주류화에 그치지 않으면서 '삼류'가 주류화에 도전하기에 이른다는 사실을 강조하려는 것이었지요.

그런데 발자크도 동일한 생각이었습니다. 발자크 연구자 이철의 교수가 「발자크와 부르주아」(『한국프랑스학 논집』, 53집, 2006)에서 주목한 『베아트릭스』의 한 문단을 그 증거로 인용할 수 있지요.

오늘 과잉발전한 최신의 평등은 정치생활에 평행하는 사생활에서도 사회적 자아를 구성하는 삼대 요소로서 자존심과 이기심(amour-propre)과 자만심을 필연적으로 발전시켜 왔다.(…)국민이 그 동안 인정되어온 사회적 우월자[귀족]를 너무 비정치적 방식으로 타도해버리자마자 수문이 열리고 뒤이어 야심의 급류, 즉 꼴등이 일등이 되고자 하는 야심의 급류가 쏟아져내린 것이다. 국민은 귀족에게서 민주주의자가 말하는 악을 보았는데, 그러나 그것은 일정하게 제한된 악이었다. 국민이 한 명의 귀족을 무장한 채 경쟁하는 열 명의 귀족[부르주아지]으로 교환한 최악의 상황이 벌어진 것이다. 만인의 평등을 선언함으로써 질투의 권리선언(la déclaration des droits de l'Envie)을 공포했다. 오늘 우리는 지성·산업·정치의 곁으로 평온한 영역으로 이식된 혁명의 바보축제(Saturnales, Feast of Fools)를 즐기고 있다. (…)우리는 위대한 사회를 파괴한 다음에 죽은 사회를 닮은 천 개의 왜소한 사회들을 만들어냈다. 이 기생적 조직들은 원래의 조직의 해체를 폭로하는 셈이 아닌가? 시체 속에서 들끓는 구더기들인 셈이 아닌가? 이 모든 왜소한 사회들은 자만심이라는 한 어머니의 딸들이다.(…)

물론 발자크가 자신의 이런 주장이 널리 수용되리라고 생각한 것도 아니었습니다. 역시 이철의 교수가 「발자크 작품세계의 변모과정 연구」(『한국프랑스학 논집』, 47집, 2004)에서 주목한 '철학 연구'의 첫 작품인 『나귀가죽』(1831/45; 국역: 문학동네, 2009) 「초판 서문」의 한 구절을 인용해보겠어요.

> 저자[발자크]는 자기를 잘 알지 못하는 다수의 독자와 결별하고 자기를 잘 아는 소수의 독자만을 염두에 두기로 작정했다. 그런 점에서 그는 자기가 자랑스럽게 여기는 몇몇 우정 어린 호평들이 정당하다는 것을 증명할 수만 있다면 기쁠 것이다.

『골동품 진열실』이 귀족과 갈등하는 부르주아지를 소재로 했다면, 그의 유작인 『사기꾼』(1848; 국역: 지만지, 2023)은 부르주아지 그 자체를 소재로 한 것이었습니다. 그런데 이 작품은 소설이 아니라 희곡으로, 위키피디아에 따르면, 1851년 1주기에 맞춰 초연되었다고 하지요. 베토벤이 오페라의 성공을 갈망했으나 실패했듯이, 발자크 역시 연극의 성공을 갈망했으나 실패했던 것 같아요.

『사기꾼』의 원제는 'Le Faiseur', 즉 '만드는 사람'이므로 주식회사 발기인(faiseur d'affaires, business promoter)을 의미할 수 있는데, 그러나 위키피디아에 따르면, '백 개의 사업을 시도했으나 한 개의 사업도 성공하지 못했던' 발자크의 주인공 메르카데 때문에 투기꾼 내지 사기꾼을 의미하게 되었다고 하지요.

따라서 『사기꾼』은 7월왕정에서 귀족의 토지를 주식으로 대체한 부르주아지를 묘사한 작품이라고 할 수 있을 것입니다. 또 프랑스의 'entrepreneur'의 실체를 폭로하는 작품이라고 할 수도 있을 것인데, 루이 16세의 조부인 루이 15세 때부터 사용된 'entrepreneur'를 영어로는 'adventurer'로 번역했다고 하지요. 발자크도 등장인물의 소개에서 메르카데를 'spéculateur'라고 부르고 있고요.

여기서 'political entrepreneur'의 번역에 대해 언급해두겠습니다. 「2021년 4·7보선 전후」(『한국사회성격 논쟁 세미나 (III)』에 실림)

에서 장제원 의원이 김종인 위원장을 '거간정치인', 즉 '정치브로커'라고 부른 것이 어폐가 있다고 하면서 'political entrepreneur', 번역하자면 '정치기획자'라고 부르는 것이 더 낫겠다고 한 적이 있지요. 그러나 김 위원장이 이준석신당의 공천관리위원장에 취임한 것을 보고 '정치투기꾼'으로 번역하는 것이 옳았겠다는 생각이 들었어요.

다시 본론으로 돌아가면, 1막 5장에 나온 메르카데의 대사에 주목하지 않을 수 없습니다.

요즘은 신용이 곧 국부다.

Aujourd'hui le crédit est toute la richesse des gouvernements.

이재명 대표의 기본시리즈에서 기본소득론은 미드를 추종했고, 기본자산론은 미드의 제자 격인 피케티를 추종한 반면 기본금융론은 그의 독창적 발명이라고 오해한 것은 저의 무지 탓이었지요.

하기야 에버렛의 『키케로』를 보면, 로마 공화정 말기 인민주의자의 정책기조는 기본소득(무상식량)과 기본자산(토지개혁)이었습니다. 또 키케로의 정적인 카틸리나가 기본금융(부채탕감)을 추가했고요. 「카틸리나 내란 탄핵연설」에서 키케로가 한 말은 수사학적 과장이 아니었던 것이지요.

한심스럽구나, 이 시대와 이 세태가!

O tempora, o mores!

그러나 키케로 혼자 공화국의 쇠망을 막을 수는 없었습니다. 망국의 상황에서 풍미한 '기이한 광기'(a strange madness), 특히 '미친 행동방식'(a crazy way of going on)으로 인해 '책도, 저술도, 이론도 모두 헛되게' 되면서 말년의 키케로는 조타수의 자리인 '선미'(poop)에서 쫓겨나 '선저'(bilge)에서 간신히 자신의 자리를 찾았거든요.

어쨌든 이재명 대표의 '부채주도성장론'은 유구한 역사적 전통을 자랑하는 것입니다. 19세기 '유럽의 병자'였던 프랑스를 선례로 하는 동시에 인민정을 거쳐 참주정을 예고하는 쇠망기의 로마 공화정을 선례로 하거든요. 반면 이상헌 박사나 홍장표 교수가 제안한 문재인 대통령의 소득주도성장론은 오히려 선례가 없었고, 그래서 강신욱 박사가 '좋은 통계를 만드는 것으로' 기여했던 것이고요.

그 밖에도 『사기꾼』은 '문재명' 일당의 교과서 내지 참고서 같다는 생각이 들었습니다. 3막 5장에 나온 정치이념이란 '야망의 만능열쇠'라는 대사에서 그들이 아무런 이론적 근거도 없는 인민주의를 표방하는 까닭을 짐작할 수 있었지요. 또 정치에서는 '교양과 전문지식' 같은 '능력'은 필요 없고, '내 친구의 원칙, 내 편의 의견'만 중요하다는 대사 역시 마찬가지였고요.

콜스의 『하버드 문학 강의』

벨로스의 『세기의 소설 '레 미제라블'』의 국역자인 정해영 씨가 번역한 로버트 콜스(Robert Coles)의 『하버드 문학 강의』(2010; 국역: 이순, 2012)도 간단하게 소개해두겠습니다. 콜스는 하버드대학 의대에서 정신의학 및 인문의학(Medical Humanities)을 가르치던 교수였는데, '문학의 사회적 성찰'이라는 주제로 미국판 '레 미제라블'들을 발굴하여 강의했다고 할 수 있겠지요.

『하버드 문학 강의』의 원제는 '손에 손잡고'(handing one another along)입니다. 계급과 성별, 지역과 인종을 넘어 '동료 인간'(fellow human beings)으로서의 유대를 추구한다는 의미이지요. 롤즈처럼 미국이라는 국경을 전제하는데, 프랑스혁명기 권리선언처럼 '동료 인간'은 '동료 시민/국민'(fellow citizens)이기 때문이에요.

물론 콜스의 관심이 미국에 국한된 것은 아닙니다. 5부에서는 '19세기의 전통'으로 돌아가서 디킨즈와 하디(특히 『주드』)에 주목하고 있거든요. 그러면서 마치 로마가 그리스를 계승했듯이 미국이 영국을 계승했다고 강조하고 있어요. 그리고 그런 계승이 유럽과는 구별되는 영미의 고유한 전통이라는 것이고요.

『하버드 문학 강의』에서 특히 저의 관심을 끈 것은 1부였습니다. 그 중에는 제임스 에이지가 사진작가인 워커 에번스와 함께 작업한 『이제 훌륭한 사람들을 칭송하자』(1941)가 있는데, 30년대 대불황기 애팔래치아 지역(앨라배마)의 소작농(tenant farmer) 3가족에 대한 르포르타주였지요.

제목에 나오는 '훌륭한 사람들'(famous men)이란 『구약성서』의 '지혜서'에 속한 『집회서』에서 인용한 구절이었습니다. 그러나 본문에서는 그들이 셰익스피어의 『리어왕』이 말했던 '가난하고 불쌍한 사람들'(wretches)이라는 사실이 드러난다고 하지요. 국역본이 없으니 직접 읽어볼 수도 없고 해서 못내 아쉬웠어요.

『이제 훌륭한 사람들을 칭송하자』와 마찬가지로 30년대 대불황기 미국 중부 오클라호마의 소작농 가족을 소재로 한 소설이 바로 존 스타인벡의 『분노의 포도』(1939)였습니다. 그 이듬해 존 포드 감독은 이 작품을 영화로 제작했는데, 다만 헐리우드영화, 그것도 전시 영화답게 해피엔드로 개작되었지요.

어쨌든 콜스는 『이제 훌륭한 사람들을 칭송하자』를 미국문학의 기념비로 간주하고 있습니다. 워싱턴행진(1963) 등 흑인민권운동의 대학생 활동가들이 늘 배낭에 넣고 다녔던 바이블이기도 했기 때문이에요. 이 대목에서 한국전쟁기의 지리산 빨치산이 『소련공산당사: 단기교정』(1938)을 늘 배낭에 넣고 다니면서 애지중지했다고 하신 박현채 선생의 말씀이 생각나기도 했지요.

애팔래치아 지역에 대한 관심은 가나리의 『르포 트럼프왕국』에 이어서 밴스의 『힐빌리의 노래』로 촉발된 것인데, 미국의 '백두대간'이라고 할 수 있는 이 지역의 자연지리에 대해서는 아쉬운 대로 빌 브라이슨의 『나를 부르는 숲』(*A Walk in the Woods*, 1998; 개역판: 까치, 2018)을 참고할 수 있지요.

『나를 부르는 숲』은 남부의 조지아에서 시작해 테네시·버지니아·펜실베이니아 등 12개 주를 거쳐서 북부의 메인에 도달하는 3500km

의 애팔래치아산맥을 종주한 이야기입니다. 물론 애팔래치아산맥 전체가 아닌 40%에 해당하는 1400km만 종주한 것인데, 백두산에서 시작해 태백산을 거쳐서 지리산에 도달하는 1600km의 백두대간과 비슷한 거리였지요. 로버트 레드퍼드 주연의 영화『나를 부르는 숲』(2015)도 볼 만하고요.

애팔래치아산맥을 배경으로 한『송캐처』(Songcatcher, 2000)라는 영화 또한 볼 만합니다. 식민지 시대 영국 이민자의 후손들이 보존해온 민요를 수집한 여교수를 소재로 한 팩션 드라마인데, 알다시피 스티븐 포스터 또한 펜실베이니아 출신이었지요. 역시 아쉬운 대로 애팔래치아 지역의 인문지리의 일단을 엿볼 수 있어요.

콜스는 에이지의『이제 훌륭한 사람들을 칭송하자』를 조지 오웰의『위건부두로 가는 길』(1937; 국역: 한겨레출판, 2010)과 비교하고 있습니다. 잉글랜드 북부 지역(랭커셔와 요크셔)의 광부들에 대한 르포르타주였는데, 오웰의 사회주의(실은 노동자주의)가 인민주의의 변종임을 알 수 있지요.

콜스가 에이지와 오웰의 결함도 지적하고 있다는 사실에 주목할 수 있습니다. '가난하고 불쌍한 사람들'을 팔아서 돈도 벌고 이름도 얻었기 때문인데, 그러나 위고에 비해서는 약과라고 할 수 있지요. 그러면서 콜스는 그들의 대안으로 자신의 롤 모델인 윌리엄 칼로스 윌리엄스에 주목하고 있어요. 그는 '가난하고 불쌍한 사람들'과 어울려 살던 산부인과/소아과 전문의이자 시인이었거든요.

콜스가 인용한 시 몇 편이 인상적이어서 윌리엄스의 작품을 찾아보았는데, 그의 시선집(1976) 국역본을 발견할 수 있었습니다. 2021년에 민음사에서 출판한 정은귀 교수의『꽃의 연약함이 공간을 관통한다』와『패터슨』이 그것이었지요. 윌리엄스는 절친 에즈라 파운드와 함께 이미지즘 시의 개척자였는데, 엘리엇은 물론이고 파운드의 유럽주의와도 거리를 두었다고 하지요. 그런 이유로 가장 미국적인 시인으로 휘트먼의 후계자라고 평가된다고 하고요. 휘트먼의 시집으로는『풀잎』(1855; 국역: 열린책들, 2024)이 있지요.

가장 인상적인 시는 역시 초기 대표작 「그 빨간 외바퀴 손수레」 (The Red Wheelbarrow, 1923)였습니다.

아주 많은 게 의지한다	so much depends upon
빨간 외바퀴 손수레에	a red wheel barrow
빗물에 젖어 반짝이는	glazed with rain water
그 곁엔 하얀 병아리들.	beside the white chickens.

비 온 뒤 농가 뒤뜰의 풍경을 그린 한 폭의 수채화 같다는 느낌이 드는 이미지즘 작품으로 한 문장 열여섯 단어로 구성되어 있지요. 그래서 일본식 시조인 하이쿠의 영향을 받았다고 평가되는 것인데, 위키피디아의 해설을 참고하세요.

그밖에도 제가 좋아하는 브뢰걸의 회화 「눈먼 길잡이」(The Blind Leading the Blind)에 대한 시 「장님의 우화」(The Parable of the Blind, 1962)도 실려 있는데, 이것은 그의 유작이었습니다.

이 끔찍하고 대단한 그림 (…) 장님이 장님을 따라 지팡이를 들고서 의기양양 재앙으로 향한다.	This horrible but superb painting (…) one follows the others stick in hand triumphant to disaster.

마치 '문재명' 일당에게 속절없이 휘둘리고 있는 남한의 상황을 묘사하는 것 같다는 느낌이 드는 작품인데, 위키피디아에 있는 브뢰걸의 그림과 함께 감상해보세요.

브뢰걸의 「눈먼 길잡이」는 게르트 호프만에 의해 『장님들의 실족』 (*Der Blindensturz*, 1985; 영역: Fromm International, 1989)으로 소설화되었다고 합니다. 소설은 화가인 브뢰걸이 아니라 그의 모델인 6명의 장님의 입장에서 그림이 그려지는 하루 동안의 일을 묘사했는데, 역시 위키피디아를 참고하세요.

정은귀 교수가 윌리엄스와 관련된 영화『패터슨』(2016)이 있다고 해서 찾아보았습니다. 패터슨은 뉴저지 공업도시로서 윌리엄스가 엘리엇-파운드의 유럽주의에 대한 답변으로 쓴 5권짜리 서사시 (1946-58)의 제목이기도 한데, 영화는 패터슨에서 23번 버스를 운전하는 패터슨이라는 아마추어 시인의 월요일부터 일요일까지 1주일의 일상생활을 묘사하고 있지요.

윌리엄스가 롤 모델인 패터슨은 스마트폰은 물론이고 핸드폰도 사용하지 않는데, 저처럼 '개목걸이'(leash)로 생각하기 때문이라고 합니다. 그러나 저와는 달리 노트북조차 사용하지 않고 시를 쓸 때 흰색 무선(無線, 횡선이 없는) 공책에 검은색 볼펜을 사용하는 것이 인상적이지요. 이것이 클라이맥스로 가는 결정적 복선이고요.

토요일 저녁에 패터슨이 오래간만에 부인과 외출하여 외식을 한 다음 H. G. 웰스 원작의 SF공포영화『닥터 모로의 DNA』(1932)를 보는 동안 영국산 불독이 소파 위에 있던 그의 공책을 갈가리 찢어버리는 사고가 발생합니다. 망연자실한 패터슨은 이튿날 폭포공원으로 가서 벤취에 앉아 있지요. 이것도 중요한 복선인데, 이 폭포가 패터슨의 공업에 원동력을 제공해왔거든요.

폭포공원에서 패터슨은 그 역시 아마추어 시인이기도 한 일본인 관광객을 만나게 됩니다. 두 사람은 윌리엄스에 대해 대화를 나누고, 그 과정에서 패터슨도 아마추어 시인임을 짐작한 일본인 관광객이 일본식 무선 공책을 선물하면서 패터슨이 다시 시를 쓰게 된다는 것이 결말이에요.

영화를 보고 미국의 버스 운전사는 시를 쓰는데, 경기도 공업도시 안산의 버스 운전사는 고급공무원 관용차로 사용되는 제네시스를 몰고 다니다가 역수행사고로 9명을 죽인 까닭을 생각해보았습니다. 그러면서 민주노총은 '노동귀족'(부르주아화 내지 프티부르주아화된 노동자)보다 '노동천민'(하층민 기질을 고수하는 노동자)이라고 비판

받아야 마땅하지 않을까 하는 의문도 들었고요. 교수보다 높은 연봉 1억을 받는 노동자에게 식견까지는 아니더라도 교양조차 기대할 수 없기 때문이지요. 하기야 녹색병원을 설립한 양길승 의사의 후예가 '문재명 정부'를 추종하는 '의비'(醫匪, 의료비적)를 자처하는 상황에서 민주노총만 탓할 일은 아니겠지만요.

나아가 짐 자무시 감독이 패터슨의 기운을 북돋아준 관광객으로 한국인은 물론이고 중국인보다 일본인이 어울리겠다고 판단한 까닭에 대해서도 생각해보았습니다. 1997년 여름에 영국을 거쳐 유럽에 놀러갔을 때 암스테르담에서 헤이그로 가는 길목의 레인즈버르흐(Rijnsburg)에 있는 '스피노자하우스'(Het Spinozahuis)에 들렀는데, 방명록을 보니 맨 앞에 아인슈타인의 이름이 있더군요. 일본인 이름은 이따금 눈에 띄어도 중국인이나 한국인 이름은 보이지 않고요. 역시 유럽으로 관광을 가는 목적이 다르기 때문이겠지요.

스피노자하우스 현판의 사진을 찍어 와서 과천연구실에 걸어두고 있는데, 실은 17세기 네덜란드 신학자 캄푸이센(Dirk Camphuysen)의 시구였습니다. 요즘은 인터넷에서 현판 사진과 영어 번역을 구해 볼 수도 있지요.

아아! 모든 사람이 현명하면,	Ach! waren alle Menschen wijs/
게다가 덕을 행하면!	En wilden daarbij wel!
그러면 세상은 천국일 텐데,	De Aard waar haar een Paradijs/
지금은 지옥 같구나.	Nu isse meest een Hel.

질의와 응답

재론 러시아-우크라이나 전쟁

— 러시아-우크라이나 전쟁은 어떻게 되어가고 있나요?

— 마침 좋은 책이 번역되었는데, 폴 대니어리의 『우크라이나와 러시아』(2019, 재판: 2023; 국역: 고려대학교출판문화원, 2024)입니다. 대니어리는 러시아-우크라이나 전쟁의 원인을 1991년의 소련 해체 이후에 전개된 지정학적 갈등, 특히 우크라이나 독립을 둘러싼 갈등에서 발견하려고 시도하고 있지요. 그가 8단계로 나누어 자세하게 분석하는 갈등의 전개에 대해 설명해보겠어요.

1989-93년 (새로운 세계질서?): 옐친이 소련 해체와 동시에 러시아 제국 부활을 위해 우크라이나와 벨라루스의 합병을 시도했는데, 이에 대해 우크라이나의 초대 대통령이었던 '민족주의적' 공산주의자 크라우추크가 '강대국질병'(imperial disease)으로 비판한 바 있습니다. 옐친의 의회 포격(1993) 직전 『런던 타임즈』는 러시아의 '바이마르화', 쉽게 말해서 히틀러의 의회 방화(1933)가 계기가 된 파시즘으로의 이행에 대해 경고하기도 했고요.

1994-99년 (희망과 난관): 러시아사회성격 논쟁이 부활했는데, 그 쟁점은 강대국 지향이었다고 합니다. 먼저 강대국 지향을 비판하는 자유주의인 서구주의는 옐친 정부의 초기인 1991-92년에 부활했다가 곧 소멸했지요. 반면 강대국 지향에 찬성하는 보수주의는 언어·문화·종교를 강조하는 종족주의로서 슬라브주의에서 팽창주의에 적합한 다종족주의로서 유라시아주의로 대체되었고요. 그러나 당시 논쟁의 승자는 중앙파였는데, 정치이념보다 '현실정치'(Realpolitik), 즉 국익을 우선하는 국가주의가 강대국을 지향하는 보수주의와 컨센서스를 형성할 수 있었기 때문이에요.

그러나 1997-98년 동아시아 경제위기의 여파로 1998년에 러시아

외채위기가 발생했습니다. 그 와중에 자유민주정과 자유시장으로 이행하려던 옐친의 시도가 최종적으로 실패하면서 푸틴이 집권하게 되었고요. 또 우크라이나에서는 크라우추크 정부의 총리인 쿠치마가 대통령에 당선되었습니다. 친러 성향인 쿠치마 역시 크라우추크처럼 올리가르히(신흥 재벌인 독과점자본)를 '민족 부르주아지'로 간주하여 서방과 러시아의 자본으로부터 보호했지요.

1999-2004년 (독재와 혁명): 오슬룬드(Anders Åslund)가 강조한 것처럼, 옐친을 승계한 푸틴은 유가상승 덕분에 권력을 안정화하고 클렙토크라시로 이행하는 데 성공했습니다. 신흥공업국 외채위기로 인해 저유가가 유지되던 1980-90년대와 달리 2000년대 이후 유가가 상승했거든요. 또 독일과 프랑스가 러시아에서 석유를 수입함으로써 푸틴 정부의 안정화에 기여했고요.

반면 쿠치마 대통령의 입장은 친러에서 친유럽을 거쳐서 또다시 친러로 동요했습니다. 먼저 미국의 압력으로 중앙은행 총재 유셴코를 총리로 발탁했지요. 또 클렙토크라시를 지향하면서 올리가르히에 대한 통제를 시도했는데, 그러나 푸틴과 달리 비밀경찰을 동원하지 못해 실패하고 말았어요. 그래서 결국에는 친러 성향의 야누코비치를 총리로 발탁했던 것이고요.

결국 2004년 우크라이나 대선에서 친유럽 성향의 유셴코와 친러 성향의 야누코비치가 대결하게 되었습니다. 야누코비치는 소년원 출신으로 돈바스 지역에서 주지사를 역임했지요. 즉 '우크라이나의 이재명'이라고 부를 수 있는 입지전적 인물이었는데, 그의 행적에서 향후 이재명 대표의 행동을 짐작해볼 수도 있겠다는 생각이 들어요.

옐친처럼 러시아제국의 부활을 지향한 푸틴은 우크라이나 대선에 적극 개입했습니다. 선거운동과정에서 유셴코에게 미국의 앞잡이 노릇을 하는 파시스트, 즉 '우크라이나 토착왜구 독재자'라는 프레임을 씌우면서 야누코비치를 적극 지원했고, 투·개표를 조작하는 부정선거도 자행했습니다. 게다가 유셴코를 다이옥신(고엽제)으로 암살하려고 시도하기까지 했고요. 결국 선거가 무효화되면서 재선거가 실시되어 유셴코가 승리했지만요.

유셴코의 승리는 독립을 가능케 한 1990년의 1차 마이단혁명에 후속한 2차 마이단혁명 또는 '오렌지혁명'이라고 불렸습니다. 유셴코의 승리에는 '민족 부르주아지'로 간주되던 올리가르히 포로셴코의 지지와 비밀경찰의 중립이 결정적이었지요. 친러파의 요구에 따라 대통령의 권한을 제한하려는 이원정부제 개헌을 수용한 것도 중요했고요.

2004-10년 (개혁과 후퇴): 독일이 노르트스트림의 건설을 지지함으로써 푸틴이 우크라이나를 우회하는 에너지공급로를 확보하는 데 성공했습니다. 사민당의 슈뢰더 총리와 기민련의 메르켈 총리 사이의 '베를린 컨센서스'가 주도한 이런 결정은 결국 독소불가침 조약의 재판이 되었고, 2014년과 2022년에 푸틴이 전쟁을 감행할 수 있는 조건 중 하나가 되었지요. 2007-09년 금융위기로 인해 일시적으로 하락한 유가는 곧 상승세를 회복했고요.

또 야누코비치가 2006년에 총리를 거치면서 2010년 대선에서도 승리할 수 있었습니다. 유셴코가 정권 재창출에 실패한 것은 자신을 지원했던 포로셴코와의 유대로 인한 초대 총리 티모셴코와의 갈등 때문이었는데, 그는 오렌지혁명의 동지였던 티모셴코보다도 오히려 야누코비치를 선호했지요. 이재명 대표보다도 오히려 한동훈 대표를 혐오하는 윤석열 대통령도 비슷한 사례인 것 같고요.

2010-13년 (야누코비치): 야누코비치는 취임 직후 보호-피보호관계 (patronage)를 통해 다수파를 형성하여 의회를 장악하고 최측근을 총리로 발탁하는 동시에 헌법재판소도 장악하면서 이원정부제 개헌을 무효화했습니다. 또 선거법의 개정을 통해 비례대표의원을 절반으로 축소하고 나머지 절반은 소선거구제 지역구의원으로 할당했고요.

야누코비치의 목적은 클렙토크라시였는데, 따라서 그의 대외정책이 '러시아로의 선회'(pivot to Russia)로 특징지어진 것은 당연한 일이었습니다. 그러나 이런 선회는 포로셴코 같은 올리가르히의 반발은 물론이고 인민의 저항을 자초했는데, 그것이 2014년 3차 마이단

혁명이었지요.

2013-[14]년 (혁명에서 전쟁으로): 2014년 2월 야누코비치가 러시아로 도주한 것과 동시에 푸틴이 우크라이나 침공을 감행하여 크림반도와 돈바스지역(일부)을 점령했습니다. 야누코비치를 지원한 푸틴의 마각이 드러난 셈인데, 그는 자신의 행동을 정당화하기 위해 미국의 독립이나 독일의 통일에 비유하는 황당무계한 역사관을 제시하기도 했지요. 전쟁의 와중에 치러진 대선에서는 포로셴코가 티모셴코를 물리치고 당선될 수 있었고요.

20[14]-21년 (전선의 교착): 그 후 8년 동안 돈바스지역 전선에서 교착상태가 지속되었는데, 아마 2014-20년의 유가하락도 일조했을 것입니다. 그런데 푸틴이 크림반도와 돈바스지역(일부)을 점령하면서 우크라이나 유권자의 결릉(缺稜, truncation, 모서리를 잘라냄) 현상이 발생했지요. 쉽게 말해서 친러 성향의 유권자가 급감했던 것이고, 나아가 러시아계 우크라이나인 중에서도 종족적 민족주의가 아닌 시민적 민족주의가 강화되었던 것이에요.

바로 이것이 2014년에 전쟁을 도발했던 푸틴의 패착이었습니다. 러시아의 침공 이후 우크라이나 정치에서 친유럽 성향이 강화될 수 있었던 반면 선거개입이 불가능해진 푸틴으로서는 결국 군사개입이 불가피해졌거든요. 독일과 프랑스의 유화정책과 에너지수입 덕분에 군사개입이 그 만큼 용이해지기도 했고요.

2019년 대선에서 젤렌스키라는 희극배우가 티모셴코 대신 포로셴코의 경쟁자로 등장했다는 것도 푸틴이 예상치 못한 재앙이었습니다. 젤렌스키는 결선투표에서 3:1로 승리했고 직후의 총선에서는 단독 과반을 확보했지요. 바로 이런 것이 츠바이크가 말하던 '별의 순간'(Sternstunde, 운명/영광의 순간)이라는 것이에요.

2022년 (전쟁의 재개): 취임 직후에 젤렌스키는 독일과 프랑스의 중재를 통한 평화협상을 추진했습니다. 그러나 2020년대에 유가가 안정화되자 2022년 2월 8년 만에 푸틴은 전면 침공을 감행했는데, 대니어리는 개전 이후 6개월의 경과를 분석하는 한편 푸틴이 확전을 선택한 정치적·역사적 이유를 분석하고 있지요.

푸틴은 '레닌이(…)러시아의 역사적 영토를 분단함으로써(…)현대 우크라이나가 창설되었다'고 주장하면서 소비에트연방 대신 러시아 제국을 재건하겠다는 의도를 표명했습니다. 하기야 소련을 구성한 조약(1922)의 마지막 26조는 연방에서 탈퇴하는 권리를 보장했는데, 이 권리를 최초로 행사한 것은 오히려 옐친이 대통령이었던 러시아였고 그에 후속하여 우크라이나와 벨라루스도 이 권리를 행사했던 것이지요.

대니어리는 푸틴의 입장이 1차 집권기인 2000-08년과 2차 집권기인 2012년 이후에 차이가 있다고 주장합니다. 1차 집권기에는 국가주의자였으나 2차 집권기에는 두긴을 매개로 일리인의 제자가 되어 유라시아주의자로 전향했다는 것이에요. 동시에 '역사학도'를 자처하기도 했고요.

푸틴처럼 바이든 정부 역시 젤렌스키의 지도력을 과소평가하여 폴란드로의 망명을 권유했습니다. 그러나 젤렌스키는 항전을 선택하여 키이우를 지켜냈고, 그의 이런 결단은 2014년 전쟁에서와 달리 독일과 프랑스가 더 이상 지원을 회피할 수 없게 만들었지요. 물론 미국과 영국 같은 군사적 지원이 아니라 재정적 지원, 그것도 거의 미미한 지원에 그치는 소극적 지원이었지만요.

물론 젤렌스키를 지지하고 신뢰하는 우크라이나 인민의 항전의지도 무시할 수 없습니다. 그리고 여기에는 독립 이후 정쟁으로 취약해진 국가를 보완한 시민사회가 크게 작용했던 것인데, 사실 2004년 오렌지혁명과 2014년 마이단혁명이 그 증거였지요. 국가를 대체하고 결국 약화시킨 '촛불혁명'과는 전혀 다르다는 것인데, 남한에서 시민사회는 여전히 취약하거든요.

이 대목에서 '도시의 공기가 자유롭게 한다'(Stadtluft macht frei, 도시에서는 도망 농노도 자유로운 시민이 된다)는 독일 법언(法諺, 법률속담)이 생각납니다. 다만 '개인적 종속'(persönliche Abhängigkeit)으로부터의 자유는 시민의 덕성인 '시빌리티'(civility)를 전제하고,

그래야 비로소 부르주아 시민사회가 형성될 수 있지요. 「도쿄 생각」(1934; 국역: 『도쿄 생각』, 글항아리, 2016)에서 다니자키 준이치로의 말을 흉내내자면, 서울은 '시골뜨기에게 난입당한' 셈인데, 해방 및 한국전쟁 이후 시빌리티와 부르주아 시민사회의 형성에 실패하면서 급기야 아귀다툼의 난장판으로 전락한 것이에요.

대니어리의 분석은 정치학적 관점에서 이루어진 것이므로 세르히 플로히의 우크라이나 통사인 『유럽의 문 우크라이나』(국역: 한길사, 2022)로 보충할 필요가 있습니다. 노무현 정부 말기에 우크라이나 대사를 역임한 고려대 허승철 교수가 번역한 책인데, 대니어리의 책 역시 허 교수가 번역한 것이지요.

우크라이나 출신 미국학자인 플로히의 『유럽의 문 우크라이나』는 2015년에 나온 초판을 2021년에 개정하면서 2014년에 발발한 전쟁의 경과를 정리하는 1개장을 보충한 것입니다. 그 후 그는 2022년에 재발한 전쟁에 대해 분석한 『러시아-우크라이나 전쟁』(2023; 국역: 글항아리, 2024)도 출판했고요.

플로히도 2014년 전쟁의 원인을 1991년 소련 붕괴까지 소급하고 있습니다. 단적으로 말해서 소련 붕괴 이후 러시아는 공산주의에서 자유민주주의로의 이행에 실패한 반면 우크라이나는 성공한 것이 전쟁의 원인이라는 것이지요. 그런데 러시아가 성공하고 우크라이나가 실패했거나 아니면 둘 다 성공했다면 전쟁은 없었을 것이니 러시아의 실패가 결정적 이유라고 할 수도 있겠지요.

플로히에 따르면, 독립 이후 우크라이나의 상황 역시 낙관적이지 않았습니다. 1991-97년에 국민소득은 60% 감소했는데, 1929-33년 대공황기 미국의 국민소득이 30% 감소한 것에 비하면 경제붕괴의 상황이라고 할 수 있지요. 1989-2001년에 궁핍과 이민 등으로 인구도 급감했는데, 5140만명에서 6%인 300만명이 감소했어요. 또 1992년에는 하이퍼인플레이션이 발생하여 물가가 2500% 상승했고요.

경제위기의 상황에서 대통령과 의회의 갈등이 지속되는 정치위기도 발생했습니다. 그런 '총체적 난국'을 기화로 국가자본을 사유화한 올리가르히가 출현했고, 또 쿠치마나 야누코비치가 푸틴을 모방하여 올리가르히를 통제함으로써 클렙토크라시로 이행하려고 시도했던 것이지요. 우크라이나 인민이 젤렌스키를 선택한 것은 야누코비치 같은 클렙토크라트의 청산에 이어서 포로셴코 같은 올리가르히도 개혁하리라는 기대 때문이었다는 것이 플로히의 주장이에요.

나아가 플로히는 젤렌스키가 취임 직후에 시도했던 휴전회담이 실패로 끝난 것은 푸틴이 요구한 '영토와 평화의 교환'을 거부했기 때문이라고 주장하고 있습니다. 쉽게 말해서 크림반도는 물론이고 돈바스지역 점령지를 '친러 자치령'으로 인정하라는 요구였는데, 결코 수용할 수 없었지요.

푸틴의 요구를 수용할 때, 크림반도와 돈바스지역의 친러 자치령이 우크라이나 내부의 '트로이 목마'가 되리라는 것이 아주 분명한 사실입니다. 푸틴은 이를 지렛대로 활용하여 우크라이나의 내정에 간섭하면서 올리가르히의 통제와 클렙토크라시로의 이행을 도모할 의도였겠지요. 경상남도까지는 아니더라도 혹시 전라도가 남한의 '친북 자치령'은 아닌지 하는 의심이 들기도 하네요.

젤렌스키의 식견이 돋보이는 대목이라고 하지 않을 수 없습니다. 하기야 희극배우인 그는 풍자와 야유의 대가이기도 했는데, 관심이 있으시면 「"대선 불복 2년동란"」을 참고하세요. 사실 그는 희극배우이기 이전에 법학도이기도 했고, 고교 동창인 부인 올레나의 내조 역시 탁월했다고 하지요. 젤렌스키 부부야말로 윤석열 대통령 부부가 배워야 할 롤 모델이었어요.

플로히에 따르면, 2021년에 바이든 정부가 출범하면서 젤렌스키가 유럽연합과 나토로의 지향을 강화했다고 합니다. 푸틴 역시 확전을 결심했는데, 우크라이나 유권자의 결릉으로 인해 내정간섭 대신 군사개입이 불가피해지자 우크라이나군이 쿠데타를 일으킬 것으로 기대하기도 했지요. 그러나 코사크의 후예를 자부하는 우크라이나군에 대한 오판이었어요.

우크라이나군과 한국군을 비교하면 천양지차일 수밖에 없습니다.

해병대마저 대원의 익사를 순직이라고 부르면서 자중지란에 빠지는 것을 보면 어리둥절해지는데, 순직은 군인이 아니라 공무원·회사원이 직무를 수행하다 사망할 경우에 쓰는 용어거든요. 물론 친북중러·반한미일 성향의 '문재명' 일당이 여전히 군부는 두려워하기 때문인데, 이재명 대표의 측근인 김민석 최고위원이 제기한 '계엄령소동'이 그 방증이었지요. 윤석열 대통령의 자살 행위인 계엄령이 그것을 추인하기도 했지만요. 그런데 그의 무모한 모험/투기(adventure)는 계엄군과 국정원의 불복종 때문에 희비극으로 끝났어요.

　해병대원익사사건이 중요한 것은 해병대, 그 중에서도 김포2사단이 서울을 방어하는 한국군 최강의 부대이기 때문입니다. 제가 해군본부에서 방위병 훈련을 받을 때 배운 바로는 베트남전쟁에 참전한 청룡부대의 후신이 김포2사단인데, 참전의 명분에 수도방어도 있었다는 것이 정신교육을 담당했던 상사의 주장이었지요. 1972년 7·4남북공동성명 이전에 북한은 여전히 무력통일론을 고수하고 있었거든요. 요즘 푸틴을 추종하는 김정은 위원장이 크림이나 돈바스 침공처럼 백령도나 연평도를 침공할지도 모르겠다는 걱정이 들기도 하고요.

　휴전회담을 포기하고 유럽연합과 나토 지향을 강화한 젤렌스키의 결단은 물론 여론의 지지를 반영한 것이기도 했습니다. 개전 직후 국민의 86%가 유럽연합 가입에 찬성하고 76%가 나토 가입에 찬성했다고 하거든요. 또 젤렌스키의 지지율은 93%를 기록했는데, 이는 대선 결선투표의 지지율 73%를 크게 상회하는 것이었지요.

　개전 직후에도 독일과 프랑스는 휴전회담을 중개하는(mediate) 화해자(peacemaker)를 자임했습니다. 그러나 푸틴이 '영토와 평화의 교환'을 고집했고 젤렌스키가 그것을 거부했던 것이지요. 결국 개전 100일 만에 휴전회담이 좌절되면서 독일과 프랑스도 우크라이나를 지원하지 않을 수 없게 되었고, 동시에 스웨덴과 핀란드가 나토에 가입하게 되었던 것이에요.

　방금 독일과 프랑스의 재정지원에 미미하다고 했는데, 개전 100일인 2022년 6월 기준으로 국민소득 대비 지원금의 비율을 소개하는 플로히에 따르면, 에스토니아(0.81%)와 라트비아(0.72%)가 최고치였습니다. 리투아니아는 약간 늦게 시작한 탓에 통계가 잡히지 않은 것 같고요. 그에 이어지는 것이 폴란드(0.26%), 미국(0.22%), 영국(0.18%)이었고요. 반면 프랑스(0.08%), 독일(0.06%)은 최저치였는데, 그 후의 통계에 대해서는 저도 아는 바가 없어요.

트럼프가 유럽의 나토 무임승차를 비판하는 것이 근거가 없지는 않습니다. 하기야 남한의 '불량배 민족주의자'처럼 말해서 2차 세계 전쟁에서 독일인은 '전범'이고 프랑스인은 '부역자'인 셈이거든요. 또 발트 3국과 폴란드는 순망치한의 관계인 우크라이나의 '대리전'을 지원하지 않을 수 없고요. 그러니 우크라이나를 군사적·재정적으로 지원하는 나라는 미국과 영국밖에 없는 셈이에요.

플로히는 2023년 9월 초에 쓴 「맺는 말」에서 죄수 출신 용병으로 구성된 '바그너 그룹'의 반란, 중국의 지원 등을 언급하고 있습니다. 그러나 그 직후의 일인 북한의 무기지원(나아가 최근의 파병), 이란이 제2전선 형성을 위해서 하마스에게 사주한 이스라엘 민간인에 대한 테러는 언급하지 않고 있고요.

플로히의 결론은 러시아–우크라이나 전쟁이 2차 세계전쟁 이후에 발발한 최초의 '정의의 전쟁'(good/just war)이라는 것입니다. 쉽게 말해서 침략자와 피해자, 또는 오히려 악당과 영웅이 분명하다는 것이에요. 물론 '문재명' 일당은 반대할 것인데, 그들에게는 '자유, 법치/기본권, 명예' 대신 '개똥밭에 굴러도 이승이 좋다'는 전라도 속담이 금과옥조이거든요.

조국 교수를 비판하면서 1970-80년대 운동권 애창곡으로 김민기 선배가 작사·작곡한 양희은 씨 원곡의 포크 「늙은 군인의 노래」를 소개한 적이 있습니다. 다만 '군인'을 '투사'로 바꿔 불렀지만요.

아들아 내 딸들아 서러워 마라
너희들은 자랑스런 투사의 [자식]이다
좋은 옷 입고프냐 맛난 것 먹고프냐
아서라 말아라 투사 [자식] 너희로다

운동권 애창곡 중에는 「홀라송」도 있었는데, 아일랜드 민요에서 비롯된 남북전쟁기 북군군가 겸 2차 세계전쟁기 미군군가의 번안곡이었습니다. 다만 후라(hurrah, 만세)를 홀라라고 잘못 발음했지만요.

> 우리들은 정의파다 홀라 홀라
> 같이 죽고 같이 살자 홀라 홀라
> 무릎 꿇고 살기보다 서서 죽길 원~한다
> 우리들은 정의파다

정의의 전쟁보다 불의의 평화가 낫다거나 박정희 대통령과 전두환 대통령보다 히틀러·스탈린과 푸틴·시진핑이 낫다고 생각하지 않는 사람이라면, 나무위키에서 원곡과 번안곡들을 찾아서 들어보세요.

푸틴의 역사관

— 푸틴이 국가주의에서 유라시아주의로 전향하면서 역사학도를 자처했다고 하셨는데요.

— 자칭 역사학도인 푸틴의 역사관을 비판하기 위해서는 올랜도 파이지스의 『러시아: 그 역사와 진실』(2022; 국역: 커넥팅, 2023)에 주목할 필요가 있습니다. 러시아의 우크라이나 재침 직후인 2022년 4월에 원고가 완성된 이 책은 러시아혁명은 인민이 승리자인 동시에 희생자인 '인민의 비극'(people's tragedy)이었다고 주장한 『혁명의 러시아, 1891-1991』(2014; 국역: 어크로스, 2017) 후속작이지요.

파이지스는 푸틴이 우크라이나 침공의 구실로 삼는 유럽연합과 나토의 '동진'에 대한 선례에 주목하고 있습니다. 나폴레옹 전쟁에서 프랑스의 '동진'과 1·2차 세계전쟁에서 독일의 '동진'이 그 선례인데, 다만 프랑스와 독일의 동진이 러시아/소련 침공인 반면 유럽연합과 나토의 동진은 러시아의 우크라이나 침공을 위한 핑계라는 차이를 잊으면 안 되겠지요.

그렇지만 푸틴에게 역사란 신화 내지 무사(誣史, 날조된 역사)일 따름이므로 무시해도 좋은 차이입니다. 그에게는 프랑스와 독일의 침공에 대항했던 '조국전쟁'(Patriotic War)처럼 우크라이나 침공도 '조국전쟁'이라고 주장하면 충분하기 때문이에요. 또 러시아 학계나 인민도 이런 차이에 대해 논쟁을 제기할 정도가 못되는 한심한 수준이고요. 스탈린주의에 저항했던 1960-70년대 '반체제운동'(dissident movement)은 소련의 붕괴와 함께 소멸했거든요.

나아가 푸틴에게 러시아의 역사는 이반 뇌제와 표트르 대제까지 소급하는 것이기도 합니다. 그래야 대러시아(Great Russia, 러시아)에 소러시아(Little Russia, 우크라이나)와 백러시아(White Russia, 벨라루스)까지 아우르는 거대러시아(Big Russia) 내지 러시아공영권(Greater Russia [Co-Prosperity Sphere])이라는 관점이 정당화되기 때문이지요.

푸틴의 소련사 해석은 친스탈린적인 만큼 반흐루쇼프적입니다. 파이지스는 스탈린을 비판하기 위해 흐루쇼프가 레닌을 복권시켰다고 주장하는데, 농업집단화와 중화학공업화의 대안으로 신경제정책(NEP)에 주목했기 때문이지요. 또 스탈린의 '대러시아 쇼비니즘'에 대한 레닌의 비판도 복권시켰고요. 이런 주장은 알튀세르나 베틀렘의 주장과도 대비되는 것인데, 문혁주의자였던 그들은 흐루쇼프의 레닌주의적 측면에는 별로 주목하지 않았거든요.

그러나 브레즈네프는 대러시아 쇼비니즘을 부활시키면서 스탈린으로 복귀했다는 것이 파이지스의 주장입니다. 전승기념일이 20주년인 1965년부터 공식화되었다는 것이 그 방증이고요. 그러나 논쟁도 있었는데, 브레즈네프의 이데올로그였던 슬라브주의자 수슬로프에 대한 서구주의자 야코블레프의 비판이 있었거든요. 야코블레프가 캐나다 대사로 퇴출되면서 논쟁이 조기 종결되었지만요.

흐루쇼프의 후예였던 고르바초프는 야코블레프를 중용했습니다. 또 야코블레프가 페레스트로이카와 글라스노스치를 이론화했던 것이고요. 물론 고르바초프-야코블레프의 개혁은 실패하고 말았는데, 이미 실기했기 때문이지요. 그 둘의 개혁을 덩샤오핑이 주도한 중국의 개혁과 비교할 수는 없는데, 자본주의적 개혁이 아닌 사회주의적 개혁이었기 때문이에요. 당시 제가 중국은 물론이고 소련의 개혁도 폄하했던 것은 알튀세르와 베틀렘을 추종했던 탓이고요.

덩샤오핑의 개혁을 소련 붕괴 이후 옐친의 개혁과 비교할 수도 없습니다. 덩샤오핑과 달리 자유민주정 수립을 지향한 옐친의 개혁 역시 실패할 수밖에 없었지만요. 그 결과 데모크라티야, 즉 데모스(인민)의 지배가 데르모크라티야(dermokratiia, shitocracy), 즉 데르마(dermo, shit, 인간쓰레기)의 지배로 조롱받았다고 하지요.

덩샤오핑과 달리 자유시장을 지향한 옐친의 개혁도 물론 실패할 수밖에 없었습니다. 국가자본의 사유화가 올리가르히의 형성으로 귀결되었거든요. 국가자본은 무상으로 불하된 셈인데, 가즈프롬의 경우 불하가격이 1/1000에 불과했다고 하지요. 또 옐친 일가의 부정·부패 역시 심각했는데, 그래서 그것을 면책해줄 푸틴을 발탁할 수밖에 없었다고 하고요.

자유민주정과 자유시장을 지향한 옐친의 개혁이 실패한 연후에 집권한 푸틴은 국가주의를 지향했습니다. 그래서 자유민주정 대신 '마피아국가' 내지 독재정(autocracy)을 부활시켰고 자유시장 대신 올리가르히에 대한 국가통제를 강화하거나 필요한 경우 재국유화를 실행했던 것이지요. 오슬룬드가 푸틴 이후 러시아가 연고자본주의 내지 클렙토크라시로 이행했다고 주장한 것은 이 때문이고요.

파이지스는 푸틴이 수직권력과 사유재산이라는 기준으로 소련사와 포스트소련사를 평가한다고 주장하고 있습니다.

	수직권력	사유재산	평가
스탈린	○	×	선
흐루쇼프	×	×	악
브레즈네프	○	×	선
고르바초프	×	×	악
옐친	×	○	선
푸틴	○	○	최선

파이지스는 푸틴의 집권 1기와 2기의 차이에 대해서도 주목하고 있습니다. 푸틴 1기의 러시아는 동유럽과 마찬가지로 유럽연합·나토의 가입을 희망했지요. 그러나 동유럽과 달리 러시아는 가입이 거부되었는데, 유엔에서처럼 비토권을 요구했기 때문이에요. 옐친과 달리 푸틴은 냉전에서 패배했다는 사실에 승복하지 않았음을 알 수 있는 대목인데, 유엔에서의 비토권이란 2차 세계전쟁 승전국에게 부여한 특권이었거든요.

이 때문에 2기의 푸틴이 슬라브주의를 거쳐 유라시아주의로 전향했던 것입니다. 두긴에 의해 단순화된 일리인의 이념을 수용한 것이 결정적 계기였고요. 두긴은 일리인의 유라시아주의 이념을 유라시아 제국으로 구체화했는데, 유럽연합과 나토의 대안으로서 이반 뇌제와 표트르 대제의 러시아제국을 재건한다는 것이 그 핵심이었지요.

나아가 두긴은 러시아제국을 재건할 정책으로서 하이브리드 전쟁전략을 제안하기도 했고, 실제로 그의 저서 『지정학의 기초』(1997)가 러시아 육군참모대학에서 교과서로 사용되었다고 합니다. 두긴의 전쟁전략은 에너지무기화를 비롯해 내정간섭 내지 정치전복, 나아가 사이버전쟁과 군사개입 등을 혼합하는 것으로 우크라이나 침공에서 그 실체가 드러났지요.

한두 가지 보충해보겠습니다. 먼저 『러시아』 국역본의 출판사인 커넥팅에서 톰 버지스의 『클렙토피아』(2020; 국역: 커넥팅, 2022)도 출판되었지요. 『파이낸셜 타임즈』 탐사보도전문기자인 버지스의 책은 클렙토크라트의 유토피아, 즉 '양산박'에 대한 르포르타주이고요. 그는 클렙토크라트를 가리켜서 '대도불포'(大盜不捕, too big to jail)라고 하는데, 2007-09년 금융위기에서 유행한 '대마불사'(大馬不死, too big to fail)를 패러디한 것이에요.

버지스가 주목한 것은 역시 2007-09년 금융위기를 계기로 정체가 폭로된 러시아 등지의 올리가르히입니다. 또 그는 푸틴과 트럼프의 관련에도 주목하면서 트럼프가 클렙토크라트의 '세계적 동맹' 구축을 지원했다고 주장하는데, 부동산 투자라는 형태로 러시아 등지의 클렙토크라트의 자금세탁에 기여했기 때문이지요. 버지스의 주장은 푸틴의 클렙토크라시가 만들어낸 환상이 바로 트럼프라는 스나이더의 주장보다 설득력이 있다는 것이 제 생각이에요. 푸틴과 트럼프가 '미친 척하기'(simulate madness)라는 마키아벨리적 정치술의 대가라는 사실에도 주목할 필요가 있고요.

 버지스는 세계적 차원에서 클렙토크라트 5대 패밀리가 존재한다고 주장하고 있습니다. 브리츠(Brits), 스프룩스(Sprooks), 페트로스(Petros)는 논외로 하고, 먼저 민족의 구원자를 자임하는 내츠(Nats)에 주목할 수 있는데, 푸틴과 트럼프가 주요 인물이지요. 이들 면면을 볼 때 실은 민족이라는 숙주의 기생충, 주호영 의원이 말한 '사자 몸속의 벌레'(獅子身中蟲, 『범강경』)임을 알 수 있고요.

 내츠와 구별되는 것이 파티(Party, 공산당)인데, 버지스는 시진핑이 대표적 인물이라고 주장하고 있습니다. 물론 김정은 위원장 역시 여기에 속할 것인데, 우크라이나 전쟁을 계기로 푸틴과 교류를 시작하면서 곧 내츠로 이적할지도 모르지요. 그와 '러브레터'를 주고받는 사이인 트럼프가 그의 이적을 주선할지도 모르고요.

 벤저민 타이텔바움의 『영원의 전쟁』(2020; 국역: 글항아리, 2024)도 참고할 수 있습니다. 푸틴의 책사 두긴과 비교할 만한 트럼프의 선대위원장 배넌과의 인터뷰에 기반한 르포르타주인데, 힐빌리, 즉 백인 하층민을 공략한 트럼프의 3대 공약을 제시한 사람이 배넌임을 알 수 있지요.

 첫 번째 공약은 일자리와 관련된 것으로, 해외이전(offshoring)을 중단하고 국내복귀(reshoring)를 추진하겠다는 것입니다. 두 번째 공약은 합법적이든 불법적이든 모든 이민을 감축하겠다는 것이고, 세 번째 공약은 외국의 전쟁에 불참하겠다는 것이지요. 국내 일자리가 없어서 해외 파병에 지원하는 것이므로 세 번째 공약은 첫 번째 공약과도 연결되는 것이고요.

 트럼프 정부에서 배넌은 백악관 선임고문(Senior Counselor) 겸 수석전략가(Chief Strategist)로 임명되었는데, 그러나 7개월 만에 퇴출되고 말았습니다. 트럼프 대통령의 딸 이방카 부부와의 갈등이 주된 이유였다는데, 이방카의 남편인 재러드는 원래 민주당 중도파였다고 하지요.

— 파이지스의 책 중에는 러시아문화사도 있다고 하던데요.
— 그렇습니다. 서구주의와 슬라브주의의 갈등에 주목하고 있는 『나타샤 댄스: 러시아문화사』(2002; 국역: 이카루스미디어, 2005)와 서구주의에 주목하는 『유러피언』(2019; 국역: 커넥팅, 2020)이 그것이지요. 둘 다 방대하여 『나타샤 댄스』는 1000쪽이고 『유러피언』도 900쪽이에요.

『나타샤 댄스』에서 주목할 만한 부분은 혁명 이후 러시아 문학인의 동향입니다. 파이지스는 '국내망명자'로서 은둔자, 수동적 적응자, 능동적 참여자, 망명자라는 네 유형으로 분류하면서 각각의 대표자로 아흐마토바, 파스테르나크, 마야코프스키, 나보코프를 거론하고 있지요.

그런데 그 중에서 특히 레닌의 비판 대상이 된 마야코프스키에게 주목할 필요가 있습니다. 파이지스에 따르면, 미래파의 대표자인 그가 미래의 이름으로 고전이라는 '낡아빠진 미학적 쓰레기(junk)'를 치우자고 주장했다고 하는데, 레닌이 볼 때 이런 휘소리(swagger)는 문화적 니힐리즘 내지 반달리즘에 불과한 것이었지요.

나아가 마야코프스키는 「1억5천만」이라는 시를 통해 신경제정책이 프티부르주아지에 대한 양보라고 비판했습니다. 또 신경제정책으로 유포된 프티부르주아적 생활방식도 거부했고요. 레닌이 이 시를 반비판하면서 '불량배 공산주의자'가 되지 않으려면 '이론경제학'과 '역사과학'을 알아야 하고, 또한 '일상생활의 리얼리티'도 알아야 한다고 충고한 것은 신경제정책에 대한 마야코프스키의 몰이해를 지적한 것이지요.

파이지스는 파스테르나크의 『닥터 지바고』의 에필로그에 나오는 다음과 같은 대목에도 주목하고 있습니다.

> 전쟁이라는 진짜 공포와 위험은 [스탈린주의라는] 가짜의 잔혹한 권력에 비하면 하나의 축복이었다.

2차 세계전쟁이 디미트로프의 인민전선은 물론이고 스탈린주의와도 무관했다는 사실을 암시하는 말이지요.

이 때문에 전후 소련에서 스탈린주의를 부활시키려는 즈다노프의 반동이 불가피했던 것입니다. 또 즈다노프 반동기에 집필한 『닥터 지바고』의 작의가 스탈린주의 비판임을 알 수 있고요. 반면 망명자인 나보코프는 『롤리타』 대신 노벨문학상을 수상한 『닥터 지바고』를 리얼리즘을 추종하는 '지리하고 진부한 작품'(dreary conventional stuff)으로 폄훼했는데, 하기야 요즘 같으면 파스테르나크 대신에 나보코프가 수상할지도 모르겠지만요.

고리키에 대한 파이지스의 평가도 주목할 필요가 있습니다. 그가 인민주의에서 볼셰비즘으로 전향한 것은 농민에게서 '개처럼 강자에 아부하려는 욕망'(some dog-like desire to please the strong ones)을 발견했기 때문이라는 것이에요. 또 그가 농민의 '원시적 본능'에서 비롯된 혁명기의 폭력도 혐오했다는 것이고요. 고리키는 농노해방에 호응하여 농민이 되려고 '위선적' 노력을 한 톨스토이와는 전혀 다른 사람이었지요.

파이지스는 고리키가 10월혁명과 전시공산주의를 '아시아적 야만의 암흑시대'로 간주하여 망명했다는 사실 역시 강조하고 있습니다. 유럽에서 파시즘이 대두하자 10년 만인 1931년에 귀국한 고리키는 그러나 스탈린을 지지하지는 않았는데, 그의 일기에는 선전과 공포정치 덕분에 '괴물처럼 커버린 벼룩 같은 놈'(monstrous flea)이라는 구절까지 나온다고 하지요.

『유러피언』은 투르게네프와 그의 연인인 오페라 가수 폴린, 그녀의 남편이자 매니저 겸 후견인인 공화파 저널리스트 루이 비아르도 3인의 공동전기 겸 19세기 유럽의 초민족적 문화사입니다. 파이지스는 철도건설을 비롯한 교통·통신혁명으로 세계시장이 형성된 덕분에 문화가 초민족화되었다고 주장하고 있지요.

이런 입장은 『공산주의자 선언』에서 이미 마르크스와 엥겔스가 주장했던 것이기도 합니다. 그들은 시장이 지방적 규모에서 민족적 규모를 거쳐 세계적 규모로 발전하면서 지방문학(lokale Literatur)이 민족문학(nationale Literatur)을 거쳐 세계문학(Weltliteratur)으로 발전한다고 주장했거든요.

시장의 영향으로 문화가 타락할 수 있다는 사실에도 주목할 필요가 있습니다. 이것 역시 『자본』에서 마르크스가 상품-화폐-자본의 물신숭배라고 부른 것과 관련되는데, 파이지스는 문화산업에서 출몰하는 '투기꾼'에게 주목하는 것이지요. 동시에 '고급'(highbrow, 일류), '중급'(middlebrow, 이류), '저급'(lowbrow, 삼류)이라는 구별이 있는 것처럼 문화시장의 확대와 동시에 분단화, 심지어 하향평준화 경향도 존재하는 것이고요.

파이지스가 초민족적 문화의 사례로 주목하는 것이 바로 오페라입니다. 제가 번역한 솔로몬의 『베토벤』에서 알 수 있듯이, 포스트 나폴레옹적 반동기에 베토벤과 경쟁한 사람이 로시니였는데, 그는 비엔나 고전음악의 라이벌인 이탈리아 오페라의 대표자였어요. 7월왕정 이후 파리를 점령한 이탈리아 오페라는 동진하여 베를린에서 마이어베어라는 청출어람의 로시니 후예를 배출하게 되었고, 그가 발탁한 프리마 돈나가 바로 폴린이었지요.

귀족을 대상으로 했던 오페라는 가곡과 연극의 결합이었습니다. 그러나 7월왕정의 파리에서 오페라는 발레와 결합하여 성을 상품화하기에 이르렀는데, 부르주아지에게 시장이 확장되었기 때문이에요. 오페라를 감상하려면 고전음악과 고전문학에 대한 교양이 필요한데, 7월왕정기 프랑스의 부르주아지에게는 무리한 요구였거든요.

그러나 오페라의 타락은 여기서 그치지 않았습니다. 제2제정기에 오펜바흐의 오페라부프(opéra bouffe)에서 연극을 소극이 대체했고 발레를 캉캉이 대체했거든요. 이른바 '지옥의 질주'(galop infernal)라고 불린 캉캉에서 페티코트(속치마)를 입지 않은 댄서가 등장하여

'쾌락의 시장'이라는 파리의 명성을 드높였지요.

이윽고 오페라의 경쟁자가 등장했으니 그것이 바로 슈트라우스의 왈츠였습니다. 1820년대 비엔나에서 출현했던 왈츠는 1830-40년대에는 영국을 포함한 유럽 전역에서 이른바 '춤바람'(waltz craze)을 불러일으켰지요. 부르주아로서는 발레나 캉캉을 보느니 직접 '성적 모험/투기'를 하는 것이 더 낫겠다고 생각했던 것이에요.

물론 대안적 오페라를 모색하려는 경우도 있었는데, 그것이 바로 마이어베어의 '국제주의'를 '민족주의'로 대체한 바그너였습니다. 또 그의 오페라가 보불전쟁의 결과 독일제국이 출현하면서 득세하게 되었고요. 앞에서 언급한 것처럼, 히틀러 역시 베토벤의 교향곡보다 바그너의 오페라를 선호했다고 하지요.

『유러피언』에 문학에 대한 언급도 물론 많습니다. 투르게네프는 위고를 비판하고 플로베르를 지지하며 『레 미제라블』은 '처음부터 끝까지 잘못(false)'이라고 말했는데, 그는 도스토예프스키의 슬라브주의를 비판하면서도 같은 말을 했지요. 또한 투르게네프는 위고의 자만심을 조롱하여 'hyperbombifocasse', 영어로 'hyperbombification'이라는 조어까지 만들어냈는데, 위고가 '문학적 정의'(poetic justice)를 넘어 '입법/경세'에까지 참견했기 때문이지요. 중국에서는 무슨 근거인지 '연주포탄'(連珠炮彈)이라고 번역하고요.

한국문학사에서 톨스토이와 도스토예프스키가 과대평가되었다는 사실을 지적해둘 필요가 있을 것입니다. 김진영 교수는 『시베리아의 향수』(이숲, 2017)와 『광장의 문학』(성균관대학교출판부, 2024)에서 러시아문학 수용사를 개항부터 해방까지와 해방부터 개방까지로 나누어서 개관하는데, 리얼리즘 소설을 풍속소설로 폄훼하는 탓에 저로서는 별로 배울 것은 없었어요.

김진영 교수에 따르면, 이광수는 사상가로서 톨스토이(『부활』)를 존숭했고 김동인은 예술가로서 톨스토이(『전쟁과 평화』)를 존숭했다고 합니다. 반면 염상섭은 도스토예프스키를 존숭했다가 (발자크류) 풍속소설로 퇴보했다는 것이고요. 그는 이병주도 도스토예프스키를 존숭했다고 주장하면서 『지리산』에 주목하는데, 『산하』나 『그해 5월』 같은 역사소설을 간과하는 것은 이 때문이에요.

이왕 말이 나온 김에 러시아 문학에서 '코사크 문학'에 대해서도 보충해두겠습니다. 우크라이나 유다인 출신인 주디스 콘블랫이 쓴 『코자크와 러시아문학』(1992; 국역: 고려대학교출판문화원, 2020)을 참고해야 하는데, '자유인'으로서 코사크에 대한 문학적 형상화 내지 '문화적 신화화'가 이 책의 주제이지요.

콘블랫에 따르면, 코사크는 우크라이나 코사크와 러시아 코사크로 구성되었다고 합니다. 전자는 드니프로강의 하류를 근거지로 하던 자포리자 코사크였던 반면 후자는 돈강의 중하류를 근거지로 하던 돈 코사크 등이었다고 하고요. 그러나 양자 간에는 교류가 활발하여 코사크적 공통성이 존재했는데, 전자는 폴란드에 반역했고 후자는 러시아에 반역했던 자유인이라는 것이에요.

자유인 코사크의 기원은 역시 푸시킨으로 소급하는 것입니다. 그는 데카브리스트적 관점에서 스텐카 라친에 대한 시를 쓴 다음에, 푸가초프의 반란을 배경으로 스텐카 라친의 일화도 결합하여 『대위의 딸』을 썼지요. 그러나 『대위의 딸』에서 푸시킨이 러시아 코사크에 대한 미화에 그친 것은 아니었어요.

콘블랫은 『대위의 딸』이 푸시킨의 『웨이벌리』였다고 주장하는 셈입니다. 클라이맥스인 11장에 나오는 주인공 그리뇨프와 푸가초프의 대화를 그 증거로 제시하면서요. 푸가초프가 자신을 죽은 짐승의 썩은 고기를 먹으며 300년을 사는 까마귀가 아니라 산 짐승의 피를 마시며 33년을 사는 독수리에 비유하자 그리뇨프가 '살인과 약탈'도 썩은 고기를 먹는 짓이라고 반박하거든요.

고골은 『대위의 딸』(1836)의 영향을 받아 『타라스 불바』의 1835년 초판을 1842년에 개정하면서 코사크의 신화화를 완성하고 '러시아의 스코트'라는 칭호를 획득할 수 있었습니다. 우크라이나 출신인 고골은 소러시아라는 호칭을 선호하면서 러시아로의 동화에 찬성했는데, 폴란드와 오스만 투르크에 대한 반감 때문이었지요.

콘블랫에 따르면, 19세기의 코사크 문학은 '역사에서 신화로' 상승한 반면 20세기의 코사크 문학은 '신화에서 역사로' 하강했습니다. 코사크가 차르의 앞잡이이자 백군의 앞잡이이기도 했기 때문이지요. 그러나 마야코프스키와 그의 동료들은 스텐카 라친과 푸가초프의 부활을 통해 코사크의 신화화를 고집했어요.

레닌이 「1억5천만」을 비판하며 마야코프스키를 '소극같이 멍청할' 뿐만 아니라 '깡패 같고 사기꾼 같은' '불량배 공산주의자'라고 부른 데는 이런 이유도 있었던 것입니다. 쉽게 말해서 마야코프스키 등이 공산혁명을 농민전쟁과 혼동했다는 것이지요. 이런 비판은 스탈린-모택동 비판을 선취한 것이기도 한데, 의적을 찬미한 그들은 '공비'(共匪, 공산비적)라는 비판을 자초하기도 했거든요.

코사크에 대한 탈신화화를 통해 사회주의적 리얼리즘을 완성한 것은 코사크의 후예이기도 한 숄로호프의 『고요한 돈강』이었습니다. 그의 주인공 그리고리는 불바 같은 영웅이 아니라 적군과 백군 사이에서 우왕좌왕하다가 비적으로 전락한 비영웅이었지요. 또 불바의 아들 안드리처럼 '비련' 때문에 타락한 것이 아니라 '불륜' 때문에 타락한 것이었고요.

재론 영국의 보수주의

— 러시아-우크라이나 전쟁에서 영국이 독일이나 프랑스가 아닌 미국과 행동을 같이 한 것이 브렉시트와 무슨 관련이 있을까요?

— 브렉시트를 주도했던 존슨 총리 등을 비판하는 사이먼 쿠퍼의 『옥스퍼드 초엘리트』(2022; 국역: 글항아리, 2024)를 참고해서 설명해보겠습니다. 다만 비전공자가 번역한 탓에 부정확하거나 오류인 경우가 많아 원서와 대조하면서 읽어야 한다는 문제가 있지요. 또 남아공 출신 영국인인 저자가 친유럽적 입장이고, 정치평론가보다는 오히려 축구평론가로 유명하다는 사실도 염두에 둘 필요가 있고요.

쿠퍼는 '옥스퍼드 출신의 지배'(Oxocracy)라는 관점에서 영국정치를 비판하고 있습니다. 영국정치를 주도하는 그들이 '사이비 엘리트' (elite of sorts), 말하자면 일류 바보 내지 일류 불량배라는 것이 그 이유이지요. 나아가 바보나 불량배가 항상 패거리를 짓듯이 그들의 정치는 '연고주의 정치'(chumocracy)라는 것인데, 그래서 이 책의 원제도 'Chums'(동창생)이에요.

쿠퍼 자신도 옥스퍼드 출신이므로 연고주의의 증거를 자세하게 제시하고 있습니다. 이 점에서 볼 때 서강대 출신인 김종영 교수나 그의 스승인 김경만 교수가 서울대 출신이 지배하는 한국학계에서 패거리주의가 만연해 있다고 비판한 것과는 전혀 차원이 다르지요. 두 교수에 대한 반비판은 앞에서 인용한 「한국자본주의의 역사」를 참고하세요.

연고주의의 증거로 제시되는 것은 '모르는 것에 대해 말하는 능력'을 측정하는 구두시험이 결정적인 입학시험입니다. 프랑스에서는 파리고등사범학교(ENS) 같은 그랑제콜의 입학시험이 필기시험 위주인 반면 '그랑제콜 중의 그랑제콜'인 국립행정학교(ENA)의 입학시험은 구두시험 위주인데, 옥스퍼드와 국립행정학교가 동급임을 알 수 있는 대목이지요. 파리고등사범학교와 국립행정학교 등에 대한 설명도 「한국자본주의의 역사」를 참고하세요.

지도교수와의 개별수업인 튜토리얼에서도 구두시험처럼 '모르는 것에 대해 말하는 능력'을 중시한다고 합니다. 또 강의나 세미나는 선택과목이므로 참석하지 않아도 되고요. 널널한 대학생활의 증거로 쿠퍼는 『다시 찾은 브라이즈헤드』를 인용하는데, '옥스퍼드 소설'의 대표작인 이 책에 대해서는 나중에 설명하겠어요.

강의나 세미나 대신 대학생활에서 중요한 것은 동아리활동인데, 쿠퍼가 주목하는 동아리가 이튼이나 해로우 같은 사립학교 출신의 비공개동아리인 벌링던클럽입니다. 상류층 출신이 핵심을 구성하고 중산층 출신으로 보충한다는 이 클럽은 '반능력주의'와 '세습주의'를 표방한다고 하지요. 캐머런 총리가 상류층 출신을 대표한다면 그의 라이벌 존슨 총리는 중산층 출신을 대표하고요. 캐머런과 달리 존슨이 동아리활동에 열성적이었던 것은 그에게 '인맥형성'(networking)이 중요했기 때문이에요.

쿠퍼는 '벌링던 에토스'에 주목하면서 법을 제정하는 자신들에게 법은 적용되지 않는다는 의미라고 주장합니다. 2020년 5월의 '파티게이트'는 이런 풍속과 세태를 반영한 것이라고 주장하고요. 존슨 총리가 코로나19의 방역수칙인 '사회적 거리두기'를 위반하고 총리관저에서 파티를 개최했다는 것이 이 스캔들이에요.

그러나 이런 풍속과 세태는 도쿄제대 교양학부인 제일고나 경성제대의 교풍인 '방카라'(蛮collar)와 비슷한 것으로, 이것은 '하이카라'(ハイカラー, high collar)에 반대한다는 의미였습니다. 쉽게 말해서 일류대 학생은 멋을 내는 대신 '폐의파모'(敝衣破帽, 찢어진 교복과 교모)를 한다는 것으로 나쓰메 소세키의 『춘분 지나고까지』(1912)에 나오는 말이기도 하지요.

벌링던클럽은 주란(酒亂), 즉 주사(酒邪)로도 유명합니다. 그들의 주란은 전설적인 것으로, 『라이엇 클럽』(2014)이라는 영화로도 제작된 바 있지요. 해방 이후 남한에서는 위고 같이 '경세가'를 자처한 문학인들의 주란이 유명했고 1980–90년대에 저도 몇 번 경험한 적이 있는데, 그런 주란이 노벨문학상의 가장 유력한 후보였던 고은 시인의 은퇴로 비화될 줄은 미처 몰랐어요.

나아가 정치클럽도 중요한데, 쿠퍼는 옥스퍼드유니언에 주목하고 있습니다. 존슨은 자신이 회장이었던 이 클럽에서 지식이 불필요한 '파락호'(bounder)식 토론술, 쉽게 말해서 논리와 사실을 무시한 채 상대를 제압하는 말재주를 배웠어요. 그러나 옥스퍼드에서 통용된 그런 토론술은 지식에 미달한다기보다는 오히려 지식을 초월한다고 할 수도 있겠지요.

이런 일련의 과정을 통해 '대의를 모르는 야망가'가 출현했고, 그 대표자가 존슨 총리라는 것이 쿠퍼의 주장입니다. 여기서 '대의를 모른다'는 것은 이념, 이념을 구체화하는 정책, 이념과 정책을 근거 짓는 이론이 없다는 의미이지요. 그런 야망가인 존슨 총리에게 정치란 '게임' 같은 것인데, 쿠퍼는 그를 또 다른 옥스퍼드 소설의 주인공인 우스터에 비유하고 있어요. 역시 나중에 설명하겠어요.

그런데 옥스퍼드에 대한 이런 비판을 케임브리지에 적용할 수는 없을 것 같습니다. 「'대선 불복 2년동란'」에서 설명한 것처럼, 전자의 교풍은 인문학 중심인 반면 후자의 교풍은 과학·경제학 중심이기 때문이지요. 매콜리처럼 말하자면 옥스퍼드와 케임브리지는 각각 아들 피트 같은 실천적 경세가와 애덤 스미스 같은 이론적 경세가의 교육이 목표라고 할 수도 있고요. 다만 피트는 케임브리지 출신이고 스미스는 옥스퍼드 출신이라는 역설이 존재하지만요.

쿠퍼가 옥스퍼드의 반능력주의를 비판한다고 해서 파리고등사범학교의 능력주의를 지지하는 것은 아닙니다. 그는 오히려 프랑스처럼 대학을 하향평준화하거나 독일처럼 아예 대학입시를 폐지하자고 주장하면서 옥스브리지는 대학원 대학으로 전환하자고 주장하거든요. 남한에서도 경상대를 중심으로 일부 진보주의적 교수들이 국립대를 하향평준화하고 서울대를 대학원 대학으로 전환하자고 주장한 적이 있고, 지난 대선에서는 이재명 후보가 대학입시를 아예 폐지하자고 주장하기도 했지요.

쿠퍼가 폭로하고 있듯이, 능력주의 비판으로 유명한 마이클 영은 자신의 아들이 옥스퍼드 입학을 거부당하자 로비를 해 기어코 입학시켰다고 합니다. 영의 비판이 모교인 케임브리지를 특징짓는 능력주의에 대한 혐오를 반영하는 것인지 아니면 그도 조국 교수 같은 '내로남불'의 사기꾼인지 궁금해지는 대목이에요.

제롬 카라벨의 『누가 선발되는가』(2005; 국역: 한울, 2010-11)를 참고하면서 하버드·예일·프린스턴, 즉 아이비리그 빅3의 입시제도에 대한 설명도 보충해보겠습니다. 이 세 대학의 교풍이 옥스퍼드와 유사하다면 매서추세츠공과대학(MIT)의 교풍은 케임브리지와 유사하다고 할 수 있지요.

빅3의 입시제도가 변경된 것은 1920년대였는데, 하버드의 신입생 중 동유럽 출신 유다인이 거의 1/3을 차지했기 때문입니다. 그래서 과목시험(Subject Test)인 성취도시험(Achievement Test) 대신 품성(character)을 중시하기 시작했고, 1930년대에는 지능검사의 변형인 학업적성시험(Scholastic Aptitude Test)을 추가한 것이지요.

쉽게 말해서 전간기 미국에서 와스프(WASP, 앵글로색슨계 백인 개신교도)가 유다인과 경쟁할 수 있도록 입시제도를 변경했다는 것입니다. 그러면서도 미국자본주의가 발전할 수 있었던 것은 전후에 전 세계에서 두뇌를 수입했기 때문이에요. 한·중·일·대만 중에서 미국을 모방해 교육개혁을 추진한 나라가 바로 남한인데, 군부독재가 시작한 교육의 하향평준화를 전교조가 완성했음을 알 수 있지요. 남한에 옥스브리지가 존재할 수 없는 것은 당연한 일이에요.

어쨌든 옥스퍼드가 중요한 것은 케임브리지와 함께 다수의 총리를 배출했기 때문인데, 그 대표자가 케임브리지 출신의 피트 총리와 옥스퍼드 출신의 글래드스턴 총리입니다. 프랑스혁명기에 집권한 피트 총리부터 2차 세계전쟁기에 집권한 처칠 총리까지 총 29명 중에 옥스퍼드 출신은 11명이고 케임브리지 출신은 10명이지요. 다른 대학 출신의 총리는 4명, 디즈레일리나 처칠처럼 아예 대학에 진학하지 않은 총리도 4명이고요.

그런데 1920-30년대 볼드윈 총리 이후 케임브리지 출신은 한 명도 없는 반면 옥스퍼드 출신은 오히려 대다수를 차지했습니다. 전후에 보수당 처칠 총리를 승계한 노동당 애틀리 총리는 옥스퍼드 출신이고, 올여름 보수당 수낵 총리를 승계한 노동당 스타머 총리 역시 옥스퍼드(대학원) 출신이에요. 처칠 내각 2기를 제외한 전후 17명의 총리 중 옥스퍼드 출신은 14명이나 되고, 다른 대학 출신의 총리는 1명, 아예 대학에 진학하지 않은 총리는 2명이지요.

카라벨에 따르면, 1900년부터 2000년까지 100년 동안 빅3 출신의 대통령이 재임한 기간은 39년이라고 합니다. 그 후 부시 대통령부터 바이든 대통령까지 24년 동안은 8년이고요. 따라서 빅3 출신 대통령의 재임기간은 30-40% 정도인 셈이지요. 또 1900년부터 2000년까지 '내각 중의 내각'인 국무(외교)·국방·재무·법무장관의 비율 역시 1/3

이라고 하는데, 내무장관이 제외된 것은 연방정부가 아닌 주정부의 자치영역이기 때문인 것 같아요.

옥스퍼드에 대한 쿠퍼의 비판은 존슨 총리가 주도한 브렉시트를 비판하기 위한 것인데, 두 비판이 『옥스퍼드 초엘리트』의 절반씩을 차지합니다. 그런데 그의 설명을 읽다보니까 오히려 브렉시트에도 일리가 있었다는 생각이 들었지요. 사실 브렉시트에 대해서는 별로 관심이 없었고, 존슨 총리 역시 트럼프 대통령 같은 인민주의자거니 생각해왔었는데, 그렇지 않은 것 같거든요.

먼저 브렉시트의 이유가 경제통합에는 찬성하지만 정치통합에는 반대한다는 새처 총리의 1988년 「브뤼주 연설」(유럽대학 연설)로 소급한다는 사실을 알았습니다. 공동시장으로서 경제통합을 합중국(united states)인 미국에 비견되는 '유럽합중국'을 의미하는 정치통합으로 발전시키려면 먼저 통화동맹과 재정동맹을 건설해야 하는데, 그 실행가능성에 의문을 제기한 것이지요. 물론 정치통합을 주도하는 독일과 프랑스에 대한 영국의 전통적 의구심도 작용했을 것 같고요.

브렉시트 논쟁이 본격화된 계기는 유럽연합이 출범하고 유로라는 공동통화를 채택하는 1992년의 마스트리히트조약이었습니다. 새처 총리의 후임인 메이저 총리가 공동통화를 제외한 채 조약에 서명한 반면 그에 반대한 새처 총리는 '브뤼주 그룹' 회장으로 취임했지요. 2007-09년 세계적 금융위기에 후속하여 2012-13년까지 지속된 유럽연합 재정위기는 재정동맹 없는 통화동맹의 결함을 증명한 것인데, 관심이 있으시면 『2010-12년 정세분석』을 참고하세요. 어쨌든 존슨 총리는 2013년에 사망한 새처 총리의 유훈을 실행한 셈이에요.

또 2014년에 시작해서 2022년에 전면화된 러시아의 우크라이나 침공과 그에 대한 독일과 프랑스의 유화적 태도 역시 외교·안보적 관점에서 유럽연합의 결함을 증명한 셈입니다. 이미 자세하게 설명한 것처럼 러시아-우크라이나 전쟁의 '전범'이 푸틴이라면 '부역자'는 슈뢰더-메르켈 총리와 마크롱 대통령이라고 할 수밖에 없거든요. 또 러시아인은 물론이고 독일인과 프랑스인 역시 '연대책임'(joint responsibility)에서 자유로울 수 없고요.

반면 2022년 3월 개전 한 달 만에 우크라이나를 최초로 방문하고, 한 달 후에 우크라이나 의회에서 화상연설을 한 최초의 외국 정상이 바로 존슨 총리였습니다. 그러니 그를 인민주의자라고 부르는 것은 어처구니없는 일이지요. '처칠이라면 어떻게 했을까?'라는 화두를 든 존슨은 사실『처칠 팩터』(2014; 국역: 지식향연, 2018)라는 전기를 집필하기도 했거든요. 반면 쿠퍼는『파이낸셜 타임즈』 칼럼을 통해 독일이나 프랑스처럼 '화해자'를 자처하며 우크라이나 정부의 휴전 결정을 기대했던 것이고요.

—『처칠 팩터』는 어떤 내용인가요?
— 2015년 1월 처칠 50주기를 기념하여 처칠에스테이트의 의뢰를 받아 2014년 10월에 출판된 이 책은 단순한 전기가 아니라 일종의 평전입니다. 처칠의 '화양연화'(finest hour)가 영국인에게는 곧 재앙이었다는 2차 세계대전에 대한 수정주의적 해석을 반박하고 있거든요. 동시에 존슨 자신의 정치관 내지 역사관을 개진하고 있으므로 1년 반 후에 시도될 브렉시트나 이미 반 년 전부터 진행되었던 러시아-우크라이나 전쟁에 대한 그의 입장을 읽어볼 수도 있고요.

제목에 나오는 'factor'는 요인/인자라고 직역하거나 조건이라고 의역할 수도 있습니다. 존슨은 역사를 결정하는 다양한 조건 중에서 경제구조나 정치·경제제도보다는 오히려 개인의 기질(성격과 능력)에 주목하면서 2차 세계대전과 전후 냉전에서 처칠이라는 '외톨이 코끼리'(rogue elephant, 불량 코끼리)의 역할을 조명하고 있지요. 세 가지 조건을 모두 고려해야 한다는 것이 제 입장인데, 이미 「'대선불복 2년동란'」에서 바이마르공화국의 쇠망과 나치의 집권을 설명할 때 이런 입장을 개진한 바 있고요.

『처칠 팩터』는 됭케르크 철수가 시작되는 와중에 열린 1940년 5월 28일의 전시각료회의(War Cabinet)의 묘사에서 시작하고 있습니다. 무솔리니를 통해서 전달된 히틀러의 항복 제안을 둘러싸고 벌어진

주전론자와 주화론자의 논쟁이 결론지어진 회의였지요. 주전론을 '[영국] 현대정치사 최대의 투기(adventure)'로 간주하는 수정주의자에 반대하면서 존슨은 주화론을 '제정신이 아닌(mad, out of mind) 짓'으로 간주하고 있고요.

존 루카치의 『1940년 5월 런던의 5일』(1999; 국역: 중심, 2000)은 처칠이 총리에 취임한 5월 10일부터 24일까지 '암울한 2주일'(Black Fortnight)에 이어서 24일부터 28일까지 5일 동안의 전시각의에서의 논쟁을 상세하게 묘사하고 있습니다. 그러면서 '처칠의 쿠데타'라고 불리기도 한 확대각의(Outer Cabinet) 소집으로 주화론자와의 논쟁을 종결지은 처칠을 지지하고 있고요.

나아가 존슨은 독일에 대한 항전과 전후 소련에 대한 항전에서 처칠의 일관된 입장을 강조하고 있습니다. 일당독재의 경찰국가인 전체주의에 반대하여 자유민주주의, 즉 자유와 법치/기본권에 근거하는 민주주의를 옹호했기 때문이에요. 물론 히틀러주의와의 전쟁과 달리 스탈린주의와의 전쟁은 열전이 아닌 냉전, 즉 경제와 이념을 둘러싼 체제경쟁이라는 차이가 있지만요. 독일은 '승복하는 패자'(good loser)인 반면 소련 내지 러시아는 '승복하지 않는 패자'(bad loser)라는 차이도 있고요.

존슨은 프랑스와 독일의 화해, 나아가 '유럽합중국' 건설을 지지한 처칠의 입장에 대해서도 부연하고 있습니다. 처칠은 영국의 역할을 '회원국'(ordinary member)이 아니라 '후원국'(sponsor) 내지 '원조국'(aid)으로 설정했다는 것인데, 자유민주주의자로서 처칠에게는 유럽보다 오히려 미국과의 '특수관계'(special relationship)가 중요했기 때문이에요.

『처칠 팩터』를 읽고 미국이 축적체계와 세계헤게모니를 승계하는 과정에서 영국의 기여가 결정적이었다는 사실을 새삼스레 깨달을 수 있었습니다. 처칠이 세계헤게모니의 이행을 마무리짓는 실천적 경세학을 전수했고, 마셜과 케인즈는 축적체계의 이행을 마무리짓는 이론적 경세학을 전수했다는 것이에요. 그런 기여가 없었다면 우리가 아는 미국은 존재할 수 없었거든요.

말이 나온 김에 런던 시장(2008-16) 재선을 앞두고 집필한 『런던 위인전』(2011; 국역: 마티, 2019)에 대해서도 언급해두겠습니다. 이 책의 부제는 '세계를 만든 도시를 만든 사람들'인데, 런던에 살았던 인물들의 약전(略傳)을 통해 영국사는 물론이고 세계사를 설명하는 것이 작의였지요. 그들이 영국을 넘어 세계의 표준, 예를 들어 세계의 비공식 표준어인 영어는 물론이고 자유민주정에 이어 자본주의의 글로벌 스탠더드도 만들어냈거든요.

먼저 존슨은 '쓰레기터'(dump) 같은 곳에 런던을 건설한 사람들이 로마제국 시대와 기독교왕국 시대의 로마인이었고 덕분에 영국인이 야만에서 문명으로 진화했다는 사실을 새삼스레 확인하고 있습니다. 물론 '멍에'(yoke)를 상징한 정복왕 윌리엄이 아닌 '자유'(freedom)를 상징한 알프레드 대왕에서 시작해서 처칠로 끝나는 열전(列傳)은 앵글로색슨인에 대한 그의 자부심을 보여주고 있어요. 그러나 그의 민족주의가 인종적·유전적 민족주의 내지 종족적·문화적 민족주의가 아닌 시민적 민족주의라는 점을 잊으면 안 되겠지요.

1000여년의 런던사에서 그가 주목하는 인물로는 문학인(초서와 셰익스피어), 금융가(휘팅턴과 로스차일드), 과학자(뉴튼의 라이벌 후크), 화가(터너), 간호사(나이팅게일과 시콜), 탐사보도기자(스테드), 가수(롤링스톤즈)가 있습니다. 그런데 그가 보수주의자 새뮤얼 존슨과 자유주의자 존 윌크스의 일대기를 비교하는 데서 그 역시 '런던 컨센서스'의 전통을 계승하고 있다는 사실을 알 수 있어요.

『런던 위인전』을 읽고 『서울 위인전』이 없다는 사실이 문득 생각났습니다. 그러면서 도시계획이라는 명분으로 서울의 파괴 내지 약탈에 앞장섰던 경상도 출신의 시장들이 생각났고요. 김현옥 시장(진주 출신)은 논외로 하더라도 노무현 대통령(김해 출신)이 세종시천도론을 제기한 이래 이명박 시장(포항 출신)이나 박원순 시장(창녕 출신) 모두 이의를 제기한 적이 없거든요. 심지어 서울 출신으로 박 시장처럼 9년째 재임 중인 오세훈 시장도 마찬가지인데, 이명박 시장의 고대 후배이자 그처럼 고생하며 자란 오 시장 역시 대권이라는 젯밥에만 관심이 있기 때문이에요.

— 『다시 찾은 브라이즈헤드』에 대해서도 설명해주세요.
— 에벌린 워의 『다시 찾은 브라이즈헤드』(1945, 개정판: 1959; 국역: 민음사, 2018)는 「'대선 불복 2년동란」에서 소개한 하디의 『주드』와 쌍벽을 이루는 옥스퍼드 소설입니다. 『브라이즈헤드』는 1922년 가을에 옥스퍼드에 입학한 찰즈가 이듬해 봄 같은 신입생인 서배스천과 그의 여동생 줄리아와 만나면서 시작되지요.

찰즈와 서배스천의 관계는 중산층인 찰즈가 귀족인 서배스천을 선망하는 관계에 그치지 않고 또한 동성애적 관계이기도 했습니다. 동성애는 게르만적이고 이성애는 라틴적이라는 것이 워의 생각인 것 같아요. 그러나 양성애자인 찰즈는 줄리아를 사랑하기도 했지요. 어쨌든 워는 1차 세계전쟁 직후 옥스퍼드 대학생활과 1920-30년대 영국 귀족생활을 묘사하고 있어요.

『브라이즈헤드』에서 전간기 영국 귀족이 쇠망해가는 과정에 주목할 수 있을 것입니다. 서배스천이 알코올 중독으로 폐인이 되어가는 모습이 상징적이라고 할 수 있고요. 워의 처녀작은 풍자소설 『쇠망』(*Decline and Fall*, 1928, 개정판: 1962)으로 비슷한 주제라고 할 수 있는데, 전간기에 리얼리즘 소설로 전환하여 『브라이즈헤드』를 집필한 것이지요.

『브라이즈헤드』에는 캐나다 출신 '금권정치가' 렉스도 등장하는데, 주식투기로 돈을 번 벼락부자로 정계까지 진출한 그는 줄리아와의 정략결혼에도 성공합니다. 보수당 하원의원인 렉스가 공산주의자나 파시스트와도 친분을 맺는다는 데서 전간기 영국에도 프랑스 정도는 아니더라도 반자유주의 동맹이 존재했음을 알 수 있지요.

『브라이즈헤드』는 1981년에 그라나다텔레비전에서 11부작 드라마로 제작되었는데, 대사 대부분을 소설에서 따올 정도로 원작에 충실했다는 평가입니다. 2008년에 텔레비전 드라마를 1/5로 축약한 영화로 제작되기도 했는데, 논란도 있지만 소설이나 텔레비전 드라마에 대한 관심을 환기시켰다는 평가를 받고 있고요.

백지민 씨는 『브라이즈헤드』와 동시에 1920년대 미국을 묘사한 스콧 피츠제럴드의 『위대한 개츠비』(1925; 국역: 반니, 2018)도 번역했습니다. 1920년대는 'Roaring Twenties'라고 불리는데, 'booming'과 같은 말인 'roaring'의 뜻은 '벼락경기로 흥청망청한다'는 것으로 『개츠비』는 전간기 영국과는 또 다른 미국의 세태·인정소설이라고 할 수 있지요.

『개츠비』의 줄거리는 '신여성' 데이지에 대한 빈농 출신 벼락부자 개츠비의 비련입니다. 데이지의 사랑을 쟁취하기 위해서 개츠비는 주류밀매나 주식투기는 물론이고 월드시리즈 승부조작에 관여하는 등 온갖 수단을 써서 돈을 벌지요. 그러나 데이지는 그럴 만한 가치가 없는 속물, 피츠제럴드의 비유처럼 '그로테스크한 장미꽃'이어서 제목에 '위대한'이라는 형용사를 붙인 것이에요.

『역사학 비판』에서 콜론타이가 비판한 바 있는 인생을 건 '위대한 사랑'(a great love)의 사례로 라라에 대한 지바고의 사랑과 데이지에 대한 개츠비의 사랑을 제시한 적이 있습니다. 그러나 후자와는 달리 전자는 순애보이므로 '위대한 사랑'에 아이러니는 없어요. 쉽게 말해서 위대한 사랑에도 등급이 있다는 것이에요.

『개츠비』는 여러 번 영화화되었습니다. 당대 최고의 미남 배우가 그 주인공이었는데, 1949년에는 앨런 래드(서부영화 『셰인』(1953)의 주인공)가, 1974년에는 로버트 레드퍼드가, 2013년에는 레오나르도 디카프리오가 발탁되었지요. 또 2000년에는 토비 스티븐스(텔레비전 드라마 『케임브리지 스파이』(2003)의 주인공)가 주인공인 텔레비전 드라마로도 제작되었고요.

— 그런데 쿠퍼가 언급하는 우스터는 또 누구인가요?
— 에벌린 워의 동료인 우드하우스가 쓴 단편의 주인공입니다. 그의 단편집으로 『펠럼 그렌빌 우드하우스』(현대문학, 2018)가 있는데,

여기에 '돈키호테와 산초' 콤비에 비견되는 '우스터와 지브스' 콤비에 관한 단편 35편(1915-29) 중 10편이 실려 있지요. 전간기 영국의 귀족생활을 풍자하는 이 작품들은 지적 기지(wit)까지는 아니더라도 선의의 해학(humour)으로 유명한데, 악의에 찬 비방(invective)이나 조소(sardonic)와는 전혀 다른 것이에요.

「위기와 비판」에서 이미 풍자에 대한 노신의 견해를 소개한 적이 있습니다. 풍자는 영어로 'satire'인데, 야유(sarcasm)도 포함하지요. 풍자(諷刺)가 완곡하게 꾸짖는다는 의미라고 한다면, 야유(揶揄)는 빈정거린다, 즉 반어법적으로 놀린다는 의미라고 할 수 있지요. 반면 꾸짖는 것이 완곡하지 않아서 노골적이고, 놀리는 데 반어법 같은 기법과 격조가 없이 비아냥거리는 것이 견책(譴責)이에요. 견책이 비소(誹笑, 비방과 조소), 즉 헐뜯고 비웃기, 급기야 무방(誣謗)과 무멸(誣蔑), 즉 거짓으로 헐뜯고 업신여기기로 타락하는 것이 흑막(黑幕)의 폭로이고요.

유능한 하인인 지브스가 비현실적 주인인 우스터를 갖가지 곤경에서 구원하는 해결사 노릇을 하는 것이 우드하우스의 소재입니다. 그런데 두 사람은 의관·외모 등을 둘러싸고 갈등을 빚기도 하지요. 지브스는 시종(valet, 밸릿/발레), 즉 집안일을 돌보는 집사(butler, 하인장)와 동급으로 의관·외모를 돌보는 하인이거든요. 여성 집사와 시종은 'housekeeper'(하녀장)와 'lady's maid'(시녀)라고 부르고요.

당대의 유행을 추수하고 싶은 우스터는 그에 반대하는 지브스를 '완고한 보수주의자'(hidebound conservative)이자 '진보의 적'(enemy to Progress)이라고 생각하면서도 늘 그에게 지고 맙니다. 지브스가 주인에 대한 의리(fidelity)를 지키는 '봉건주의 정신'(feudal spirit)에 충실한 가신(vassal)임을 알기 때문이지요.

의관이나 외모뿐만 아니라 일상생활 전반에서도 귀족이 시종의 도움을 받는다는 우스터와 지브스의 이야기는 19세기에 부르주아지에게 경제학을 전수하던 귀족의 쇠망을 풍자한다고 해석할 수 있을 것입니다. 국사(國事)를 전담하던 귀족이 이제 사사(私事)조차 처리할 수 없는 지경에 이르렀기 때문이지요. 사실 우드하우스는 워와 달리 전간기 영국을 특징짓는 다사다망한 국사에 대해서는 조금도 언급하지 않아요.

『지브스와 우스터』는 영국 최대 민영방송인 독립텔레비전(ITV)에서 1990-93년에 4개 시리즈 23개 에피소드로 제작되었고, 인터넷으로도 구해볼 수 있습니다. 두 사람이 처음으로 만나는「모든 것은 지브스 손에」(Jeeves Takes Charge, 지브스가 돌보다)가 시리즈1 에피소드1과 시리즈3 에피소드5 두 편으로 제작되었는데, 영어 자막도 있으니 찾아보세요.

마지막으로 우스터와 지브스를 돈키호테와 산초에 비유하는 것은 어폐가 있다는 사실을 지적해둘 필요가 있습니다. 돈키호테는 나라를 구하려고 방랑을 떠난 향사(鄕土, hidalgo, ごうし)였지요. 그러나 이것이 기사소설에 심취한 시골뜨기의 망상/미망만은 아닌데, 쉽게 말해서 무협소설에 심취한 386세대 운동권과는 다르다는 것이에요. 투르게네프가 자신의 강연「햄릿과 돈키호테」에서 이념 내지 이상에 헌신하는 인간형으로 묘사했던 돈키호테는『아버지와 아들』의 주인공 바자로프로 구체화되기도 했지요.

세르반테스는 셰익스피어와 동시대였는데,『돈키호테』번역자이자 전공자인 박철 교수는『세르반테스의 '돈키호테' 읽기』(세창미디어, 2021)에서 돈키호테를 현대의 선구자로 간주하고 있습니다. '모든 인간은 자신의 노력으로 자신의 혈통을 만든다'(Cada uno es hijo de sus obras, 모든 인간은 자신의 노력의 성과다)는 모토가 혈통귀족의 세습주의 대신 지식귀족의 능력주의를 제창한다는 것이지요.

나아가 '자유와 명예를 위해서 목숨을 걸 수 있고 또 걸어야 한다'는 모토는 자유와 명예를 위한 나라(República)에 대한 봉사를 제창한다는 것입니다. 히틀러를 암살하려다 실패한 슈타우펜베르크 대령 등을 기리는 명판에 새겨진 '자유, 법/권리, 명예를 위해 전도유망한 인생을 바쳤다'는 구절과도 비슷한데, 그러나 법/권리에 대한 언급이 없는 것은 당시 스페인에 절대군주정이 건재했기 때문이에요. 이런 점에서 절대군주정을 우회적으로나마 비판한 셰익스피어가 오히려 진보적이었다고 할 수 있겠지요.

저명한 셰익스피어 연구자 스티븐 그린블랫은 2016년 트럼프의 당선에 충격을 받아 셰익스피어의 정치관을 해설하는 『폭군』(2018; 국역: 비잉, 2020)을 집필했습니다. 폭군은 'tyrant'를 번역한 것으로, 독재자라고 번역할 수도 있겠지요. 셰익스피어가 비판하는 독재자 중에서 『리처드 3세』와 『리어왕』이 흥미로운데, 남한의 현정세에도 적합하기 때문이에요. 두 작품은 20세기 최고의 배우 중 한 사람인 로렌스 올리비에 주연의 영화가 있으니 참고할 수 있고요.

먼저 '이빨이 난 채로 태어나서'(born with teeth) '으르렁거리며 물어뜯는 개 노릇을 할(play the dog)' 운명인 리처드 3세는 결국 '악당임을 증명하기로 결심하고서'(determined to prove a villain) '잔혹한 개'(bloody dog)가 됩니다. 그렇게 된 데는 물론 멍청이와 불량배라는 그 '조장자'(enabler)의 역할도 있지만요. 리처드 3세와 그 조장자에게서 이재명 대표와 개딸을 연상하는 사람이 저만 있는 것은 아니겠지요.

반면 리어왕에게서는 윤석열 대통령이 연상될 것입니다. 리어왕이 독재자가 된 것은 광기(madness), 좀 더 구체적으로 말해서 기질적 결함으로 인한 '무모함'(rashness)과 노쇠로 인한 '난폭한 옹고집'(unruly waywardness) 때문이지요. 그런데 리처드 3세보다 오히려 리어왕의 결말이 더 비극적인 것은 아무런 희망조차 없는 '전반적 재앙'(general woe)과 '파괴'(gored state)를 초래했기 때문이에요.

이미 「'대선 불복 2년동란'」에서 리어왕의 충신 글로스터 백작의 대사를 인용한 적이 있습니다.

| 미친 자가 눈먼 자의 길잡이인 것이
이 시대를 감염시킨 불행한 세태다. | 'Tis the times' plague,
when madmen lead the blind. |

둘째 공주 부부가 자행한 고문 때문에 맹인이 된 그가 한 말이에요. 눈먼 자의 길잡이인 미친 자는 사실 그의 아들 에드거인데, 그러나

그의 주군 리어왕으로 해석해도 좋겠다는 것이 제 생각이고요.
　『폭군』을 읽고서 셰익스피어가 왜 위대한지 깨닫게 되었습니다. 아직 『민부론』과 『웨이벌리』가 존재할 수 없는 상황에서 그의 연극이 절대군주정의 폐해를 깨닫게 해주었거든요. 그리하여 영국이 17세기의 동란기를 무사히 통과할 수 있었고 장기18세기의 내각제와 산업혁명, 『민부론』과 『웨이벌리』 덕분에 19세기에는 자본주의의 '표준'(Muster)으로서 세계를 지배할 수 있었던 것이지요.

　— 그런데 '케임브리지 소설'은 없나요?
　— 왜 없겠습니까. E. M. 포스터의 자전소설인 『기나긴 여행』과 『모리스』가 그것인데, 그는 케임브리지 재학생 비밀모임인 사도회(使徒會, The Apostles)를 거쳐 졸업생 공개모임인 블룸즈버리 그룹에 참여했지요. 두 모임의 대표적 성원은 케인즈를 비롯해서 레너드 울프(버지니아의 남편), 리튼 스트레이치(영어판 프로이트 전집의 편집자 제임즈의 형) 등이었고요.
　먼저 28세의 포스터가 출판한 『기나긴 여행』(1907; 국역: 열린책들, 2006)의 첫 장면은 현상(phenomenon) 중에서 현실적(real)인 것과 가상적(imaginary)인 것의 구별에 대한 학생들의 토론인데, 이것은 이 작품의 주제이기도 했습니다. 이 학생들이 사도들을 연상시킨다는 것이 중론이기도 했고요.
　케임브리지는 이처럼 과학과 철학의 '일반적 주제들'(generalities)에 대한 토론, 나아가 문학과 예술에 대한 취향과 'good-fellowship', 즉 '동료로서의 공동체의식'(fellow feeling)의 배양을 통해 지식인을 교육하는 목적으로 설립된 것이었습니다. 그런데 문제는 이런 '영혼의 통화(currency)'가 더 이상 통용되지 않는 세상이 출현하자 현실이 가상이 되었다는 것이지요.
　『기나긴 여행』의 주인공 리키는 결혼과 취직을 통해 이런 사실을 깨닫게 됩니다. 사이비 지식인인 처남과 그 동생인 부인 때문에 작가의 길을 포기하고 교사가 되었거든요. 그런데 그가 취직한 곳은 처남 같은 사기꾼 교사와 학생 폭력배가 판을 치는 '세상의 축소판'(world in miniature)이었고, 그리하여 '쓸쓸하고도 기나긴 여행'(the dreariest and the longest journey, 셸리)을 떠나게 되었다는 것이에요.

그런데 『기나긴 여행』이 케임브리지 소설로는 결함이 있다는 생각이 들었습니다. 포스터가 말하는 현실과 가상은 마르크스처럼 말해서 현실대상(Gegenstand)과 사고대상(Objekt)이라고 할 수 있는데, 전자가 과학의 대상이고 후자가 철학의 대상이지요. 그런데 옥스퍼드의 교풍과 구별되는 케임브리지의 교풍은 철학보다는 과학을 존숭하는 것이었어요.

그런 교풍 덕분에 스미스와 매콜리의 경세학을 계승하려는 마셜과 케인즈의 케임브리지 경제학파가 출현할 수 있었습니다. 이 대목에서 『현대경제학 비판』에서 인용한 바 있는 케인즈의 유명한 말을 다시 한번 인용해두겠어요.

> 경제학자와 정치철학자의 이념은 옳거나 틀리거나 통상적으로 이해되는 것보다 더 강력하다. 사실 세계를 지배하는 것은 바로 그런 이념이라고까지 할 수 있다.(…)물론 이념의 침투는 즉각적인 것이 아니라 일정한 시차를 갖는다. 경제학·정치철학의 영역에서는 25세 또는 30세 이후 새로운 이론의 영향을 수용하는 사람이 많지 않기 때문이다.

물론 『기나긴 여행』은 케임브리지 경제학파 출현 이전에 출판된 것인데, 마셜의 노력으로 경제학과와 경제학 우등졸업시험(Tripos)이 독립한 것은 1903년이었고, 아직까지 경제학 연구에는 별로 관심이 없었던 케인즈는 1906년에 행정고시에 합격해 인도성(India Office)에 근무하고 있었거든요.

『모리스』(1914; 국역: 열린책들, 2005)는 『기나긴 여행』을 개작한 것입니다. 다만 『브라이즈헤드』 이상으로 동성애가 주제였으므로 그가 죽은 이듬해인 1971년에 출판될 수밖에 없었던 것이지요. 그런데 『기나긴 여행』과 달리 『모리스』는 1987년에 영화화되어, 베네치아 영화제에서 감독상과 남자배우상을 수상하기도 했는데, 당시 동성애가 사회적 쟁점으로 부상되었기 때문이에요.

주인공인 모리스는 중산층(주식중개인) 출신인데, 케임브리지에 진학하여 상류층(법조인 겸 지주) 출신인 클라이브를 만나 동성애적 기질을 자각하게 됩니다. 그런데 클라이브가 아버지처럼 하원의원이 되려고 결혼을 선택하면서 관계가 단절되고, 그 대신 클라이브의 사냥터지기인 알렉과의 관계가 새로이 형성되지요.

『모리스』를『기나긴 여행』의 개작으로 간주할 수 있는 것은 두 가지 이유 때문입니다. 먼저 클라이브와 알렉의 역할이 앤셀(리키의 절친)과 스티븐(리키의 이부동생)의 역할과 비슷하기 때문입니다. 또 클라이브와의 관계가 '플라톤적'(정신적) 사랑인 반면 알렉과의 관계는 '휘트먼적'(육체적) 사랑으로, 각각 가상적 동성애와 현실적 동성애로 간주할 수 있기 때문이지요. 위키피디아에 따르면, 로런스가『모리스』덕분에『레이디 채털리의 연인』을 사냥터지기로 설정할 수 있었다는 설도 있다고 하고요.

어쨌든 빅토리아-에드워드 시대에 모리스와 알렉의 관계는 공인될 수 없는 것이었습니다. 그래서 두 사람은 '계급 밖에서 사는'(live outside class) 것을 선택하는데, 로빈훗처럼 'outlaw'(법의 보호 밖에서 사는 자)로서 '푸른숲'(綠林, greenwood)에서 산다는 뜻이기도 했지요. 그러나 리키-스티븐과 달리 모리스-알렉은 헤어지지 않아 나름대로 해피엔드라고 할 수도 있고요.

이 대목에서 '서울대 소설'이 없는 이유에 대해 생각해보았습니다. 서울대가 옥스브리지 같은 경세가의 교육기관이 아니기 때문이기도 하고, 또 기호사대부의 후예이자 서울대 출신인 작가가 거의 없기 때문이기도 할 것 같아요.「재론 위기와 비판」에서 소개한 '리얼리즘의 승리'를 대표하는 문학인, 예를 들어 이문열·박완서·김원우 작가나 심지어 이병주 작가조차 그런 조건을 충족하지 못했지요. 그러니 서울대 소설이 있을 도리가 없는 것이지요.

혹시 유진오 선생이 김성수 선생의 유지에 따라 고려대를 연세대 수준으로 발전시키는 데 헌신하지 않고 대신 서울법대에서 헌법학을 연구하며 틈틈이 소설을 썼으면 어땠을까 하는 생각도 듭니다.

유 선생의 미발표 육필원고인 『민요』(1939)는 「창랑정기」(1938)의 확대판인데, 백지혜 씨의 서울대 박사논문『경성제대 작가의 민족지 구성방법 연구』(2013)를 참고하세요.

인류의 미래

— 시진핑이 푸틴이나 김정은과 연대할 경우 기후위기에 앞서서 인류가 공멸할 가능성이 아주 높다고 하셨는데요.

— 언감생심 '에로이카'라는 가명을 쓰던 어떤 사이비 지식인이 2006년에 『일반화된 마르크스주의 개론』을 무방·무멸하면서 제가 '진리의 순간'이라고 주장한 2012-13년 이후에는 뭐라고 할지 지켜보자고 한 적이 있습니다. '문재명' 일당을 추종하는 학비(學匪, 학술비적)인 진태원 교수를 '알라딘의 큰 스승'이라고 추켜세우던 그가 여전히 제게 관심을 갖고 있을 리 없겠지만, 요즘 저는 2차 대불황과 3차 세계전쟁으로 인한 인류의 멸망을 걱정하고 있어요.

그런 맥락에서 토비 오드의『사피엔스의 멸망』(2020; 국역; 커넥팅, 2021)에 대해 소개해두겠습니다. 원제는 '벼랑'(precipice)이고, 원서의 권두삽화도 벼랑길을 묘사하고 있지요. 반면 국역본의 표지그림은 벼랑끝을 묘사하고 있는데, 작의를 오해한 것 같아요. 벼랑길을 지나 낙원으로 갈 수 있다는 것이 저자의 의도이거든요. 마치 잔도(棧道, 인공의 벼랑길)를 지나면 물산이 풍부한 쓰촨으로 갈 수 있는 것처럼요.

오드는 옥스퍼드대학 윤리학 교수인데, 사실『사피엔스의 멸망』과 거의 동일한 문제의식의 윤리학적 저작은 많았습니다. 그 중에서도 특히 오드가 주목하는 것이 저 역시 예전부터 주목하던 옥스퍼드대학 출신의 캐나다 철학자 존 레슬리의『세계의 종말: 인류 멸망에 관한 과학과 철학[윤리학]』(1996; 국역: 사람과사람, 1998)이었고요.

오드는 현대를 '벼랑세'라고 부르는데, 인류가 벼랑길을 걸어가는 '실존적 위험'(existential risk)의 시대라고 의미입니다. 그가 말하는 인류의 실존적 위험은 인류 멸종이나 문명 붕괴로 인해서 인류의 잠재력이 파괴될 수 있는 위험이라는 의미이지요. 반면 민족 멸종과 국가 붕괴는 특수한 국지적 위험이라는 것이고요.

오드는 포유류 종의 생존기간이 평균 100만년이었으므로, 20만년 전에 출현한 호모 사피엔스는 인간의 평균 수명 80세를 기준으로 할 때 16세의 청소년에 해당한다고 주장하고 있습니다. 도구를 발명한 호모 하빌리스나 불을 발명한 호모 에렉투스의 생존기간은 그보다 짧거나 길므로, 언어를 발명한 호모 사피엔스의 생존기간을 그냥 100만년으로 간주하는 것 같아요.

그런데 오드가 각주에서 언급했듯이, 최근에는 호모 사피엔스가 30만년 전에 출현했다는 것이 통설이므로, 24세의 청년에 해당한다고 주장할 수 있습니다. 그러나 청소년에 해당하든 청년에 해당하든 호모 사피엔스의 장년기, 비유하자면 벼랑길 너머의 낙원에 이른 것은 아니라는 것이 주장의 핵심이므로 별반 차이가 없겠지요.

오드는 실존적 위험을 '자연적 위험'(natural risk)과 '인공적 위험'(anthropogenic risk)으로 나누면서 전자보다 후자가 훨씬 더 위험하다고 주장하고 있습니다. 기나라의 어떤 사람이 천지의 붕추(崩墜, 붕괴와 추락)를 걱정했다는 기우(杞憂)가 생각나는 대목인데, 열자 역시 '우리가 알 수 없는 일'(吾所不能知也)을 걱정하거나 안다 해도 '어쩔 수 없는 일'(彼一也此一也, 그러하거나 아니거나 마찬가지다)을 걱정하는 것은 쓸데없다고 비판한 바 있지요.

또 레슬리의 번역자인 이충호 씨가 지적했듯이, 맹자는 『서경』에 나온 태갑(상나라 시조 탕/태을의 맏아들 태정의 아들)의 말을 인용했는데, 기우와 비슷한 뜻입니다.

  자연의 재앙은 피할 수 있으나, 인간의 재앙은 피할 수 없다.

  天作孽猶可違, 自作孽不可活.

쉽게 말해서 천재지변보다는 인화(人禍) 내지 인재(人災)가 더 위험하다는 말이었지요.

오드가 주목하는 자연적 위험으로는 소행성이나 혜성의 충돌로 인해 발생하는 먼지와 황산염이 초래할 '겨울'이 있는데, 향후 100년 동안의 그 확률은 1/100만이라고 합니다. 또 화산 폭발로 인한 '겨울'의 확률은 그 100배인 1/1만이라고 하고요. 따라서 자연적 위험의 확률은 1/1만인 셈이고, 그 대책도 별로 대단한 것이 없으므로, 기우라고 해도 별반 문제가 없겠지요.

반면 오드가 주목하는 인공적 위험으로는 먼저 핵전쟁이 초래할 '핵겨울'이 있습니다. 이 위험은 물리학자들의 재승박덕에서 비롯된 것인데, 그래서 브레히트가 그들에게도 '인간생명에 대한 최대한의 존중'을 맹서하는 '히포크라테스 선서'가 필요하다고 주장한 것이지요. 또 다른 인공적 위험으로 기후변화로 인한 '온실효과'와 인구과잉·자원고갈 등의 환경파괴가 있고요. 오드에 따르면, 이들 위험의 확률은 각각 1/1000로 추계할 수 있어요. 또 위험 각각이 독립적일 경우에 인공적 위험 전체의 확률은 3/1000이므로, 자연적 위험 전체의 30배가 되겠지요.

그런데 오드가 특히 강조하는 것은 아직 발생하지는 않은 인공적 위험인 미래의 위험(future risk)입니다. 먼저 핵무기의 위험을 초과할 생물무기의 위험이 있는데, 그 확률을 1/30로 추계하고 있지요. 또 인간이 통제할 수 없고 인간의 가치를 공유하지도 않는 인공지능의 위험의 확률은 1/10이라는 것이에요. 나아가 인간의 가치를 말살하는 히틀러주의·스탈린주의 등의 전체주의가 재발할 디스토피아의 확률은 1/30이라는 것이고요.

역시 각각의 위험이 독립적일 경우에 미래의 위험 전체의 확률은 1/6로, 러시안룰렛의 확률과 같습니다. 저 역시 다른 사람처럼 반전 영화 『디어 헌터』(1978)에서 처음으로 러시안룰렛을 보았는데, 그 주제가가 바로 존 윌리엄즈의 클래식 기타 연주 "Cavatina"이지요. 클레오 레인이 작사한 "He Was Beautiful"도 있는데, 윌리엄즈가 반주하고 레인이 부른 동영상을 유튜브로 찾아 볼 수 있어요.

오드가 미래의 위험 중에서 특히 주목하는 인공지능에 대해 보충해두겠습니다. 올해 노벨물리학상과 노벨화학상이 모두 인공지능 연구자에게 수여되었는데, 그들 역시 이구동성으로 인공지능의 위험을 강조했거든요. 2016년에 알파고가 이세돌 9단에게 이기면서 '4차 산업혁명'을 예고하느니 어쩌니 논란을 벌였던 것과는 격세지감이 드는데, 특히 챗GPT(인간과 대화하는 생성형 사전훈련 트랜스포머)의 개발이 계기가 되었지요.

인공지능의 역사를 간단하게 정리해두겠습니다.

1940-60년대 세계전쟁과 냉전을 계기로 AI 개발
1970년대   1차 'AI 겨울'
1980년대   범용AI(AGI) 개발에서 전용AI(ANI) 개발로 전환
1990년대   2차 'AI 겨울', 동시에 머신러닝(기계학습) 개발
2000년대   컴퓨터와 인터넷의 발달
2010년대   딥러닝(심층학습)이 가능한 인지형AI 개발
2020년대   인간의 언어를 학습하는 생성형AI(GAI) 개발, 특히 챗GPT 개발

'경제성장의 정치경제론', 즉 정치·경제제도의 역할을 강조하는 경제성장론으로 올해 노벨경제학상을 수상한 아제몰루 교수 역시 마찬가지였습니다. 그는 올봄 『동아일보』와 『채널A』가 주최한 동아국제금융포럼에서 기조강연과 서면인터뷰를 통해 인공지능의 위험에 대해 경고한 바 있지요. '3차 산업혁명'이 아닌 '디지털 디바이드'를 강조하는 것처럼 '4차 산업혁명'이 아닌 'AI 디바이드'를 강조하는 것이 그의 입장이에요.

정치경제론에 대한 저의 관심은 2011년에 출판한 『사회과학 비판』으로 소급하는데, 민주당의 '스웨덴 모델론'을 비판하려고 아제몰루를 공부했던 것입니다. 그 후 민주당이 채택한 소득주도성장론이나 기본소득론·기본자산론·기본금융론 같은 사이비 경제학이 아제몰루의 비판 대상일 수 없다는 것은 당연한 일이었고요. 그는 사회민주주의를 표방하는 샌더스에게 자문하는 경제학자들조차 경제학의 기초를 모를 만큼 '멍청하다'(clueless)고 비판했거든요. 피케티에 대한 그의

비판은 2014년의 「과천연구실 20년」(『일반화된 마르크스주의 세미나』에 실림)에서 이미 소개한 바 있고요.

그런데 2015년부터 한국사회성격 논쟁을 회고하면서 저의 관심은 이미 1993년에 노벨경제학상을 수상했던 노스의 동료인 와인개스트의 정치경제론으로 이동했습니다. 한국경제에 대한 정치경제론적 분석은 물론이고 또한 애덤 스미스의 '도덕철학'에 대한 정치경제론적 해석 역시 탁월했거든요. 게다가 아제몰루의 정치경제론은 노스-와인개스트의 정치경제론에서 비롯된 것이기도 했고요.

『사피엔스의 멸망』 국역본의 출판사에서 나온 폴 샤레의 『새로운 전쟁』(2018; 국역: 커넥팅, 2021)의 원제는 '무인군대'(army of none)입니다. 인공지능·로봇·드론이라는 자율무기(autonomous weapon)가 지배할 전쟁의 미래를 분석하는 이 책은 그런 미래가 이미 스카이넷·터미네이터·헌터킬러드론이 등장한 『터미네이터』에서 묘사되었다고 지적하고 있지요. 하기야 자율주행차(autonomous car)와 자율무기는 쌍둥이일 수밖에 없으니까요.

샤레는 핵군비경쟁보다 인공지능군비경쟁이 훨씬 더 위험하다고 주장하면서 플래시크래시(flashcrash)와 유사한 플래시워(flashwar)를 거론하고 있습니다. 전자는 자율거래로 인한 돌발적 주가하락이고, 후자는 자율무기로 인한 돌발적 전쟁이지요. 오드가 지적한 인공지능의 위험이 이렇게 구체화된다고 할 수 있겠지요.

샤레는 인공지능에 대한 일반론도 제시하고 있습니다. 특히 인공지능으로 '기계의 인지화'(cognization of machines)가 이루어지면서 '인지엘리트'가 '인지기계'로 대체될 것으로 예상하고 있어요. 오드는 인공지능의 위험이 인간이 통제할 수 없고 인간의 가치를 공유하지 않는 데 있다고 주장했는데, 이런 위험은 사실 인지엘리트가 예고한 것이고 인지기계는 위험을 제고하는 중일 따름이에요. 인지기계가 인지엘리트의 재승박덕을 소시오패스 수준으로 완성한 셈이거든요.

「'대선 불복 2년 동란'」에서 능력주의와 관련해서 설명한 것처럼, 1980년대에 신자유주의와 함께 인지엘리트가 출현하면서 '사이비

(bastard) 능력주의'에 대한 논쟁이 제기되었습니다. 엘리트의 기준이 지식과 덕성이 아니라 지능지수나 학업적성시험(수능)으로 측정되는 인지능력(cognitive ability)으로 환원되었거든요.

인지기계가 대체할 인지엘리트는 민간부문은 물론이고 군사부문에도 있을 것입니다. 민간부분에서는 경상계·이공계 전반의 직종, 나아가 법률가와 의사 등이 있겠고, 군사부문에서는 지휘·통제·통신·정보활동(C3I)에 참여하는 장교 등이 있겠지요. 남한에서는 법비가 앞장서서 인지엘리트의 기득권을 유지하기 위해 저항하겠지만요. 법비는 인지엘리트의 '불량품'(rogue)인 셈인데, 인지능력과 '반인류 범죄적 가치', 즉 자유와 법치/기본권 같은 '인류보편적 가치'에 대항하는 사이비 가치를 결합하고 있어요.

샤레가 인공지능의 잠재력을 부정하는 것은 아닙니다. 오드처럼 '로보포칼립스'(Robopocalypse, 로봇종말론)의 위험을 감축함으로써 '로뷰토피아'(Robutopia, 로봇유토피아)를 실현할 수 있을 것이라고 주장하는 셈이거든요. 그의 입장을 루비니가 칼라일식 러다이트론과 유사한 인공지능 악마론에 대한 대안으로서 기본소득론에 대해 약간 시니컬하게 언급하는 것과 비교할 수도 있겠지요.

다시 본론으로 돌아와서, 오드는 실존적 위험을 증가시키는 조건을 '위험 요인'(risk factor)이라고 부르고, 위험과 위험 요인의 관계를 질병과 흡연의 관계에 비유하고 있습니다. 나아가 위험과 위험 요인을 감축하려는 노력을 통해 '실존적 안보'(existential security)를 달성할 수 있을 것이라고 주장하고 있지요.

그런데 위험과 위험 요인의 분류에 애매모호한 부분이 있는 것 같습니다. 예를 들어 전체주의의 재발은 위험보다 위험 요인 같은데, 전체주의의 재발로 인해 핵무기 등의 위험이 증가한다고 생각하는 것이 합리적이거든요. 또 오드가 일관성 없이 기후변화를 위험으로 간주하다가 위험 요인으로 간주하는 것도 문제이고요.

위험과 위험 요인의 구별이 확률 계산과 관련이 있다는 생각이 듭니다. 전자와 달리 후자는 계산불가능한 '불확실성'과 관련된 위험으로, 오드도 인정하는 것처럼, 경제학에서 시카고학파의 나이트가 최초로 주목한 위험이지요. 그런데 오드는 나이트의 불확실성 개념이 케인즈에 의해 더욱 체계화되어 대불황에 대응한 거시경제정책의 기초가 되었다는 사실은 모르는 것 같아요. 케인즈는 대불황과 함께 세계전쟁 역시 불확실성의 영역으로 간주했거든요.

거시경제정책을 포함한 경제정책 일반에 대해 보충해두겠습니다. 그 이론적 기초가 『현대경제학 비판』에서 설명한 시장실패론으로, 쉽게 말해서 시장이 할 수 없는 일을 국가가 한다는 것인데, 그러나 시장이 할 수 없는 일을 모두 국가가 할 수 있다는 뜻은 아니에요. 시장이 할 수 있는 일조차 국가가 더 잘 할 수 있다는 주장이 바로 스탈린주의인데, 소련을 비롯한 현실사회주의의 붕괴로 인해 그런 사이비 경제정책론은 이미 파산했지요.

생태론에서 주목하는 'prevention'과 'precaution'의 구별에 대해서도 보충해두겠습니다. 'prevention'이 계산과 예측이 가능한 위험에 대한 예방인 반면에 'precaution'은 계산과 예측이 불가능한 위험인 불확실성에 대한 예방이지요. 나아가 생태론에서 주목하는 인간의 오류가능성(fallibility)도 잊지 말아야 하고요.

어쨌든 저로서는 위험을 감축하는 노력보다는 오히려 위험 요인을 감축하는 노력이 필요하다고 생각하는 편입니다. 현정세가 2차 대불황과 3차 세계전쟁이라는 '임박한 파국'(impending catastrophe, 레닌) 또는 '종말의 시작'(beginning of the end, 처칠)을 예고한다고 판단하기 때문이지요. 또한 2차 대불황과 3차 세계전쟁을 매개하는 것이 프로토전체주의로서 인민주의라고 판단하기 때문이고요.

제가 2007-09년 금융위기와 2012-13년에 북·중·러에서 출현한 독재자(autocrat) 김정은··시진핑·푸틴에 대해 관심을 갖는 것은 이 때문입니다. 또 러시아의 우크라이나 침공이 중국의 대만 침공이나 북한의 남한 침공으로 이어질 위험과 그런 위험을 증가시킬 트럼프의 재선에 대해 관심을 갖는 것도 마찬가지이고요. 물론 그런 저의 관심을 진태원 교수나 에로이카는 기우라고 간주하겠지만요.

「'대선 불복 2년동란'」의 목차

'대선 불복 2년동란' ··· 9
   '대선 불복'이라는 화두 · 9
   2024년 4·10총선 · 18
   운동권의 '풍속과 세태' · 28
   '촛불혁명'이라는 화두 · 38

윤석열 정부 1-2년차 세계정세 ··· 43
   세계정세의 경과 · 43
   루비니의 『초거대위협』 · 49
   스나이더의 『가짜 민주주의가 온다』 · 54
   러시아-우크라이나 전쟁 · 60
   팔레스타인-이스라엘 전쟁 · 63

바이마르공화국의 쇠망과 나치의 집권 ································· 71
   콜프의 『바이마르공화국』과 브라허의 『바이마르공화국의 해체』 · 71
   바이마르공화국사 개관 · 73
   바이마르공화국 연구사 · 81
   나치에 대한 저항 · 90
   반파시즘 인민전선 · 100

자유주의적 제도로서 헌정과 법치 ······································ 108
   빙험의 『법의 지배』와 골즈워디의 『의회의 지배』 · 108
   스미스의 헌정론에 대한 와인개스트의 해석 · 115
   그로시의 『유럽법제사』 · 122
   마냉의 『대의정부의 원칙들』 · 125

자유주의적 이념과 시빌리티 ·· 135
   케이헌의 『공포로부터의 자유』 · 135
   자유주의적 시민의 덕성으로서 시빌리티 · 140
   롤즈의 『정의론』 · 144
   울드리지의 『능력주의의 두 얼굴』과 맥마흔의 『천재에 대하여』 · 151

마르크스주의 지식인이 되는 것은 쉬운 일인가? ················ 163
   영국의 마르크스주의 지식인들 · 163
   프랑스의 좌파 지식인들 · 174
   러시아의 지식인들 · 185
   일본의 마르크스주의 지식인들 · 196
   조선의 지식인들 · 206

질의와 응답 ··· 218
   발리바르식 포스트마르크스주의에 대한 비판 · 218
   전간기 독일에서 '보수혁명' · 226
   영국의 보수주의 · 234
   베네딕토 16세 교황에 대하여 · 244
   성철 스님에 대하여 · 256

'과천연구실 세미나'

문화과학사 이론신서

01 (1995. 06.) 윤소영, 『마르크스주의의 전화와 '인권의 정치': 알튀세르를 위하여』
02 (1995. 11.) 에티엔 발리바르 (윤소영 옮김), 『마르크스의 철학, 마르크스의 정치』

'공감이론신서'

03 (1996. 06.) 윤소영, 『알튀세르를 위한 강의: '마르크스주의의 일반화'를 위하여』
04 (1996. 08.) 루이 알튀세르 외 (윤소영 옮김), 『알튀세르와 라캉: '프로이트-마르크스주의'를 넘어서』
05 (1996. 12.) 윤소영, 『알튀세르의 현재성: 마르크스, 프로이트, 스피노자』
00 (1997. 05.) 메이너드 솔로몬 외 (윤소영 옮김), 『베토벤: '윤리적 미' 또는 '승화된 에로스'』 (공감예술신서)

06 (1998. 03.) 윤소영,『일반화된 마르크스주의와 역사적 자본주의 분석』
07 (1997. 03.) 쟝 로블랭 외 (김석진·박민수 옮김),『세계화와 신자유주의 비판을 위하여』
08 (1997. 09.) 뤼스 이리가레 외 (권현정·김수영·송영정·안주리 옮김),『성적 차이와 페미니즘』
09 (1998. 04.) 조반니 아리기 외 (권현정·이미경·김숙경·이선화 옮김),『발전주의 비판에서 신자유주의 비판으로: 세계체계론의 시각』
10 (1998. 09.) 다이앤 엘슨 외 (권현정·이미경·김숙경·이선화 옮김),『발전주의 비판에서 신자유주의 비판으로: 페미니즘의 시각』
11 (1999. 06.) 윤소영,『신자유주의적 '금융 세계화'와 '워싱턴 콘센서스': 마르크스적 비판의 쟁점들』
12 (1999. 11.) 이미경,『신자유주의적 '반격'하에서 핵가족과 '가족의 위기': 페미니즘적 비판의 쟁점들』
13 (2001. 02.) 윤소영,『이윤율의 경제학과 신자유주의 비판』
14 (2001. 04.) 김석진·윤종희·김숙경·박상현,『자본주의의 위기와 역사적 마르크스주의』
15 (2001. 07.) 윤소영,『마르크스의 '경제학 비판'』(개정판, 2005. 02.)
16 (2002. 06.) 윤소영,『마르크스의 '경제학 비판'과 소련사회주의』
17 (2002. 06.) 권현정·오현미·김숙경·정인경,『마르크스주의 페미니즘의 현재성』
18 (2003. 02.) 윤소영,『마르크스의 '경제학 비판'과 평의회 마르크스주의』
19 (2003. 07.) 권현정·오현미·이미경·김숙경·정인경,『페미니즘 역사의 재구성: 가족과 성욕을 둘러싼 쟁점들』
20 (2003. 06.) 윤소영,『마르크스의 '경제학 비판'과 대안세계화 운동』
21 (2003. 12.) 에티엔 발리바르 외 (윤소영 옮김),『'인권의 정치'와 성적 차이』
22 (2004. 12.) 윤소영,『역사적 마르크스주의: 이념과 운동』

23 (2004. 02.) 윤종희·박상현, 『마르크스주의와 정치철학 및 사회학 비판』
24 (2005. 01.) 윤종희·박상현·정인경·박정미, 『대중교육: 역사·이론·쟁점』
25 (2006. 04.) 제이슨 무어 외 (윤종희·박상현 옮김), 『역사적 자본주의 분석과 생태론』
26 (2006. 05.) 비센트 나바로 외 (송인주·이태훈·박찬종·이현 옮김), 『보건의료: 사회·생태적 분석을 위하여』
27 (2005. 08.) 윤종희·박상현·정인경·박정미, 『인민주의 비판』
28 (2006. 02.) 윤소영, 『일반화된 마르크스주의 개론』
29 (2007. 02.) 윤소영, 『일반화된 마르크스주의 쟁점들』
30 (2007. 05.) 윤소영, 『일반화된 마르크스주의의 경계들』
31 (2007. 10.) 윤소영, 『헤겔과 일반화된 마르크스주의』
32 (2007. 09.) 앨리슨 스톤 외 (윤소영 옮김), 『헤겔과 성적 차이의 페미니즘』
33 (2008. 03.) 윤소영, 『일반화된 마르크스주의와 대안좌파』
34 (2008. 06.) 윤소영, 『일반화된 마르크스주의와 대안노조』
35 (2008. 10.) 윤종희·박상현·송인주·정인경·공민석, 『알튀세르의 철학적 유산』
36 (2008. 12.) 윤종희·박상현·송인주·이태훈·정인경·이현, 『화폐·금융과 전쟁의 세계사』

'공감개론신서'

01 (2008. 07.) 윤소영, 『일반화된 마르크스주의 개론』(개정판)
02 (2008. 11.) 윤소영, 『금융위기와 사회운동노조』
03 (2009. 06.) 윤소영, 『마르크스의 '자본'』
04 (2009. 11.) 윤소영, 『2007-09년 금융위기』
05 (2010. 04.) 윤소영·윤종희·박상현, 『2007-09년 금융위기 논쟁』

06 (2011. 01.) 윤소영, 『현대경제학 비판』
07 (2011. 10.) 윤소영·박상현·이태훈·공민석, 『사회과학 비판』
08 (2012. 04.) 윤소영, 『역사학 비판』
09 (2012. 10.) 윤소영, 『문학 비판』
10 (2013. 03.) 윤소영, 『2010-12년 정세분석』
11 (2013. 10.) 윤소영, 『봉건제론: 역사학 비판』
12 (2015. 10.) 윤소영, 『한국자본주의의 역사: 한국사회성격 논쟁 30주년』
13 (2014. 12.) 윤소영·박상현·송인주·이태훈·공민석·안종석, 『일반화된 마르크스주의 세미나』
14 (2016. 10.) 윤소영, 『'한국의 불행': 한국현대지식인의 역사』
15 (2017. 10.) 윤소영, 『위기와 비판』
16 (2018. 10.) 윤소영, 『재론 위기와 비판』
17 (2020. 02.) 윤소영, 『한국사회성격 논쟁 세미나 (I)』
18 (2020. 02.) 윤소영, 『한국사회성격 논쟁 세미나 (II)』
19 (2020. 12.) 윤소영·박상현·송인주·이태훈·유주형·안종석, 『문재인 정부 비판』
20 (2021. 10.) 윤소영·박상현·송인주·이태훈·유주형·김태훈, 『재론 문재인 정부 비판』
21 (2022. 05.) 윤소영, 『한국사회성격 논쟁 세미나 (III)』
22 (2024. 06.) 윤소영·유주형·김태훈, 『한국사회성격 논쟁 세미나 (IV)』
23 (2024. 12.) 윤소영·박상현·송인주·이태훈·유주형·김태훈, 『자유주의의 역사: 인민주의 비판을 위하여』